KB165183

상위 1%를 위한 글로벌 교섭문화 백서

품격경영 [하]

초판 발행 2014년 10월 3일
4쇄 발행 2016년 2월 25일

지 은 이 신성대

발 행 처 東文選

제10-64호, 1978년 12월 16일 등록
서울 종로구 인사동길 40 [110-300]
전화 02-737-2795
팩스 02-723-4518
이메일 dmspub@hanmail.net

ISBN 978-89-8038-686-4 04380
ISBN 978-89-8038-685-7 (전2권)

품격경영

상위 1%를 위한 글로벌 교섭문화 백서

DIGNITY MANAGEMENT
It's the Manners, Stupid: A Manifesto for Remodeling a Nation

신성대 지음

東文選

한국 경제개발 1세대로서

지난날 각종 외자 도입과 해외 시장 개척에 헌신하여,

땀과 눈물로 일궈낸 글로벌 교섭 노하우 자산을 남기신 선배님들께

삼가 경의를 표하며 이 책을 바칩니다.

차 례

제 I 부 제언: 대통령의 품격은 문화 융성의 견인차
무역대국도 대국. 대국다운 풍모를 갖춰야!
"Mirror! Mirror! Who is the fairest?"
The Case of Ms. President Park Geun-hye

통 가능 전화대통령으로! | 평소에 국내외 유력 인사들과 친인간적 휴먼터치 인맥관리 잘 해야!

만드는 것이 아니다!

제II부　위기 탈출, 새 국부 창조의 기본기

상위 1%를 위한 고품격 비즈니스 실전 매너

Upper Classes' Manners Requisite for
Their Global Business Games

클레오파트라의 눈 화장법 | 눈이 무서운 한국인들 | 곁눈질은 최악의 매너 | 눈과 입 못 쓰는 코리언, 짐승(犬)들의 인사법 | 복장보다는 얼굴, 입술보다는 눈에 집중하는 비즈니스 성공 화장법 | 주목(注目)의 의미도 모르는 한국인들 | 글로벌 사회에선 눈에 무게 중심을 두고 소통 | 말은 입으로 하지만 소통은 눈으로 해야!

Tip 클레오파트라·모나리자에게서 배워야 할 개미지옥 화장법

정품격 사교의 첫단추, 리셉션 | 한국인 초보자 누구나 당하는 통과의례 실수 | 1945년에 고정되어 있는 한국의 리셉션 매너 수준 | 정시 입장, 식순에 따른 개회사, 국민의례, 축사, 귀빈 소개, 경과 보고, 동영상 관람은 완전 손님 모독 | '정시에 제자리'는 비매너 | 리셉션은 비즈니스 공간 아닌 네트워크 확장무대 | 식순 있는 리셉션은 대한민국밖에 없다!
Tip 성급함, 한국인의 치명적인 약점

테이블에서 메모에 열중한 박근혜 대통령 | 스튜어디스 출신들이 쓴 자기계발서들의 허구 | 불구인(不求人) DNA, 독서인(讀書人) DNA | 지금 우리가 다시 써야 할 새로운 성공 기준?

제 Ⅲ 부 코리아 디스카운트 시대에서 코리아 프리미엄 시대로
문화 융성을 위한 소통 리더십 매너
A Bridge over the Asiatic Traditional Communication Gaps

국의 최상류층 리더들조차 글로벌 사교계에 발도 못 디뎌 보고 문전에서 쫓겨나는 이유 l 대기업 오너부터 고품격 글로벌 매너로 무장해야!

Tip 디테일한 상층 문화와 우직한 하층 문화 l 글로벌 비즈니스 무대에서 왜 인도인들이 급부상하는가?

보여준 뉴질랜드편 | 변명이 불가능한, 치유할 수 없는 역(逆)패밀리 타이 | '요'자 빠진 대한민국 가정의 암울한 미래 | 어른이 있는 공동체 식사자리에선 아이들도 성인에 준하는 인격체 예법을 지켜야!

Tip 테이블 매너 교육은 유아기부터 시작해야! | '요'자는 가정 교육, 인성 교육의 시작

품격경영

현충일 기념식에 참가한 마거릿 대처 전 영국 수상 ©연합뉴스(AP)

2013년 11월 5일, 영국 국빈 방문중 런던 국방부 청사 한국전 참전 기념비 기공식에 참석한 박근혜 대통령. 영국식 현충 코사지 포피(개양귀비꽃)를 달고 있다. 한국에서는 왜 이렇게 못할까? 한국 청와대와 언론 사진기자들은 왜 이런 사진 한 장을 못 건졌을까? ⓒAFP−게이티이미지코리아

43 팁은 선진문명사회의 윤활유

주문한 요리에 웨이터가 침 뱉어 갖다 주는 일! 기실 글로벌 진상손님 한국 여권 소지자들에게 프랑스 파리 시내 식당에서 심심치 않게 벌어지는 일 | 팁 문화 없는 선진국 없다 | 당신의 파트너가 자신의 단골식당에서조차 신사 대접 못 받는다면? | 비빔밥에 참기름, 한식의 세계화는 팁 문화부터! | 룸살롱서 팁 호기 부린 게 문제되어 1,500억 원 외자도입 일장춘몽

아침나절, 인사동 근처에서 자그마한 몸집의 외국인 여성이 택시를 기다리고 있었다. 옆에는 자신보다도 부피가 훨씬 커보이는 두 개의 바퀴 달린 여행용 가방이 놓였다. 드디어 택시가 멈추었다. 그런데 손님과 짐을 빤히 보고서도 바로 그 앞에 세우지 않고 5미터쯤 앞쪽에서 정차한다. 내심 가방 짐이 탐탁스럽지 않은 게다. 여성은 난감해하며 혹시나 하고 유리창을 통해 눈짓을 보내지만 운전기사는 태연히 딴청이다. 어쩔 수 없이 여성 혼자서 왔다갔다하며 가방을 트렁크께까지 끌어다 놓았다. 그렇게 한참을 씨름한 연후에 간신히 하나는 트렁크에, 하나는 뒷자리에 억지로 밀어넣는다. 그 바람에 기껏 차려입고 나선 옷매무시가 흐트러져 버렸다. 그러는 동안 운전기사는 택시 안에서 무얼 했을까? 그 심정이 어땠을까? 무엇이 문제인가? 불친절? 무매너? 아니다. 그의 인간성이다.

해외 여행을 더러 다녀 본 이들은 분명히 알 것이다. 대한민국이 절대로 동방예의지국이 아님을! 이같은 광경은 대한민국에서만 볼 수 있는 것임을! 한국이 아니고서는 그 어디에서도 경험치 못하리라는 것을! 외국인들이 가장 먼저, 그리고 가장 나중까지 대하는 이들이 이 택시 운전기사들이다. 그러고 보면 외국인 관광객의 상당수가 한국에 다시 오고 싶지 않다고 했다는 말을 이해하고도 남음이 있겠다. 이러

고도 정부나 지자체·관련기관들은 관광코리아를 외쳐댄다. 한마디로 웃긴다. 당장은 관광객이 많이 오는 게 국가경제에 도움이 되겠지만, 기실 장기적으로 보면 안 오는 게 백번 국익에 도움이 되겠다.

제발이지 택시요금 인상할 때 연료비 핑계만 대지 말고, 이런 것 하나라도 제대로 고쳐 가면서 요구해야 시민들도 좀 이해하려 들지 않겠는가? 아무나가 아무 옷이나 걸치고 슬리퍼 신는 마인드로 택시를 몰아서야 나라 체면이 뭐가 되겠는가? 서비스할 자세도 되어 있지 않으면서 서비스업에 나선 것 자체가 난센스다. 복장 제대로 갖추고, 손님 짐 들고 내리는 서비스까지 의무화해야 한다. 무엇보다 가는 말이 고와야 오는 말이 곱다 했다. 택시를 세우고 내려서 손님의 짐을 싣고 내려주는 운전기사한테는 별도의 팁을 지불할 줄 아는 시민의 매너가 보다 우선되어야 할 것이다.

팁 문화 없이는 선진국 없다

작년, 한국의 맥도날드 햄버거 배달직원이 어느 고객의 휴대전화에다 "침 뱉은 거 잘 먹었어?"라는 문자를 보냈다 해서 온 나라가 발칵 뒤집힌 일이 있었다. 무더운 날 오죽했으면 그랬을까 싶은 생각도 들고, 또 외국 영화에서 종종 본 적이 있는 만큼 선진국에서는 그리 드문 일도 아니다.

주문한 요리에 침을 뱉어서 갖다 주는 일! 기실 글로벌 진상 한국 여권 소지자들에게라면 프랑스 파리의 시내 식당들에서도 심심치 않게 빚어질 수 있는 일이다. 그리고 그 일은 웨이터를 눈방긋 제스처가 아닌 입으로 부르는 데서부터 비롯된다. "어이, 웨이터!" 큰 소리로 책망하듯이 부르거나, 손가락 하나로 "캄온!" 했다가는 상당수가 침은 물론 경우에 따라서는 가래까지 뱉은 음식을 먹을 수도 있다고 보면 된다. 정히 손가락으로 부르려면 한 손가락이 아닌 다섯 손가락을 다 펴서 사용해야 한다.

입구에서 점잖이 기다리지 못하는 한국인들은 또 어떤가? 좋은 자리 차지하려고 제멋대로 아무 자리에나 앉은 다음, 역시나 기다리지 못하고 큰 소리로 웨이터를 불러서 메인요리 하나 달랑, 와인 주문도 없이 맹물만 추가, 팁까지 짜다면 어디를 간다 하더라도 침 뱉은 요리를 먹을 확률이 아주 높다 하겠다.

팁이 아까우면 셀프서비스로 가야

요즈음은 업소에 따라 계산할 때 봉사료를 부가하는 경우가 있는데, 간혹 그만한 일로 다투는 광경도 보인다. 아직은 팁을 주고받는 일이 관행화되지 못해서일 것이다.

서구에서는 거의 모든 서비스업에 15%팁이 정착화되어 있다. 만약 깜빡했다가는 손님 대접이 아니라 사람 취급도 못 받는다. 왜냐하면 그들은 별도의 월급이 없이 오로지 팁만이 주된 수입원으로, 곧 그 팁으로 생계를 꾸려 가야 하기 때문이다. 또 간혹 유럽에서 접대를 받았는데 나중에 답례(피드백)할 기회가 주어지지 않을 때에는 손님이 대신 팁을 지불하는 경우도 있다. 물론 이 경우에는 호스트에게 사전에 양해를 구해야 한다. 그럴 때에는 15%가 아닌 30%가량으로 얹어 주기도 한다. 이는 그 호스트의 체면을 세워 주기 위함이다.

글로벌 비즈니스 세계에서는 상대를 파악하고자 할 때 그가 자주 다니는 식당에 필히 함께 가본다. 식당의 종업원들이 그를 어떻게 대하는지로 그 사람에 대한 평판과 인품을 가늠할 수 있기 때문이다. 홍콩의 웬만한 중상층 인사들은 구정이 되면 자기의 성(姓)이 금색으로 크게 찍혀 있는 빨간 봉투 수십 개에 새 돈을 담아서 자신이 단골로 다니는 식당 종업원들에게 돌리는 관습이 있다. 그러한 그들이 단골 식당에서조차 칙사 대접 못 받는 한국의 사업 파트너라면 어떻게 생각하겠는가?

한식의 세계화는 팁 문화부터

한국에 온 외국인들도 이제 더는 팁을 건네지 않는다. 또 한국인들 가운데서도 유명세가 따르는 사람들일수록 유독 팁에 인색하다. 오히려 자기 같은 유명인이 너희 가게에 들러 준 것만도 영광인 줄 알라는 식이다. 심지어 팁은 고사하고 제대로 알아주지 않는다고, 특별 대접해 주지 않는다고 행패를 부리는 경우도 있다. '유명'이나 '완장'이 곧 인격인 줄로 착각한 처사다. 사람되기는 영 그른 모양새다.

우리의 한식은 밥과 국, 그리고 반찬이 따로따로여서 서빙하는 데 잔손과 발품이 많이 간다. 해서 식당 중에서도 한식당에서 일하는 사람들이 가장 고되다. 게다가 방안에 앉아서 상을 받는 곳은 신발 벗고 들락날락, 허리와 무릎을 구부려 시중을 들어야 하니 그 고통이 여간 아니다. 뿐만 아니라 요즘은 한식도 코스 요리로 개발해서 차례차례 나오다 보니 서빙하는 일이 점점 힘들어진다. 그래서 그런 곳에서 식사를 하고 나면 별도의 봉사료를 건네지 않는 것이 도리어 멋쩍다.

필자도 택시를 타고 내릴 때에는 우수리 동전을 받지 않는다. 우리에겐 팁이라는 문화가 없어 따로 팁을 건네기도 어색해서 그것이나마 받지 않게 된 것이다. 안전 운행을 하거나 친절한 운전기사, 그리고 조금 먼 거리를 갈 때에는 우수리 동전 외에 천 원권 한 장 정도 더 얹어 주고서 내린다. 택배나 퀵서비스를 이용할 때에도 음료수값으로 천 원권 한 장쯤 얹어 주지 않으면 마음이 불편하다. 은행이나 동사무소에서도 빤히 보이는 곳에 기부함이 놓여 있어 차마 거스름돈을 챙겨 주머니에 넣고 나오기가 민망하였다. 그러다 보니 이제는 그런 기부함이 없는 곳이 오히려 불편하다.

우리 사회도 갈수록 빈부의 격차가 심해지고 있다. 또 지나치게 밀도 높게 모여 살다 보니 사람 사이에서 받는 스트레스가 여간 아니다. 이러한 때 팁 문화라도 보급된다면, 세상을 조금이나마 부드럽게 만드는 윤활유가 되지 않을까? 비빔밥에 참기름 같은 것으로 작용하지 않을까? 무슨 거창한 개혁이나 창조만이 세상을 바꾸는 게 아니다.

팁 없인 미소 없다.

단 한번도 주인이 되어 본 적이 없는, 해서 주인 의식이 뭔지도 모르는 한국인들은 자신이 갑(甲)일 때 철저히 왕(王) 노릇 하려 든다. 해서 식당 종업원이나 아르바이트 학생들을 종 부리듯 부리고 큰소리 친다. '고객은 왕'이란 말을 좋아하는 건 갑(甲)질을 해보지 못한, 피식민 지배 민족의 콤플렉스 때문이겠다. 팁은 주인으로서의 권한이자 표현이다.

팁 문화가 있든 없든 식당에서 정규 서비스 외에 다른 심부름, 가령 빈 접시, 반찬 추가 주문 등을 하였을 적엔 그에 상응하는 팁을 접시 밑에 놓고 나오는 것이 예의다. 셀프서비스해야 하는 패스트푸드점이 아닌 식당에선 15%는 아니더라도 10% 정도의 팁은 주고 나오는 것 또한 신사숙녀다운 매너이다. 설령 패스트푸드점이나 편의점이라 해도 아르바이트하는 학생들이 대부분이다. 간혹 1만 원권 한 장 팁으로 건네고 나오는 것도 어른다운 모습일 터이다. 특히나 음식을 배달 시킬 적엔 배달원에게 별도의 팁을 반드시 얹어 주어야겠다.

Tip 룸살롱에서 팁 호기 부린 게 문제되어 1,500억 원 외자도입 일장춘몽

사소하지만 사소하지 않은 이 팁으로 인하여 합작 사업이 깨어진 경우도 있다. 10여 년 전, 광화문 서울파이낸스센터에 입주해 있던 한국의 모 벤처기업가는 거의 성사 단계에까지 이르렀던 물경 1,500억 원 규모의 일본 오사카 상인자본 투자가 전격 취소되는 불상사를 당하였다.

　투자손실 마지노선으로 총 300억 원까지 감내하며 적극 도와주려 하였다가, 한국의 CEO가 지난날 미국 출장중에 룸살롱 여종업원에게 1,000달러의 팁을 준 사실이 일본측의 전 세계 신용카드 사용 내역 조회로 드러났기 때문이다. 그러자 일본 투자자측의 대리인이 웃어른들의 뜻이라면서 그 젊은 CEO의 인생 장래를 위해 일이 이렇게 된 경위를 상세히 설명해 준 뒤에 돈가방을 도로 들고서 떠났다고 한다. 글로벌 비즈니스 세계가 얼마나 치밀한지, 그리고 어떻게 처신해야 할지를 잘 보여주는 사례라 하겠다. 기실 비즈니스 세계에서 사소한 것이란 있을 수 없다.

44 차별화된 고품격 레스토랑이 더 많이 생겨나야

아이가 온 세상의 중심은 아니다 | 식당이 공공 복지기관인가? | 맹목적 애국주의 양념으론 한식의 세계화 어림없음은 지난 정권에서 확인 | 고작 미취학 아동 출입을 금하는 식당 하나 생겨나는 걸 용인하지 못하는 옹졸함으로 세계경영? | 한국 외식 문화 글로벌하게 바뀌어야! | 식탁에서 왼손잡이는 없다

　　서구인들은 대체로 말소리가 나직나직하다. 처음엔 그들의 대화에 끼이지 못한 한국인들이 동양인이라고 무시해 저희들끼리만 은밀히 이야기를 나누는 줄로 오해하기도 했었다. 그러나 이는 다른 사람들이 알아듣지 못하도록 일부러 목소리를 낮추어서 가만가만히 말하는 것이 아니라 굳이 들을 필요가 없는 불특정 대중에게 해를 끼치지 않기 위해서이다. 식당에서는 물론 리셉션장 및 세미나 휴게 시간에 복도나 로비 여기저기서 두서너 명씩 모여 이야기들을 나누지만 하나같이 그들이 점유한 공간 너머로 말소리가 넘어가지 않는 것은 공공 공간에 대한 인식, 공인 의식이 저절로 발동되기 때문이다.

　　우리네 식사와는 달리 서구인들의 식사테이블은 철저하게 공공(公共) 공간과 사적(私的)인 공간으로 분리되어 있으며, 테이블 매너 역시 철저하게 공공의 인식하에서 지켜진다. 가령 한국식 오버더테이블 건배는 가운데 공적(公的)인 공간을 침해하기 때문에 큰 실례로 여긴다. 이처럼 테이블 매너를 통해서 어릴 때부터 공공에 대한 인식, 공사(公私)를 구분하는 습관을 길러 나가는 것이다.

　　전면적인 내부 보수 공사를 마치고, 이달초 다시 문을 연 서울 장충동의 신라호텔이 또다시 구설수에 올랐다. 9년 전 문을 닫았던 한식당 '라연(羅宴)'을 재개장하면서 미취학 아동의 출입을 제한하자 이

를 비난하는 여론이 한바탕 들끓었다. 지난번 한복 사건으로 혼쭐이 난 호텔측이 얼른 그 문구를 삭제했다지만, 그렇다고 그 방침까지 철회했는지는 모르겠다. 아무튼 이 나라에서는 '모난 돌이 정 맞는다'고 그저 남들 하는 대로만 따라야 욕을 먹지 않는다.

신라호텔 한식당 라연의 '미취학 아동 입장 불가'를 두고서 어떤 이가 "해외 출장이 잦아 수많은 호텔들을 방문해 보았지만 이런 황당한 일은 처음"이라며 분개했다는데, 자못 억지스러운 주장이다. 그가 해외의 어느 수준의 호텔, 어느 수준의 식당에 아이들을 데리고 다녔는지 모르겠으나, 만약 이번에 신라호텔의 한식당이 아니고 다른 호텔의 프랑스식당 혹은 이탈리아식당에서 그런 방침을 내걸었어도 그처럼 분개하였을까? 삼성패밀리이니까, 신라니까, 한식당이니까 감정적으로 더 분개한 건 아니었을까?

그러한 소식이 퍼져 나가자 다른 한국 호텔의 한식당들이 이구동성으로 그와 같은 방침 따윈 없노라고 입을 맞추었다. 그렇지만 이제까지 그러한 제한을 두는 식당이 없었기 때문에 모든 식당이 그래야 한다는 건 어불성설이다. 식당이 무슨 공공 복지기관이 아닌 다음에야 특정손님만을 위해 고품격 서비스를 제공하겠다는데 누가 말리랴? 게다가 호텔 내 한식당이 신라호텔에만 있는 것도 아니다. 굳이 미취학 아동을 데리고 식사를 해야겠다면 다른 호텔의 한식당을 찾으면 그만이다. 어린이 손님을 받지 않겠다는 식당을 부득부득 이용하겠다는 심사가 더 문제인 게다. 미취학 아동 출입 불가는 물론 미성년 출입 불가, 혹은 그 이상의 제한도 있을 수 있어야 한다.

그리고 이왕 말이 나왔으니 하는 말이지만, 한국이 아무리 글로벌 매너 수준이 낮다지만 신라호텔 '라연'에서 식사할 정도의 손님이라면 굳이 미취학 아동의 출입을 금한다는 알림이 없어도 당연히 그렇게들 알고서 아이들을 데려가지 않을 것이다. 홈페이지에다 지레 그러한 문구를 올린 친절이 잘못이라면 잘못이다. 해서 어차피 그곳에 가본 적도, 평생에 갈 일도 없는 실없는 사람들에게 돌멩이질할 빌미를 제공한 것이겠다.

아이가 온 세상의 중심은 아니다

업무상 파트너와 식사하러 갔다가 가까운 옆자리에 아이들이 있으면 여간 불편스럽지가 않다. "내 돈 내고 내 새끼 밥 사먹이는데 무슨 상관이냐!"는 부모들은 자기 아이들의 부산스러움이 타인에게 폐를 끼친다는 생각을 도무지 하지 않는 모양이다. 어디 식당뿐이랴! 지하철이며 기차 등등, 거의 모든 공공 장소에서 자행되는 아이들의 횡포(?)는 그야말로 아무도 막지 못한다. 흡사 인도(印度)에서 길거리 소떼나 사원의 원숭이들을 어쩌지 못하고서 지켜볼 수밖에 없는 광경과도 같다 하겠다.

미국 필라델피아주 서부의 면로빌에서 맥데인(McDain's)이라는 패밀리 레스토랑을 운영하는 마이크 뷰익(64세) 씨는, 시끄럽게 떠들며 이리저리 뛰어다니는 아이들과 이를 방관하는 부모들에게 질린 나머지 2011년 7월 "6세 미만 아동의 동반 출입을 금하니 양해해 달라"는 이메일을 손님들에게 발송, 이를 실행에 옮겼다. "아이는 그 부모에겐 세상의 중심이겠지만 온 세상의 중심은 아니잖아요!" 결과는 어땠을까? 일단 매출이 20%쯤 늘었으며, 전국에서 수천 통의 격려편지가 쇄도해 졸지에 유명 인사가 되었다.

식당은 공공 영역인 만큼 어린이라 할지라도 성인에 준하는 행동을 해야 하고, 더불어 성인에 준하는 대우를 하는 것이 정격이다. 서구에선 기실 아동이나 비정장 차림(반팔·반바지·운동화 금지, 남자는 상의·구두·양말 필수)의 손님의 출입을 불허하는 식당이 드물지 않다. 다른 손님들을 불쾌하게 만들고, 대화를 방해하기 쉽기 때문이다. 대부분 고급한 정규 레스토랑이지만, 드물게는 패밀리 레스토랑도 그런 경우가 있다. 설령 그러한 제한을 두지 않은 식당이라 하더라도 어린이를 대동할 때에는 먼저 웨이터의 허락을 구하는 것(만일 함께 온 어린이가 심히 소란스럽게 굴었을 경우 일행 모두가 자진 퇴장하겠다는 구두 약조를 조건으로)이 매너다. 그것은 전적으로 웨이터의 권한이기 때문이다. 시민들도 이를 당연하게 받아들인다. 어디 '미취학 아동 출입 금지'뿐이랴? '한국인 출입 금지'를 써붙인 곳도 있다.

유럽의 레스토랑들에서 간혹 어린아이가 입구께에 두 팔을 들고 벌을 서는 광경을 볼 때가 있다. 식사중 떠들거나 자리에서 일어났다가 그 부모에게 한 대 쥐어박히고 쫓겨난 것이다. 유럽의 부모들은 여간해서는 어린이들을 식당에 데려가지 않는다. 부득이 데려가야 할 경우라면 미리 주의를 주고, 그걸 어길 시에는 어떠한 벌을 받게 될 것이라는 경고를 해둔다. 하여 그래도 좋다는 약속을 하고서 따라가기 때문에 가차 없이 그 자리에서 체벌을 가하는 것이다. 뿐만 아니라 가족 동반 파티에서도 아이들끼리 놀다가 어른들의 눈에 벗어나면 혼찌검을 낸다. 해서 한 아이가 그럴라치면 여기저기에서 체벌을 받는 소리가 난다. 일기장에 엄마에게 맞았다고 쓰는 바람에 교사가 그 부모를 아동학대로 고발하여 혼쭐이 나는 미국과는 사뭇 다르다.

예전에 한국의 식당 및 공공 장소는 흡연실을 방불케 했었다. 당시에는 어떤 식당이든 흡연을 금지하면 손님들의 원성이 자자했다. 그러다가 정부에서 공공 장소에서의 흡연을 규제하자 이제는 또 모든 식당이 금연을 해야 하는 것처럼 인식하고들 있다. 한국인들의 이 획일적인 사고를 누가 말릴 수 있으랴?

한복이니까, 우리 옷이니까 무시해서도 불평해서도 안 된다는 논리, 한식당이니까 한국인이라면 어린아이까지 다 받아 주어야 한다는 논리는 소국 근성 콤플렉스에서 나온 편협한 애국주의적 발상이다. 문제의 그 식당에 아동을 동반하고 간 적도, 일평생 갈 일도 없는 사람들조차 부화뇌동해서 돌멩이질이다. 한 꺼풀 벗기면 자기 비하다.

해마다 열고 있는 미 백악관 키즈 스테이트 디너(Kids' State Dinner). ⓒ백악관

음식 준비 사전 점검은 호스트로서의 당연한 의무. 미 백악관 키즈 스테이트 디너. ⓒ백악관

테이블마다 다니며 일일이 악수하는 오바마 대통령. 미 백악관 키즈 스테이트 디너. ⓒ백악관

백악관 키즈 스테이트 디너에 참석한 정장 차림의 어린이들을 환영 응대하는 오바마 대통령. ⓒ 백악관

아동의 출입을 금하는 식당이 출현하였다 해서 차별 혹은 인권 무시라는 주장을 펼치는 것은 어린아이에게도 투표권을 주자는 것과 다를 바 없다 하겠다. 어찌 알겠는가? 아동의 출입을 불허하는 식당이 늘어나다 보면 아동을 환영한다고 써붙이는 식당이 생겨날는지? 흡연 카페가 생겨나듯이 말이다.

정규 레스토랑 늘려야 글로벌

기실 이 나라에선 외국의 귀한 비즈니스 파트너를 접대할 만한 식당이 손가락으로 헤아릴 정도도 안 된다. 제대로 된 정통 프랑스식당, 정통 이탈리아식당도 고작 두어 곳이다. 중국식당은 아예 없다고 해도 과언이 아니다. 수년 전 중국 베이징 조어대(釣魚臺)의 서울분점도 중국측의 전폭적인 지원에도 불구하고 불과 2년여 만에 문을 닫았다. 한식당 역시 마찬가지이다. 어린아이들까지 출입할 수 있는 식당이라면 글로벌 비즈니스 식당으로선 자격 상실이라 할 수 있다.

모두가 똑같아야 한다는 사고 방식 자체가 문제다. 비흡연 식당이 있으면 흡연 식당이 있을 수 있고, 애완견 동반을 허용하지 않는 식당이 있으면 허용하는 식당이 있을 수 있다. 어린이의 출입을 제한하는 연극이나 음악회도 있다. 호텔 내 한식당이 대한민국에 하나밖에 없는 것도 아니고, 모든 식당이 미취학 아동의 출입을 불허하는 것도 아니니 너도나도 공분할 일이 아니다. 오히려 그런 다양한 목표와 방침을 두고 운영하는 차별화된 식당의 등장을 반길 일이다. 모두 식당의 존엄성, 고객의 존엄성을 지키기 위해서다.

세계화는 말로만 하는 것이 아니다. 수출 많이 한다고 세계화되는 것도 아니다. 맹목적 애국주의 양념으론 한식의 세계화 어림없음을 지난 정권에서 확인했다. 고작 미취학 아동의 출입을 금하는 식당 하나 생겨나는 걸 용인하지 못하는 옹졸함으로 어찌 세계경영을 입에 담으랴! 획일성과 구태의연함, 무조건적 동질주의, 막무가내 평등주의에서 무슨 진보가 있으랴? 변화나 돌연변이 없이는 진화도 창조도 없다. 다양성은 창조의 밑거름이다. 아무렴 이번 사건을 정규(비즈니스·사교) 식당과 비정규 패밀리식당을 확실하게 구분하는 계기로 삼았으면 한다. 그런 게 생산적이고 발전적인 논쟁이다.

부자 아빠보다 지혜로운 아빠가 되어야

　　IMF 위기의 부산물로 한국의 외식산업이 폭발적으로 발전했다. 조기명퇴 바람에 고학력자들의 요식업 진출이 갑작스레 늘어난 까닭이다. 매스컴에선 허구한 날 싸고 맛있고 별난 음식 내지는 곳곳의 맛집들을 소개해대며 먹거리를 찾아나서라고 부추긴다. 그러면 사람들은 또 흡사 그 음식을 먹지 못하면 삶의 질이라도 떨어질세라 선착순 집합하듯이 몰려간다. 그러다 보니 주말이면 자녀들과 함께 맛집들을 찾아나서는 것이 가장의 무슨 의무처럼 되어 버렸다. 하지만 왁자지껄 피난민급식소 내지는 동물사육장 같은 그런 대중식당에서야 배를 채우는 것 외에 달리 배우고 가르칠 게 없다.

　　요즈음 한국 TV를 보면 도무지 먹는 데에 환장한 민족 같다. 제발이지 우리도 이제는 맛있는 음식 배불리 먹여야겠다는 후진국적 배고픈 시절의 외식 개념을 바꿔야 한다. 필자는 일부러 맛은 그다지 자랑할 게 없더라도 조금 깨끗한 주변의 식당을 찾아가서 점심을 해결한다. 우선 과식을 하지 않게 되고, 또 손님이 많지 않으니 쫓기듯 식사할 필요가 없으며, 조용해서 편하게 대화를 나눌 수 있다. 무엇보다 사람 대접을 받을 수가 있기 때문이기도 하다.

　　대한민국도 이제 지식 경쟁의 시대가 끝나고, 지혜 경쟁의 시대로 접어들었다. 조기유학 보낸다고 아이가 글로벌 인재로 성장하진 않는다. 배부름이 아이를 키우는 것 아니다. 동물가족적 욕구 충족이 아닌 사회적 인격 존중의 외식 문화를 가꾸어 나가야 한다. 소문난 맛집이나 푸짐한 식당들만 찾아다니지 말고 한 달, 아니 일 년에 단 한번을 사먹이더라도 시내의 제대로 된 정규 레스토랑에서 우아하게 서빙을 받는 오찬이나 만찬을 하면서 정품격 테이블 매너를 익힐 수 있는 기회를 만들어 주었으면 한다.

자신이 없으면 훌륭한 선생을 초대해서 함께 식사하며 아이들로 하여금 배우게 하면 된다. 물론 이때에도 서비스업 종사자 출신이나 CS 강사 같은 선생은 안 된다. 짜가 지식도 문제이지만 저품격 근본이 묻어 오면 곤란하기 때문이다. 신사의 매너와 웨이터의 에티켓, 그게 그것 같지만 실은 전혀 격이 다르다. 가령 글로벌 무대에서 국가 대표선수로 실전 경험이 풍부한 외교부 본부대기대사 같은 분들이라면 더없이 좋겠다.

품격이 곧 인성이고 인격이다. 매너가 없으면 아무리 돈이 많아도 같이 밥 먹어 줄 글로벌 신사 없다. 맛과 칼로리로 배를 채우기보다는 품격 비타민으로 가슴을 채워 주었으면 한다! 아이가 훗날 큰물에서 놀 수 있는 마중물이 될 것이다.

Tip 식탁에서 왼손잡이는 없다

"너는 구제할 때에 오른손이 하는 것을 왼손이 모르게 하여, 네 구제함을 은밀하게 하라. 은밀한 중에 보시는 너의 아버지께서 갚으시리라."(〈마태복음〉, 6장 3~4절) 예수의 산상수훈 가운데 보이는 가르침이다. 그런데 왜 하필이면 왼손이 아닌 '오른손이 하는 일'이라고 하였을까?

굳이 중동 내지 회교권 민족이 아니라 해도 인류의 대부분은 습관적으로 오른손을 '의로운 손'으로 여긴다. 해서 악수를 하거나 명함을 건넬 때에도 오른손을 사용한다. 그렇지 않으면 상대를 무시하거나 하대(下待)하는 것으로 오인받기 십상이다. 특히 건배를 할 때, 잔을 드는 손은 반드시 오른손이어야 한다. 따라서 왼손잡이라 하더라도 와인을 마시든 커피를 마시든 무조건 오른손으로 잔을 잡는 버릇을 들여야 한다.

세계적으로는 9%, 미국은 15%가 왼손잡이인 반면 한국인은 5%를 조금 넘는 수준이다. 서구인들은 어릴 적부터 양손으로 포크와 나이프를 동시에 사용하기 때문에 왼손잡이가 될 가능성이 높아진 것일 터이다. 그런데 이 또한 글로벌화가 진행되는지 요즈음은 한국에서도 왼손잡이가 점점 늘어나고 있다. 세계적으로 유명한 서양인들 가운데 왼손잡이가 많다. 알베르트 아인슈타인·벤자민 프랭클린·아이작 뉴턴·찰스 다윈·레오나르도 다 빈치·루트비히 판 베토벤·찰리 채플린 등 문명 문화의 한 축을 이룬 사람들 중에 왼손잡이가 많았고, 전 미국 대통령 빌 클린턴과 현 대통령 버락 오바마, 마이크로소프트 설립자인 빌 게이츠도 왼손잡이다.

그들은 왼손으로 글을 쓴다. 하지만 우리나라 왼손잡이들과 달리 식사 때에는 포크와 나이프를, 와인잔을 오른손잡이들과 똑같이 잡는다. 글을 쓰는 것은 사적인 일이지만, 식사는 공공의 일로 여기기 때문이다. 손님이 왼손잡이 왕이나 대통령이라 해도 식탁의 포크와 나이프의 위치를 바꾸어 놓아 주는 경우란 없다. 따라서 아무리 왼손잡이라 해도 공공의 장소에서는 남에게 불편을 끼치지 않도록 오른손잡이와 똑같이 행동하게끔 어릴 적부터 훈련받는다. 특히 식사테이블에서는 약간의 거슬림도 거북스럽게 느껴져 상대의 입맛을 떨어뜨릴 위험이 크다. 더구나 상대방과 건배할 때 왼손으로 나가 버리면 짝이 맞지 않아 그림이 상당히 당황스러울 것이다. 따라서 한국인들처럼 자신은 왼손잡이니까 당연히 왼손으로 수저를 잡아도 된다는, 자기만 생각하는 '공공 영역 개념 무'는 글로벌 비즈니스 무대에선 지극히 곤란하다.

45 한국망신전문가의 똥볼차기 자살골에 박수치는 대한민국

얼떨결에 애국자가 된 돈키호테들의 '애국 사기' | 독도를 제 발로 차버린 '애국 마케팅' | 엉터리 한국홍보전문가의 정신나간 광고에 참다 못한 외국인들 | '애국 바이러스'에 감염되어 이성이 마비된 코리언들 | 중국과 베트남에도 한참 못 미치는 대한민국 수준 | 서구인들이 이해할 만한 창조적 독도/동해 솔루션 | 공든 탑에 개칠하는 '애국적 자위행위' 불고기 광고

한국만큼 영어에 미친 나라도 없을 터이지만, 또 한국인들만큼 영어를 우습게 여기는 이들도 다시없을 듯하다. 처음부터 영어엔 존댓말이 없다는 식으로 잘못 배워 무조건 뜻만 전달하면 되는 줄로 오해하고 있기 때문이다. 그 바람에 양놈들은 존댓말도 모르는 상놈들이라고 은근히 무시하려 드는 인식이 잠재되어 있다. 하지만 어디 영어뿐이겠는가? 인간의 언어에 귀천과 품격이 없을 리가 없다.

어느 날 한 한국인이 미국 스미소니언박물관을 찾는 한국인 관람객들을 위해 한국어 안내 프로그램을 추가해 줄 것을 요청해 받아들여졌다. 한데 이를 두고서 무슨 불가능한 일을 해낸 것처럼 우쭐한 그가 이후 한국홍보전문가로 행세하기 시작했다. 사실 그러한 제안은 굳이 그가 아닌 다른 사람이 요청했어도 거의 반자동으로 성사될 일이었다. 그 무렵 한국인 관람객이 부쩍 늘어나고 있었으니 말이다.

미국 메이저리그 텍사스 레인저스의 추신수 선수가 불고기 광고 모델로 나섰다. 세계 주요 언론에 '한식 광고 월드 투어'를 하고 있는 한국홍보전문가 서경덕 성신여대 교수가 2014년 3월 12일자 〈뉴욕타임스〉에 불고기 광고를 내보낸 것이다. 'BULGOGI?'라는 제목 아래 추신수 선수가 웃으면서 불고기 한 점을 젓가락으로 집어들고 독자들에게 권하는 광고다.

고급스럽지도 못한 접시에 담긴 순살코기. 치킨 회사가 소고기 광고 후원금을 대다니? 만약 이 광고를 후원한 회사가 다른 나라였다면 업무상 배임죄로 홍보담당자 해고는 물론 광고비까지 물어내게 했을 것이다. [연합뉴스]

터무니없는 한국 홍보에 참다못한 외국인들

서씨는 지난 2005년부터 가수 김장훈과 함께 진행한 독도 광고를 시작으로 배우 송일국·이영애 등 유명 연예인들과 더불어 우리 나라의 먹거리를 세계에 알리고 있다. 덕분에 국내에서는 그의 개인적인 노력이 알려져 각종 단체의 홍보대사역을 맡아 찬란한 영웅적 업적을 쌓아 가고 있는 데 비해 정작 그의 광고를 접하는 외국인들은 그때마다 문제를 제기해 왔었다.

일례로 미국의 대표적 공영방송인 NPR(공영라디오)의 시니어 에디터 루이스 클레멘스(Luis Clemens)는, 이런 의문투성이 광고에 참다 못해 지난 13일 〈뉴욕타임스〉에 실린 'BULGOGI?'라는 문구로 시작하는 광고는 여러 측면에서 이해하기 어려울 뿐 아니라 독자들에게 혼란을 주고 있다고 강하게 비판하고 나섰다.

먼저 그는 치킨마루라는 치킨 회사가 왜 닭고기가 아닌 소고기를 광고하는지? 게다가 구체적인 상품명이 아닌 불고기 자체를 홍보하는 이유를 모르겠다. "비슷한 예를 상상하기도 어렵지만" 굳이 예를 들자면 "미국 팝스타 저스틴 팀버레이크가 영국 신문에 햄버거의 기막힌 맛을 선전하는 것과 같을 것"이라면서 "버거킹이나 맥도날드·웬디스도 아닌 그냥 햄버거 말이다" 하고 광고 의도의 불명확성을 꼬집었다.

그는 또 광고 문안에 쓰인 부자연스러운 영어 표현에 대한 문제점도 지적했다. 그 아래 위치한 짧은 네 문장 가운데 "Spring's here and I'm ready to play!(봄이 왔고, 난 경기할 준비가 되었다!)"라는 카피는, 원어민이 쓰지 않는 표현일뿐더러 느낌표 사용도 부적절하다는 것이다.

그리고 불고기 광고에 대한 이해와 출처를 알아내기 위해 광고 하단에 실린 웹사이트(ForTheNextGeneration.com)도 방문해 보았지만 혼란만 가중되었노라고 클레멘스는 덧붙였다. 한국인에겐 익숙한 위안부·독도 문제이지만, 한국에 대한 이해가 떨어지는 외국인에게는 서로 동떨어진 주제인 케이팝, 2018 평창 동계올림픽, 한글 홍보 등이 망라되어 있는 사이트 구성이 설득력을 잃은 까닭이다.

"불고기 광고가 한국 음식과 음료를 알리기 위한 홍보 시리즈의 하나라는 걸 겨우 깨달았지만, 아직도 이 웹사이트가 왜 '위안부'와 '한·일 간 영토분쟁'에 대한 섹션을 포함하고 있는지 이해할 수 없다"고도 전했다. 결국 소고기를 미끼로 유도한 다음 갖가지 엉뚱한 스팸 광고를 보게 만들어 거기까지 따라온 독자들을 분개하게 만든 것이다. 즉 자기 업적 과시용 속임수 광고라 해도 할 말이 없겠다.

미국인에게 역겨움을 유발시킬 수 있는 추신수 불고기 광고

뜬금없이 'BULGOGI?' 대체 아프리카의 어느 원주민 언어인가? 게다가 사진을 보고서 그가 누구인지 알아보는 한국인조차 많지 않다. 하물며 미국인들이 야구 모자도 쓰지 않은 추신수를 알아볼 것이란 생각은 완전히 착각이다. 설령 알아본다 한들 뉴욕팀도 아닌 텍사스팀 선수를 모델로 내세워서 뉴욕 시민을 상대로 광고하다니! 난센스도 그런 난센스가 없겠다. 어쨌든 어차피 모르는, 알 필요도 못 느끼는 웬 동양계, 저 친구 이름이 BULGOGI거나 말거나, 통과!

그런데 어라? 젓가락으로 고기를 집어들고 권하다니?

미국인들이 볼 때는 정말 어이가 없는 노릇이다. 제가 먹던 침 묻은 젓가락으로 건네는 고기를 받아먹으라니? 위생 개념 전무한 어글리 코리언! 실례도 그런 실례가 없겠다. 서씨는 이전에 김치 홍보 행사에서도 가수 김장훈의 입에 손으로 김치를 넣어 준 적이 있다. 한국에선 상대방 입에 음식을 넣어 주는 걸 애교로 여기지만, 다른 문명권에서는 천박한 행위로 여긴다.

게다가 세상 물정도 모르고, 트랜드도 못 읽은 막가파식 광고다. 무슨 말인가 하면, 기껏 광고를 읽었더니 결국 소고기 먹으란다. 가뜩이나 고기를 많이 먹어서 비만이 사회 문제시되고 있는 나라가 미국이다. 채식주의 운동하는 나라에 불고기 햄버거도 아닌 소고깃덩어리를 먹으라니! 더구나 한국은 우리 소고기를 수입해 가는 나라가 아닌가? 아침부터 별 이상한 광고 다 보네! 하며 분통을 터뜨렸을 게 뻔하다.

남의 생각 따윈 간과해 버리는 한국홍보전문가

홍보란 소구 대상(target audience, 訴求對象)을 먼저 생각하여야 하는 작업이다.

유독 〈뉴욕타임스〉를 좋아하는 2MB형 소통 불능 순 엉터리 광고로 거슬러 올라가 보자. 서씨의 비빔밥 광고. 역시나 〈뉴욕타임스〉 독자 거의 대다수가 못 알아듣는 외계어(BIBIMBAP)로 카피가 시작되더니, 역시나 메인파트 본문 글자가 너무 작아서 난독 함정(unreadability pitfalls)에 빠졌다. 어라, 뭐가 빠진 것 같은데 모르겠다. 그냥 통과!

드라마 〈대장금〉이 미국 안방에 방영된 적이 있었나?

미국인들이 우리처럼 이영애를 알고 있다고 생각하는 건 난센스다. 웬 여자가 무슨 이유로 두 손을 맞잡고 있는지 인과관계의 연결고리 없는 해프닝성 동작이며, 음식인지 액세서리 장식 조형물인지 회

저 여성의 이름이 BIBIMBAP? 지난 2013년 2월 13일자 〈뉴욕타임스〉에 실린, 이영애 씨를 모델로 한 비빔밥 광고. [연합뉴스]

사 로고인지 알 수 없는, 식별 불능의 볼륨감 없는 평면조감도형 사진, 역시나 광고 주체가 무엇을 하는 곳인지 전혀 이해될 수 없는 ForTheNextGeneration(다음세대를위해). 누구의 다음 세대인지, 무엇을 위한 기구인지 구체적이지 못하다. 그저 그럴싸해 보이려는 단체명에 지나지 않는다.

게다가 광고 문구에 한국의 김을 일본어 'nori'로 표기해 국내 네티즌들로부터 비판을 받기도 했다. 본의 아니게 이영애 씨만 '코리아 국격 훼손'에 부역 협조한 민망한 결과를 초래하고 만 것이다. 더욱이 이런 치명적인 문제들을 빤히 알면서도 어리석은 돈 낭비 광고를 돈 욕심으로 계속해서 받아 주고 있는 뉴욕타임스사도 부끄러워해야 할 일 아닌가?

너무한 서경덕식 콩글리시

DO YOU HEAR? 대뜸 시비조, 항의조다. 권유나 설득조의 영문이 아니다. 역시나 문법적으로도 불완전한, 목적어가 빠진 콩글리시다. 미국 텍사스주 동남쪽에 있는 휴스턴의 한 고속도로에 세워진 대형 입간판 광고는 휴스턴 거주 한인교포 13명과 서씨가 함께 제작한 것이다. 쌩쌩 달리는 차 안에서 어느 누가 저 광고의 의미를 심각하게 고민할까? 서너 명의 동양계 노인네들의 합창(성토)하는 듯한 사진 곁의 작은 글씨들을 알아보기도 쉽지 않을 듯한데 말이다.

DO YOU HEAR?
The Japanese government must sincerely
apologize to the women and compensate
them for their mental and physical suffering at once.

작은 글씨들을 망원경으로라도 들여다보고 굳이 해석을 해보자면, '어느 동양계 미국 여성들이 피해를 좀 봐서 일본 정부에 국제 행정소송을 하고 있나?' 하는 느낌만 줄 뿐이다. 우선 '군대 위안부(sex slaves)'라는 핵심 주제어가 빠져 있다. 그리고 다른 부분들에서도 의미 전달이 전혀 안 되고 있다. 한국인도 이해 못하는 이 난해한 콩글리시 광고를 이해할 미국인이 과연 있을까?

다시 한 번 뜯어봐도 한국의 위안부를 연상시키는 단어가 없다. 무엇보다 서씨를 믿고 십시일반 돈을 보탠 13명의 애국교포들이 어이없어했겠다. 그러니 이 문법적으로도, 또 내용적으로도 불안한 광고를 본 미국인이라면 당연히 돈이 썩어나는 어느 정신나간 자의 불장난쯤으로 치부하고 말지 않을까?

타임스스퀘어의 독도 광고는 효과적이었나?

서씨는 또 지구상에서 가장 붐비는 장소 가운데 하나인 뉴욕 타임스스퀘어의 광고판에 한 달간 한국의 전통가요인 아리랑 광고를 내건 업적도 있다. 광고는 차인표·박찬호·안성기 제씨의 자발적인 참여로 이루어졌으며, 서씨가 디자인하였다고 한다. 그리고 여태까지 타임스스퀘어의 전광판에 비빔밥이며 독도·동해 등 총 여섯 차례의 광고를 집행해 왔다.

하지만 그 광고에 대해 국가 브랜드화와 관련된 한국의 한 인사가 "모든 메시지는 적절한 그룹의 사람들을 목표로 해야 하며, 이는 청중과 연관이 있어야 한다는 것이 비즈니스 원칙이다"고 지적하며, "타임스스퀘어에 광고를 하는 것은 한국인들에게나 의미가 있을 뿐 다른 사람들에게는 별로 그렇지 않다"고 점잖게 꼬집은 기사가 〈코리아타임스〉에 실린 적이 있다.

무슨 신흥종교 광신도도 아닌데 아닌 밤중에 홍두깨식 광고에 농락당한 유명인들만 우습게 됐다. 이와 더불어 값비싼 광고료와 관련한 불만과, 일본과 비교하여 한국의 노이즈 접근 방식에 대한 의문도 한 미국 교민에 의해 제기된 적이 있다. 아니나 다를까, 그 결과 독도가 '오히려' 분쟁 지역으로 주목받아 미국 내 주요 기관들에서 독도의 명칭을 제3의 표현으로 바꾸었는가 하면, 몇 년이 지나자 〈월스트리트저널〉까지도 Dokdo를 Dokdo/Takeshima로 바꾸었다.

돈 갖다 바치면서 조롱받는 코리언 막무가내들

일찍이 영국의 〈더타임스〉지 서울특파원이었던 앤드루 새먼은, 〈조선일보〉를 통해 서경덕 씨가 〈뉴욕타임스〉지에 낸 독도 광고에 대한 치명적인 문제점들을 종합 지적한 바 있다. 우선 서씨가 '한국홍보전문가'라면서 왜 기자들을 불러 얘기할 일을 광고부터 낸 것일까? 그리고 홍보와 광고는 엄연히 다른 분야인데, 예의 광고를 보면 그는 확실히 광고전문가는 아닌 것 같다며 서씨의 광고 이미지나 카피 모두 시선을 끌기엔 어려운 작품이라고 피력했다.

더 중요한 것은, 매번 자신이 생각하는 '진실'만을 강요하는 것이 자신의 주장을 관철하는 가장 설득력 있는 길은 아니라는 점이다. 서양의 학문 풍토에서 역사는 주관적이지 객관적이지 않다. 그러므로 다양한 해석에 대해 열려 있다는 지적이었다.

"한국인들은 종종 '우리 문화는 서양과 다르다'고 한다. 당연히 그럴 것이다. 하지만 한국이 국제적인 논쟁의 장에서 효과적으로 주장을 펼치려면 한국식 화법(話法)만 고집해선 안 된다. 수준급의 영어 실력은 물론 광고와 홍보 양쪽에서 전문가적인 소통 능력이 필요하다. 논리적 근거를 대고, 제3자가 인정할 만한 실질적 증거자료를 갖춰야 한다. 그렇게 하지 않으면 친구보다는 적을 만들고, 친목보다는 굴욕을 초래하기 십상이다."

제 포지션, 컨셉트의 초점도 모르면서
〈뉴욕타임스〉에 독도 광고를?

'DO YOU KNOW?' 역시 도전적이다. 문법적으로도 문제다. 역사적 사실이라면 당연히 'Did you know?'라고 하여야 맞다. 문법적으로 잘못된 문장을 쓰면 성숙된 문명인이 아니란 것이 서양인들의 기본적인 인식이다. 광고는 고사하고 문법의 기본도 모르고서 서양인을 상대로 광고를 하다니, 무모하기 짝이 없는 일이다. 그리고 역시나 제목에 목적어, 즉 주제어가 없다. 이런 광고문 작성자는 어른의 보호가 필요한 미성년자로 보기 때문에 다음 글은 아예 거들떠보지도 않고 통과다.

아무튼 그렇다 치고 그 아래의 깨알 같은 글들은 "지난 2000년 동안 한국과 일본 사이의 바다는 동해로 불려 왔다. 동해에 위치한 독도는 한국의 영토이며, 일본 정부는 이 사실을 인정해야 한다" "한국과 일본은 다음 세대에게 정확한 역사적 사실을 물려주어야 하고, 지금부터 동북아시아의 평화와 번영을 위해 함께 노력해 나가자"는 등의 내용을 담고 있다. 초등학생들도 이해할 만큼 당연한 말씀이다.

한데 이 말을 왜 일본인이 아닌 미국인들이 들어야 하는가?

번지수가 틀렸다. 미국이 이 문제를 해결해 줄 것이라는 사대적 발상에서인가? 하지만 〈뉴욕타임스〉 독자들이 동해가 어딘지, 독도가 뭔지 관심이 있을 리 없다. "영문을 모르겠네. 〈뉴욕타임스〉 독자들의 관심사 영역 스펙트럼과 이 지도상의 지역과 무슨 연결점이 있나? 도대체 이해가 안 가는데?"가 1차적인 반응일 것이다.

좀 더 세밀히 분석해 본다면, 주중인 한창 바쁜 수요일에 정상적인 〈뉴욕타임스〉 독자들에게 1)세계 변방의 아주 낯선 어느곳에서 분쟁이 일어난 모양인데, (통과. 아니 좀 더 시간이 남아도는 사람이라면) 2)일본과 한국에서 분쟁이 생긴 모양이지, (통과. 아니 아주 시간적인 여유가 많은 사람이라면) 3)이런 이슈라면 〈뉴욕타임스〉가 아니라 동아시아 지방신문인 〈The East Asia Times〉나 〈The Asian Wall Street Journal〉, 그리고 〈The Japan Times〉에 광고를 내는 것이 오히려 효과적일 텐데, 라는 반응을 보일 것이다.

이어서 내보낸 2차 독도 광고의 제목 역시 완전 미성년자 수준이다. 'Error in NYT.' 글자 그대로 에러투성이 광고 문안이다. Error에 단수라면 부정관사 An이, 복수라면 복수임을 나타내는 s가 빠진 데다가 NYT 앞에 the도 빠졌다. 어떤 무식한 녀석이 이 따위 광고를 〈뉴욕타임스〉에 낸 거야? 하고 독자들이 열깨나 받았겠다. 그러니 누가 그의 주장에 귀를 기울이겠는가?

게다가 NYT? 〈뉴욕타임스〉 독자조차도 이러한 약자의 의미를 알리가 만무하다. 기껏해야 New York (Local) Time, 그러니까 뉴욕 표준시에 오차라도 생겼나 하는 정도로 스쳐 넘길 게 뻔하다. 매사에 귀찮이즘으로 약자 좋아하는 한국인들은 남의 나라 글자까지 제멋대로 약자화시키는 치명적인 실수를 이렇듯 예사로이 저지른다.

얼떨결에 애국자가 된 돈키호테들의 '애국 마케팅'

상대방의 인식, 수용 기준에 맞춰야 하는 '소통의 미디어'로서의 광고의 기본조차 모르는 한국홍보전문가. 그리고 그의 '애국적 똥볼차기'에 놀아난 줄도 모르고 아까운 거금을 기꺼이 갖다 바치거나, 무료로 그 광고 모델이 되어 준 것에 대한 영웅심으로 우쭐해하는 유명 연예인들. 그 천방지축 철부지의 자살골에 눈먼 일부 한국 언론들과 순진한 시민들까지 합세하여 박수를 보내고 있다. 심하게 말하면 '애국 사기'라고 할 수 있는데도 말이다.

한국인들은 '애국'이란 글자 앞에서 깜빡 죽는다. 이성이고 판단력이고 그 앞에서는 모두 무용지물이다. 아마도 소국적 콤플렉스, 피식민 지배 트라우마 때문일 것이다. 그렇기에 역으로 이 '애국'을 잘 이용하면 스타로 급부상할 수가 있다. 안철수의 개인용 진단 백신 무료 배포가 그 대표적인 예라 하겠다.

어차피 한국 풍토에서는 개인용 PC 사용자들로부터 돈을 받아내기가 어렵다. 차라리 공짜로 뿌려서 시장을 독점해 놓고, 대신 치료 백신과 기업용 진단치료 백신에서 그 이상의 수익을 올리면 그만인 게다. 한데 그게 그만 젊은이들에게 애국적 행위로 받아들여진 것이다. 안철수의 '애국 바이러스'는 그렇게 개발된 것이다.

비판적 안목이 부재한 젊은이들이 안철수증후군처럼 서경덕증후군에 감염되어 막연한 것을 맹목적으로 좇다 보니 자살골에도 박수치고 열광하는 추종자가 되는 것이다. 한국에 유사종교가 번창하는 것도 이러한 성향 때문이다. 한데 '애국 바이러스'는 있으나 '애국 백신'이 없다. 그러니 무식한(혹은 약은) 자의 선한(혹은 사악한) 의도가 어떤 결과를 초래했는지 목도하고서도 깨닫지 못하는 것이다. 특히 해외에 사는 교민들이라면 이런 '애국 마케팅' '애국 사기'에 한두 번쯤 당해 보지 않은 이들이 드물 것이다.

왜 이러한 일들이 반복되는가?

한국인의 유전병적 고질병 무개념 DNA 때문이다. 상대방의 인식 수준에서 사전에 셀프모니터링을 하지 않았기 때문이다. 애국심으로 거금을 도네이션했다 하더라도 결과에는 연대해서 책임을 져야 한다. 건물을 지을 때 감리를 맡기는 것처럼 광고비를 낸 기본 목적을 충족시킬 수 있을지 제3자에게라도 의뢰해서 더블체크를 하였어야 했다. 그다지 어려운 일도 아니다.

**광고문이니까 문법 따위 무시해도 된다는
무례한 한국적 발상이 문제**

진즉에 앤드루 새먼 기자가 지적했을 때, 서씨는 자기 행위에 대해 성찰하고 예의 돈키호테식 추태를 멈췄어야 했다. 그리고 그동안 그의 엉터리 '애국 영어'를 보고서도 아무런 말없이 잠잠했던 국내 영문학자들의 태만도 문제이다. 관대한(실은 대충 모드인) 한국인들과 달리 선진사회에서 문법은 문명인 여부의 척도이며, 오자(誤字, typographic errors)는 인격의 결함으로 인식한다는 사실을 몰랐을 리 없다. '애국'이란 단어 앞에서는 그 고매한 지성도 마비되는가 싶다. 해서 길도 다 닦기 전에 먼저 내달리는 똥차를 보고서도 못 본 척한 것인가?

미국에 사는 교민들이야 낯익은 고국의 연예인이 나오니 무작정 반갑고 뿌듯할 수도 있겠다. 하지만 국제사회에서 한국이나 한국 문화에 대해 영향력을 행사해 줄 수 있는 미국인은, 신문을 구독하지 않는 평범한 소시민이나 신문도 제대로 읽을 줄 모르는 하층민이 아니다. 적어도 미국을 움직이는 상위 1%라면 서씨의 광고를 보자마자 앞서 제기된 문제점들을 단박에 읽어낼 것이다.

뭐 어차피 국내용으로 낸 과시성 광고인데, 우리말도 아닌 영어 몇 자 빼먹거나 틀리면 어떠냐며 대충 넘어가려는 한국인들과 달리 한국에 잠시 관심을 가졌던 선진문명권 오피니언 리더라면 결코 그냥 넘어가지 못한다. 대한민국을 '말도, 글도 제대로 안 통하는 나라'로 인식할 것은 물론 아직 본격적으로 투자하기에는 위험한 나라로 판단할 것이다. 한국인들과 함께 일했다간 언젠가는 계약서상의 영문 오류나 숫자에 동그라미 하나 빠트리거나 덧붙여 망할 수도 있겠다는 생각을 가지지 않을 수 없을 게다. 하여 기왕 진행중인 한국 관련 사업도 이중삼중으로 다시 체크하려 들 것이다.

아무렴 이런 일들이 서씨만의 문제는 아니다. 상대방 입장, 시장에서의 반응에 대한 생각 없이 그때그때 책상머리에서 만들어 낸 수많은 전시행정과 규제들로 나라가 몸살을 앓고, 성장 동력을 잃어 가고 있는 것도 그 때문이겠다. 엉뚱한 곳에다 헛힘을 쏟고 있으니 당연한 귀결일 테다.

중국의 댜오위다오 광고와 베트남 주석의 편지

자, 그럼 이 서씨의 독도 광고와 중국의 댜오위다오(釣魚島) 광고를 비교해 보자.

기본적인 문법은 고사하고 전달 가능한 명시적 표현도 없는 시비조를 무턱대고 내지르고 보는 서씨와 달리, 중국은 핵심 주제어를 곧바

중국의 댜오위다오(釣魚島) 광고. [인터넷 화면 캡처]

로 던지는 정공법을 택하고 있다. 〈뉴욕타임스〉와 〈위싱턴포스트〉지의 2개 지면에 걸친 대형 광고는 'DIAOYU ISLANDS BELONG TO CHINA(댜오위댜오는 중국의 것이다)'라는 제목을 달았다. 그리고 그 아래에 섬의 사진과 함께 조목조목 역사적 근거를 대는 설명문을 싣고 있다.

구태여 광고를 하겠다면 직설적인 비방만이 능사가 아니다. 정히 하려면 일본인들을 설득할 만한 단서, 사건에 합당한 역사적·신화적인 스토리텔링을 찾아 일본에서 광고를 하였어야 했다. 역시나 미국에서 광고를 하는 것도 누구나가 공감할 수 있는 세계사적 어젠다를 찾아냈어야 하고, 〈뉴욕타임스〉 독자나 미국인들이 자신들과도 이해관계가 있는 것처럼 유도하는 도입부가 있어야 했다. 그런 건 홍보나 광고의 ABC다.

한 예로 우리가 한참 후진국으로 알고 있는 베트남의 응우옌민찌엣 국가주석이 종전 32년 만에 미국을 방문하였을 때, 미국 국민들에게 쓴 편지 광고는 "토머스 제퍼슨은 1787년 자신의 버지니아 농장에 심을 볍씨를 베트남에서 구하고자 했습니다. 그리고 베트남의 독립선언은 '모든 인간은 평등하게 창조됐다'는 제퍼슨의 불멸의 선언과 함께 시작되었습니다"로 시작한다.

먼저 편지 전면에 베트남을 방문했던 부시 대통령의 사진을 실음으로써 미국인으로 하여금 이

〈워싱턴포스트〉지에 실린 베트남 주석 미국 방문 기념편지 광고. [인터넷 화면 캡처]

광고가 미국과 관련이 있음을 알려 눈길을 붙잡고, 본문 도입부에 미국 국민 모두가 존경해 마지않는 건국의 아버지 제퍼슨의 일화로 스토리텔링하여 자연스럽게 독자를 끌어들이고 있다. 이어 두 나라간의 오래된 우정 깊은 역사를 소개하면서 슬픈 전쟁의 상처를 어루만지며 마무리하고 있다.

아침에 〈워싱턴포스트〉지를 집어든 독자들은 '친애하는 미국 친구들에게'로 시작되는 베트남 국가주석의 정중하고도 품위 있는 편지를 읽으면서 시대의 변화를 절감하는 것은 물론 베트남의 수준 높은 품격에 깜짝 놀랐을 것이다. 그리하여 자신들이 베트남전쟁에서 패할 수밖에 없었음을, 자신들이 미개한 나라에 패한 것이 아니었음을 확인하고 그동안의 치욕감 대신 위안감마저 품었을 것이다. 바로 이런 걸 두고서 창조적 스토리텔링이라고 하는 것이다.

Tip 서구인들이 이해할 만한 창조적 독도/동해 솔루션

1950년대에 중국의 저우언라이(周恩來) 총리가 연극단을 이끌고 이탈리아를 방문하여, 중국 고대 설화인 〈양산백(梁山伯)과 축영대(祝英台)〉의 애절한 러브스토리를 상연하게 되었다. 그 하루 전에 비서진들이 '중국 고대 러브스토리'와 '이루어지지 못한 사랑의 스토리' 운운하는 보도자료를 열심히 만들었다. 그런데 보도자료의 초안을 받아 본 저우언라이가 벌컥 화를 내면서 내던져 버리더니, 종이와 펜을 가져오라 하여 그 자리에서 직접 문안을 고쳐 나가기 시작했다.

다음날 아침, 이탈리아 신문들은 대문짝만하게 중국 연극단의 공연기사를 도배하였는데, 제목인즉슨 '중국의 로미오와 줄리엣 러브스토리 상연!' 그날 밤 극장은 이탈리아 고위층 인사와 관객으로 미어터졌다고 한다. 내용보다 소통이 먼저라는 사실을 저우언라이 총리는 알고 있었던 것이다.

　"고급 와인의 명산지 부르고뉴는 원래 독립국인 부르고뉴공국이었으나, 프랑스·독일 간의 전쟁 후 조약에 따라 아무런 이유 없이 프랑스에 강제 합병된 나라입니다. 한국 또한 한때 부르고뉴공국처럼 일본에 병합된 적이 있었는데, 광복 후에도 회복되지 않은 부분이 남아 있습니다. 바로 일본식으로 일본해, 한국식으로 동해 바다입니다. 동해의 빼앗긴 이름, 강탈당한 인격을 되찾을 수 있도록 〈뉴욕타임스〉 독자 여러분들께서도 이 역사 회복, 한국 국민들의 인간 존엄성 회복을 위한 '범글로벌 선진문명사회 공동전선'에 참여해 주십시오!"

　부르고뉴를 모르는 서양인이 있을까?
　이 부르고뉴공국에 관한 역사 소재는, 한국의 '아영FBC' 우종익 대표가 20여 년 전 부르고뉴 와인 수입 협상에서 실제로 써먹었던 소재다. 당시 한국 같은 미개국에 프랑스 와인의 자존심인 부르고뉴 와인을 팔 수 없다고 하자, 서양 역사에 밝은 《이야기 세계사》의 공저자였던 우종익 대표가 부르고뉴공국의 역사를 들먹이며 한국과의 동질감을 유도해서 설득해 낸 것이다.
　굳이 독도를 들먹여 긁어 부스럼을 만들 필요가 없다. 그 독도가 속한 동해의 이름만 되찾으면 독도는 가만히 두어도 아무런 문제가 없다는 말이다. 정히 일본의 독도 영유권 주장의 부당함을 미국 국민들에게 알리고 싶다면, 러시아가 예전에 알래스카를 미국에 팔아넘긴 것을 이제 와서 불공정한 계약이었다며 돌려 달라는 것과 다를 바 없는 억지라고 호소한다면 미국 국민들이 화들짝 관심을 보일 것이다.
　이런 게 현재 한국에 필요한 창조적 솔루션이다.

Tip 공든 탑에 개칠하는 '애국적 자위행위' 불고기 광고

위 글이 〈데일리안〉에 게재된 다음날(2014년 3월 23일) 한국 문화 관련 블로그, 젠 김치(http://zenkimchi.com)의 대표인 조 맥퍼슨이 '한식 이미지 망치는 광고'라는 제목의 비평을 발표했다. 엉터리 광고의 더없이 좋은 모범 사례가 되겠기에 〈중앙SUNDAY〉에서 번역한 전문을 옮겨 싣는다. 상당히 점잖게 썼지만, 원문에는 'cheesy(형편없는)' 'silly(어리석은)' 'cultual masterbation(문화적 자위행위)'과 같은 용어들도 눈에 띈다.

이달 뉴욕타임스(NYT)에 불고기 광고가 났다. 자칭 타칭 '홍보 전문가' 서경덕 씨의 NYT 광고 시리즈 활동의 최신판이다. 대개 이런 광고들은 한국에선 주목을 받지만 한국 외의 곳에선 무시되곤 했다. 한데 이번은 달랐다. 미국의 유력 매체 세 곳이 이에 대해 보도를 했다. 유명 스포츠 매체인 스포츠 일러스트레이티드, 미국의 공영 라디오 방송국인 NPR, 광고업계 전문지인 ADWEEK다.

안타까운 건 이 세 매체 모두 비판 일색이었다는 거다. 그들은 광고가 혼란스럽고 이상하다고 보도했다. ADWEEK는 '올해의 가장 괴상한 광고'라고 혹평했다.

한마디로 실패한 광고란 얘기다. 수년간 이 업계에 종사해 온 우리 같은 사람들은 오래전부터 느껴 왔다. 불고기 광고와 같은 캠페인은 끔찍하다고. 비효율적인 건 말할 것도 없거니와 성공적 한국 홍보를 위한 노력에 해만 된다. 텍사스 레인저스 소속 메이저리거인 추신수 선수가 나온 이 불고기 광고는 한국의 브랜드 이미지와 관련한 잘못된 모든 것을 상징한다. 홍보를 공부하는 학생들에게 '이렇게 하면 안 된다'는 좋은 사례가 될 거다.

먼저 이 광고는 한국의 광고 회사들이 스타에게 지나치게 기대고

있는 현실을 드러냈다. Ace Metrix라는 방송 관련 회사의 분석에 따르면, 스타를 이용한 광고는 다른 형태의 광고보다 효과가 적다고 한다. 독자·시청자들이 상품이 아닌 스타에 집중하기 때문이다.

마케팅의 기본은 마켓(시장)을 이해하는 거다. 불고기 광고의 경우, 텍사스에서 활약중인 야구선수가 뉴욕을 중심으로 발행되는 신문 광고에 등장했다. 뉴욕 양키스 팬들은 텍사스 레인저스에 관심이 없다. 시장의 수요자들을 이해하지 못한 마케팅이다. 또한 대부분의 외국인들은 이런 한식 광고에 등장하는 한국인 스타에 대해잘 모른다. 씨앤블루부터 원더걸스·이영애 씨 모두 훌륭한 스타들이지만 아직까진 한류 드라마나 K팝 팬 사이에서만 인지도가 높다.

이 광고의 영어 문구 역시 괴상하다. 불고기 광고에선 추신수는 불고기를 먹고 춘계 훈련을 했다고 돼 있다. 불고기를 잘 모르는 외국인들이 과연 이를 읽고 얼마나 '오, 불고기가 먹고 싶군'이라고 생각할까. 광고가 겨냥하는 독자층엔 아무런 울림이 없다. 광고엔 이렇게만 쓰여 있다. '불고기?' 질문에 대한 답은 없다. 단지 어느 아시아인이 들고 있는 고깃덩이 사진이 있을 뿐.

서씨는 과거 월스트리트저널(WSJ)에 막걸리 광고 캠페인도 벌였다. 하지만 막걸리는 유효 기간이 짧아 일본 이외의 지역으론 수출이 어렵다. 미국인이 어떻게 막걸리를 마실 수 있는지에 대한 정보는 전무했다.

한국인들이 좋아하는 콩글리시 중 하나가 '벤치마킹'이다. 벤치마킹의 원래 의미는 경쟁자들의 제품과 자신의 제품을 비교 테스트해 본다는 거다. 그러나 한국에선 그저 '남이 하는 것 베끼기'다. 불고기 광고는 1990년대 미국의 "우유 있어?(Got Milk?)"라는 광고를 소위 '벤치마킹'한 듯하다. 게으르다.

이런 광고는 미국인들에겐 혼란과 비웃음만 산다. 서씨를 포함한 다른 '브랜드전문가'들의 한국 홍보의 문제 핵심은 홍보의 대상이 외국인이 아니라는 데 있다. 그들은 한국인들에게 '우리가 이런 걸 하고 있어요'라고 말하고 싶은 거다. NYT나 뉴욕 타임스스퀘어에 한국 관련 광고가 크게 나면 한국의 언론들은 대서특필하니까. NYT에 광고하는 건 바보라도 돈만 있으면 한다. 이런 식의 민족주의는 국가 홍보에 정작 아무런 도움도 되지 않는다. 진정한 홍보전문가라면 홍보 대상과 시장을 철저히 분석하고 투자 효과와 리스크를 따져야 한다.

이러한 광고를 표현하는 단어는 하나이다. '창피함(embarrassment).' 왜 한국이 돈을 들여 계속 이런 캠페인을 하는지, 한국을 아끼는 외국인으로서 이해가 되지 않는다. 우물 안 개구리들의 자화자찬 문화적 자위행위 그만 집어치워야 한다.

46 프랑스식당에서 테이블 꾸려 나가기 및 테이블 매너

국제 협상 역량 배양의 첫걸음, 글로벌 정격 프랑스식 디너 | 식당은 아군과 적군이 우글대는 전쟁터 | 주문은 절대 서두르지 말고 기다려야 | 웨이터는 절대 입으로 부르지 말고 눈으로 불러야 | 손가락질로 부르는 것은 절대 금물 | 식사의 전체 구조와 흐름 순서를 알아야! | 왜 정격 레스토랑에서의 코스 요리인가? | 한국 축구대표팀의 히딩크 겉따라하기

식사 응대에서 가장 중요한 것은 세세한 지식이 아니라 넓은 시야, 여유로우면서도 전략적인 마음가짐이다. 특히 주최측(호스트)은 손님들이 전인적으로 즐거운 시간을 보내도록(entertain) 사명감 레벨로 임해야 한다.

호스트의 역할과 와인 디테일 등에 관하여 국내에서 참고할 만한 책은 거의 없다. 시중의 대다수 와인 책들은 대개의 테이블 매너 책들이 그렇듯이 한결같이 향단이·방자 내지는 방관자의 시각·시야로 쓰여져 있어, 비즈니스 디너 호스트역을 개비해야 할 한국의 각계각층 지도자들에게는 사실 백해무익이다. 오히려 글로벌 와인 속물로 전락할 가능성마저 품고 있다.

유럽이나 프랑스에서 손님으로 레스토랑에 식사 초대를 받았을 때에는 자신이 택할 메뉴를 대강 새겨두고 가는 것이 좋다. 게다가 귀빈으로 초대받았을 때에는 여흥이나 재미있는 이야깃거리를 준비해 가서 활발하게 분위기를 이끌어야 한다. 그리고 자신이 호스트가 되어 초대할 적엔 식사의 전 과정을 반드시 숙지하고 주도해야 한다.

한국에서와는 달리 서구에서 와인은 권하고 취하는 도구가 아니라 광범위하게 펼쳐지는 인간관계의 미디어이자 촉매제다. 식사 초대가 단순히 비싼 요리를 먹여 주려는 목적이 아니라 즐거운 시간을 함께

하자는 것이다. 따라서 초대의 의사 표시 영어는 "I like to buy you dinner"가 아니고, "Will you have the evening with me?"이다. 느긋하게 시간을 보내기 위해 정규 식당은 통상 저녁 손님을 7시 이전엔 받지 않고 있으므로 그보다 한참 뒤의 시간으로 예약하는 것이 오히려 정상이다. 이는 유럽 내 한국식당에서도 마찬가지로 적용된다. 비즈니스 런천은 아주 바쁘지 않는 한 대개 두 시간을 넘기기 십상이고, 현지인들은 때로는 네 시간이 걸리는 오찬 후 나중에 자발적 야근을 하게 되더라도 여유 있게 즐기려는 경향임을, 삶에 대한 가치관이 다름을 인식하고 있어야 무탈하다.

그러니 시종일관 화기애애하게 대화를 나누며 천천히 식사를 즐겨야 한다. 이야기 주제는 오락·취미·스포츠·음악·미술 등 가벼운 것으로 하되, 정치나 현실 문제 등 무거운 것은 가급적이면 피하는 것이 좋다. 그리고 항상 참석자들간의 대화 밸런스를 유지하되, 자기가 주최하였을 경우에는 계속해서 대화의 분위기를 북돋워 주어야 한다.

식사는 식당에서 미리 정한 코스 순서대로 나오는 '세트메뉴'가 있고, 코스마다 각자가 하나씩 따로따로 주문하는 '아 라 꺄르프(a la carte)'가 있다. 무조건 옆사람과 같은 것으로 주문하지 말고, 자신의 취향대로 고른다. 그러니 사전 공부는 필수다.

식사의 전체 구조와 흐름 순서

프랑스식 디너의 구조 방정식, 도입부−전식−본식−후식… 피드백을 반드시 외워야 한다. 0−1−2−3… F 숫자로 대체해 외우거나, 아뻬리띠프−화이트 와인−레드 와인−디저트 와인… 후속 사후 관리 피드백을 와인 종류로 외워 둔다면 아주 유용할 것이다.

0. **도입부**(아뻬리띠프apéritif, 한 잔의 물). 대개 화이트 와인, 또는

스파클링 와인 한 잔이다. 경우에 따라서는 레드 와인으로 대신해도 되지만, 중급 이상의 식당에서는 제대로 주문해야 한다. 남성은 마티니·진토닉·위스키 뻬리에·뽀르또·리꿔·끼르 등을 주문하고(디너 때 맥주는 곤란), 여성의 경우는 캄파리, 무알코올인 오렌지 주스·토마토 주스·뻬리에·미네랄 워터 중에서 고를 수도 있다. 집이나 사무실에서의 식사가 따르지 않는 기념 파티에서는 스파클링 와인을 사용한다. 맥주는 안 된다. 아동이 있을 경우엔 반드시 주스나 콜라 같은 음료를 주문하여 완전한 인격체로 대우해야 한다.

  1. 전식(前食. 앙트레entrée 또는 애피타이저appetizer. 화이트 와인도 주문해야). 최소한 1인 1접시. 토막연어, 또는 푸아그라(거위 간을 다진 것)나 샐러드류가 무난하다. 새우나 가재처럼 껍질이 같이 나오는 통생선은 서브된 형태를 부수지 않고 속살만 발라먹어야 하고, 가시 문제까지 있으므로 아주 노련하지 않으면 주문하지 않는 것이 좋다. 한국식으로 조각조각 지저분하게 찢어발겼다간 다시는 초대받지 못한다.

  수프는 바다가재 등 아주 귀한 재료이거나 조리 시간이 아주 긴 경우에만 주문한다. 원래 정통식에서는 수프가 없다. 미국인들이 요구해서 들어간 것으로 자칫 가난한 인상을 줄 수 있다. 그리고 그 포만감으로 인해 음식 맛을 제대로 느끼지 못할 염려가 있으므로 가능하면 주문하지 않는다.

  2. 본식(本食. 쁠라plat. 레드 와인도 주문해야). 1인 1접

한식 식사자리 도입부 술의 강추 모델 폼. 국산 스파클링 막걸리 국순당 '오름'. 2012 서울 핵안보정상회의 부대행사에서 건배주로 채택. 한식에서 도입부 술 없음이란 역사적 숙제를 3년 개발 노력 끝에 해결하였다.

시. 생선류를 주문하면 화이트 와인을 또다시 주문해야 하므로 육류가 무난하다. 숙달되기 이전에는 절대로 화이트 와인을 병으로 주문하지 않는 것이 좋다. 중간에 레드 와인으로 바꾸어 마시려면 잔을 교체해야 하는 등 번거로움이 따른다. 가격은 중간선대가 무난하다. 11월 보름 이후라면 격의 없는 사이의 경우 당해년도산 속성발효주인 보졸레 누보도 괜찮다. 와인에 대해 잘 모르면 손님이나 웨이터에게 위임하는 것이 현명하다. 가벼운 점심이라면 각자 기호대로 맥주도 가하다. 주문 와인의 고급 정도에 따라 상대방에 대한 예우 정도가 결정됨을 유의해야 한다. occasion과 vintage year를 맞출 수 있으면 맞추어 보는 것도 괜찮다. 물은 Volvic, Evian, Vittel 이상 무발포성, 기타 발포성 약수 등 주요 브랜드를 외우고 있어야 한다. 수돗물인 맹물 서빙은 금물이다.

프로마쥬(fromage, 입가심용 치즈). 치즈는 물 대신 입과 혀를 닦아내는 지우개 용도로 살짝 먹는 것이다. 입속에 음식이나 양념이 남아 있으면 디저트의 맛을 제대로 음미할 수 없기 때문이다.

3. 후식(後食. 데쎄르dessert). 중요한 자리에선 반드시 주문하도록 한다. 디저트 와인도 주문하면 돋보인다. 급한 오찬의 경우에는 생략하고, 바로 카페로 넘어가기도 한다.

카페(cafe)는 에스프레소 등의 프띠 카페(작은 컵)나 그랑 카페(미국식 큰 컵) 중 택일한다. 카페오레(미국식 밀크커피)는 아침에 가정에서 마시는 것이 일반적이다. 고급 식당에서 주문하면 우선 커피잔이 크기 때문에라도 보기에 좋지 않다.

뿌스 카페(pousse-cafe)는 일명 디제스띠프(digestif, 소화제)라고도 한다. 브랜디·꼬냑·그랑마르니에(레몬술)·꼬앙뚜로 등이 적당하다. 배를 줄이고자 마시는 것이므로 이때 맥주는 절대 주문하면 안 된다. 고급 연회에서는 시가가 서브되기도 한다. 집으로 초대받았을 때에는 커피를 마신 다음 거실의 안락의자로 자리를 옮겨 브랜디를 들면서 담소를 계속한다. 이 경우 브랜디잔을 손바닥으로 감싸듯 쥐어서 입술에 살짝 묻히듯이 아주 천천히 마신다.

주문 매너

주문은 서두르지 말고 기다려야 한다. 웨이터는 절대 입으로 부르지 말도록 하며, 손가락질로 부르는 것도 절대 금물이다. 욕으로 오인할 우려가 있어서이다. 와서 물어볼 때까지 기다리되, 급할 경우에는 손을 들어 "무슈" 하고 점잖게 부른다. 대개는 웨이터의 수가 그리 많지 않다. 중급 이하 식당의 경우 식탁이 아주 작고, 따라서 자기 공간도 작아 포크와 나이프는 대개 하나씩만 놓고 중간에 갈아 주지도 않는다.

아뻬리띠프를 먼저 주문하여, 이를 들면서 메뉴를 검토하는 것이 가장 바람직하다. 후식까지 한꺼번에 주문하지 말고, 그때 가서 주문한다. 와인에 더해 물(공짜 맹물이 아니고)까지 시키면 크게 환대하는 것이니, "어떤 물을 드시겠습니까?" 하고 강권하기를 잊지 말아야 한다.

전 세계 프랑스식당에서 웨이터에게 이야기할 때의 인사말로는 "봉주!" "봉쑤아!"를, 주문 과정에서의 처음 몇 마디, 요리 서브시의 고맙다는 "메르씨!" 등의 간단한 말들은 가벼운 미소와 함께 반드시 프랑스어로 하는 것이 바람직하다.

식사 시작

호스트는 식사행위가 시작됨과 동시에, 즉 첫 요리접시가 서빙되어 냅킨을 무릎 위에 놓을 때, 또는 화이트 와인잔을 들면서 자연스럽게 상대방에게 "본아뻬띠(Bon appetit! 많이 드십시오!)"라고 말한다.

잔이 두 개 놓이는데 큰 잔은 물잔, 작은 잔이 와인잔이다. 병으로 주문하였을 때 구떼(goûter, 와인 시음)를 권유받으면, 먼저 눈으로 빛깔을 보고, 코로 냄새를 맡고, 입안에서 씹어 보고, 목젖으로 넘어간 후 여운을 살핀 뒤에 '좋다'는 의사 표시를, 상한 듯싶으면 주저하지 말고 바꾸어 달라고 한다. 좋다고 말하면 (웨이터가 없는 경우엔 호스트가) 다른 사람들에게 차례차례 따른 뒤, 구떼한 사람에게는 맨 마지막으로 따른다. 자기가 초대하였을 때에는 과하더라도 자기 책임하에 주재하는 의미에서 대개 자신이 구떼한다. 와인잔의 수위는 빠르게 낮을수록 분위기가 고조 격상됨을 의미한다.

이하 와인이나 물은 손님 것이 잔의 반 이하로 내려가면 계속해서 따라 준다. 자기 잔이 비면 남의 잔에 먼저 조금 부은 뒤에 자기 잔을 채운다. 따를 때 와인이 병 입구에서 주르르 흐르는 것을 피하려면 와인이 다 따라졌을 때 병을 살짝 돌리면서 들어올린다.

보통 앙트레가 나오기 전에 미리 빵바구니를(그리고 간혹 버터·잼을) 가져다 놓는데, 대개는 빵접시가 따로 없으므로 바구니에서 빵을 꺼내어 탁자 위에 그냥 올려놓는다. 빵은 먹는다기보다는 행주로 사용한다. 가령 접시가 달라져도 포크와 나이프를 바꿔 주는 일이 없으므로 자기 것을 그대로 사용해야 하는데, 그것들이 지저분하면 이때 빵을 조금 뜯어 행주처럼 닦아낸 후 입속에 넣어 삼킨다. 카페테리아같이 겨자를 공동 사용하는 데서는 나이프로 겨자를 뜰 때 꼭 미리 빵조각으로 나이프를 닦아내는 것을 잊지 말아야 한다. 그리고 접시에 남은 국물, 즉 소스는 역시 빵으로 행주처럼 닦아낸 후 삼킨다. 프랑스인들은 접시에 남은 소스를 빵으로 청소하여 끝까지 먹어치우는 경우도 있다. 소스에 맛있는 재료가 많이 들어갔기 때문이다. 그렇다고 접시 바닥이 말끔해질 정도로, 또는 남은 다른 음식 국물까지 모조리 빵에 발라먹으면 못사는 사람 취급받을 우려가 있으니 삼간다.

식사가 시작되어도 대화는 계속해서 이어 나간다. 손은 두 손목을 가볍게 테이블의 가장자리에 얹어 놓는다. 음식물이 묻은 입술로 와인이나 물을 마시지 않는다(냅킨을 적시적소에 두드리듯이 사용한다). 큰 소리로 이야기하거나 웃음을 자주 터뜨리지 말고, 가급적 항상 조용조용하게 이야기한다. 식사하면서 허리를 굽히거나 머리를 숙이고서 접시에 입을 갖다대는 정도는 그 사람의 상스러운 정도에 비례하니 조심해야 한다. 하인 내지는 짐승격으로 여긴다. 다른 점잖은 사람들이 보는 가운데서 품격 낮은 사람과 식사를 같이하고 있다는 것만으로도 상대방에게 불쾌감을 줄 수 있다.

전체적인 애트모스피어(atmosphere, 분위기)를 우아하고 격조 있게, 또 화기애애하게 이끌어 가는 것이 가장 중요하다.

후식까지 마치면, 냅킨은 자연스레 대충 네모 형태로 접은 다음 테이블에 올려놓는다. 단, 손님의 경우 너무 반듯하게 접으면 차후 재초대해 주십사 하는 강요로 인식될 수 있다. 카페는 음식이 아니므로 냅킨을 사용하지 않는다.

참고로 대부분의 한국 레스토랑에서는 요리를 코스별로 주문하면 막무가내 밀어내기로 서빙되는 경우가 많은데, 이는 무례다. 호스트가 특별한 사정상 그렇게 요청하지 않는 한, 한 요리가 끝나면 반드시식기를 다 치운 연후에 다음 새 요리가 나와야 한다. 특히 디저트나 커피는 메인 요리 식기를 말끔히 치운 다음 내놓는 것이 정격이다. 다먹은 식기를 너절하게 펼쳐 놓은 상태에서 과일접시나 커피를 내놓는 건 마무리를 망치는 저품격 어글리 매너이다. 아무튼 새 요리가 나올때마다 연극의 한 막이 새로이 시작되는 것이니, 호스트는 그때마다의식을 치르듯 마치 처음처럼 분위기를 즐겁게 환기시켜 활기찬 대화를 이끌어 나가야 한다.

기타 테이블 매너

계산은 반드시 테이블에 앉아서 치른다. 식사의 전 코스가 거의 끝나갈 무렵 적당한 때에 '라디씨용(계산서)'을 테이블로 가져다 달라고 한다. 이때도 웨이터를 입이나 손짓으로 부르지 않는다. 팁이 계산서에 포함되었는지 확인하고, 손님으로 크게 환대를 받았거나 일정 제약상 답례할 길이 없을 때에는 자신이 팁을 놓겠다고 양해를 구해 실행하는 것이 좋다. 손님일지라도 다음번 답례를 위해 반드시 금액을 확인하도록 한다.

현지 주재원의 경우, 집에서 차릴 때에는 접시의 수를 너무 많이 하지 않는 것이 좋다. 요리를 한꺼번에 일제히 올려놓지 말고, 차례차례로 최대 두 접시 정도만 올려놓는다. 양념이 약한 것에서 강한 순으로 서브하되, 연어회로 스타트하면 무난하다. 평소 집에 아뻬리띠프용 주류와 음료, 종류별 와인이며 샴페인·스파클링 와인, 꼬냑 등 브랜디의 재고를 유지하고 있어야 한다. 와인과 스파클링 와인은 보관시 반드시 눕혀 놓도록 한다. 잘못 세워 놓을 경우 코르크가 말라 갈라져서 내용물이 변질되는 불상사를 방지하기 위해서이다.

남의 집에 초대를 받았을 때에는 감사의 표시로 가벼운 답례품을 반드시 준비해 가져가야 한다. 데쎄르용 과자(생과자나 초콜릿)나 꽃, 또는 샴페인이나 의미 있는 레드 와인이면 좋다. 스페인이나 이탈리아식당 등 제3국의 오리진식당에서는 가급적이면 식당의 국적과 같은 원산지 와인을 주문하도록 한다. 이탈리아식당에서는 마카로니·스파게티 따위의 파스타며 피자를 가급적 시키지 않는다. 아주 극소량의 맛보기가 아닌 이상 먹지 않는다. 이것들은 우리나라로 치면 시장판 빈대떡처럼 못사는 사람들의 음식이다.

영국인들은 일반적으로 저녁에는 일찍 가정으로 돌아가기 때문에 대개의 비즈니스 식사 접대는 두 시간가량의 풀코스 오찬으로 한다. 이때 디저트 와인으로 브랜디 대신 포르투갈산 주정강화 와인인(14° 이상) 뽀르뜨(port)를 마시는데, 아뻬리띠프 맥주와 식사중의 와인들까지 합친다면 일인당 총 와인 기준 한 병 반쯤을 마시는 것이다. 한국인들은 이 정도에서 그만 나가떨어지기 예사다. 각별히 주의하도록 한다.

정규 레스토랑에서의 와인은 식사비의 절반 정도로 책정하면 무난하다. 그리고 남아 있는 고급 와인은 식당 종업원의 당연한 몫이다. 한국에서처럼 병을 다 비우지 않도록 한다. 이는 웨이터들의 와인 공부를 돕기 위한 배려로서, 고급 와인일수록 1/3 또는 1/4 정도 남겨두는 것이 매너다. 그러므로 와인이 남아 있지 않을 듯한 상황이 예견되면 새로이 추가 주문하는 것이 고급 손님으로서의 예의다. 와인 주문을 하지 않으면, '이 친구 밥을 물하고만 먹으러 왔나?' 하여 웨이터로부터 홀대받는다.

사족으로 치즈와 빵에 대한 설명을 추가한다. 근자에 유행하고 있는 한국의 와인 모임들에 가보면 간단히 치즈 몇 조각을 안주삼아 와인을 마시는 경우가 종종 있는데, 원래 가난한 사람들이 포도주를 마실 때 치즈를 안주로 먹는다. 그런 빈티나는 주당들의 모임은 차라리 안하는 게 낫다. 식사용으로서의 빵은 조찬에만 먹는다. 오찬이나 디너 때 미리 빵을 먹어 배를 불려 버리면 주요리를 맛있게 먹을 수가 없기 때문이다. 따라서 치즈와 빵의 용도는 안주나 식사용이 아니다.

참고로 한국인들은 식사나 술자리에서 양복저고리를 벗는 습관이 있는데, 비즈니스 테이블에선 절대 금물이다.

F. 피드백(후속 사후 관리). 손님의 경우, 다음날 반드시 전화나 우편으로 감사인사를 전하는 즉각적인 피드백(immediate feedback) 조치를 하여야 안전하다. 일정 기간 후 답례 식사 제의를 하는 정례적인 피드백(regular feedback, post follow-up) 조치도 필수다. 빠트리면 안 된다. 한국인들이 가장 많이 저지르는 실수가 바로 이 피드백 부재다. 패자부활, 기사회생도 이 피드백 하나에 달려 있다.

대략적이지만 이것이 글로벌 무대에서 통하는 정품격 테이블 매너다. 온갖 식사 도구들이 놓인 B4 용지 한 장 혹은 두 장 크기의 좁은 공간에서, 그것도 바르게 앉아서 능수능란하게 호스팅을 해내어야 한다. 이 정도의 내공이면 다음 식사 약속은 물론 머잖아 친구가 되어 그들의 사교 클럽에 초대받을 수도 있다. 그렇지만 밥맛없는 하인격으로 인식되어 버리면 나중에 답례로 식사 초대를 하여도 이런저런 이유를 대면서 피하고 만다. 그러니 테이블 매너에 자신이 없을 경우에는 파트너를 정규 레스토랑에서의 디너로 초대하는 것을 피하고, 사무실 인근의 약식 식당에서 간략한 오찬으로 대신하는 것이 좋다.

그럼에도 불구하고 많은 한국인들이 "그깟 형식적인 행위가 뭐 그리 중요해! 내용이 중요하지!" 하고서 대충 얼렁뚱땅 생략하려 드는데, 자칫 글로벌 무대에서는 상것으로 오해받기 십상이다. 그러다가 성공하고 나면 그러한 못된 DNA가 발동하여 반드시 사고를 치게 되고, 망하기 일쑤다.

무엇보다 중요한 것은, 이러한 식사의 전 과정을 주인격(호스트)으로서 이끌어 가는 것이다. 호스트임에도 불구하고 잘못 배운 하급 매너로 대접했다간 하인격으로 취급받을 수밖에 없음을 명심해야 한다. 미세한 서비스라고 해서 귀찮게 여겨 생략하거나 주저하면 안 된다. 비즈니스는 전쟁이다. 망설이면 죽는다. 무조건 방아쇠를 당겨야 한다.

아무튼 식사의 전 과정을 물 흐르듯이 부드럽게 이어 가되, 전체적으로 모든 말과 행동은 최대한 느려야 한다. 느릴수록 오히려 상대는 더 집중하게 마련! 이는 리더십의 기본이다.

레스토랑 사전 점검, 메뉴와 레시피 짜는 법, 와인 세련되게 따르는 법, 포크와 나이프 등의 도구를 다루는 미세한 요령, 사소한 것으로 상대의 호감을 유도하는 법, 메시지의 은유적인 전달법, 식사 중간중간 입에 발린 감탄과 칭찬 날리는 법, 빵을 찢는 법, 와인과 고기를 입안에서 섞는 법, 아이스크림을 먹는 데 왜 스푼과 포크가 다 필요한

지, 냅킨의 구체적인 사용법, 커피를 우아하게 마시는 법, 실수나 사고에 대한 대처법 등등 구체적이고 세련된 미세 매너, 나아가 보다 창조적인 고품격 매너는 실제로 정규 레스토랑에서의 실습을 통해 머리가 아닌 몸에 기억시켜 나가야 한다.

Tip 왜 정격 레스토랑에서의 코스 요리인가?

　단품 요리나 한국식 한 상 가득 요리로는 식담(食談)이 어렵다. 달랑 한 가지 요리에서 자신의 내공을 보여줄 수도 없을뿐더러 자신의 의사를 표현해 내기가 어렵다는 말이다. 그렇다고 한꺼번에 모든 요리를 쫙 펼쳐 놓고는 복잡하고 산만해서 음식 각각의 맛을 음미하기도 힘들뿐더러 메시지를 체계적으로 전달하기도 힘들다.

　비즈니스 런천이나 디너에선 정규 코스 요리를 먹으면서 차례차례, 즉 기승전결(起承轉結)로 암시적인 메시지를 전달할 수 있어야 한다. 간략하게 정리하자면 애피타이저로 탐색전, 앙트레(前食)로 얘기 꺼내기, 쁠라(本食)에서는 마음 굳혀 주기, 데쎄르(後食)로 행동 마무리시켜 주기, 그리고 끝으로 반드시 피드백, 즉 구체적인 감사 표시와 함께 다음을 위한 답례 등 후속 사후 관리다. 코스별로 나오는 각각의 요리를 하나의 단어로 보고 그것에다 각각의 맛과 숨은 의미, 혹은 의도를 부여하며 대화를 이끌어 가야 한다. 그리하여 하나의 문장을 완성시키는 것이다. 그러니까 식사를 통해 음식들로 작문을 한다고 이해하면 된다. 프랑스인들과 중국인들의 작문 능력이 세계 제일인 것은 바로 그러한 음식 문화에서 기인한다.

　말하자면 비즈니스 런천 디너가 음식으로 하는 작문, 즉 일차적인 프리젠테이션을 하는 것이라고 생각하면 된다. 말로는 잘할 수 있다고 백번 이야기한들, 그리고 프리젠테이션을 아무리 잘 꾸민들 그것만 믿고 사업을 맡기거나 거래를 틀 순 없다는 말이다. 해서 그 진정성과 그만한 내공을 더블체크로 보여주어야 하는데, 글로벌 비즈니스 세계에선 사전 식사 메뉴 기획 및 현장 구사 식탁 매너를 통해 간접적으로 증명해 보이는 것이다.

가령 창의력을 중시한 사업관계라면 특별한 재료나 특별한 요리, 즉 창의적인 메뉴로 대접하고, 치밀성을 요하는 사업이라면 사전에 아주 치밀하게 준비해서 상대방에게 명백히 전달될 재료의 선택과 상대방의 기호·취향·건강을 배려한 그만을 위해 맞춤형으로 고안된 레시피로 섬세한 맛과 멋을 내어야 하고, 장기간 끈질기게 헤쳐 나가야 하는 사업이라면 몇 시간 이상 조리 시간이 소요되어 수일 전 사전 예약이 필수인 요리 종류의 탐색·선택·주문과 이에 걸맞을 양념 레시피 및 곁들일 와인과 차 종류까지 철저히 사전 준비해서 접대한다. 그외 각각의 사업 특성, 손님 전체와 각각의 기호와 주선된 자리의 성격에 맞춘 치밀한 준비로 그 사업에 최적임 파트너임을 간접적으로 표현해 내어 상대를 감동시켜야 한다.

급하게 식사를 하거나, 절제 없이 배불리 먹거나, 이것저것 한꺼번에 비벼먹는 사람은 기승전결식으로 생각을 잘 정리하지 못한다. 당연히 작문 실력도 남들에 비해 현저히 떨어진다. 무계획적이어서 예측 불가능한 사람으로 취급받는다. 자연 신뢰가 떨어질 수밖에 없다. 식사를 통해 신뢰성·치밀함·창의성·품격 등, 자신이 보유한 상업적 신용의 넓이와 깊이를 비유적으로 증명해 보임으로써 아, 저 정도라면 일을 맡겨도 잘 해낼 것 같다거나, 저런 친구하고 같이 일하면 재미있겠다라는 믿음이 생겨야 한다. 그게 없는 사무실에서의 프리젠테이션은 이미 김 다 빠졌다고 보면 된다. 당연히 진행중인 비즈니스에 대해서도 불안해할 수밖에 없다. 속으로 '이 정도밖에 안 되는 사람과 일을 같이해도 괜찮을까?' 하는 생각에 점점 꼬치고치 캐묻고 따지며, 확신이 들 때까지 이중삼중으로 체크하게 된다.

그렇다고 왜 반드시 식사 접대냐? 골프 접대 같은 것도 있는데! 대

주한미국대사관의 디너용 2단 방석접시 샘플. 앞에 진열된 2단 방석접시들은 대사의 공적 디너 용도(for official use. 미국 국가 문장이 새겨져 있음), 뒤쪽 2단 방석접시는 대사의 사적 디너 용도(for private use. 미국 국가 문장이 새겨져 있지 않음). 미국은 공사(公私)가 Means and Ends Act 경우 처럼 의외로 아주 엄격하다. 방석접시를 여러 겹으로 깔수록 그만큼 귀하게 환대한다는 뜻이다. [주한미국대사관]

답은 그것이 시간과 경비가 가장 싸게 먹히기 때문이다.

참고로 대개의 한국 유학생·관료·공관장·교수들은 이런 정규 런 천 디너 경험이 전무한 실정이다. 대사관이나 학회 등에서 주최하는 파티에서 공짜 음식 주워먹은 경험이 대부분이다. 이런 스탠딩 리셉션에서는 '포크앤나이프'가 아닌 '핑거푸드' 곧 오드블만 주워먹으며 명함 교환이 고작이다. 설령 그렇다 한들 한국인들은 이런 기회마저 비즈니스 런천이나 디너로 발전시키지 못한다. 왜냐하면 자기 돈 지출하기가 아까운데다가 그런 런천 디너를 주재해 본 경험이 없기 때문이다. 어느 나라 사람이나 자기 돈 아끼는 쫀쫀이를 좋아할 리 없다. 그저 기업 주재원이나 공관 직원들을 골프장으로 불러내서 괴롭히기나 할 뿐이다.

주재원들 또한 본국에서 오는 높은 양반들 골프 접대나 여행 가이드 하는 게 고작이다. 틈날 때마다 가족들 관광시켜 주고, 높은 양반들 선물 사다 바치는 일에 경비 다 써버리고 정작 자기를 업그레이드 시켜 선진 오피니언 리더들과 친구 되는 일, 곧 글로벌 인적 네트워크 구축에는 나 몰라라 해왔다. 해외 파견 근무가 인사결정권자의 관심에서 멀어져 승진에 불리해질까봐 하루빨리 돌아갈 궁리만 하니 그런 것들이 눈에 들어올 리도 없겠다.

그러다 보니 반대로 비즈니스 상대방으로부터 런천이나 디너 대접을 받고서도 거기에 담긴 메시지를 읽지 못한 채 그저 배만 채우고 나서는 정떨어지는 소리를 해대거나 엉뚱한 결정을 내리고 만다.

차분하게 코스 요리를 즐기는 민족은 주관적이며 단계적이고 계획적인 협상 능력을 지닌다. 한꺼번에 모든 걸 다 내놓고 담판을 좋아하는 단품 요리 민족과는 성향이 다르다. 항상 다음을 생각하고, 서너 수를 앞서 생각하는 버릇이 있다. 해서 단품 요리 민족은 이를 두고 제 수준의 세계관에서 음흉하다고만 여긴다.

그런가 하면 지난날 어느 판사는 판결문 작성에 자신이 없어 그만

서구·중국 등 글로벌 선진문명권 공통의 귀빈 응대 모드 방석접시. 시진핑 국가주석의 방한을 위해 초청한 중국 베이징 조어대 요리팀. 서구와 마찬가지로 글로벌 매너에선 선진문명권에 드는 중국에서도 방석접시 개념은 똑같다. 한식의 세계화를 위해서 먼저 무엇을 개선해야 할지를 보여주고 있다. ⓒ신라호텔 제공

두고 나왔다가 대통령이 되어 청개구리 뛰듯 하는 바람에 대한민국을 정신없게 만들어 놓더니, 결국 제 인생이 뒤엉키자 감당 못하고 극단적인 선택을 하고 말았다. 왜냐하면 판사의 판결문 작성은 법리와 판례에 부합하기도 해야겠지만, 이해당사자들의 입장을 반영시켜 승복을 받아내어야 하고, 또 법정 밖 국민들의 암묵적인 동의까지 얻어야 하므로 소통 및 교감 능력이 떨어지는 독선적 성격의 사람으로선 감당하기 힘든 일이기 때문이다. 한데 그를 두고서 상당수 한국인들은 화끈하고 순진하고 솔직한 사람이었다고들 칭송(?)한다.

아무튼 한국인들은 일단 도박이나 게임에 빠지면 좀처럼 헤어나지 못하는 바람에 패가망신하는 경우가 허다하다. 한국인의 이런 올인 기질은 식사 문화에서 기인한다고 볼 수 있다. 또 기업인들까지 떼지어 몰고 가 한꺼번에 모든 현안들을 일괄타결하려 드는 한국 대통령의 해외 순방 역시 그런 전시적인 식탁 문화 때문으로 볼 수도 있겠다.

여하튼 한국인의 식탁 문화에는 절제가 없다. 철학이 없다.

매너가 곧 철학이다. 철학은 밥상머리에서 나오지 책상머리에서 나오지 않는다.

Tip 한국 축구대표팀의 히딩크 겉따라하기

2002 한일월드컵 때 한국 축구대표팀을 맡은 거스 히딩크 감독이 처음에 유럽식 축구를 접목시키려다 일찌감치 포기한 이유를 아는 한국인은 필자 외에 단 한 명도 없을 듯하다. 다만 당시 선수로 뛰었던 홍명보 감독이 선수들에게 정장을 입혀야 한다는 사실만 배워 실천하고 있을 뿐이다. 하지만 그것은 겉만 보고 따라 하는 것에 지나지 않는다.

히딩크가 한국 선수들에게 유럽식 축구를 가르치려다가 포기한 진짜 이유는, 바로 일상생활에서의 양방향 소통 내공이 현저하게 부족해서였다. 한국 선수들은 여러 가지 생활 소통 기본기 중 특히 정품격 테이블 매너 개념이 없다. 유럽식, 즉 정통 프랑스식 와인 매너 없는 구내식당 같은 카페테리아 위주의 한국식 밥먹기는 그저 물리적 취식 행위일 뿐으로 진정한 의미의 개인주의, 사회적 인격체로서의 기본기를 갖추지 못했기 때문이다.

먼저 정품격 테이블 매너로 다져진 곧추선 자세여야 물리적 · 정신적 시야가 제대로 열린다. 그래야만 그라운드에서 360도 전방위적 시야를 비로소 지닐 수 있게 된다. 다음으로 정품격 비즈니스 디너의 주최측으로서 호스트 이니셔티브를 제대로 구사하는 내공이 있어야 식사테이블 공간 내 상대방들의 대화 흐름상 유동좌표가 실시간 적확히 인식되게 마련이다. 여기에 상대방 동작에 따라 반자동 팔로우(follow)하는 앙상블 의식이 갖춰지면 축구장이라는 시공간에서 별다른 인위적 노력 없이도 자연스럽게 공과 다른 선수들의 예상 방향을

진부 그리고 딴전! 2001년 9월 17일자 〈일간스포츠〉에 조롱조로 인용된 히딩크 감독의 훈시. 그때나 지금이나 그가 한 말의 의미를 이해하는 한국인은 없는 것 같다. [출처: 일간스포츠]

인지하게 되고, 이런 시나리오 조합들을 리얼타임 싱크로나이즈 모드로 느끼면서 반자동 선제적 대응을 함으로써 어떤 사소한 기회라도 골 득점으로 연결시키고야 만다.

한국 축구가 유럽식 전술을 배울 수 없는 이유, 즉 히딩크 따라하기가 원천적으로 불가능한 이유가 바로 여기에 있다.

그라운드가 곧 테이블이다. 식사(와인디너) 테이블이자 축구공 게임이라는 비즈니스 테이블이다. 와인(대화) 대신 공을 주고받으며 몰아

가는 협상 테이블이다. 자신들의 문화, 즉 테이블 매너와 철학을 녹여 넣어 만든 것이 축구다. 유럽 선진문명권 사람들이 유독 축구를 좋아하는 것도 그 때문일 것이다. 따라서 와인 매너를 모르고는 축구의 진정한 맛과 멋을 안다고 할 수가 없겠다.

대부분의 아프리카는 예전에 영국과 프랑스 식민지여서 그 문화가 진하게 남아 있다. 아프리카 선수들이 유럽식 축구를 쉽게 소화해 내는 것도 그 때문이라 할 수 있다.

아무럼 글로벌 정품격 테이블 매너, 와인 매너가 바로 글로벌 선수로서 추가적으로 갖춰야 할 전인적 기본기임을 깨닫지 못한다면 한국 축구는 영원히 히딩크 겉따라하기 쳇바퀴만 돌릴 것이다. 더불어 매너 없는 선수는 제아무리 공을 잘 차도 신사로서 존중받지도, 제값(플러스알파)을 받아내지도 못한다. 시민들도 축구 게임에서 승부만을 즐긴다면 헛구경하는 거다.

47 글로벌 매너 내공다지기 자가훈련법

한국인이 OECD에서 왕따당하는 이유 I 엘리베이터 탈 때 아주 적극적으로 인사하기 I 문 열 때 돌아보고 양보하기 I 복도를 지날 때는 한쪽으로 붙어서 가기 I 버스 운전기사에게서 인사받기 I 레스토랑에서 웨이터의 안내받기 I 주인되기 내공이 진짜 리더십 I 자기 중심이 아닌 인간 존중의 운전 문화를!

아파트나 사무실 등에서 엘리베이터를 탈 때 대부분의 한국인들은 먼저 탄 사람들에게 인사를 하지 않는다. 또 문을 열 때에도 뒤를 돌아보지 않는다. 역시나 복도를 지날 때에도 군자대로행인 양 한가운데를 활보한다.

프랑스 파리의 고급 주택가 구역에 위치한 OECD 본부에는 각국에서 파견된 직원들이 함께 근무하는데, 처음 그곳에 부임하면 한국인·일본인·미국인들은 세 가지 에티켓을 지킬 것을 교육받는다. 엘리베이터 탈 때 아주 적극적으로 인사하기, 문 열 때 돌아보고 양보하기, 복도를 지날 때 한쪽으로 붙어서 가기가 그것이다.

아니, 초등학교도 아닌 국제기구에서 어떻게 그런 걸 가르친단 말인가 하고 의아해할 사람이 많겠지만, 그럼에도 불구하고 이 세 가지를 제대로 지키는 한국인·일본인, 그리고 미국인은 별로 없다. 결국 석 달도 못 채우고 가방 싸서 떠나는 사람은 미국인이고, 한국인과 일본인은 왕따당해 아예 실무에 끼이지 못한 채 3년이란 긴 파견 기간 동안 출근부에 도장 찍고 책상이나 지키다가 돌아온다. 그리고 와도 한국에서는 국제기구에 근무했었다는 대단한 스펙이 된다. 그런 그들이 대외 협력 내지는 국제 협상 업무를 도맡아 국익을 과연 제대로 지켜 냈을까? IMF 위기 때를 되돌아보면 능히 짐작 갈 일이다.

엘리베이터 타기 전에 인사부터

먼저 엘리베이터를 탈 때 한국인들은 도무지 인사를 하지 않는다. 안하는 게 아니라 실은 못하는 것이다. 한국에서 그렇게 살았기 때문이다.

유럽에서는, 글로벌 비즈니스 본선무대에서는 엘리베이터를 타려면 먼저 탄 사람들에게 반드시 인사를 해야 한다. 그것도 한국식으로 그냥 꾸벅이고 마는 기계적인 동작 인사나 무표정하게 허공에 대고 날리는 "안녕하세요!" 식의 의례적인 인사가 아니라, 먼저 탄 사람들과 일일이 눈맞춤–방긋하면서 말이다.

"봉쥬르, 마담(복수의 경우, 메담) 에 무슈(메시유)!"

탄 사람이 몇 명이든 그 짧은 인사말을 하는 동안에 피아노 건반 스치듯 일일이, 한 사람도 빠짐없이 눈맞춤–방긋을 해주어야 한다. 이렇게 하지 않으면 바로 야만인 취급당한다.

게다가 상관이라 해서 먼저 타고 내리는 법도 없다. 오히려 그 반대다. 리더십은 배려가 기본이고, 이는 직급이 올라갈수록 더 깊어진다.

문은 사회적 공간으로 들어가는 경계

다음으로 남성들의 경우, 건물 현관이나 사무실 문을 열 때에는 자동적으로 뒤를 돌아다봐야 한다. 혹여 누가 뒤따라오고 있지 않은가를 확인하는 것이다. 그때 만약 누군가가 뒤따라오면 반드시 문을 열어 그 사람이 먼저 지나도록 해야 한다. 한 사람이 아니라 열 사람, 스무 사람이라 하더라도 똑같이 그렇게 양보해야 한다. 역시 직급과는 상관없다.

손은 문고리를 잡고, 눈은 상대의 눈을 바라본다. 이게 습관이 되면 사무실에서 상대방에게 자리를 권할 때나, 어디로 안내할 때 정품격 매너가 저절로 가능해진다. 몸이 그렇게 기억한다.

물론 이때에도 허리를 곧추세운 바른 자세로 모든 사람들과 일일이 눈맞춤–방긋 또는 "애프터 유!" "먼저 들어가시죠!" 하며 인사를 건넨다. 호텔 도어맨처럼 굽신거리지 말고 당당한 포스를 보여주어야 한다. 그리고 이러한 행위는 지위나 직책과는 아무런 상관이 없다. 아무리 높은 자리에 있다 하더라도 반드시 지켜야 한다, 성숙된 사회적 인격체로서. 이때 배려를 받은 사람 역시 눈맞춤–방긋, 또는 "익스큐즈 미!"라고 인사를 한다. "땡큐!" 하면 큰 실례다. "땡큐!"는 호텔 직원으로서, 당연히 그 일로 먹고 사는 호텔 도어맨에게나 건넬 수 있는 말이다.

문은 사회적 공간으로 들어가는 경계, 곧 social interface다. 따라서 문고리, 즉 사회적 공간으로 들어가는 매개체인 social media를 잡는 순간 사적 공간에서 사회적 공간으로 위상이 바뀐다는 인식을 놓치지 말아야 한다. 한국에서처럼 누가 오거나말거나 자기만 휙하니 열고서 나가 버려 으레 문을 열고 양보해 줄 줄 알고서 뒤따라오던 사람이 "쿵!" 했다가는 그 길로 완전 아웃이다.

복도에서는 한쪽으로 붙어서 걸어야

OECD 건물과 마찬가지로 유럽 대부분의 건물들은 복도가 아주 좁다랗다. 하여 한국인·일본인·미국인들은 그 한가운데로 걸어다니는데, 유럽인들은 반드시 한쪽 벽면으로 바짝 붙어서 걸어다닌다. 여차하면 벽에 어깨를 부딪히기 때문에 항상 오른손 손등으로 벽을 슬쩍슬쩍 짚어 가면서 지나다닌다. 왜? 혹여 급한 용무가 있는 사람을 미리 사전적으로 배려하여 그가 빠른 걸음으로 추월해 갈 수 있도록 그 반쪽을 비워두고서 지나다니는 것이다. 에스컬레이터도 이같은 원리에 따라 2차로로 만들어져 있다.

유럽인들은, 글로벌 1부리그 본선무대에서 놀 사람들은 어릴 때부터 이러한 과정을 통해 남을 배려하는 법을 몸으로 익힌다. 이런 얼핏 사소해 보이나 실은 아주 근본적인 상대방 인식-배려-대응 매너 대목에서 유럽인들, 곧 글로벌 본선무대 인사들과 삼세번 충돌하면 바로 야만인, 곧 짐승격으로 찍혀서 절대로 일을 같이할 수 없게 된다. 평소에 다른 매너는 잘 지켰더라도 이런 일에 실수를 저지르면 그 사람들은 그동안 잘해 온 여러분의 매너가 모두 거짓, 곧 가식이었던 것으로 인식해 버린다.

다시 말해 이 세 가지 기본기가 탄탄히 갖추어져 있지 않으면, 다른 고품격 매너를 아무리 잘 구사한다 하더라도 다 헛것이 되고 만다. 그리고 이 세 가지는 성숙된 인격체들이 사는 선진문명권사회에서는, 예를 들면 프랑스 파리의 사대문 안에 사는 사람들에게는 너무도 당연한 일이라 그 어떤 에티켓 책에도 실어 놓지 않았다. 해서 아무런 대비도 없이 유럽 글로벌 1부리그 본선무대에 나갔다가는 사람 대접은커녕 지옥 같은 기억만 가지고 돌아오는 경우가 허다할 터이다.

버스타기로 글로벌 매너 기본기 다지기

글로벌 리더십 최고의 기본기, 상대방 인식-대응 내공을 혼자서 익히는 가장 효과적인 방법이 있다. 바로 버스타기다.

한국인들은 버스를 탈 때나 식당에 들어갈 때, 대개들 아무런 예고 없이 불쑥 들어가 앉을자리부터 찾는다. 한국에서야 손님은 왕이니까 당연하게 여기겠지만 유럽에서는, 글로벌 1부리그 본선무대에서는 아무도 그렇게 여기지 않는다.

버스와 식당은 공공 영역이기 전에 운전기사와 웨이터의 고유한 영역이다. 따라서 그곳에 들어갈 때에는 운전기사와 웨이터에게 먼저 허락을 구하는 것이 예의다. 물론 "들어가도 되겠습니까?" 대신 "안녕하세요?”나 “수고하십시다!”로 대신한다.

아무튼 버스를 탈 때에 손님은 반드시 운전기사에게 먼저 인사를 건네어야 한다. 유럽에선 누구나가 하는 일이지만, 한국에선 운전기사에게 인사하는 손님이 드물다. 오히려 손님에게 운전기사가 인사를 해야지 손님이 왜 운전기사에게 인사를 해야 하느냐고 반문하기도 하지만, 그런 건 사적인 자가용 운전기사에게서나 기대할 일이다.

불친절한 운전기사 활성화시키기

사실 한국의 운전기사들은 모든 손님들에게 일일이 “어서 오십시오!” “안녕히 가십시오!”란 인사를 하도록 회사 내에서 매뉴얼화되어 있지만, 이를 곧이곧대로 지키는 운전기사는 그리 많지 않다. 그렇다 해도 글로벌 매너를 익히려는 사람이라면 운전기사에게 먼저 인사를 건넬 수 있어야 한다. 이는 운전기사를 인격적으로 우대해서만이 아니다. 스스로가 타인들로부터 인격적으로 대접받기 위한 자기 훈련이기 때문이다.

한국의 손님이나 운전기사는 먼저 인사를 건넸다가도 상대가 답인사를 해오지 않기 때문에 서너 차례 해보다가 맥이 빠져 그만두고 마는데, 그렇게 습관을 들이고 말면 글로벌 매너 절대로 익히지 못한다. 자, 그러면 어떻게 묵묵부답인 운전기사로부터 자연스럽게 인사를 받아낼 수 있을까?

시내를 다닐 때엔 전철만 타지 말고 될 수 있으면 일부러라도 버스를 이용하도록 한다. 버스 문이 열리고 자기가 탈 차례가 되면, 계단에 올라 교통카드를 찍기 전 그 앞에 멈추어 선 채로 운전기사를 보면서 “안녕하세요?”나 “수고하십니다!” 하고 인사를 건넨다. 이때 상당수의 운전기사는 들은 척도 하지 않거나, 앞만 보고 있는 상태에서 건성으로 “네!” 혹은 “어서 오세요!”라고 응수한다. 그렇지만 이것은 인사가 아니다.

이처럼 말로만 인사를 건네는 것은 소통이 아니다. 반드시 눈맞춤을 하면서 인사를 나누어야 진짜 소통인 게다. 그러면 어떻게 하여야 운전기사가 나와 눈을 맞추고 인사를 하게 될까?

먼저 버스의 계단에 올라서서 "안녕하세요?" 하고 인사를 건넨 다음, 운전기사가 반응을 않거나 나와 눈을 맞추지 않은 상태에서 건성으로 답인사를 한다면 그 자리에 가만히 서서 운전기사를 쳐다보며 기다린다. 그러면 운전기사는 손님이 인사를 한 다음엔 교통카드 체크 신호음이 들려야 하는데 소리가 나지 않기 때문에 반자동으로 돌아보지 않을 수가 없게 된다. 바로 그때 운전기사와 눈을 맞춘 상태에서 눈방긋, 0.5초 후 다시 한 번 "안녕하세요?" 하고 인사를 건넨다. 그렇게 되면 운전기사도 어쩔 수 없이 눈을 보고서 "어서 오세요!" 하고 답인사를 할 수밖에 없을 것이다. 그렇게 양방향 정식 소통을 마친 다음에야 교통카드를 단말기에 갖다대고서 안쪽으로 들어간다.

이때 고개와 상체는 반듯하게 세운 상태여야 한다. 고개를 숙이는 것은 절대 금물! 굳어 있지 않은 온화한 얼굴로 눈방긋, 품격 있는 스마일을 잃지 말아야 한다.

운전기사와의 소통을 통한 주인되기 연습

이는 운전기사로 하여금 나에게 인사를 하게 만들고, 또한 나를 주목하게 만드는 것으로써 그 스스로가 주인어른·주인마님이 되기 위한 훈련이기 때문이다. 이것이 글로벌 비즈니스 매너 훈련의 가장 근본이 되는 기본기이다.

이때 가장 중요한 점은 절대 서두르면 안 된다는 것이다. 아무리 출근길 사람들로 긴 줄이 이어져 있더라도 느긋하게 위의 과정을 또박또박 실천한다. 회가 거듭될수록 점점 더 느리게 하는 훈련을 한다.

그럴수록 내공이 깊어져 갈 것이다.

그렇다면 왜 하필 운전기사이느냐고? 그것은 내가 운전기사에게 어설픈 동작이나 실수를 하건말건 나에게 어떤 위험 요소로 작용하거나, 내 인생에 어떤 영향력을 행사할 수 있는 이가 아닐뿐더러 내가 원하면 아무 때나 만나서 편하게 연습할 수 있기 때문이다. 그러니까 나의 무료 스파링 파트너, 매너 연습 상대인 셈이다. 또한 오늘의 내 인사 내공이 제대로 통하였는지 바로 피드백 체크되기 때문이다.

이렇게 소통해 내면 버스 운전기사의 상당수는 승차시 인사를 건넨 매너 있는 신사분을 기억해 두었다가 하차시 백미러로 확인하고 "안녕히 가세요!" 하며 답인사를 보낸다. 드디어 완전한 소통이 이루어진 것이다.

부단히 훈련하면 1초라는 짧은 시간을 굉장히 길게 쓸 수 있는 내공이 생긴다. 상대방에 대한 인식·대응·확인하는 능력이 업그레이드되어 자신 있고 여유 있는 응대가 가능해진다.

레스토랑에서 주인 대접받기

옛날 우리네 조상들은 남의 집을 방문할 때, 그 집의 대문이 열려 있음에도 냉큼 들어서지 아니하고 그 앞에 멈추어 서서 "이리 오너라!" 하고 예고를 했었다. 이는 집안의 어른들에게 손님이 왔음을 알려 얼른 의관을 갖추라는 통보이기도 했지만, 하인을 불러 안내를 받겠다는 의미도 담겨 있었다. 때로는 중간에 하인이 없음에도 있는 것처럼 "~라고 여쭈어라!" 하면서 상호간에 주인다운 품격을 지켰다.

버스와 마찬가지로 식당에 가서도 웨이터(웨이트리스)의 안내(허락) 없이 불쑥 들어가 아무 자리에나 앉는 것은 대단한 실례이자, 자신의 품격을 상것으로 떨어뜨리는 행위이다. 반드시 웨이터의 안내를 받아 자리에 앉아야 한다. 이는 웨이터가 무서워서가 아니라 내가 손님으로서 당당히 대우받기 위함이다.

해서 먼저 입구에 들어서면 웨이터와 눈맞춤-방긋으로 소통한 연후에 안내를 받는다. 만약 한국처럼 웨이터가 멀리서 다른 일을 보면서 입으로 "어서 오세요. 저쪽에 앉으세요!"라고 한다 해서 그대로 따르면 완전 하인격이 되고 만다. 하인의 명령에 따른 것이기 때문이다. 말하자면 주객이 전도된 것이다.

그렇기에 그때는 못 들은 척 딴청을 피우며 입구에서 한 발짝도 옮기지 않는다. 이는 웨이터더러 '네가 내(상전) 앞에 와서 인사를 하고, 나의 지시에 따라 내가 앉을자리로 직접 안내하라'는 무언의 명령이다. 하여 웨이터가 바로 앞에 다가와 인사할 때까지 눈길도 주지 않은 채 그의 지시를 짐짓 못 들은 척 딴청을 피우는 거다.

아무럼 웨이터 역시 입구에 들어서는 손님의 자세만 보고서도 그 사람의 품격 수준이 어느 정도인지 금방 알아차린다.

손님은 왕? 왕이나 주인님은 공공 장소에서 시종이나 하인의 안내 없인 한 발짝도 움직이지 않는다. 레스토랑에서 제멋대로 아무 자리나 차지하고 앉거나, 큰 소리로 떠들며 돌아다니는 손님은 주인님도 왕님도 아니다. 짐승(犬)이다. 하여 자리를 안내받으면 손님은 전망이 좋은 자리에 앉히고, 호스트는 웨이터를 부르기 좋은 자리에 앉는다.

반대 방향에서 택시잡기

택시를 잡을 때, 흔히들 이왕이면 가는 방향에서 승차하기 위해 길을 건너가 기다리는 경우가 많다. 어지간히 급한 일이 아니라면 절대 건너가선 안 된다. 설령 멀리 돌아가더라도 그냥 서 있는 그곳에서 택시를 기다려야 한다.

그리하여 때로는 택시가 방향을 바꿔 돌아와서 손님을 태웠다가 다시 돌아서 방향을 바꿔야 할 때도 생긴다. 물론 그럴 때 한국의 운전기사라면 십중팔구는 신경질을 부린다. 그러나 어떠한 경우에도 운전기사는 손님에게 불만을 표시해선 안 된다. 열 번을 다시 돈다 한들 그게 그의 본분이다. 또 돌아가는 바람에 요금이 더 나오지 않느냐고 불평할 수도 있겠으나, 그게 아까우면 일찌감치 주인되기를 포기하는 수밖에 없다.

이런 식으로 택시 운전기사뿐 아니라 식당의 웨이터·웨이트리스, 건물의 수위, 인포메이션 데스크의 안내양 등을 상대로 눈맞춤–방긋으로 인사를 나누면서 소통 매너의 내공을 길러 나가다 보면 어느 결엔가 눈으로 주변 사람들과 100퍼센트 소통 가능하고, 그들을 다루는 능력 또한 생겨난다. 진짜 리더십이다.

선진문명사회에서는 그 사람이 주변의 하위기능직에 종사하는 이들을 어떻게 다루고, 또 그들로부터 얼마나 존경받는지를 반드시 체크하여 비즈니스에 평가 반영한다.

자기 중심이 아닌 인간 존중의 운전 문화를!

일본인들이 영어의 '아트(art)'를 '예술(藝術)'로 번역하기 전, 그러니까 백여 년 전만 하더라도 동양에선 '무예(武藝)'와 '육예(六藝)' 외에는 '예(藝)'자를 붙인 단어가 없었다. 갑골문에서 예(藝)자는 어린 나무를 돌보는 형상으로서 인재를 기른다는 의미로 사용되었다. 따라서 예(藝)가 곧 인재 육성의 매너이자 매뉴얼이었다.

고대 중국에선 귀족 자제라면 무예(武藝)는 기본, 반드시 육예(六藝)를 학습하여야 했다. 예(禮)·악(樂)·사(射)·어(御)·서(書)·수(數)가 그것이다. 여기서 어(御)는 수레, 즉 마차를 모는 기술을 말한다. 그렇지만 한반도에선 나라가 작고 도로가 발달하지 않아 마차를 몰아 전투를 하거나 여행을 다닌 적이 거의 없다. 도구나 기기를 다루는 소질이 부족한 원인이겠다. 하여 스포츠에서도 자동차경주·승마·자전거·오토바이·요트 등의 종목에서는 한국이 상대적으로 취약하고 관심도 별로 없다. 도구를 다루는 경기 중 오직 양궁에서만 절대적인 강자다.

한국은 불과 백여 년 전까지만 해도 서울 서민층의 상당수가 사실상 맨발로 다니다시피 하다가, 마차를 몰아 본 경험도 없이 바로 자동차를 몰게 된 바람에 공공 교통수단의 사용 마인드가 거의 미개한 상태에서 이제 막 출발하였다 해도 과언이 아닐 것이다. 하여 OECD 회원국가 중 교통사고율이 최고다. 어디 자동차뿐인가. 한국에서 일어나는 지하철·기차·비행기·여객선 등 끔찍한 대형 사고의 원인들이 하나같이 어이없는 인재(人災)인 것도, 그러고도 좀처럼 개선되지 않는 안전불감증도 그 때문이겠다.

근자에 자동차의 첨단화와 함께 급발진 사고도 늘어나고 있다. 한데 전 세계에서 유독 한국만이 이 급발진 사고가 끊이지 않고 일어난다. 한국 자동차의 제조상 결함일까? 그런데 수입차 역시 종종 일으킨다. 그러다 보니 운전자는 자동차 결함 때문이라 하고, 제조사는 운전자 과실이 원인이라며 서로 책임 떠넘기기에 급급하다.

아무튼 원인이야 언젠가는 밝혀지겠지만, 운전자로선 급발진 사고 때의 피해를 최소화할 수 있도록 우선 운전 습관부터 고쳐 나가야 할 것이다. 대부분의 선진국처럼 출발할 때는 물론 저속제한 도로, 아파트나 주차장, 건물들 속에서나 공장 구내에서 운행할 때 반드시 기어를 2단에 놓아야 한다. 불특정 대중이나 상대에 대한 인식과 배려는 운전 매너의 기본이다.

운전은 곧 인격이다

흔히 한국인들은 '고도리'를 쳐 보면 그 사람의 속내를 알 수 있다고들 한다. 마찬가지로 운전하는 양을 보면 그 사람의 인격이 다 드러난다.

비즈니스로 해외 출장을 가게 되면 파트너 회사에서 대개들 공항 마중을 나온다. 이때 담당자들은 회사에서 일을 해야 하기 때문에 운전기사를 대신 내보내는 경우가 많다. 그러면 반드시 자필로 쓴 환영 인사 메시지와 함께 어디로 모시겠다는 내용의 카드를 운전기사 편으로 보낸다. 이미 사전에 다 약속되어 알고 있는 일이지만 그렇게 하는 것이 글로벌 매너다.

영국 회사들에서 운전기사를 고용할 때에는 바로 공항으로 손님맞이 운전을 내보내 테스트한다. 차 안에 물이 가득 담긴 컵을 올려놓아 얼마나 부드럽게 운전하는지를 체크하는 것이다. 운전기사는 곧 그 회사의 첫인상이기 때문에 그만큼 엄격하게 심사한다.

자동차 등 공공 교통수단의 사용 문화 역사가 그리 오래되지 않은 한국에서는 운전 습관을 그저 각자의 개성 혹은 취향이려니 하여 그다지 중요하게 여기지 않는다. 하지만 서구사회선 운전 습관을 테이블 매너 이상으로 상대방에 대한 중요 평가 도구로 여긴다. 운전이 곧 인격! 운전은 매너의 기본이란 인식이 어릴 때부터 길러져 있기 때문이다. 하여 출발은 반드시 2단이어야 하고, 고속도로에서의 급가속, 급제동, 쾌적하지 않은 운전엔 불쾌함을 넘어 불신으로까지 확대된다. 특히나 추월을 운전 실력인 양 착각했다가는 첫인상부터 완전히 어그러져 비즈니스 협상이 제대로 이루어질 리 만무하다.

크고 비싼 외제차가 품격을 보장해 주는 것 아니다. 이런 운전 매너에 자신이 없으면 차라리 외부에 돈을 주고서라도 책임을 전가시키는 방편, 즉 리무진(콜택시)으로 외국 손님을 모시는 것이 훨씬 회사의 이익에 안전하다.

운전을 통해 글로벌 매너 훈련하기

유럽의 일부 국가들은 대낮에도 고속도로에서는 라이트를 켜도록 의무화하고 있다. 시내에서의 운전 습관은 불량스럽기 이를 데 없는 이탈리아마저도 고속도로에서는 의외로 사고율이 낮은 이유가 이 때문이다. 라이트를 켬으로써 사고가 발생하지 않도록 미리 주지시키는 것이다. 운전이라는 일상생활 장르에서 상대를 인식하고, 나를 상대에게 인식시키는 반복된 연습을 통해 불특정 대중과 소통하는 법을 깨닫게 하는 것이다. 라이트나 미등을 켜는 것은 상대에게 나를 인식하라는 메시지를 보내는 것이다. 이런 운전 습관이 몸에 배면 사회생활에서 시민들과도 원활히 소통할 수가 있게 된다.

한국인들의 인색한 배려심은 운전에서도 그대로 드러나 상대방 대응 인식이 거의 없다. 연료비 아낀다고, 혹은 자기는 앞이 잘 보인다고 라이트나 미등을 켜지 않는 것은 상대방 대응 인식이 없음이다.

요즈음 새로이 생겨난 터널에 접어들면 '라이트를 끄시오'라는 표지가 친절(?)하게 나붙어 있다. 터널 속 조명을 엄청나게 밝게 하여 굳이 라이트를 켜지 않아도 된다는 말인데, 이는 선진국 사람들에겐 도무지 이해가 되지 않는 문구이다. 운전자들의 에너지 절약을 위해서? 참으로 아둔한 서비스라 아니할 수 없다.

터널에서 사고가 발생하면 다중 충돌에 화재까지, 그야말로 끔찍한 대형 사고가 불가피하다. 오히려 어두울수록 운전자는 라이트를 켜게 되고, 상대방 대응 인식이 높아져 저도 모르게 속도를 낮추게 마련이다. 효율은 도로공사에나 중요할 뿐 운전자에게는 안전이 먼저다. 터널에서는 조명이 중요한 게 아니라 차량간 거리 확인이 최우선이다. 터널에 접어들 때에는 조명과 상관없이 의무적으로 라이트를 켜게 하는 것이 오히려 사고를 줄인다. 터널 안을 지나치게 밝게 하는 것은 사태를 악화시킬 뿐이다.

이러고도 한국에서 '2015년 세계도로대회'를 개최한다는데, 인간 존엄성에 기초한 안전 마인드 없이 그저 공돌이 서비스 마인드로 과연 제대로 해낼 수 있을지 걱정이다.

비나 눈이 올 때에는 대낮이라도 라이트를 켜면 사고 위험이 현저히 줄어드는 효과가 있다. 흐린 날, 해질녘, 아침녘 미등도 같은 효과가 있다. 안개 낀 날은 최소한 미등이라도 켜야 하고, 짙은 안개에서는 라이트가 생명등이다.

2006년 10월 3일 오전 7시 50분경에 발생한 서해대교 29중 추돌 사고는, 실상 사고 유발 차량들이 라이트와 미등을 켜지 않고 속도를 내다가 일어난 것으로 추정되고 있다. 불행히도 바로 다음날 같은 장소, 역시 안개가 끼었지만 라이트와 미등을 켜고 달리는 차량들은 거의 없었다. 기름값 아끼느라? 그런 끔찍한 사고를 겪고도 도무지 사회적 학습이 안 되었다는 거다. 다행히 해병대 제1사단은 교통사고 예방 활동의 하나로 전 장병들의 출퇴근 시간을 비롯한 낮 시간에도 모든 차량이 운행시 전조등을 켠다고 한다.

상대방 지향적인 마인드를 길러야

자동차와 배를 만들어서 수출까지 하지만, 그것을 다루는 매너는 아직도 저급한 수준 그대로다. 자기는 괜찮다지만 불특정 상대에게도 괜찮을 순 없는 일, 불특정 대중에 대한 인식과 존중·배려 및 구체적이고 적극적인 대응에 대한 전 사회적인 인식과 마인드 전환이 꼭 필요하다.

대부분 유럽 선진국가들의 교통 위반 범칙금은 한국의 10배 이상이다. 고의든 실수든 태만이든 교통 위반을 살인행위로 간주하기 때문이다. 인간 존엄성에 대한 확고한 인식으로 그들은 과도한 범칙금을 군말 없이 받아들인다.

한국인들의 운전 습관이 개판인 것과 사회적 학습 능력이 떨어지는 것은 그만큼 그러한 인식이 부족하다는 방증이겠다. 그러므로 운전 습관이 좋지 않은 이를 사업 파트너로 삼거나 주요 책임자로 앉혔다 간 언젠가는 그가 저지를 실수로 인해 낭패를 보거나 회사가 망할 수도 있음을 각오해야 한다. 이런 한국인의 무한한 자기 신뢰와 상대방 인식 불능, 그 때문에 한국인들끼리는 동업하면 안 된다는 속설까지 생겨난 것이다. 어디 사업뿐이랴? 한국 남성들의 무데뽀(無鐵砲) 무매너 섹스도 그 때문이다.

아무렴 자기 보호, 방어 운전하는 습관이 평소 몸에 배어 있어야 한다. 직원들 모두가 상대방 지향적인 매너 반응을 체득케 하고, 사회적 학습 능력을 배가시키려면 자동차를 상대로 간접 훈련케 하는 것도 좋은 방법이다. 사소한 것 같지만 매우 큰 효과를 얻을 수 있다.

이런 일상의 준실전 훈련을 반복해서 몸에 배게 되면, 그 스스로가 자신의 내공이 점점 쌓여 감을 느끼게 될 것이다. 처음 배울 때에는 다소 어렵고 불편한 것 같지만, 일단 한번 익히고 나면 몸이 기억하기 때문에 이후엔 굳이 머릿속으로 기억하고 있지 않아도 된다.

거창한 철학이나 이념이 사람의 생각을 바꾸기도 한다. 그러나 생각이 바뀌었다고 해서 사람이 바뀌는 건 아니다. 행동, 즉 품격까지 바뀌어야 진정으로 '사람이 바뀌었다'고 할 수 있는 것이다. 매너는 그 표현이다.

48 실패할 수밖에 없는 한국적 자기계발서들의 모순과 한계

성공한 CEO들이 고급 펜을 가지고 다니는 이유 | CEO들이 기내에서 두꺼운 책을 읽는 이유 | 퍼스트클래스를 타는 CEO들은 신문을 안 본다? | 네덜란드 국왕이 초청한 오찬 테이블에서 메모에 열중한 박근혜 대통령 | 스튜어디스 출신들이 쓴 자기계발서들의 허구 | 불구인(不求人) DNA, 독서인(讀書人) DNA | 지금 우리가 다시 써야 할 새로운 성공 기준? | 젊은이들 인생 망치는 허학(虛學)

시중 서점들에 스튜어디스 출신 저자들이 펴낸 각종 에티켓·매너·자기계발 내지는 성공학 관련서들이 넘쳐나고 있다.

언감생심 해외 여행은 꿈도 못 꾸던, 여성의 사회 진출이 쉽지 않았던 지난날, 미모와 영어로 당시 '가장 높은 곳에서 상류층을 모시는 특권'을 누리던 스튜어디스에 대한 선망이 아직도 국민들의 뇌리에 남아 있기 때문일 터이다. 그리고 서비스산업이랄 것도 없었던 때라 세계인에 대한 기내 서비스가 당시로는 최상의 글로벌 매너인 줄 알았으니, 스튜어디스라는 직업에 대한 젊은 여성들의 선망은 당연한 것이었다.

문제는 오늘날의 한국에서까지 그 스튜어디스 출신들의 경험이 고급한 매너인 줄로 인식되고, 또 소비되고 있다는 것이다.

서비스와 에티켓, 그리고 매너에 대한 정확한 개념의 인식 부재에서 비롯된 이 웃지 못할 난센스를 다시 한 번 점검해 보자.

당장 서점에서 손에 잡히는 책 한 권을 들추어보았다. 《퍼스트클래스 승객은 펜을 빌리지 않는다》? 지은이는 미즈키 아키코라는 일본 여성이다. 오랫동안 퍼스트클래스의 서비스를 맡았던 베테랑 스튜어디스 출신으로서, 자신의 경험을 바탕으로 쓴 자기계발서이다.

퍼스트클래스 승객들,
즉 성공한 CEO들이 펜을 가지고 다니는 이유?

성공한 CEO들은 필기구, 즉 펜을 빌리지 않는다고 했다. 성공하는 이들은 항상 메모를 하는 좋은 습관이 있구나! 그녀가 모셨던 퍼스트클래스 승객들이 하나같이 필기구를 휴대하고 다니는 모습을 보고서 나름대로 기특하게 해석한 것이겠다.

개문견산(開門見山)! 단도직입적으로 말해 완전 개착각이다.

스튜어디스에게 있어서 펜은 분명 기록(메모)용이다. 하지만 퍼스트클래스를 이용하는 CEO든 전용기를 몰고 다니는 오너든 그들이 휴대하고 다니는 고급 필기구는 기실 메모 사항을 기록하는 용도와는 전혀 상관관계가 없다. 물론 그것으로 사인도 하고, 메모도 한다. 하지만 진짜 용도는 폼잡기(formful)다. 그들이 비즈니스 상대방들과의 업무 협의, 협상 테이블에 고급 필기구를 내보이는 것은 단지 자신의 퍼스널 아이덴티티를 조성 관리하는 데 펜의 유무 자체가 절대적으로 영향을 미친다고 믿고 있기 때문이다.

첫째, 자신이 준비성 있는 사람, 해서 신뢰할 만한 사람이라는 인상을 주기 위해서이다.

둘째, 회의 도중 가끔 받아 적는 시늉을 함으로써 상대방의 이야기를 관심 있게 경청하는 척하는 이미지를 만들어 내기 위해서이다. 받아쓰기하는 줄 알면 오산이다. 기실 CEO 정도면 상대방의 말을 경청하는 중에 떠오르거나 정리된 자기 생각을 적는다고 보면 된다.

셋째, 여성 CEO들은 왜 빨간색 펜을 가지고 다닐까? 한국의 박근혜 대통령처럼 일일이 받아 적기 위해서? 아니다. 빨간색은 곧 여성성을 의미한다. 해서 상대방 남성으로 하여금 '레이디퍼스트' 곧 기사도적인 양보 심리를 자극하여 협상을 유리하게 이끌기 위함이다.

마지막으로, 자신의 회사가 돈이 많다는 것을 과시하기 위해 명품

펜을 꺼내 놓는 것이다.

이같은 비즈니스 메커니즘의 본질을 알 리 없는 저자이기에 비행기 캐빈 우물 안 자기 세계관으로 판단하는 치명적 오류를 범한 것이다.

CEO들이 필기구를 반드시 휴대하고 다니는 것을 자기들처럼 끊임 없이 기내의 체크 사항이나 승객들의 요구 사항을 받아 적는 것과 동일시한 것이다. 비행기 안에서 정규 비즈니스 회의나 협상이 행해질 리 없을 터, 스튜어디스로 평생을 근무했다 한들 실전 비즈니스 테이블에서 그 고급한 필기구가 사용되는 광경을 단 한번도 구경한 적이 없었을 것이다. 그러니 비행기 속에서 CEO라면 당연히 가지고 있는 고급 필기구만 보고서 이같이 그럴싸하게 해석하는 난센스가 벌어지고, 글로벌 비즈니스 주류 세계 상황에 미개한(?) 독자들은 얼굴이 아주 예쁜, 과거 한때 부러움의 대상이던 직업을 가진 바 있는 여성 저자들의 말을 곧이곧대로 믿고 책을 사주는 것이겠다. 빨간 펜이 아니라 빨간 루즈에 넘어가 주머닛돈을 털린 것이다.

고급 만년필로 무얼 쓰느냐가 중요한 게 아니다.

덤으로 수첩 대통령의 메모 에피소드 하나를 떠올려 보자.

2014년 3월 24일, 제3차 핵안보정상회의 참석차 네덜란드를 방문한 박근혜 대통령은 빌렘 알렉산더 국왕이 주최한 오찬에서 메뉴 종이 위에 무언가를 열심히 적고 있었다. 그 모습을 지켜본 알렉산더 국왕의 어머니인 베아트릭스 전 여왕이 "무엇을 그렇게 열심히 적고 계시냐"고 묻자, 박대통령은 "국왕의 말씀이 너무 지혜로워 적고 있다"고 답하였다. 그러자 베아트릭스 전 여왕이 "내 아들이 그렇게 지혜로운 얘기를 많이 할 수 있는 줄 몰랐다"고 농담을 건네 웃음을 자아냈다.

청와대는 이같은 에피소드를 자랑인 양 공개했고, 한국 국민들은 그걸 곧이곧대로 미담으로 받아들였다. 하지만 그 자리에 참석한 네덜란드 최상류층 인사들도 과연 그렇게 받아들였을까? 오찬 테이블에서 메모하는 국가 최고지도자! 기특한 여학생으로 기억할까? 아니면 베끼기 잘하는 나라, 별걸 다 커닝하는 한국 대통령으로 기억할까? '웃기는군!'을 그렇게 유머로 표현한 것뿐이겠다. 아무렴 당시 박대통령의 필기구가 궁금할 뿐이다.

시선을 위로 하여 좋은 자세를 유지해야?

이 역시 비즈니스 매너의 본질을 모르는 상태에서 CEO들의 바른 자세가 스튜어디스 자신들의 바른 자세와 동일선상에 있다고, 즉 동격으로 여긴 착각에서 비롯된 치명적인 실수이다. 하여 자세를 바르게만 하면 누구나 성공해서 CEO가 될 수 있다며 젊은이들을 현혹, 오염시키고 있다 하겠다.

CEO들은 기본적으로 비즈니스 타깃(시장), 비즈니스 상대방과 직접적으로 맞대면하여 현실을 정면 돌파해 나아가려는 의지와 욕구가 강하다. 그러다 보니 본능적으로 가슴과 어깨를 펴서 불안을 억누르고, 또 상대와 맞대응해 나서겠다는 각오를 다지게 되니 저절로 몸의 자세가 발라지고 시선이 위로 올라가게 되는 것이다.

주인의 바른 자세와 하인의 바른 자세는 그 본질에서 절대로 같지가 않다.

CEO들은 기내에서 두꺼운 책을 읽는다?

역시 퍼스트클래스를 타는 CEO들은 이코노미클래스의 하층민들과 다르구나! 그러니까 출세를 하려면 남들보다 독서를 많이 하여야 해!

역시 개착각이다.

CEO들이 기내에서 두꺼운 책을 보는 이유는 그들이 공부광 내지는 독서광들이어서가 아니다. CEO로서 마땅히 지녀야 할 취미도 아니다. 단지 평소에 책을 볼 시간이 없었으므로 달리 아무런 할 일도, 또 누가 방해하지도 않는 그 시간에 그저 밀린 숙제하듯이 대충 훑어보는 것일 뿐이다. 당연히 그 책들도 자기가 서점에서 직접 산 것이 아니다. 비서가 주섬주섬 사다 준 여러 권의 책들 중에서 눈에 들어오는 것 한두 권 골라 나온 것뿐이다.

한데 CEO들이 평소에 얼마나 바쁜지를 알 리 없는 스튜어디스의 눈으로 '성공하려면 책을 많이 읽어야 한다'는 논리적 오류를 범한 것이다. 그들이 독서를 많이 해서 성공한 것이 아니라 성공한 CEO가 되어야만 퍼스트클래스에서 느긋하게 두꺼운 책을 읽게 된다는 사실을 하위기능직인 스튜어디스가 알 턱이 없다.

결론적으로 독서와 출세는 아무런 상관이 없다.

역설적으로 독서는 출세한 다음에 하는 것이 옳다. 특히 인문학이 그렇다. 한국의 선비적 고정관념에 사로잡혀 젊은이들에게 자나깨나 독서를 강요하는 건 죄악일 수도 있다는 말이다. 온갖 강좌와 청춘콘서트들이 수많은 젊은이들을 꼬드겨 인문학을 공부하라고 닦달을 해대지만, 기실 그들의 시간과 에너지를 엉뚱한 데 소비시키게 하는 무책임하고도 어리석은 짓임을 모른다. 마치 인문학에 젊은이들의 장래는 물론 대한민국의 미래가 달린 양 사명감에 불타 거품을 내뿜는 인문학자들 역시 현실을 모르기는 매한가지이다.

당장 젊은이들에게 필요한 건 방대한 인문학 독서가 아니라 현실세계에서 당면한 문제를 풀어 나갈 구체적인 도구(매너)다. 지식이 아니라 지혜다.

CEO들은 신문을 안 본다?

아, 부지런한 CEO들이라 신문은 일찌감치 집에서 보고 나오나 보다!

한국인이면 필시 그렇게 생각하고 고개를 끄덕이겠지만, 이 역시 핵심을 모르는 하인 마인드적 판단이다.

신문을 언제 어디서 보는가가 중요한 게 아니다. 진짜 중요한 건 신문을 보고 난 다음의 행동이다.

신문에 나온 내용(기업 정보)의 구체적인 실체 진면목을 실시간 확인하는 일(습관)이 중요하다는 말이다. 그 정보가 자기 비즈니스에 유익한지를 직접 확인해서 필요하다고 판단되면 당장 전화해서 끈질기게 물고 늘어져 비즈니스로 연결시키는 근성이 중요하다는 뜻이다. 이런 습관은 MBA 과정에서 철저히 훈련해야 한다. 물론 그보다 일찍부터라면 더욱 좋겠다. 가정에선 부모에게서, 회사에선 선배들에게서 그런 걸 보고 배워야 한다. 회사에 나와 느긋하게 신문 펼치는 인간은 그저 나약한 월급쟁이에 지나지 않는다.

신문읽기가 중요한 게 아니라 그 내용의 진위 및 영양가 레벨을 현실에서 나의 이익이 되게 하는 습관이 중요한 것이다.

'지금 우리가 다시 써야 할 새로운 성공 기준?'

올바른 비즈니스 넥타이 색깔 개념조차도 무지한 상태에 있는, 스튜어디스 출신 강사들의 원조격인 I컨설팅 L 대표가 쓴 《성공이 행복인 줄 알았다》의 부제목이다. 그동안 여러 권의 자기계발서를 펴낸 스타급 강사, 젊은이들의 아이콘, 이 방면에서 가장 성공한 강사 중의 한 사람으로서 뒤늦게나마 그간의 성공학의 허구성을 깨달은 것 같아 다행이지만, 그렇다고 그 구체적인 대안을 제시하지는 못하고 있다.

스튜어디스는 기업경영의 대표자가 아니라 사내 하위기능직, 글로벌 사회 하이어라키에서 서번트 부류의 일원일 뿐이다! 그들은 사업 주체로서 주인 의식을 가지고 행동해 본 적이 없다. 당연히 그 스스로 자기 논리를 검증해 낼 능력이 애초부터 없었다. 그들은 비즈니스 주류 세계에서의 성공이나 자기계발 영역과 전혀 연결고리가 없는, 특히 기내라는 아주 협소한 공간에서의 소꿉놀이 레벨의 자기 경험과 세계관을 함부로 비즈니스 원류, 그것도 글로벌 본선무대 세계로까지 확장해대려는 데서 문제가 생긴 것이다. 따라서 독자들은 그들이 태생적 한계와 오류 가능성을 지닐 수밖에 없음을 인지하고, 달리 비즈니스 매너 내공의 본질을 캐치해 내도록 노력해야 한다.

이같이 외양적인 모습(결과)에서 결정 요인(과정)을 경솔히 추측, 추론하는 오류! 현실과 동떨어진 허구의 한국적 자기계발 및 처세술! 한국에서 내로라하는 경영학 내지 처세학 강사들이 한결같이 저지르는 죄악에 가까운 치명적인 실수이자 한계다.

그 한 예로 국내 소위 이미지 메이킹과 동시통역 등 분야의 여성 전문가들이 두 대통령의 방북 전 능력 외 월권(ultra vires) 컨설팅을 한 적이 있다. 하인 마인드, 하인 세계관으론 감히 감당할 수 없는 일임에도 스스로 아는 것으로 착각하거나 아는 척 행세하며 엉터리 컨설팅해서 북한 사람들에게 엄청 한심한 남쪽 대통령들의 이미지를 남기게 했다.

한 대통령에게는 "나이가 많으시니 한국식으로 나이로 눌러라"고 주문했다 한다. 김정일이 그분보다 몇 수 위 글로벌 콘텍스트의 젠틀맨, 아주 탁월한 협상가인지를 전혀 모르고서. 게다가 그 대통령은 미제국주의를 싫어하는 나라에 가서 영어 단어를, 그것도 일본식 엉터리 발음으로 남발하였다. 나중에 김정일이 러시아 인사에게 "영어 단어가 너무 많이 섞여들어 80% 정도밖에 이해하지 못하였다"는 불만을 토로했을 만큼. 말이 좋아 80%이지 못 알아들은 영어 단어 20%는 분명 핵심 주제어들이었을 텐데, 그것들이 모두 소통 불능 상태에 있었다는 게 아닌가? 그렇다면 안개 속 대화와 무엇이 달랐을까?

다른 대통령은 양측 접촉 대목에서 북한 사람들이 경기를 일으킬 정도로 싫어하는 단어들, 즉 개혁·개방이란 말을 마구 내뱉는 바람에

노무현 정부 시절 차기 대통령감으로 주목받는 가운데 남북정상회담 협의차 특사로 방북한 정
동영 통일부 장관의 교섭 문화 내공 수준 노출 사진. 김정일 국방위원장이 정장관과의 건배 동
작 때 눈맞추기 기념사진 촬영용 포즈에서 원천적으로 실패하자 머쓱해진 상황에서 벗어나고자
임동원 특보(전 국정원장)를 향해 고개를 돌리고 있다. 김위원장 및 현장에서 이를 지켜본 북한
지도부 인사들은 무슨 생각을 하였을까. 한편, 한국 정치인들은 북한측과의 회동 때에만 태극기
배지를 단다. 이왕이면 남북한 커플 배지를 다는 것이 고품격이다. [통일부]

정상회담 자체가 진행 불능한 비극적 사태에까지 이르고 말았다. 결
국 대통령 자신이 "오전엔 눈앞이 캄캄했다"고 토로했을 정도로 시간
을 허비하고서야 간신히 간파, 오후에서야 겨우 재시동했다. 또 메인
테이블 회의 때는 물론 각종 일정과 연회시에도 손을 보며 하는 결과
적 굽신 악수, 잔 보며 하는 결과적 굽신 건배 등 어글리 코리언 매너
작태들로 국격을 다 떨어트리고 왔다.

　남한에 흡수 통일 대상이라던 김정일과 북한 지도부 및 동포들 앞에
서 이 모든 대통령의 개인적 망신 초래는 물론 대한민국 전체의 공공
연한 국격 추락, 이에 따른 대북 협상 지위 및 협상력의 현격한 저하,
그리고 결과적인 거액의 국가예산 낭비에 소위 이들(하인 마인드, 하인
세계관 여성) 전문가들이 크게 기여하였다 해도 과언이 아닐 것이다.

　이런 일들이 스튜어디스 출신들만의 문제는 아니다. 주류에서 밀려
나 호구지책으로 서푼어치 강사료를 위해 기업을 망치게 하고, 비즈
니스를 망치게 하고, 젊은이들의 미래를 망치게 하는 유명 엉터리 강
사들! 현재 한국에는 많은 이들이 별다른 고생 없이 돈을 벌 수 있다
는 안이한 생각으로 강사 세계에 뛰어들고 있다. 하여 적당한 인문학

적 지식에 남의 책 짜깁기한데다가 이빨까기와 미모를 믹스해서 그럴 듯한 전문 강사가 되는 것이 상당수 많은 젊은이들의 꿈이 되고 있다. 하인 마인드로 자기계발 담론을 펼친다는 것 자체가 완전 난센스임을 눈치채지 못하는 젊은이들이 이에 현혹되고 있는 게다.

그러니 이들 수많은 자기계발서들이 정작 비즈니스 주체로서 어떻게 행동해야 할지 구체적 대안을 제시하지 못하는 것은 당연한 일이겠다. 쉰네 근성이 아닌 당사자, 주체로서 주인 의식(principal)이 있어야 본질찾기가 가능하기 때문이다. 결국 하인이 하인의 책을 베끼고 짜깁기하면서 주인놀이를 하고 있는 셈이다.

길 안에서 창을 열어 주는 게 진짜 주인장으로서의 글로벌 비즈니스 매너다. 서비스산업체 종사자에게선 절대 나올 수 없는 것이다.

불구인(不求人) DNA, 독서인(讀書人) DNA

중국인 남성들은 모두 principal한 사고를 가지고 산다. 불구인(不求人)! 한문에서 인(人)은 타인을 말한다. 그러니까 다른 사람에게 의지하지 않겠다는 말이다. 하여 태생적으로 그들은 CEO다. 누천년 국토가 너무 넓어 황제의 빛이 미치지 못하는 곳이 많은 나라의 백성으로 살면서 수없는 환란을 겪어 왔기 때문에 그들은 누구도 믿지 않는다. 한국은 일제 때 단 한번 나라를 빼앗겼지만, 중국은 수도 없이 오랑캐에게 정복당했다. 험한 역사와 숱한 재난은 국가·왕조·정부를 철저히 불신, 오직 자신만 믿게끔 만들었다. 일찍부터 민간 호신술이 발달한 것도 그 때문이다. 가족기업이 많은 것 역시 그런 성향 때문이겠다.

그리하여 모두가 독립된 CEO 근성을 지니게 된 게다. 해서 모든 중국인 직원들은 언젠가는 독립해서 자기 가게, 자기 회사를 차리는 것을 당연시한다. 때문에 그들은 본능적으로 책보다는 현실에서 배우고, 해결책을 찾으려 한다. 그들의 찻집은 실제 영양가를 추구하는 담론(정보 교환)의 마당이다. 전 세계에 퍼져 있는 화교가 곧 불구인(不求人)의 전형이다.

한국인들에겐 이 DNA가 없다. 작은 반도, 단일 민족, 단일 왕조, 중앙집권적 통제를 받으면서 소규모 소작농으로 연명하며 비교적 안빈낙도적인 삶을 살아왔기 때문이다. 게다가 오랜 사대와 피식민 지배로 인해 종속적인 하인 마인드가 몸에 배어 있어 스스로 독립하기보다는 체제 속에 안주하기를 갈망한다. 한국사회가 날이 갈수록 관료화되어 가고 기업이 재벌화되어 가는 것도, 젊은이들이 안전한 직장을 구하기 위해 고시촌과 노량진 학원가로 몰리는 것도 다 그 때문이다.

하여 중국인들과는 반대로 현장보다 구경꾼 마인드의 달짝지근한 글, 인쇄된 말씀을 더 신뢰한다. 해서 책상머리 탁상행정가들의 보고서공화국인 게다. 독서인(讀書人)! 독서로만 입신양명하던 타성으로 인해 철저한 현장 사전 작업 없이 그런 삼류 짜가 강사들이 짜깁기로 만든 엉터리 자기계발 내지는 성공학 책들에 바람이 들어 신기루만 좇다가 세월 다 보내는 것도 그 때문이다. 또 그런 하찮은 각종 경영학·처세술·자기계발서들의 폐해를 인식조차 못하고 비행기 속에서 열심히 밑줄 그어 가며 읽고, 사원들 교육용으로 추천해대는 한국 CEO들의 수준도 한심하기는 마찬가지겠다. 그렇다면 이들 엉터리 강사들의 사회적 책임은?

스튜어디스에게 배워라? 그러다간 절대 퍼스트클래스에 못 탄다. 기껏 탄다 해도 서서 갈 수 있을 뿐이다. 스튜어디스의 눈을 통해 제아무리 성공인을 흉내내어 보았자 스튜어디스밖에 못 된다는 말이다, 아니나 다를까, 위 사실을 증명이라도 하듯이 미즈키 아키코는 두 번의 이혼과 수차례의 사업 실패 이력을 자기 소개에 덧붙이고 있다.

"왜 전 세계 외교관 300여 명이 IGM 협상 교육을 받았을까요? IGM 협상스쿨이 세계 최고이기 때문입니다."

"와튼(미국 최고 경영대학원)과 카라스(미국 최고의 사설 협상 교육 기관)의 협상 프로그램에도 가봤지만, IGM 협상스쿨이 단연 최고 다!" –니콜라스 투르히요 주한에콰도르대사(2012년 11월 IGM 협상스쿨 졸업)

2014년 6월의 어느 날, 미국 변호사 자격으로 한국 굴지의 법무법인에서 1991~1995년간 일했던 J모 씨가 운영하는 S연구원의 협상 교육사업의 〈조선일보〉 전면광고 문구다. 미국의 유력한 협상 훈련 프로그램에다 자신의 한국에서의 경험을 보태어 만들었을 테니 말 그대로 믿을 만하다 하겠다. 그렇지만 여기에도 결정적인 문제가 도사리고 있다.

세계 최고를 자랑하는 그 협상스쿨을 과연 한국의 CEO들이 소화해 낼 수 있을까?

기실 매너가 바다 위에 떠 있는 빙산이라면, 이 협상 프로그램은 수면 위 빙산의 일각에 불과하다 할 수 있다. 상기의 에콰도르대사와 같이 수면 아래에 있는, 전인적 소양 그릇이라는 플랫폼을 갖추지 못한 한국의 CEO들 중 과연 몇이나 이 협상 프로그램을 가동시킬 수 있을까? 최고지도자를 비롯해서 한국의 거의 모든 리더들의 절대 내공 부족 DNA를 설마 모르지는 않을 터, 그 대안까지 준비되어 있을지 사뭇 궁금하다.

그런가 하면 한국에서 협상학의 최고권위자이자 국무총리 산하 국가정책연구허브 K연구회 이사장까지 맡고 있는 모대학 A 교수. 그가 만든 '협상 교육 프로그램'은 겉만 번지르르할 뿐 속은 개살구에서 크게 벗어나지 않는다고 하겠다. 그뿐 아니라 한국 대학들의 '협상 프로그램' 모두가 그 나물에 그 밥이다. 책상머리들끼리 서로 주거니받거니해서 만든 것으로 비행기 스튜어디스들이 만든 자기계발서들과 똑같은 모순에 빠져 있다. 사상누각과 같은 것이겠다.

현재 한국의 많은 대학들에 호텔경영학과가 설치되어 있다. 당장 폐쇄해야 한다. 왜? 호텔경영학은 총지배인 한 명에게만 있으면 되기 때문이다. 오케스트라에 지휘자가 한 명인 것처럼. 우리나라에 호텔이 얼마나 되어서 그 많은 졸업생들이 호텔경영을 해볼까? 아니면 밖으로 나가 세계의 호텔을 경영해 볼까? 호텔경영학과가 아니라 호텔종업원과가 정답이다. 4년씩 붙들고 갈취하며 헛바람 불어넣을 게 아니라 6개월짜리 직업실무학원이면 충분하다.

서비스업 종사자들 외에 수많은 대학교수들이 쓴 자기계발서들도 스튜어디스 출신들과 똑같은 문제를 안고 있다 하겠다. 매일같이 각종 성공담·경영철학·리더십에 관한 글과 책들을 쏟아내고 있지만 그들 역시 철저한 방관자로서 겉으로 드러난 사례를 수집, 짜깁기해서 그럴듯한 전문용어로 해설을 붙였을 뿐이다. 극단적으로 표현하자면 학문이란 지혜를 지식으로 가공하는 기술이며, 학자 혹은 교수는 그 일에 종사하는 전문직업인들이다.

지혜와 지식의 차이는 생명력의 여부겠다. 문자화된 지혜, 죽은 지혜가 바로 지식이란 말이다. 말과 글자의 차이겠다. 가령 옛 성인의 제자들은 글자도 몰랐던 스승의 말 한 마디에 인생이 바뀌었지만, 그 후세인들은 그분들이 남긴 말씀을 기록하고 해설한 책을 수백 권 읽어도 깨달음은커녕 공허하기만 한 이유도 그런 것이겠다. 하여 그분의 음성을 직접 듣고 싶어 기도하고 수행하는 것일 터이다. 문자식(文字識)! 문자독(文字毒)! 문자 속에 들어 있는 편견과 선입견 때문에 결코 순수이성을 가질 수도, 진리에 도달할 수도 없기 때문이다.

남아필독오거서(男兒畢讀五車書)? 헛소리다. 그런 죽은 책은 수백

권을 읽고 쌓아 놓아도 삶에서 뭐 하나 바뀌는 게 없다. 먼지만 마시다가 인생 끝난다. 책 역시 읽는 것이 중요한 게 아니라 읽고 난 다음 행동이 중요하다. 역으로 독자로 하여금 지금 당장 행동(發心)하게 만드는 책이어야 진정한 자기계발서라 할 수 있겠다. 살면서 그런 책 한 권만 만나도 대단한 행운이다.

반대로 매너는 문자라는 화석화된 지혜, 즉 지식에 숨결을 불어넣는 도구로 지혜로의 환원 프로그램이다. 따라서 매너 없는 인문학은 허학(虛學)에 지나지 않는다. 한국식 지식 교육이 허학이라면, 유대인들의 지혜 교육은 실학(實學)의 모범으로 꼽을 수 있겠다.

매너는 현재이자 미래다. 지난날의 사례 수집이 아닌 오늘, 내일 당장 실천 가능한 콘텐츠가 진짜 매너다.

노(勞)든 사(社)든 학(學)이든 품격 없인 미래 없다!

아무튼 약간의 성공과 그럴듯한 직함이나 스펙을 가지고 입으로만 젊은이들 시간 뺏는 바람잡이들, 실제적 콘텐츠를 제공하지도 못하는 쭉정이 멘토들이 판을 치고 있다. 하여 젊은 세대들의 소중한 비즈니스 목숨 구원을 위해 짜가 자기계발 강사 판별법을 덧붙인다. 협상 훈련 프로그램 판별에도 마찬가지로 적용될 수 있을 것이다.

– 올바른 비즈니스 넥타이 색깔 선택법에 대한 정답이 있는가?
– 1조 달러 무역 규모 코리아의 미래 입지 화두에 답을 주고 있는가?
– 글로벌 비즈니스 실전 경험이 한 움큼이라도 있는가?
– 생산은 중국이나 베트남에서, 판매는 서구에서, 즉 비즈니스를 글로벌리하는 게 너무나 당연시되는 요즈음의 경영 환경하에서, 다른 말로 오늘은 중국, 내일은 서구로 출장 가는 CEO들에게 중국과 서구 공통 적용 가능 통일장(Unified Field Theory) 단일 해법을 제시해 줄 수 있는가? 왜냐하면 두 개씩이나 따로 배울 시간이 없

기 때문에.

　– 마지막으로 전 세계 주요 도시 글로벌 본선무대 인사들이 드나드는 유명 식당에 들어갔을 때 주문전표에 '바 오븐'(B3)이나 '테이블 오븐'(T5) 같은 비인격적인 숫자가 아니라 '내 영어 이름 중 퍼스트네임'(Harim's)의 인격적 고유명사로 기입되는가?

　바다에 배가 지나가는데 배는 안 보고, 배가 지나가며 만든 자국만 바라보고서 따라 하려는 것과 같은 어리석기 짝이 없는 난센스 행태. 더 큰 문제는 그들의 말에 현혹된 많은 수의 젊은이들이 그 멋있어 보이는 배에 무슨 수를 써서라도 올라타 합류하고야 말겠다는 생각은 전혀 못하고, 단 한번도 그 배에 올라가 본 적 없는 엉터리 강사들과 한 덩어리가 되어 배가 지나가면서 만들어 낸 물보라 소용돌이만 감탄하여 바라보는 넋나간 구경꾼(방관자spectators)으로 남게 된다는 사실이다. 간혹 용감한 자가 있어 그 소용돌이가 진짜 길인 줄 알고 뛰어들었다가 자신의 소중한 비즈니스 커리어 경로에서 '자기계발 활동을 열심히 하며 살아 있는 듯 보이긴 하나 실제는 죽어 버리게 되고 마는' 한국적 집단적 판단착오에서 벗어나기를 간절한 마음으로 촉구한다.

제 III 부

코리아 디스카운트 시대에서
코리아 프리미엄 시대로

문화 융성을 위한 소통 리더십 매너

" A Bridge over the Asiatic Traditional Communication Gaps

술을 마시지 않는 습관에 따라 평소 물잔 잡는 방식대로 샴페인잔을 잡고 있는 매들린 울브라이트 미 국무장관. 건배 동작 때에야 양 음료의 빛깔 차이를 비로소 알아챈 울브라이트가 자초지종을 간파하고 크게 웃고 있다.

중요한 현안 타결안건 카드를 들고 평양에 오는 미 국무장관 울브라이트가 독실한 유대인 문화권 사람으로서 술 한 방울 입에 안 댄다는 정보를 보고받은 김정일 국방위원장은 도착 당일 환영 만찬 건배주를 파격적으로 준비했다. 자신의 잔에는 (연노란색) 정규 샴페인을, 유대인 손님 잔에는 (하얀 발포성) 미네럴워터 뻬리에를 따라 놓도록 한 것이다.

이같은 상쾌한 돌발 해프닝 장치로 세계 최강국 국무장관의 굳게 닫혀 있던 마음 문은 어느새 부드럽게 열려지고, 다음날 메인테이블 협상은 극적으로 반전되어 아주 우호적인 분위기하에 진행되었다.

문제는 이러한 수면 밑의 그림을 읽어내기에는 턱없이 내공이 부족한 국내 소위 와인전문가(?)들이 비즈니스 협상 본질과는 전혀 관계없는 와인잔 잡는 알량한 대목에만 혈안이 되어 미 국무장관도 아무렇게나 와인잔을 잡았으니 우리도 막잡아도 된다고 주장하고 있다. 이처럼 국내 와인 문화의 현실은 소경이 소경을 구렁텅이로 인도하고 있는 막가파식이다.

세심한 관심과 존중, 배려는 고래도 춤추게 한다! 비즈니스 협상 상대방에 대한 제로베이스 원칙하의 철저한 정보 수집과 세심한 배려 팔로우업은 신뢰가 전혀 형성되어 있지 않아 협상 진행이 난감한 조건하에서도 상대방을 흔쾌히 웃게 하여 전인적 인격 매력에 반하게 만들면서 의외의 타결 기적도 만들어 낸다. 남한이 남북 대화와 협상을 주도적으로 끌고 나가지 못하는 가장 큰 원인은 글로벌 매너에서 한참 밀리기 때문이다. [조선중앙통신]

한국인들의 최대 약점은 개선하려는 의지가 없다는 것이다. 개인적인 만남에서 일본인들은 자신의 실수나 오류를 지적해 주면 그 자리에서 바로 인정하고 고마워한다. 중국인들은 여간해서 인정하지 않고 우기지만, 확실한 근거를 대고 설득하면 그제야 받아들이고 깨끗이 승복한다. 그런데 한국인들은 절대 승복하지 않고 끝까지 우긴다. 고마워하기는커녕 설득당했다는 사실에 오히려 자존심 상해한다. 승복을 항복, 타협을 패배로 여기는 탓이다. 하여 상대를 설득시키는 순간 원수가 될 각오를 해야 한다. 그리고 언젠가는 앙갚음을 당한다. 비뚤어진 조선 선비의 심보가 그랬다. 하긴 소크라테스도 "토론이 끝나면 패자는 중상모략을 하기 마련"이라 하였다. 지고도 졌다 하지 않는 것이 말싸움이다. 칼싸움과 달리 말싸움엔 진정한 승부가 없기 때문이다. 그것이 바로 고대 올림픽이 그리스에서 시작된 이유, 문명사회일수록 시민들이 경기 스포츠에 열광하는 이유이겠다. 무덕(武德)을 유지시키기 위함이다.

　아직도 한국의 대기업들은 신입사원 중견사원 가리지 않고 틈만 나면 해병대 입소 훈련·국토순례·단합대회 등 온갖 극기 훈련으로 정신 무장시킨다고 법석을 떤다. 글로벌 소통 도구인 비즈니스 매너가 아닌 극기 훈련이라니! 말로는 '글로벌 일류기업'을 외치지만 전근대적인 '노가다 사고'에서 벗어나질 못한다. 아무렴 뿌린 대로 거둔다고 했던가? 덕분에 노조만 갈수록 더 폭력적이고 강성해지는 것 같다. 심지어 대학생들도 기업·군대·조폭을 흉내내다 뻑하면 사람 잡는 대형 사고를 저지른다. 인간 존엄성에 기반한 인격적 소통 능력(매너) 대신 유소년기에 신체적 접촉(놀이, 스포츠)을 통해 학습했어야 할 동물적 소통 능력을 뒤늦게 가르치려다 보니 무리가 따르는 것이다.

　다행히 요즈음 한국 기업 CEO들의 조찬모임 단골 메뉴가 인문학과 디자인이다. 뒤늦게 그게 돈이 된다는 것을 안 모양이다. 하여 그 분야 교수들을 불러다 늘그막에 교양강좌 듣느라고 바쁘다. 그 결과 고작 제품이나 사옥 디자인만 디자인인 줄 알고 부하들을 닦달해대는가 하면, 신입사원 채용시험에서도 인문학을 중시하겠다고들 야단이다. 그러나 정작 그보다 훨씬 더 큰돈이 되는 것이 있는 줄 아는 회장님이나 CEO는 아직 없는 듯하다. 바로 품격(品格)이다. 오너의 품격은 곧 그 기업의 품격이고, 그 기업의 이미지이다. 기업의 이미지는 곧 제품의 포장이나 마찬가지이다.

매너와 품격을 이야기하자니 당연히 한국인들의 실수와 허물을 들추어 내지 않을 수 없는 일. 해서 모난 돌이 정 맞는다고, 뭐는 피하는 게 상책이라 보고도 애써 모른 척해 왔다. 그러다 보니 너나할것없이 모조리 상것이 되고 말았다. 매번 벌어지는 청문회 추태가 그 증표라 하겠다. 하지만 이젠 더 이상 그럴 수가 없다. 지금 세대는 그렇게 대충 살다 가다지만, 다음 시대의 주역이 될 젊은이들을 그렇게 살아가도록 내버려둘 순 없는 일이다. 글로벌 시대에 세계를 무대로 좀 더 나은 삶을 살아가야 하지 않겠는가!

대한민국의 불행은 부자와 성공한 이들을 존경할 수가 없다는 데 있다. 기꺼이 존경을 표하고 싶어도 표할 만한 인물이 없다.

수많은 직원들이 밤을 새워 가며 기술 개발해 공장 돌리고 있는데, 막상 오너는 국내외 언론매체에 이틀이 멀다 하고 보도되는 넌 글로벌, 어글리 코리언 매너 장면들로, 게다가 비자금·탈세·배임·횡령, 심지어 폭행 등으로 감방까지 들락거려 기업의 이미지는 물론이고 메이드인코리아의 품격까지 밑바닥으로 떨어뜨려 놓는다. 기껏 물건 잘 만들어 놓고 포장에서 망쳐 버리는 꼴이다. 기업 브랜드 가치는 고사하고 당장 제품값조차 제대로 올릴 수가 없다. 세계 시장의 치열한 경쟁 속에서 수주해 와 피땀 흘려 일하건만, 선진국에 비해 마진이 턱없이 적은 이유가 바로 그 때문임을 언제나 깨우치게 될까?

밖에 나가 해외의 유명 인사들과 사적으로 편하게 식사 한 끼 즐길 줄 모르는 회장님, CEO, 그리고 관료들. 원래는 서비스업 종사자, 즉 하위기능직 직원들을 대상으로 교육 프로그램을 준비한 CS 강사나 이미지 메이킹 전문가(?)들로부터 '틀린 번지수로' 배운 하급의 짝퉁 글로벌 매너로는 어디 가서 제 돈 내고 만찬을 열고 싶어도 누가 함께 먹어 줄 친구가 없다. 저급 매너 졸부와의 만찬? 고급 요리, 비싼 와인인들 어디 제 맛이 나겠는가? 창업자들이야 글로벌 매너니 품격이니 하는 걸 배운 적도, 챙길 여유도 없었다. 하지만 그 2,3세들은 남부럽지 않은 환경에서 해외 유명대학에 유학해 배울 만큼 배우고 비즈니스 경험도 쌓았다. 그럼에도 불구하고 현재 그들 대부분의 매너나 품격은 글로벌 기준에서 보면 2,3류다.

구태의연한 타성에서 벗어나지 않으면 창조적 솔루션이 불가능하다. 지체가 높고 돈이 많아도 글로벌 매너를 따로 배우지 않으면 품격 있는 행동이 나오지 않는다. 직위·계급·스펙·교양 등 그 어떤 것보다 '친인간적'인 것이 정답이다. 인문학 강의를 아무리 들어도 비즈니스로 연결하지 못하는 건 소통 도구인 매너가 부족하기 때문이다. 먼저 오너·CEO 자신부터 남에게 보여질 사회적 인격체로서의 자기를 디자인할 줄 알아야 진정한 글로벌 경영인이라 할 수 있다.

제Ⅲ부는 국내외 비즈니스 무대에서 나름 성공했노라 자부하는 한국인들이 그 흘린 피와 땀에 비해 수확은 왜 그렇게 미미할 수밖에 없었는지, 얼마나 많은 부가가치와 일자리를 놓치고 있는 것인지, 그리고 왜 마땅히 누려야 할 존경을 받지 못하는지, 왜 성공인으로서 글로벌 상류사회로 진입하지 못하는지 등등의 원인을 진단하고, 미래의 글로벌 전사들이 갖추어야 할 매너와 품격을 제시하고 있다. 말하자면 대한민국 기업의 부가가치 산란장이자 창조경영의 빙산 밑 엔진이다! 품격경영의 시작이다!

49 '쩍벌남' 대통령, '쩍벌남' 회장님 이제 그만

불룩배가 내공인 줄 아는 우물 안 졸장부들 | 품격이 뭔지를 몰랐던 '노가다' 세대 | '쩍벌남'과 국가 브랜드 가치 | 장(長)자가 붙는 순간 모두 황제가 되어 버리는 졸장(卒長)들 | 그동안 졸(卒)로 살아온 한풀기, 자신의 천한 근본을 자랑하는 꼴 | 근본이 당당한 사람은 배를 내밀지 않아! | 벼슬이 아무리 높아도 배우지 않으면 품격 안 나와!

　　예전에 현대그룹의 고 정주영 회장이 소떼를 이끌고 북한을 방문한 적이 있다. 그러나 그 일이 있은 지 3년이 다 되도록 도무지 일이 진척되지 않아서 답답하기만 했었는데, 이를 보다 못한 북한측의 한 인사가 정회장에게 슬며시 몸가짐새에 대한 주의 사항을 일러 주어 그대로 따랐더니 그때부터 일이 잘 풀려 나갔다고 한다. 그러니까 그동안 정회장의 앉음새가 하도 거만하고 천박해서 북한 사람들한테 영 거슬렸던 모양이다. 같이 앉아서 업무를 논의할 마음 자체가 전혀 일어나지 않았던 것이다. 정회장은 의자에 앉으면 습관적으로 엉덩이를 앞쪽으로 내밀고 다리를 벌렸다. 하여 자연히 아랫배가 앞으로 나오고, 몸이 뒤로 젖혀졌었다. 거만한 폼이다. 글로벌 정품격 매너로 훈련된 김정일과 북한 인사들이 보기에 한심하기 짝이 없는 '미제 자본주의에 찌든 악질반동'의 착석 자세였던 것이다. 북한이 헐벗으면서도 남한을 멸시하고 얕보는 가장 큰 이유가 바로 이 남한의 상스러운 매너 때문이다. 언젠가 북한과의 비즈니스를 추진하려는 중소기업인들을 위해 대한상공회의소가 마련한 자리에서 정주영 회장이 자신의 경험담을 토로하며 주의할 것을 당부한 이야기이다.

　　이명박 전 대통령의 앉음새도 정회장과 많이 닮았다. 게다가 허리까지 시원찮은지 집권 후반기에 들어서면서부터는 뒤에 방석을 대고,

두 팔과 두 다리를 쩍 벌리고 앉아서 내외빈을 접견하는 폼이 가관이었다. 한국의 아랍권 국가들과의 이해관계에서 촉매제 역할을 할 수 있는, 팔레스타인 자치정부의 수반 마흐무드 아바스가 30여 년 만에 처음으로 한국을 방문하였을 때에도 이명박 대통령의 접견 자세는 그야말로 '쩍벌남' 그 자체였는데, 그가 혹시라도 인근 아랍권 국가 지도자들에게 한국 대통령에 대해 어찌 평하였을까를 생각하면 지금도 식은땀이 흐를 정도다.

역으로, 우리나라 사람들이 팔레스타인처럼 후진국으로 알고 있는 과거 티베트의 달라이 라마가 미 백악관에서 오바마 대통령과 대담하는 사진을 보면, 그가 진정한 글로벌 젠틀맨임을 한눈에 알아볼 수 있을 것이다. 그리하여 남아프리카의 넬슨 만델라, 미얀마의 아웅산 수지와 똑같이 그가 가는 나라마다에서 최고의 예우를 받게 되는 이유 또한 충분히 수긍되고도 남을 것이다.

어리석은 가부장적 권위 '쩍벌남'

대부분의 한국 가정의 거실에는 소파 세트가 자리잡고 있고, 그 상석엔 가장의 단독 소파가 위치한다. 한데 이는 한국이 미국식을 따르면서 생겨난 현상이다. 기실 유럽의 일반 가정에는 미국이나 한국처럼 거실에 소파가 놓여 있지 않다. 유럽의 가정집들은 거실이 협소해서 소파 세트를 놓을 공간이 거의 없기 때문이다. 대개들 식탁과 의자생활을 한다.

온돌 문화에 익숙한 한국인은 전통적으로 의자나 소파생활에 대한 경험이 그리 오래되지 않았다. 하여 응접용 소파에 앉을 때, 양쪽에 있는 팔걸이에 두 팔을 나란히 얹고서 엉덩이와 배를 내민 채 양다리를 벌리고 앉는다. 소파가 크면 클수록 그에 맞춰 팔다리를 벌리다 보니 우스운 쩍벌남 모양새가 되고 만 것이다. TV 드라마에 나오는 회장

님은 예외 없이 그렇게 앉는다. 온돌방에서 퍼질러 앉던 버릇 그대로
를 소파로 옮아온 게다. 게다가 여성들은 교장선생님 앞에서의 여고
생처럼 팔다리를 모아 소파 중앙에 다소곳이 앉는 것이 정자세인 양
잘못 알고 있다. 서양식을 따르면서 소파를 들여왔지만, 정작 그 사용
법(?)을 제대로 배워 오지 못한 까닭일 터이다.

　글로벌 시대, 문제는 이 온돌방이나 소파에서는 바른 자세가 나오
지 않는다는 데 있다. 한국인들이 앉으나 서나 곧고 바른 자세가 나오
기 힘든 원인 가운데 하나이기도 하다. 이 때문에 의자에서도 중력을
이기지 못하고 척추가 휠 정도로 삐딱하게 앉는다. 국내에서야 모두
가 구부정한 자세이니 눈에 띄지 않지만 밖으로 나가면 한국인은 금
방 표가 난다. 때문에 한류 붐을 타고 한국의 스포츠 스타와 연예인들
이 인기를 누리고 있지만, 그 중 누구도 글로벌은 고사하고 아시아 대
양주권에서조차 광고 모델이 되지 못한다. 세계적인 샴페인 모엣 샹
동의 아시아 대양주판 CF에 한국인으로서는 다니엘 헤니가 유일한
실정이다.

불룩배가 내공인 줄 아는 우물 안 졸장부들

　《양반전》이란 한문 소설이 있다. 천한 신분의 부자가 돈을 주고
양반 신분을 사서 막상 양반 행세를 하렸더니 너무 힘들더라는 내용
이다. 상것이 갑작스레 양반 행세를 하기란 쉬운 일이 아니다. 품격을
갖춰야 하는데, 이게 어디 그리 호락호락한 일이던가. 대한민국은 이
제 거의 모든 면에서 글로벌화가 다 되었다. 그런데 딱 하나! 사람만
아직 글로벌화되지 못하였다. 세계가 부러워하는 무역대국이지만, 매
너는 여느 후진국보다 못한 수준이다. 동방예의지국? 어쩌다 이 모양
이 되었는가?

　예나 지금이나 이 나라의 대통령·총리·장관들은 물론 재벌 회장이

소국과 대국의 차이? 후진타오 국가주석과 이명박 대통령. 쩍 벌린 만큼 위엄과 국력이 넘쳐 보이는가? ⓒ연합뉴스

쩍 벌린 만큼 국익을 더 많이 챙겼을까? 이명박 대통령과 시몬 페레스 이스라엘 대통령. 무기를 팔아먹어야 하니 참아야지! ⓒ청와대

이명박 대통령과 아랍에미리트연합 대통령. 글로벌 매너 낙제생과 모범생의 대담. 더 큰 소파였더라면 앉은뱅이 허수아비가 될 뻔했다. 정치인·기업인 할 것 없이 한국의 모든 장(長)들은 다 이 모양이다. ⓒ청와대

대담 자세 대형 사고. 미국의 글린 데이비스 국무부 대북정책 특별대표와 임성남 외교통상부 한반도평화교섭 본부장. 비단 이 사진만이 아니라 한국의 재벌 오너, 대기업 CEO, 각 기관장을 비롯하여 국회의원·장차관·국장급 이상이면 예외 없이 이런 폼이다. 이런 사진을 홍보용으로 내보내는 것은 글로벌적 시각에서 보면 모조리 자살골이다. ⓒ뉴시스

며 대기업 CEO 할 것 없이, 또 총장이며 위원장, 초등학교 교장선생님까지 장(長)자 붙은 이들은 하나같이 '쩍벌남'이다. 장(長)자가 붙는 순간 모두 황제가 되어 버린다. 그동안 졸(卒)로 살아온 한(恨)을 마음껏 풀어 보고 싶은 게다. 그래야 권위가 서는 줄 안다. 허세(虛勢)와 실세(實勢)도 구분 못하는 졸장(卒長)들이다. 누가 아니랄까봐 자신의 천한 근본을 자랑하는 꼴이다. 근본이 당당한 사람은 굳이 그렇게 배를 내밀지 않는다.

두 팔을 소파의 양쪽 팔걸이에 얹는 자세는 곧 과시와 거만을 뜻한다. 상대를 졸(卒)로 보고 개무시한다는 뜻이다. 그런 졸부·졸장부 근성을 드러내는 앉음새가 한국에서는 먹힌다. 그렇지만 글로벌 사회에선 그순간 아무리 돈 많고 지위가 높아도 바로 '상것'으로 낙인찍히고 만다. 물론 저 혼자 있을 경우에야 어떤 폼으로 앉던 그건 개인의 자유다. 하지만 상대가 있을 경우, 특히 외빈을 맞는 공식석상에서 그렇게 폼(?)나게 앉았다간 세계인의 웃음거리가 되지 않을 수 없다. 그동안 한국을 방문한 수많은 외국 정상이며 귀빈들이 하나같이 속으로 비웃었을 게 뻔하다. 그래서 퇴임하고 나면 누구 한 사람 전화 한 통 해주지 않는 게다.

그런 터무니없는 접견을 아주 인내력 있게, 그리고 능숙하게 받아준 중국 지도자가 바로 후진타오(胡錦濤) 전 국가주석이었다. 한국의 쩍벌남들이 수도 없이 찾아가 사진찍기를 청할 때마다 언제나 마네킹 같은 자세로 '정상과의 회담' 사진의 모델이 되어 주었다. 속으로 혀를 차면서도 시침 뚝 떼고 정격 자세로 앉아 있다. 그렇지만 눈 밝은 글로벌 주류 인사들은 사진만 보고서도 그가 상대를 멸시하고 있음을 금방 알아차린다. 한국인들만 모를 뿐이다.

'쩍벌남'과 국가 브랜드 가치

명색이 공무원이고 기관장인 이들이 하나같이 기본이 안 되어 있다. 허구한 날 다른 나라 지도자들의 행동거지를 보고서도 시불견(視不見) 당달봉사다! 그들의 자세가 자신과 어떻게 다른지를 눈치채지 못하다니 기가 찰 노릇이다. 배운 게 없으면 선진국 지도자들의 글로벌 매너를 그대로 따라서 흉내라도 제대로 내었으면 좋으련마는 배울 건 안 배우고, 해서는 안 될 짓만 남 따라 했으니 청문회에서 그렇듯 망신을 당하는 것 아닌가. '품격'이란 단어만 알았더라도 그렇게 처신하지는 않았을 것이다.

　새로이 임명된 각 부처의 장관들이 외빈의 방문을 받고 접견하는 사진들을 보면, 역대 정권이나 지금이나 도무지 변함이 없다. 대통령이 여성이다 보니 '쩍벌남' 자세는 저절로 사라졌지만, 외빈 접견에서 양손을 내리거나 엉덩이를 뒤로 물리는 것은 좋지 않은 버릇이다. 게다가 각료나 비서진들이 가까이 오지 못하도록 멀찍이 떨어뜨려 놓고 회의며 접견·보고 등을 받고 있다. 흡사 6,70년대 사진을 보는 듯하다. 소통이 뭔지를 전혀 모른다는 뜻이다. 권위 세우는 것을 품격으로 오해하고 있다. 큰일이 아닐 수 없다.

　이하 장(長)들 또한 하나같이 '쩍벌남'이다. 그동안 움츠리고 살다가 드디어 어깨를 펴는 것까진 이해하겠는데, '쩍벌남'은 정말 안 된다. 그런 폼으로 사진 찍히는 기관장이나 그런 사진을 찍어 올리는 사진기자들도 개념 없기는 마찬가지다. 제발이지 백악관 홈페이지나 로이터나 AP통신 등 해외 유수기관들의 사진들 좀 보고 사진의 품격에 대한 안목을 길렀으면 싶다. 특히나 그동안 청와대 홈페이지에 올라온 사진들을 보면 수준 낮은 국격이 고스란히 드러나 보인다. 한 장을 올리더라도 품격 있는 사진이어야 한다.

품격이 뭔지를 몰랐던 '노가다' 세대

품격(品格)이란 성품(性品)과 그 외격(外格)을 합한 말이다. 내적인 인성이 절제된 언행으로 드러나 모두에게 공감되어야 하는 것이다. 준비할 줄 아는 자세, 성의와 배려에서 우러나오는 환대가 몸에 배어야 품격이 나온다. 아우라가 나온다는 말이다. 내외합일(內外合一)! 글로벌 주류 인사들은 상대의 사진 한 장만 보고서도 그 속까지 다 들여다본다. 그런 게 내공이다. 그러므로 국가의 각급 지도자들은 자기 연출에 신경을 써야 하며, 그 소홀함에 대해서도 책임을 져야 한다.

외교통상부 주 유엔 대리대사, 국가정보원 해외담당 차장, 국가브랜드위원회 국제협력분과위원장으로 일했던 《글로벌 파워 매너》의 저자 서대원 대사는 《주간동아》와의 인터뷰에서 "대통령이나 총리, 재계 총수 등은 자국에 큰 영향을 미치는 '공인'인 만큼 사진에 찍힌 자신의 이미지가 좋지 않다면, 이를 고치려 부단히 노력해야 한다"며 "사진은 평소 태도와 행동 등 매너 수준을 보여주는 바로미터"라고 하였다.

모든 품격은 절제에서 나오는 법. 다리를 쩍 벌리고, 양팔을 벌려 두 손을 팔걸이에 얹거나, 상체는 그냥 둔 채 고개만 돌리거나, 엉덩이를 뒤로 물리는 자세는 절대 금물이다! 두 다리를 모으고, 상체는 직립하되 상대방 쪽으로 틀어서 적극적으로 상대에게 다가가야 한다. 그것이 글로벌 정격이다. 이런 기본도 안 된 사람이 최고지도자 자리에 오르는 것은 대한민국에 '품격'이란 개념조차 없다는 방증이겠다.

웃음거리 더하기 글로벌 호구역 자임하는 '쩍벌남' 마초들

어디 대통령이나 기관장뿐이랴. 이 나라의 웬만한 대기업 오너들 역시 하나같이 '쩍벌남'이다. 기업 홈페이지에는 모조리 매너 빵점인 사진들만 올라 있다. 흡사 미개국 대통령 같다. 해외 기관장이나 귀빈을 접견할 때, 양 기업 대표가 계약을 체결할 때 찍은 기념사진들

을 보면 가관도 그런 가관이 없다. 넥타이 하나 정격으로 맨 회장님도 찾아보기 어려운데다가 회장님들은 무조건 '쩍벌남' 마초다.

회장님은 영원한 갑(甲), 나머지는 모조리 굽신대는(?) 듯한 자세의 사진으로 도배를 해놓았다. 심지어 합작 상대국 총리나 장관조차도 을(乙)로 만들어 놓고서 기고만장해하고 있다. 홍보실에선 주인님을 왕처럼 돋보이게 하는 것이 곧 충성인 줄로 알고 있는 듯하다. 그래야 회사의 위상이 높아지고, 그 과시가 곧 홍보인 줄로 착각하고 있는 모양이다. 글로벌 사회에선 '벌거벗은 회장님'으로 보는 줄도 모른다. 그러니 그 사진 한 장에 얼마나 많은 피 같은 돈이 날아갔는지 계산이 설 턱이 없겠다. 아무튼 회장님의 그런 오만이 어디 속에서만 가만히 웅크리고 있을까?

예전에 모 재벌 회장이 잘난 체한답시고 앞으로 무슨 분야로 진출하겠다고 호언하는 내용의 기사가 대문짝만하게 난 적이 있었다. 어디 그 회장뿐인가? 조금 잘나간다 싶으면 지레 언론에 나와 구상중인 사업을 자랑한답시고 떠벌린다. 한마디로 호구고 쪼다다. 경영 비밀을 스스로 떠벌린 꼴이니, 그 소식을 들은 국내는 물론 해외 경쟁국에서 가까운 미래에 어찌어찌 해보려고 조용히 수면 밑에서 준비해 왔던 기업들은 빙긋이 웃을 수밖에. 바가지 왕창 씌울 준비를 할 수 있게 되었으니 그런 횡재가 어디 있으랴.

글로벌 매너 운운은 단순한 트집잡기가 아니다

우리나라에 주재하고 있는 주요국 대사관의 외교관들과 정보기관 요원들은 한국의 좋은 점만을 보는 것이 아니다. 정치인이나 관료들의 실수와 약점을 오히려 더 좋아한다. 특히 외교상의 결례, 즉 교섭 문화 매너 약점 노출 자료는 더없이 반가운 소재이고, 각국 정보기관에선 한국의 주요 기업 오너들과 CEO들의 사진 자료는 물론 각

일왕 부처의 글로벌 최상급 정품격 대담 자세 모델 폼. 쩍벌남 노무현 대통령과 감히 상대에게 다가가지 못하는 영부인. 세련됨과 촌스러움의 극명한 대비. ⓒ연합뉴스

정품격 대담 자세 모델 폼. 하미드 카르자이 아프가니스탄 대통령과 아키히토 일본 국왕. ⓒ로이터

대담 자세의 정품격 모델 폼. 철의 여인 대처 영국 총리와 중국의 지도자 등소평의 미니어처. 중국의 모든 최고지도자들은 이 모델 폼을 정확히 따르고 있다. ⓒ뉴시스

전두환 대통령과 레이건 대통령의 정상회담 모습. 후진국 절대권력자들의 자세는 언제나 제왕적 쩍벌남이다. 자기 국민들에게 권위적으로 보여야 하기 때문이다. 그렇지만 미국인들은 이 사진을 보고 무슨 생각을 할까? [국가기록원]

품격 대담 자세 모델 폼. 힐러리 클린턴 미 국무장관과 후진타오 중국 국가주석. ⓒAP-뉴시스

후진타오 중국 국가주석과 김정일 국방위원장의 정격 모델 폼. ⓒ연합뉴스

위풍당당? 2003년 6월 후진타오 중국 국가주석을 예방한 정대철 민주당 대표의 대담 자세. 대화(소통)가 아니라 과시용 사진찍기가 목적임이 여실히 드러난다. ⓒ연합뉴스

2005년 9월 후진타오 국가주석을 예방한 문희상 열린우리당 의장. 대인과 소인, 대국과 소국을 구별짓는 낯뜨거운 사진. ⓒ연합뉴스

2003년 10월 태국APEC 정상회담에서의 노무현 대통령과 후진타오 중국 국가주석의 대비된 대담 자세. ⓒ연합뉴스

전직과 현직의 격세지감? 클린턴 전 미국 대통령의 예방을 받은 이명박 대통령의 접견 자세. 숨길 수 없는 본색. ⓒ청와대

대담 자세 모델 폼. 다이애나 왕세자비와 힐러리 클린턴 영부인. 불편함을 무릅쓰고 팔을 괴어서라도 상대방 지향적인 자세를 유지하고 있다. ⓒ백악관

한국의 제왕적 쩍벌남과 정반대로 철저히 상대방 지향적인 모습을 취하는 중국인들의 소파 대담 자세 매너. 상대방에 자기 몸을 바싹 붙여댐은 물론 몸을 던져서까지(?) 경청하고 있다. 1988년 4월 한중수교 막후 교섭차 중국을 찾아온 장치혁(張致赫) 고합그룹 회장(왼쪽에서 첫번째)을 응대하는 중국의 국가부주석 왕전(王震. 왼쪽에서 두번째), 국제우호연락회 상근부회장 진리(金黎. 왼쪽에서 세번째. 중국공산당 초기 옌안(延安) 시절에 마오쩌둥(毛澤東)의 비서를 지냈지만 그때부터 덩샤오핑(鄧小平)의 숨은 직계였다는 인물), 부회장 웨펑(岳楓. 왼쪽에서 네번째. 중국군부 원로 예젠잉(葉劍英)의 아들). 중국 최고지도층그룹 인사로서의 직위나 초중량급 무게의 배경에도 불구하고 너무 순진해 보일(?) 정도로 경청하는 자세에 개의치 않는 진짜 대인다운 마음 그릇 크기를 모두 보여주고 있다. [월간조선DB]

종 취향 자료까지 수집해서 본국에 모조리 보고한다. 그리고 그것들을 모아 놓았다가 반드시 협상에 이용한다. 자국 주요 기업의 한국 기업인 포섭 공작(?)에도 활용토록 선제적으로 제공해 준다.

지금이 어느 때인데 절제와 긴장의 자기 제어 분위기는 어디에도 보이지 않고, 그저 한가하게 덕담이나 나누고 '쩍벌남' 인증샷이나 찍고 있는가? 그렇게 편한 자세로 환담이나 하는 게 장(長)인가? 설령 그렇다 해도 공적(公的) 영역의 포토세션에서는 절대 금물이다. 쩍 벌린 만큼 자신의 권위가 더 높아지지 않는다. 그만큼 졸부티만 나고 천박해질 뿐이다. 그만큼 속이 허(虛)하다는 것이겠다. 세계의 리더들이 고작 그런 허세에 기죽을 것 같은가? 그저 목도리도마뱀 보듯 귀엽게 봐줄 뿐이다. 못된 머슴이 주인 망신시킨다고, 싸가지 없는 공복(公僕)들이 대한민국을 디스카운트, 아웃렛시키고 있다. 국민의 세금으로 국민을 망신시키고 있다.

진정한 글로벌 내공이란 소통하는 능력이다. 마주한 상대는 물론 현장 너머 영상과 사진을 통해 바라보는 모든 이들과도 소통해 낼 줄 알아야 진정한 글로벌 지도자라 하겠다. 카메라 들이대는 순간 자신의 폼이 어떻게 나올지에 신경 쓰이면 그는 아마추어다. 상대의 시선을 놓치지 않고 온몸으로 대화에 집중하는 것이 글로벌 매너다. 그래야 상대와 자신을 바라보고 있는 양국의 국민들, 그리고 세계인들과 소통할 수 있는 사진이 나온다. 아무리 뛰어난 식견을 지녔다 해도 그게 안 되는 사람은 지도자나 장(長)으로 나서면 안 된다. 또다시 '쩍벌남'에게 속으면 대한민국은 정말 희망 없다.

Tip 벼슬이 아무리 높아도 배우지 않으면 품격 안 나와!

글로벌 비즈니스 매너 전도사로 자처하고 강의를 다니다 보니, 개인 지도를 해야 할 때가 더러 있다. 개중에는 나름 꽤 성공하여 이름이 알려진 이들도 적잖다. 그렇기에 다른 사람들과 함께 앉아서 배우기가 차마 민망하기도 하고, 또 바쁜 일정상 달리 시간을 내기가 쉽지 않아서이기도 하다. 그럴 때마다 필자를 놀라게 만드는 것이, 설마하니 그 정도의 위치까지 오를 만큼 성공한 이의 글로벌 매너가 감히 수준을 논할 정도가 아니라는 사실이다.

높은 자리에 오르면 품격도 저절로 높아질까? 해외 유학 좀 했다고, 외국어 몇 개쯤 할 줄 안다고 품격이 자동적으로 따라다닐까? 특히 한국사회에서 엘리트 그룹에 속하는 의사·판검사·교수 등 전문직 종사자들의 글로벌 매너 수준은 실망스러우리만큼 형편없기가 예사다. 그런데 문제는 이들 스스로가 자신들의 품격이 웬만큼은 되는 줄로 착각하고 있다는 것이다. 상대적으로 안정되고 권위를 인정받는 직업이나 지위에 올라 해외 출장이며 외국인들과의 접촉이 빈번한 그들이기에 자신이 그만한 수준의 매너를 터득한 줄로 알고 있다. 대통령·총리·장관·국회의원 등의 고위공직자들과 똑같은 착각에 빠져 있는 것이다. 이는 일반 시민들도 매한가지라고 할 수 있다. 돈과 벼슬에 따른 형식적인 의전과 응대를 마치 당사자의 품격인 줄로 오해하고 있기 때문이다.

특히 법무법인에서 국제업무를 담당하는 변호사들의 무매너엔 할 말을 잃을 정도다. 품격은커녕 교섭 문화의 기본기조차 전혀 갖춰지지 않았다. 고작 폭탄주 제조법이 무슨 대단한 무기라도 되는 양 밖에까지 들고 나가서 코리아 디스카운트시키고 돌아온다. 외국 변호사들과 일이 제대로 잘 풀려 나갈 리가 없겠다. 어차피 그가 아니어도 누군가가 하는 일, 왜 일이 차일피일 늦어지고 손해가 얼마나 나는지, 마땅히 돌아와야 할 이익이 얼마나 깎여 나갔는지, 그게 매너와 무슨 상관이 있는지에 대한 인식조차 없다. 하여 물어보면 "밤낮없이 공부하고 일하느라 그런 걸 배울 틈도 없었고, 솔직히 그런 게 있는 줄도 몰랐다!"고 한다. 공부만이 실력인 줄 알고 살아온 한국 엘리트로서는 당연한 항변이겠다.

한때 수십 개의 기업을 거느리다가 몰락한 모그룹의 전직 회장이 어디선가 필자의 글을 보고서 연락을 해와 잠시 담소를 나눈 적이 있는데, 그분 역시 비슷한 말을 하였다. 글로벌 매너란 것이 따로 있는 줄을 진즉에 알았더라면 그렇게 천방지축으로 살지 않았을 것을! 너무 부끄럽고 한스럽다며 손자손녀들의 매너 교육을 부탁하였다.

개인의 매너와 품격에 대하여 거론하기란 참으로 난감한 일이다. 대통령이나 재벌 회장 등 위세 등등한 수퍼갑(甲) 주인님의 무매너를 지적해 줄 만한 무지하게 용감한 아랫사람이 있을까? 어쩌면 목이 열 개라도 모자랄 것이다. 아무튼 주인이나 머슴이나 그 근본이 그다지 다르지 않으니 그런 걱정 안하고 잘살고 있는 것이겠다.

바야흐로 완장(腕章)의 시대가 저물고 품격의 시대가 오고 있다. 품격엔 계급장이 없다.

50 식탁을 모르면 세계를 모른다

사람을 동물과 구별짓기 | 정품격 식사 호스트 능력과 신사숙녀다운 식탁 매너는 글로벌 세계로 나아가는 열쇠 | 국가 최고위층은 물론 재벌 등 상류층의 식사 매너조차 글로벌 기준으로 보면 아직 무수리 같은 하녀 수준 | 문명국가에서의 식사는 단순히 배고픔을 해결하기 위함이 아니다! | 밥맛없는 한국인들?

베트남 독립의 아버지 호치민(胡志明, 1890~1969)은, 1911년 6월 프랑스 선적의 기선 아미랄 라투셰-트레빌호의 주방보조로 고용되어 유럽으로 건너갔다. 조국의 독립을 위해 시배국 프랑스로 유학을 가던 청년은, 배 안에서 수시로 펼쳐지는 프랑스 식탁 문화를 접하면서 후일 세계 최강대국 프랑스·미국과 대항해 이길 상승무공의 알고리즘을 만들어 나갔을 것이다.

그리스의 선박왕 아리스토텔레스 소크라테스 오나시스(1906~1975)는 젊은 시절 무척이나 가난했었다고 한다. 하지만 그는 끼니를 거르면서까지 하루하루 알뜰히 돈을 모았고, 그 돈이 어느 정도 모이자 부자들만 드나드는 고급 식당으로 향했다. 그러나 행색이 남루하고 신분 또한 초라해 번번이 출입을 거부당하고 만다. 그러던 어느 날 이를 지켜보던 한 부자가 오나시스에게 물었다. "자네는 왜 힘들게 번 돈을 한 끼 식사에 다 바치려 하는가?" 그러자 오나시스는 이렇게 대답하였다. "저는 당

신들의 생활이 너무도 부럽습니다. 그래서 당신들의 생활 방식과 문화를 배우려는 것입니다." "그래, 그렇다면 어디 한번 우리들의 방식을 배워 보게나." 그리하여 오나시스는 식탁 매너를 시작으로 상류층 문화를 하나하나 배워 나가게 되었고, 그들과 친구가 될 수 있었으며, 또한 그들에게서 일거리를 수주해 마침내 세계적인 부호로 성장할 수 있었다.

국민들에게 '저녁이 있는 삶'을 찾아 주겠다며 2014년 국회의원 보궐선거에 출마했던 새정치민주연합 상임고문 손학규 씨가 결국 그 약속을 지키지 못하고 정계를 은퇴했다. 그가 말한 '저녁'이 어떤 것인지는 모르겠으나, 아무튼 다산 선생이 유배 갔던 강진의 한 움막에서 와신상담한다고 하니 후일을 지켜볼 수밖에 없겠다.

사람을 동물과 구별짓기

인간은 그 자신이 먹는 것을 통해서 신들에게, 혹은 동물들에게 가까이 갈 수가 있다고 한다.

오래전에 한국을 다녀간 적이 있는 헬렌 켈러(1880~1968)에 관한 이야기는 여러 책들과 영화를 통해서 널리 알려져 있는 바이다. 말하고 보고 듣는 것에 장애가 있는 어린 헬렌 켈러에게 어느 날 설리번이라는 가정교사가 찾아온다. 그녀 역시 심각한 시각 장애를 극복한 경험이 있어 헬렌의 선생으로 위촉된 것이다.

맨 처음 그녀가 한 일은, 사흘 동안 가족들로부터 완전히 격리된 곳에서 헬렌과 단둘이서만 생활할 수 있도록 해주겠다는 약속을 헬렌의 어머니에게서 받아내는 것이었다. 그리고 그 사흘 동안 어떤 일이 있더라도 일체 간섭하지 않기로 단단히 다짐을 놓은 뒤, 집 뒤꼍의 오두막에서 둘만의 생활이 시작된다. 그곳에서 그녀가 헬렌에게 맨 먼저 가르친 것은 식탁 매너였다. 중증 겹장애가 있는 헬렌은 손으로 음식을 집어먹고, 여차하면 식기를 집어던지는 등 거의 동물에 가까울 정도로 참혹한 상태였다.

먼저 포크 잡는 법을 가르치는데 제대로 될 턱이 없다. 미치광이처럼 반항하는 헬렌을 설리번은 단호하게 원시적으로 다룬다. 무자비한 폭력이 가해지고 보다 못한 헬렌의 어머니가 그만두기를 눈물로 빌지만, 설리번은 처음 약속한 대로 강력하게 밀고 나가 결국 포크를 잡게 만든다. 다음으로는 냅킨을 펴고 접는 법을 가르쳐 식사의 시작과 끝을 알게 한다. 이렇게 하여 온전한 사회적 인격체가 갖추어야 할 테이블 매너를 하나씩 가르쳐 나갔다. 식사자리가 공적인 공간임을 인식시킨 것이다.

사흘간의 격리생활이 끝난 후 온 가족이 모여 식사를 하게 되는데, 그 자리에서 헬렌의 어머니가 "우리 헬렌이 이제 '사람'이 되었구나!"며 감격의 눈물을 흘린다. 한국인들은 아무도 눈치채지 못하고서 이 부분을 그냥 흘려듣거나 읽으면서 지나쳐 버리지만, 헬렌에게는 인간 정체성 회복의 의미를 부여하는 중대한 말이다. 드디어 헬렌이 정상적인 가족공동체의 일원으로서, 또 성숙된 인격체로서의 위상을 가졌음을 선언한 것이다. 그리고 이는 헬렌의 어머니가 법적 친권자로서

헬렌 켈러와 앤 설리번. 1888년 7월 미국 매사추세츠주 케이프 코드에서.

선포하는 법률행위에 해당한다. 이 대목은 인도에서 리메이크된 동종 영화 〈블랙〉(Black, 2005)에서도 누락 없이 재연된다.

법적으로 완전한 사람임을 선포하는 이 행위는 증인, 즉 그 자리에 설리번 선생님이 있음으로써 효력을 지니게 된다. 이는 헬렌의 장래를

패밀리의 중요성을 강조한 미국 TV 드라마 〈소프라노스(The Sopranos)〉의 디너 장면. 이탈리아 출신 마피아 보스의 가정을 그리고 있다. 상체를 곧추세운 바른 자세와 음식보다 화자에게 시선을 집중하는 정품격 매너. 가족성이 좋지 않으면 조직도 잘 다스릴 수 없다고 본다. [인터넷 화면 캡처]

결정하는 매우 중요한 행위이다. 왜냐하면 금치산자·한정치산자·완전장애인은 부모의 사후에 유산을 상속받을 수 없기 때문이다. 당연히 그 재산은 헬렌의 동생에게로 가게 되어 있다. 설리번 선생님이 맨 처음 한 일은 바로 헬렌을 법적으로 인정받을 수 있는 '사람'으로 만들어 주는 일이었다.

왜 식탁 매너인가?

인간이 동물과 구별되기 시작한 것은 도구를 사용하기 시작하면서부터라고들 하지만, 그 사회성은 식사법에서 비롯되었다고 할 수 있다. 동물들과 달리 인간만이 식사 때면 가족공동체가 골고루 음식을 나눠먹는다. 공공(公共)에 대한 의식은 여기에서부터 생겨났다. 그리고 그 요리법과 식사 매너는 장례나 결혼과 같은 의례행위로서 각 민족마다 제각기 다른 독특한 형태를 지닌다. 결국 인간을 인간답게 만든 것은 이 식사 문화라고 해도 과히 틀리지 않는다. 그러니까 문화의 시작은 식사라 해도 과언이 아닌 것이다.

또 우리는 가족을 '식구(食口)'라는 말로 대신한다. 이 단어는 굳이 혈연관계만을 의미하지 않는다. 한솥밥을 먹는 모두를 말한다. 그처럼 식사행위는 문화인류학적으로 매우 중요한 연구 재료가 된다. 인간관계의 핵심을 이루는 요소임에도 불구하고 너무도 당연시되는 일상생활이어서 그 의미에 대해 주의 깊게 생각하지 않을 따름이다. 우리말에 죽었다는 표현을 '숟가락 놓았다'고도 하듯이, 식사의 시작과 끝은 곧 '사람' 즉 '삶'의 시작과 끝이라는 엄중한 의미를 지닌다.

인류학적으로 보면 식사 시간은 가부장의 권위를 확인하는 자리이기도 하다. 온 가족이 둘러앉아 함께 음식을 나누는 자리는 서열화되어 있어 안쪽 상석에는 가장이 위치해 그 권위를 확인시킨다. 즉 이처럼 편안하게 식사를 할 수 있는 공간(집)을 마련하고, 먹거리를 마련한 사람이 바로 아버지임을 주지시키는 것이다. 당연히 가족들은 가장에게 고마워해야 하며, 그 권위에 복종해야 한다. 그렇지 않으면 숟가락 뺏기고 쫓겨난다.

하여 밥상머리는 가장인 남편이 자신의 결정적 의사를 가족들에게 전달하고, 부인과 그 자식들은 복종하되 가장더러 더 많은 돈을 벌어오도록 바가지를 긁거나 보챌 수 있는 자리이기도 하다. 가정 내의 실질적인 문제를 의논하는 것도 대부분 이 식사자리에서다. 반면에 가족간의 사안이 아닌 남의 이야기나 관념적이고 사변적인 담론은 대개 식후 차를 마시는 시간을 이용하게 된다.

가족성을 회복하려면 한 끼 식사부터

일찍이 상업의 발달로 도시 문화가 발달한 고대 중국이나 근대 서양에선 외식 문화가 발달했지만, 소규모 농업 위주의 우리나라는 전통적으로 식사는 거의 가정에서 이루어졌다. 1970년대까지만 해도 도시 직장인 대다수는 도시락으로 점심을 해결했다. 매식은 많지 않았다. 그러다가 80년대 이후 서비스업이 비약적으로 발달하면서 외식하는 일이 늘어나기 시작한다. 반면에 온 가족이 한자리에서 식사할 수 있는 기회는 점점 줄어들었다. 당연히 가족간의 사회성과 위계질서가 느슨해지거나 허물어지기 시작했다. 더불어 공공에 대한 의식도 희미해져 가고 있다.

식사뿐 아니라 다른 일상에서도 가족 모두가 함께하여 그 가족성을 확인하는 기회가 점점 사라지고 있다. 불과 몇 년 전까지만 하더라도 저녁을 먹고 나면 온 가족이 텔레비전 앞에 모여들었지만, 이젠 그런 풍경도 찾아보기 어렵다. 스마트폰이 생기면서 텔레비전도 각자가 자기 방 침대에 드러누워 즐기는 시대가 되었다. 가족간의 대화를 방해한다며 구박받던 바보상자였지만 그나마 가족을 한자리에 모으기라도 하던 그 사회적 기능을 상실해 버린 것이다.

대부분 가족성이 좋은 집안은 반드시 아침 한 끼 정도는 온 가족이 함께 나누고 있음을 확인할 수 있다. 반면에 가장이 경제적 구실을 제대로 못하거나, 가족들 각자가 바쁘다는 핑계로 집에서나 밖에서나 따로따로 식사를 해결하는 이들의 가정은 그다지 화목하지 못하다. 그러니 건강한 가족성을 유지하고 싶다면 먼저 가정에서의 엄격한 공동 식사부터 챙겨야 할 것이다.

가화만사성(家和萬事成)은 식탁에서 시작

지난날 엄격하고 기품이 있었던 우리의 전통 식사 예절이 산업화·도시화·서구화와 더불어 변질되거나 사라져 버렸다. 대신 도무지 격조라곤 찾아볼 수 없는 막무가내 배불리 먹고 보자는 식의 상스러운 식탁 문화가 자리를 잡았다. 세계화되면서 한국에도 와인 문화가 급속히 퍼져 나가고 있지만, 국가 최고위층은 물론 재벌 등 상류층의 식사 매너조차 글로벌 기준으로 보면 아직 무수리 같은 하녀 수준에서 벗어나지 못하고 있어 국가의 품격을 갖추는 데 어려움이 많다. 비싼 포도주 마신다고 품격 높아지는 것 아니다.

동서양을 불문하고 문명국가에서는 식사를 단순히 배고픔을 해결하기 위한 자리로만 인식하지 않는다. 이대로라면 드라마나 영화에서 온 가족이 함께 식사하는 장면이 나오면 저도 모르게 한숨을 쉬는 한국인들이 점점 늘어갈 것이다. 글로벌 세계에서 식탁 매너가 왜 그토록 중요한지는 앞으로도 계속 짚어 나가기로 하고, 우선은 가정에서 품격을 지닌 식사 의례를 재구축하는 것이 무엇보다 중요하다 하겠다. 그런 의미에서 기업 오너(가장)로서의 권위와 책임을 확인시키는 회장님과의 '품격 있는 식사' 의례는 매우 바람직한 일로 보인다.

Tip 밥맛없는 한국인들?

물론 글로벌엔 관심도 없고 그냥 우리 식대로 막살겠다고 하면 어쩔 수 없지만, 우리 식이라 해서 모두가 똑같으리라는 생각은 오산이다. 품격의 차이는 세계 어느 민족, 어느 문화권, 어느 시대나 반드시 있어 왔다. 한국 역시 반상의 구별이 없어진 지 오래이지만 품격에서는 희미하나마 구별이 없지 않았고, 어느덧 사회가 안정을 대물림하면서 상류층 매너가 차츰 형성되어 가고 있다.

흔히들 함께하기 싫은 사람을 두고 '밥맛없는'이라는 표현을 쓴다. 당연히 그런 사람과는 친구는 고사하고 함께 일하고 싶지도 않을 것이다. 그런데 한국은 이미 선진국 초입에 들어 싫든좋든 세계인들과 친구가 되어야 한다. 이에 가장 큰 장애물이 바로 한국인들의 밥맛없는 테이블 매너다. 만약 세계의 지도자들이 대한민국의 대통령을 '밥맛없는 인물'로 여긴다면, 국무총리·장관·대사들을 매너 없는 유학생 정도로 여긴다면, 위급시에 걸려 오는 전화를 성의 있게 받아 줄 수 있을까? 도와주는 척하면서 자국의 이익을 한껏 챙기고, 이참에 혼 좀 나봐라 딴전 피우며 한 바퀴 돌리고 싶은 것이 인지상정일 것이고, 그 피해는 당연히 국민들의 몫이겠다.

간혹 외국 영화를 흉내내어 한국에서도 음식을 소재로 한 영화나 드라마가 만들어지고 있다. 한데 나름 재미있게 스토리를 엮었지만, 정작 테이블 매너는 상것 그대로다. 제발이지 이제는 영화나 드라마를 만들더라도 제대로 테이블 매너를 갖추어서 밥맛나는 작품, 밥맛나는 한국인상을 만들어 냈으면 한다. 그래야 선진국 문턱을 넘어 들어갈 수가 있다.

그깟 게 뭐 그리 대수라고! 밥 한 끼 먹는 게 뭐 그리 복잡해! 글로벌 비즈니스 본선무대에서 치열한 전투를 치러 보지 않은 사람들은 이렇게 말할 수도 있다. 하지만 이미 그러한 매너에 익숙한 사람들에게 무매너 식사는 곧바로 역겨움을 유발시킨다. 식탁이 공공의 공간이란 인식조차 없는, 글로벌 매너를 모르는 사람들은 그런 기분을 도무지 이해할 수도 없을뿐더러 그저 불편하기만 할 것이다. 그러나 '밥맛없는' 이런 비즈니스 파트너와 친구로서 함께 성장하고 싶겠는가? 일의 순서와 공사(公私)를 구분하지 못하는 약점을 이용해 바가지 씌워서 하루빨리 무대 밖으로 몰아낼 궁리부터 하고 말 것이다. 그러니 자녀들을 해외 조기유학이나 어학연수 보내기 전에 글로벌 매너, 특히 테이블 매너를 반드시 가르쳐서 내보내 제대로 배워 오게 해야 하고, 또 본전 그 이상을 뽑아 오게 해야 한다.

51 식불언(食不言)이면 글로벌 왕따

한국 젊은이들은 왜 쫓겨 들어오는가? | 테이블 매너는 물리적인 취식(取食) 에티켓이 아니라 적극적 소통을 보장, 촉진하는 도구 | 외국에서는 식사자리가 비즈니스이자 외교 | 식사 면접에서 '먼 훗날'의 운명이 이미 결정 | 우물 밖이 두려운 개구리들 | 글로벌 출세의 시작과 끝은 식탁에서! | 밥상머리 교육은 식필언(食必言)에서부터

　　장시간의 디너가 끝나고 배웅을 나서던 부부가 "그렇게 배가 고팠나요? 그래서 남은 음식 몇 가지를 좀 담아 봤는데, 가져가세요!" 하더란다. 국내 각계 지도자들의 상당수를 제자(?)로 두고 있는 한편, 당시 모대학 총장으로부터 극찬을 받고 이명박 대통령의 표창장까지 받은 바 있는 어느 미식 문화 전문가의 프랑스 유학 시절 회고담이다.

　옆집에 사는 프랑스인 부부가 그들의 친구들과 함께 자기까지 집으로 초대해 벌어진 일이라 한다. 아닌 밤중에 '배고픈 동양 유학생'으로 전락하고 말았다며 아직도 분개하고 있는(?) 이 해프닝의 발단은, 아무래도 자기의 생각에는 한국식 식사 예절의 기본인 '식사중에는 말하지 말라'는 '식불언(食不言)'의 가르침을 잘 지켰다는 데 있지 않겠느냐는 것이다. 그러나 프랑스인 부부의 눈에는, 저 친구가 그동안 얼마나 허기가 졌으면 그토록 긴 식사 시간 내내 대화도 없이 조용히 음식만 먹겠느냐로 비쳤을 것이다.

　이율배반의 웃지 못할 난센스이지만 이미 엎질러진 물. 더 큰 문제는 그런 사람이 '로마에 가서는 로마식을 따르라'는 글로벌 선진문명 사회의 금언을 어기고 한국식 식불언을 프랑스에 가서도 강행하다가 망신을 당하였음에도 불구하고 이에 대한 반성적 성찰은 보이지 않

고, 지금도 국내에서 '테이블 매너가 글로벌 경쟁력' 운운하는 강의를 하고 있다는 사실이다.

식불언에 담긴 아주 불편한 진실

여기서 일단 식불언의 유래를 확실히 알아보기로 한다. 식불언은 조선시대, 즉 할아버지, 아버지, 아들, 손자 그룹, 하인·하녀, 행랑채 손님, 노비 등 최소한 7단계의 신분으로 구성된 대가족제도에서 총인원수에 비해 식기와 밥상 및 반찬이 절대적으로 부족한 상황하에 불가피하게 같은 반찬의 밥상을(일인당 밥과 국, 수저만 바뀌는) 최소한 5회 이상 돌림상하는 과정에서 회전율을 높이기 위한 궁여지책의 편법이었다.

정부 관공서도 실정은 마찬가지. 점심 때 각자가 15분 남짓 재빨리 번갈아 먹었는데, 수저와 밥그릇·국그릇 씻고 퍼담는 시간 또한 만만치 않아 경복궁 근정전의 경우 당상관, 당하관, 주사 서기급, 하위직, 여직원, 일용잡급, 민원실 손님, 노비 그룹, 미결수 등 대략 15단계의 신분 그룹별 식사에 따라 전체로는 3~4시간이 걸려 오후 업무가 자주 마비되는 등 폐해가 적지않았다고 한다. 이 문제로 선조 시절 이율곡 선생이 시정할 것을 상소하였으나 재정 현실을 감당할 수 없어 유야무야되었다는 기록도 전해 오고 있다.

문제는 정작 21세기 현대에 와서다. 수많은 한국 젊은이들이 해외로 공부하러 나가지만, 이들이 목적하는 바는 영어 혹은 현지어 습득과 학위 취득이다. 간혹 봉사나 특별한 기술을 익히기 위한 유학도 있다. 하지만 모두 거기까지다. 그 목적한 바를 이루게 되면 도망치듯 한국으로 돌아들 온다. 유학한 현지에서 자리를 잡고 그들과 함께 사는 이는 불과 몇 되지 않는다. 한국인을 넘어 세계인으로 살아갈 용기도 능력도 없는 게다. 세계를 제패하러 나간 게 아니라 한국에서 행세하기 위한 영문증(證)이 필요했던 거다.

쫓겨 돌아오는 한국의 젊은이들

대부분의 한국 유학생들이 현지의 주류사회에 동참하지 못하고 외톨이가 되거나, 한국 유학생들끼리만 어울려 놀다가 겨우 공부를 마친다. 설령 그곳에서 실력을 인정받아 학교나 연구소 등에 취직을 했다 하더라도 그다지 오래 버티지 못하고 스펙쌓기만 끝나면 좋은 자리를 찾아 국내로 들어온다. 반대로 국내에서 공부하고 어렵게 국제기구나 외국 회사에 취직했다 하더라도 대부분 얼마 못 견딘다. 그저 군대생활이나 해외 봉사 스펙 쌓듯 잠시 나갔다가 들어온다.

외국생활이 적성에 안 맞는다고들 하지만, 실은 본인도 그 원인을 잘 모르는 경우가 거의 대부분이다. 원인을 알면 고쳤을 테지만, 그걸 모르니 고치지도 못하고 맥없이 쫓겨 들어오는 것이다. 스펙으로 보면 그들에게 결코 뒤지지 않을뿐더러 오히려 우수한데도 불구하고 자신에 대한 박대가 동양인에 대한 차별이라고 지레짐작하는 게다. 과연 그럴까?

아니다. 모두 무지거나 거짓, 혹은 변명일 뿐이다. 진짜 이유는 현지인들과 융화되지 못한 것이다. 유학중에 학교 공부만 했지 적극적으로 그들의 문화를 이해하고 적응, 융합하려는 노력을 하지 않았기 때문이다. 그 중에서도 특히 식사 문화, 즉 테이블 매너에 대한 무지가 가장 큰 원인이다. 고작해야 '좌빵우물, 좌포크 우나이프' 정도의 상식도 아닌 상식을 식탁 매너인 줄 알고 물 건너갔으니 밥 한 끼 못 얻어먹고 쫓겨오는 건 당연한 업보. 식불언은 그 한 예라 하겠다.

한국 학생들이 가장 많이 가는 미국만 하더라도 유학 온 학생일 때에는 싸가지가 있건말건 무조건 환영이다. 어차피 학비 보태 주고, 마치면 돌아갈 장기 관광객이나 마찬가지이니 그 정도는 모른 척하는 것이다. 그렇지만 사회인으로 올 때에는 철저하게 배타적이다. 이런 저런 조건이나 자격을 요구하지만 근본적으로는 모두 소통 능력에 대한 검증이라 하겠다.

글로벌 출세의 시작과 끝, 모든 것은 식탁에서

세계적으로 아주 유명한 M투자은행의 어느 해 연차보고서에 직원을 '대거' 열두어 명 뽑았다고 자랑하는 내용이 책자 맨 앞부분에 대형 연수 장면 사진과 함께 실려 있어 의아해했던 적이 있다. 수백 명을 채용하는 걸로 알고 있는데 고작 열두어 명이라니? 나중에 안 일이지만 그들이 말하는 직원이란 회사의 브레인 계층, 즉 오피서 그룹을 말하는 것이었다.

글로벌 우량기업에선 평사원이나 하위직 종사자와 같이 기계의 부속품처럼 수시 교체 가능한 사람들을 인적 코스트(human costs, 물격체)라고 부르고, 의사결정권을 지닌 브레인 계층으로 낙점된 이른바 패밀리급을 원래 의미의 직원(employees, 인격체)이라고 부른다(1만여 명 중 3백여 명만!). 이 직원들을 채용할 때 3차시험은 반드시 파트너급 임원과의 오찬 면접으로 치러진다.

대략 한 시간 반에 걸친 런천(luncheon) 동안에 구사되는 입사희망자의 테이블 매너를 보고, 먼저 1차 때 제출 서류에 기재된 사실의 진실성과 2차 때의 필기시험 내지 에세이에 주장된 내용의 역량 수준을 재검증하고, 이어서 전문가로서 사회적 인격체 성숙 정도 및 회사를 대표하는 이로서의 사교성 수준을 테스트한다.

이를테면 인성과 사회성, 공공 의식과 공사(公私) 구분 능력, 배운 지식을 현실화시킬 전문가적 역량, 지속 가능성 등. 이어서 식사 습관에 부정적인 요소가 없는지, 파티에서 누구나가 친숙하게 가까이하고 싶은 매너를 지녔는지, 어떤 상대 기업의 식사 초대에 나가도 문제가 없을지 등등. 회사의 대표로서 각종 행사에 참석하여 회사 이미지와 품격을 높여 줄 수 있을지를 체크한다.

세부적으로는 식사를 하면서 몸 자세가 올바른지, 시선을 어디에 두고 있는지, 시야가 얼마나 넓은지 등도 빠뜨리지 않고 살핀다. 냅킨을 펴고 접는 것에서 식사 내지 비즈니스의 흐름 구조가 제대로 체화되어 있는지 확인한다. 가령 떨어뜨린 음식이나 도구를 처리하는 것을 보고서 위기 관리 능력을 체크하고, 식당 종업원을 어떻게 불러 주문을 하고, 또 감사 표시를 적절하게 하는지를 보고서 나중에 사원이나 고객들을 다룰 수 있는 내공을 짐작하고 채점한다. 이렇게 테이블 매너라는 프레임으로 통상 42개 항목을 체크한다.

식사 면접에서 '먼 훗날'의 운명이 벌써 결정

일반직에서는 그런 면접시험이 없다. 비즈니스 런천(luncheon)이란, 정규 레스토랑에서의 비교적 격식 있는 오찬을 말한다. 유럽이나 미국에서 간이식당이나 길거리에서 샌드위치 · 햄버거 등 패스트푸드로 점심을 때우는 사람들은 대다수가 인적 코스트(human costs), 즉 일반직들이라고 보면 된다. 그들에겐 괜찮은 오피서들과의 런천을 할 기회가 퇴직할 때까지 전무하다. 법인카드나 회사돈으로 점심 먹을 일이 없다는 말이다.

한국식의 학력에 따라 일괄 단체 에스컬레이터에 올라타는 간부급 사원 채용과는 질적으로 다르다. 한국은 아직 똑같은 학력으로 똑같이 입사하여 같은 출발선에서 경쟁해 근무 연한에 따라 직급이 반자동 올라가는 것으로 인식하고 있고, 실제로도 대부분 그런 식으로 기업이 운영되고 있지만 유럽과 미국에선 그렇지 않다.

이미 면접에서 집행부급 직원으로 결정되면, 이후 줄곧 테스트하고 가르치고 훈련시켜 도제식으로 길러 나간다. 중상류층으로서의 전문가적 가치관과 오블리주(책임과 의무)를 제대로 지키고 있고, 지켜 나갈 수 있을지 그 가능성을 보고서 처음부터 낙점해 키워 나가는 방식이다.

브레인급 관리직원인 이들은 바로 임원 후보(executive candidates)로서 일반직과는 철저히 구분된다. 이들은 채용되자마자 목재 마루에 저 유명한 '스티브 잡스의 청년 시절 명상 장면' 사진에 담겨 있는 조명 조건 그대로 노 형광등, 갓 달린 백열등 간접조명으로 키 큰 스탠드와 책상 위엔 작은 스탠드가 놓여 있는 사무실에서 일하게 된다.

한국에서 나름 공부 좀 한다는 과학고·민사고·외국어고 나와 서울대·카이스트·하버드대학을 졸업한 많은 한국 젊은이들에게 이 오찬 면접 낙점은 언감생심이다. 혹 채용된다 하더라도 이미 단순일반직으로 분류되어 버린다. 일반직에서 임원급으로 올라가는 것이 얼마나 힘들고 드문 일인지는 간혹 국내에 소개되는 '성공한 한국인'들의 눈물겨운 경험담에서 엿볼 수 있다. 그나마도 비유럽권에서나 있는 일이지만. 매너와 품격 대신 관상이나 스펙으로 인재를 뽑아서는 한국 기업들이 진정 글로벌 기업으로 성장하기란 요원하다 하겠다.

들인 노력만큼 글로벌 일등기업이 되지 못해 애가 타는 한국의 모 대기업은 해마다 미국에서 글로벌 인재 영입 행사를 가진 다음, 그 사진들을 국내 언론에 배포하는데 한마디로 탄식이 절로 나온다. 직접 행사를 주관하는 회장은 물론 해당 CEO의 글로벌 매너는 수준이랄 것도 없을 정도인데다 채용 면접에 임한 젊은 인재들 역시 매너가 하나같이 낙제점들이다. 저급한 테이블 매너는 물론 제대로 악수조차 못하고, 개중에는 정장조차 차려입지 못한 사람들도 있다. 그들이 그 사회에서 어떻게 살아왔고, 어느 그룹에서 어떤 대접을 받아 왔는지, 또 앞으로 어떻게 살아갈지가 사진 한 장에 고스란히 드러나 보인다.

흡사 그 사회의 주류가 못 되는, 주류에 들 가능성이 전혀 없어 보이는 삼류들만 골라뽑은 듯하다. 그저 어벙한 한국 대기업에 얹혀 편안한 삶을 보장받은 행운아들(?). 중상류층 오피니언 그룹에 절대 들 수 없는 그들을 데리고 글로벌 경영을 외치는 것 자체가 희극, 아니 비극이다. 그러니 그들의 인적 네트워크를 통해 글로벌 주류사회의 고급한 지식과 정보를 공유하며 선도적 기업으로서 함께 성장할 가능성은 거의 제로에 가깝다. 아무튼 인재를 구별하는 오너의 안목이 생기지 않는 한 글로벌 일류기업으로의 발돋움은 요원하다 하겠다.

식불언(食不言)이 불러 온 글로벌 문맹

한국인들은 앞서 언급한 '식불언'을 최단시간 내 식사를 마쳐야 할 압박감 아래서, 또한 식민시대 설화(舌禍)의 예방을 위해, 불만 제기를 원초적으로 봉쇄하던 군사 및 병영 문화에서, 민주화시대에는 가정 내 언로 확대 요구를 눌러 놓기 위해 식사중에 말을 많이 하면 복(福)이 빠져나간다고 둘러대며 말없이 밥을 먹는 훈련을 해왔다. 해서 조용히 고개 처박고(?) 먹기에만 열중하는 버릇이 생겨나고 말았다. 서양인들이나 중국 중상층의 시각에선 이들이 도무지 사람으로 보이지 않는 것이다.

대통령이든 장관이든, 재벌 오너든 유명 인사든, 한국인들이 밖에 나가면 제대로 사람 대접 못 받는 가장 큰 이유 중의 하나다. 실례로 이명박 대통령의 미국 국빈 방문 때, 워싱턴 DC 현지 신문에 의회 연설 등 중요 방미 기사가 단 한 줄도 안 나오는 불상사가 빚어졌을 정도인 것이다. 이전의 방미 때, 거금을 들여 전면광고를 내보냈던 신문에서조차도. 하나를 보면 열 가지를 안다고 했다. 사진 한 장이면 그 배경을 짐작하고도 남음이 있겠다.

게다가 한국인의 밥상에는 국이 빠지지 않는다. 하여 국물을 흘리지 않기 위해 입을 최대한 국그릇 가까이에 붙이려다 보니 자연스레 상체를 구부리고 턱을 아래로 쑥 내밀게 되는 것이다. 서양인들은 물

이명박 대통령 미국 국빈 방문 때 이대통령 호스트 백악관 영빈관 오찬. 모두들 굳은 얼굴로 서로 쳐다보지도 않고 오로지 먹는 데만 열중하고 있다. '식불언'의 전형을 보여주는 어글리 코리언 사진. ⓒ청와대

론 심지어 중국인들도 이런 자세를 매우 천하고 역겹게 여긴다. 심하게 표현하면 개나 돼지로 보기 때문에 밥맛이 싹 가실 수밖에 없게 된다. 다시는 함께 식사하는 것은 물론이고 같이 놀고 싶지도 않은 것이다. 앉거나 서거나 걷거나 한국인들에게서 똑바른 자세가 나오지 않는 근본적인 이유가 바로 여기에 있다.

'빨리빨리' 문화에는 소통이 없다

한국인들처럼 말을 가능하면 절제하고, 집중해서 음식을 먹으면 남보다 빨리 후다닥 배불리 먹어치울 수가 있다. 가난했던 시절에 체화된 습성이다. 게다가 입속의 음식이 밖으로 튀어나올 염려도 없다. 당연히 밥을 먹으면서는 대화에 집중할 수가 없기 때문에 별로 중요하지도 않은 쓸데없는 이야기들만 나누게 된다. 해서 얼른 밥을 먹고 난 다음 자리를 옮겨 진지한 대화를 나누어야 한다고 생각한다. 까짓 점심 한 끼 해결하는 데 한 시간, 혹은 그 이상을 보낸다는 건 가당치가 않은 것이다. 식당과 찻집·술집이 따로 있는 까닭이다.

반대로 서양인에게 있어서 식사는 단순히 배고픔을 해결하는 것만이 목적이 아니다. 헨리 키신저 전 미국 국무장관은 처음 죽의 장막 중국을 찾았을 때, 자신의 오찬 상대로 나앉은 허름한 양복 차림의 두 중국인을 보자 저절로 얕보게 되더라 했다. 그런데 막상 식사를 하면서 대화를 나누다 보니 그 테이블 매너며 교양, 그리고 동서양을 자유자재로 넘나드는 해박한 지식에 놀라 감탄을 금치 못했었노라는 이야기를 그의 자서전에 기록해 둔 바 있다.

글로벌 사회에선 식사를 서로 소통하는 기회로 삼는다. 따라서 식사 시간 동안 끊임없이 대화를 나눈다. 배를 불리는 것만이 목적이 아니라 즐기는 것이 목적이다. 음식이나 와인만 즐기는 것이 아니라 담론을 즐기는 것이다. 비즈니스 런천에서는 직설적인 표현 대신 가벼운 식담(食談) 속에 협상과 거래의 메시지를 은근히 깔아서 주고받는다. 음식에 집중하면 짐승 취급받는다. 대화에 집중해야 한다.

가족간의 유대는 물론이고 아이들의 인성과 교양·사회성·공공 의식도 '유대인의 공부법' 그대로 모두 이 식탁에서 길러진다. 따라서 함께 식사를 해보면 상대방의 됨됨이를 고스란히 파악할 수가 있게 된다. 한국인들은 식담(食談)이 안 되기 때문에 식사 한 끼로는 상대의 내공을 짐작할 줄 모른다. 해서 따로 술자리를, 그것도 2차 3차 폭탄주를 돌리는 것이다. 부지불식간에 조폭 따라하기 음주 문화가 한국적인 것으로 자리잡아 가고 있다. '빨리빨리' '화끈한' 문화에선 품격이 피어날 수가 없다. 절제 없인 품격이 없기 때문이다.

우물 밖이 두려운 개구리들

식구(食口)란 가족 혹은 공동체의 또 다른 표현이다. 한솥밥을 먹는다는 것은 가족으로, 친구로 받아들인다는 의미이다. 유학을 가서 그곳 중상류층 사람들과 식사를 즐긴다는 것은, 이미 그 사회의 일원으로 살아갈 자격을 얻어냈다는 뜻이다. 파트너든 경쟁자든 동반자가 될 수 있음을 인정받은 것이다. 다시 말해 사람 대접받게 되었다는 거다. 졸업장이나 자격증만으로는 결코 그들과 더불어 식사할 수 없음을 몰랐다면 헛공부한 거다. 지난날 유력 대선 후보로 거론되던 안철수 교수가 시끌벅적하게 빌 케이츠를 만나러 간다며 미국까지 날아갔다가 인증샷 사진 찍지 말라고 면박당한 그대로들! 선진사회 교섭문화를 알지 못한 채 글로벌 무대에 올라섰다가는 언제든 그런 꼴 당할 수 있다.

다른 나라 지도자들과 달리 이 나라에서 벼슬 좀 했다는 이들의 대부분은, 퇴임 후에 밖으로 나갈 일이 도피와 관광을 제외하고는 거의 없다시피 한다. 그동안 수없이 많은 세계의 지도자들과 오피니언 리더들을 만나고 함께 일하였음에도 불구하고 그들 중 누구도 퇴임한 한국 관리를 거들떠보지 않은 까닭이다. 재임중의 직분 때문에 업무상 만나서 어쩔 수 없이 악수 나누고 식사를 하였을 뿐, 개인적인 친분은 전혀 쌓지 않았기 때문이다. 오히려 그 업무적인 만남에서 이미 됨됨이를 파악하였기 때문에 두 번 다시 아는 척하기 싫은 것이다.

한국에 파견되어 온 외국의 공직자나 상공인들 가운데 일부 관대한 이들은 한국에 대한 애정을 숨기지 않는다. 반면에 드러내 놓고 말은 안했지만 그밖의 대다수는 한국에서의 생활에 그다지 즐거운 기억을 간직하고 떠나지 못하였다. 심지어 어떤 이들은 '지옥과 같은 생활'이었다고까지 사적인 자리에서 토로하기도 한다. 간혹 글로벌 주류사회에 이름이 알려진 성공한 한국인들이 왜 한국으로 들어오는 것을 끔찍이도 싫어할까?

지난날 새 정부의 미래창조과학부 장관에 내정되어, 한국을 위해 마

식탁을 모르면 세계를 모른다는 명제를 증명해 주는 사진. 미국 방문 일정에서 최우선으로 빌 게이츠 자택으로 달려간 후진타오 중국 국가주석. 글로벌 무대에서 이 정도는 되어야 '만남'이란 표현을 사용할 수 있다. ⓒ로이터

넬슨 만델라를 문안하기 위해 땅끝 남아프리카까지 날아간 미국의 퍼스트 레이디 미셸 오바마. ⓒ백악관

지막으로 봉사하겠노라고 용감하게 뛰어들었다가 지레 손사래치고 떠난 김종훈 씨의 심정을 이해할 만한 이가 몇이나 될까? 우물 안 개구리들이 메기나 거북이 들어오는 것을 환영할까? 글로벌 짝퉁과 청맹과니들이 판치는 한국에 그는 들어올 수도, 들어와서도 안 되는 인물이었던 것이다.

글로벌 매너로 세계로 나아가야

인정하기 싫겠지만 어느덧 한국사회도 계급사회로 진입했다. '계급'이란 말이 거북하면 '등급' '계층' '신분'이라 하자. 부(富)와 직업과 지위가 세습되고 있다는 말이다. 지난날의 타성에 젖어 아직도 공평·동등·균등·평등사회라고 부르짖는 것은 어쩌면 낙오자의 자위, 혹은 변명에 지나지 않을는지도 모른다. 차별은 없을지 모르겠으나 차등과 구별은 엄연히 존재하며, 점점 더 뚜렷해지고 있다. 그만큼 신분 상승이 어려워지고 있다.

계층을 구분하는 데에는 경제력·사회적 지위 등 여러 기준이 있겠으나, 그 중 가장 중요한 것은 품격이다. 한국의 중상류층에게 부족한 것이 바로 이 품격으로, 그들이 이것마저 갖추는 날 계급사회는 그야말로 굳건히 자리잡게 될 것이다. 그나마 남아 있던 신분 상승의 기회마저 사라져, 자자손손 그냥 소시민으로 살아갈 것인지 중상류로 살아갈 것인지가 개인의 선택일 수 없게 된다. 일평생 피나는 노력에도 불구하고 한 단계 올라서기가 쉽지 않다는 말이다. 그것이 선진사회이기도 하다.

아직도 정부가 말하는 일자리 창출이 가능하다고 믿는가? 다 거짓이다. 고작 허드렛일로 쪼개고 찢어서 숫자만 늘릴 뿐이다. 그나마 서민들의 하위직에서다. 고급 직종은 감히 손도 못 댄다. 그런 걸 듣기 좋은 말로 '복지'라고 일컫는다. 그 복지일자리 혜택 한번만 받게 되면 그날부터 그는 하층민 내지는 소시민으로 전락하고 만다. 해서 복지를 '자본주의의 마약'이라고도 부르는 게다. 약도 되고, 독도 되는 게 마약이다. 아르바이트하려고 태어난 인생이 아니지 않은가? 세계가 하나인 시대다. 왜 굳이 국내에서만 일자리를 찾으려 드는가?

품격에선 동서양이 본질적으로 다르지 않다. 테이블 매너 역시 마찬가지이다. 저 사람과 함께 식사하면 즐겁겠다! 함께 식사하고 싶은 사람, 어떤 분야 누구와도 저녁 먹으면서 서너 시간 즐겁게 담소를 나눌 만한 교양과 매너를 갖춘 이라면 글로벌 주류사회의 일원으로 당당하게 살아갈 수 있다. 제대로 배워야 제대로 산다. 사람답게 산다.

Tip 밥상머리 교육은 식필언(食必言)에서부터

국내에서건 국외에서건 자녀 교육에 성공한 가정은 예외 없이 밥상머리 교육에 철저했다. 세계적으로 정평이 나 있는 유대인들의 자녀 교육도 실은 이 밥상머리에서 이루어진다. 바로 토론 문화다. 유대인들이 협상력과 창의력에 뛰어난 이유도 바로 이 식담(食談)에서 기인한다.

반대로 중이 제 머리 못 깎듯 훈장도 제 자식은 못 가르친다고, 한국은 전통적으로 자녀 교육은 서당 교육이었다. 해서 좋은 학교, 비싼 과외, 조기유학 보내는 등 매사를 돈으로 해결하려고 든다. 그래야 부모의 도리를 다하는 줄로 알고 있지만 실은 직무유기다. 야생의 동물들도 새끼 교육은 철저히 어미의 몫이다.

사실 진정한 지혜는 책에서 얻는 것이 아니다. 책공부는 그냥 알음알이에 지나지 않는다. 실제로 세상을 보는 지혜, 살아가는 지혜는 현장, 즉 매일의 생활 속에서 깨우치고 배우는 법이다. 학교에서 배우는 것은 지식이지 지혜가 아니다. 지혜나 교양·매너는 부모가 밥상머리에서 가르쳐야 한다. 학교 보내 공부시키고, 결혼시켜 주고, 집 사주는 것으로 부모의 의무를 다하였다고 자위하면 착각이고 오산이다.

먼저 식불언(食不言)을 고쳐 보자. 가족이 매일 한 번쯤은 식탁에서 함께한다. 그때 반드시 각자가 재미있는 이야기 하나씩을 준비하도록 한다. 그날이나 전날 보고 듣고 읽고 생각하고 체험한 이야기나 유머, 수수께끼, 썰렁 개그도 좋다. 뭐든지 하나씩 준비해서 식사중 털어놓도록 해보라. 차츰 식사 시간이 길어지고, 가족간의 대화가 잦아지며, 가족성이 눈에 띄게 달라질 것이다. 밖에 나가서도 아이들이 차츰 자기 주장을 편하게 터놓게 되고, 사교성도 좋아진다. 당연히 학교에서 따돌림을 당하거나 남을 괴롭히지도 않게 된다. 아이들이 발표를 못하거나 면접관 앞에서 떨고 더듬거리며 식은땀을 흘리는 건 온전히 부모의 잘못이다. 부모형제들과도 대화가 안 되는 아이가 타인들과 소통·교감·토론·협상·교섭에 능할 리가 없잖은가? 모조리 공부기계, 시험기계일 뿐이다.

식불언(食不言)은 원래 공자님 말씀이지만 중국인들도 지킨 적이 없는 사어(死語)다.

식필언(食必言)! 장담컨대 두세 달이면 세상이 달리 보인다. 토론식 수업이 안 되는 오늘날의 한국의 학교 교육을 보완할 수 있는 길은 이 밥상머리 식담(食談)밖에 없다.

52 한국 기업은 왜 진정한 글로벌 기업이 못 되는가?

글로벌 선진문명사회권의 정품격 소통 매너도 시도하지 못하면서 글로벌 기업? | 의자 때문에 날아간 중요 IT 원천기술 특허 | 'A1' 소스 하나 때문에 깨어진 글로벌 합작 | 한국의 최상류층 리더들조차 글로벌 사교계에 발도 못 디뎌 보고 문전에서 쫓겨나는 이유 | 대기업 오너부터 고품격 글로벌 매너로 무장해야! | 디테일한 상층 문화와 우직한 하층 문화 | 글로벌 비즈니스 무대에서 왜 인도인들이 급부상하는가?

박대통령의 방미중에 일어난 윤창중의 성추문 하나가 그저 대한민국 망신으로만 끝나지 않는다. 아무리 못해도 수억 달러의 부가가치를 날렸다. 동시에 수만 개의 일자리도 날아갔다. 명품 탄생도 10년 정도는 더 늦추어졌다. 그러나 이 나라엔 어떻게 해서 이런 계산이 나오는지를 아는 이조차 없으니, 그 책임을 누구에게 물으랴! 아무튼 각자의 전용기 몰고 워싱턴 박대통령 주재 조찬모임에 달려간 경제인들만 참으로 허탈했겠다.

한국의 대기업들이 기술개발과 열정으로 세계 시장을 석권하고 있는 이면에는 얼토당토않은 실수들로 망신당하고, 그로 인해 놓쳐 버린 기회와 일자리가 헤아릴 수조차 없다. 한데 그것들이 무슨 기술상의 중차대한 문제가 아닌 사소한(?) 매너 때문이라면 얼마나 황당하고 원통하랴. 국민적 관심사인 청년실업 대책이 의외로 여기에 달려 있다 하겠다.

독립적 인격체로 글로벌 무대에 당당하게 나서야

90년대 중반 무렵에 있었던 일이다. 한국의 S전자 직원이 미국

실리콘밸리에서 중요 IT 원천기술 수집에 혈안이 되어 헤매고 다니다가 매우 중요한 특허를 가진 나이 지긋한 미국인을 만나게 되었다. 그 노인은 자신이 가진 특허를 아시아 쪽 기업에 팔고 싶던 차에 서로의 뜻이 맞아 좀 더 깊이 있는 이야기를 나누자며 자신의 집으로 이 직원을 초대하기까지 했다.

일요일의 느긋한 오후, 반바지 차림에 슬리퍼를 끌고 문을 연 예의 노인은 깜짝 놀라고 말았다. 칼정장에 007가방을 든 동양계 장정 세 명이 초인종을 누른 것이다. 여기서부터 핀트가 어긋나기 시작했다. 노인은 한 명만 오는 줄로 알고 있었고, 굳이 일요일 오후에 집으로 초대를 한 건 편하게 대화를 나누고 싶었기 때문이다. 그런데 정장에다 세 명씩이나!

아무튼 이왕에 온 것이니 손님들을 안으로 들였다. 그런데 그 집에는 두 노부부만 살고 있어서 거실에 의자가 두 개밖에 없었다. 하여 노마님께서 식당의 의자를 하나씩 거실로 끌고 나와 자리를 만들었다. 좁은 거실에 불편하게 앉아 인사를 하고 이야기를 시작하려 들자 마님이 남편을 주방으로 불러들였다.

주방에서 두 노인의 고성이 오가더니, 잠시 후 노인이 붉게 상기된 얼굴로 나와 이제까지의 일은 없었던 걸로 하자며 손님들을 밖으로 내몰았다. 세 직원들은 졸지에 영문도 모른 채 쫓겨나고, 거래는 수포로 돌아갔다. 얼마 후 그 기술은 실리콘밸리를 서성거리던 한국의 어느 중소기업 사장에게로 넘어갔다.

할머니가 할아버지에게 "저 따위 야만인들한테 당신의 분신 같은 기술을 넘기려 하느냐!"며 호통을 친 것이다. 졸지에 세 명이 떼거리로 몰려온 것도 모자라, 할머니가 식당에서 무거운 의자들을 낑낑거리며 거실로 끌고 나올 동안 한국의 대기업 엘리트 신사분들께서는 도와주기는커녕 내내 뻣뻣이 서 있었던 것이다. 기술보다 더 중요한 것이 사람됨임을 주지시켜 주는 사건이었다.

소스 하나 때문에 깨어져 버린 합작 사업

역시 90년대 중반, 한국의 모 대기업과 프랑스의 국민적 대기업 간 합작 사업이 거의 성사 단계까지 진척되었다. 이미 구두로는 합의가 끝난 상태로 내일쯤 계약서에 사인할 일만 남겨 놓았다. 그때 프랑스 회장님이 부인에게서 걸려 온 전화를 받았다. 별일은 아니고 그저 저녁 몇 시쯤에 들어오는지를 묻는 전화였다. 해서 그 회장이 오늘 중요한 합작 사업건이 타결되어 한국측 손님들과 외식을 할 작정이라고 하자, 안주인이 반색을 하며 그들을 집으로 초대해 대접하겠노라고 제안했다.

안주인이 생각하길 한국이라면 아직도 미개한 나라로 알고 있는데, 프랑스의 국민적 대기업과 합작할 징도라면 이는 대난한 일이다. 해서 그냥 넘어갈 수 없는 일이니 집으로 초대해서 축하해 줘야 한다는 것이었다. 안주인이 수소문해 보니 한국인들은 스테이크를 좋아한다고 해서 소스와 메인 요리를 직접 만드는 등 디너를 정성스럽게 준비하여 난생 처음으로 한국 손님들을 맞았다.

드디어 저녁식사 시간, 메인 요리 스테이크가 나오자 한국인 사장이 기다렸다는 듯이 안주인에게 'A1' 소스를 달라고 했다. 그러자 함께한 전무도, 부장도 줄줄이 "저도요!" 해댔다. 다음날 아침 일찍 한국인들이 묵고 있는 호텔로 프랑스 기업측 직원의 전화가 걸려 왔다. "합작 계약은 모두 없었던 걸로 하자. 이유는 묻지 말아 달라!"는 짤막한 말만 남기고 전화를 끊어 버렸다.

아닌 밤중에 홍두깨도 유분수지 이런 날벼락이 어디 있나! 오랫동안 심혈을 기울인 사업이 그만 물거품이 되고 말았다. 도무지 원인을 몰라 수소문해 보니, 파탄의 결정적인 원인은 'A1' 소스였다. 설마 그만 일로 합작건을 뒤집다니! 한국인들로선 기가 막힐 노릇이었지만 선진문명권에선 당연한 처사라 하겠다.

환대받을 자격조차 갖추지 못한 어글리 코리언 리더들

유럽의 하층민이나 시중에서 판매하는 소스를 사다가 쓰지, 중류층 이상이면 대개 소스를 직접 만들어 먹는다. 'A1' 소스 같은 것은 만일을 대비해 비상용으로 준비해 둘 뿐이다. 당연히 그 소스를 만드는 데 여간 공이 들어가는 것이 아니다. 고급 와인과 좋은 버섯, 치즈 등의 양념으로 거의 두 시간 반 정도 적당한 불에서 정성들여 만든다.

한국의 임직원들은 그날 이 소스 하나에서 돌이킬 수 없는 실수를 범하고 만 것이다. 우선 소스에 대한 치하를 하였어야 했다. 먼저 여주인이 스테이크 위에 올려놓은 소스를 살짝 음미하고서 귀에 듣기 좋은 평가와 함께 조리 과정의 노고에 대해 리피트하며 치하하는 것이다. 그게 호스티스의 존엄성을 세워 주는 환대에 대한 감사의 표현법이다. 자신이 만든 소스는 아예 맛도 안 보고 천박한 미국 양키즘의 대표격인 'A1'을 찾았으니, 안주인을 완전 개무시한 꼴이다.

게다가 이들은 스테이크가 나오기 전에 자신들이 유학을 다녀온 적이 있다고 떠벌렸다. 그런 사람들이 소스에 대한 기본 예의도 못 갖췄다? 소스가 요리의 하이라이트임을 모르다니! 디너 후 두 부부는 대판 싸움을 벌였는데, 안주인이 "저런 야만인들과 합작할 것 같으면 나하고 이혼부터 하라!"고 불같이 화를 냈다고 한다.

소스에 담긴 사회학적 의미를 모른 데서 일어난 대형 사고였다. 상점에서 판매하는 대중용 소스에 그런 의미가 담겨 있을 리 없다. 선진문명사회에선 정성들여 준비한 요리에 대한 감사 표시

유럽인들이 미국 양키즘 식탁 문화의 대표적인 아이콘으로 여기는 A1 스테이크 소스. [인터넷 캡처]

가 사회적 대화의 기본기임을 알지 못했던 것이다. 요리에 대한 풍부한 지식 없이는 글로벌 비즈니스 세계에서 살아남기 어렵다는 사실을 보여주는 예라 하겠다.

권위적 DNA 못 버리는 일그러진 한국적 소영웅식 환대

10여 년 전, 또 다른 한국 굴지의 LG전자가 처음으로 전 세계 VIP급 딜러 40여 명을 부부 동반으로 초청한 적이 있었다. 해외 시장을 좀 더 개척해 보자는 의도였다. 당시 김모 부회장이 디너 테이블 사이를 돌며 손님들과 악수하는 사진을 보니 "어이쿠, 저런!" 하는 탄식이 절로 나왔다.

초청받은 각 나리 딜러들은 잔뜩 기내를 품었을 것이다. 부부 동반 초청이었으니 당연히 멋진 리셉션과 댄스 파티를 기대하고 준비해 왔

LG전자 〈2006년 글로벌 패밀리 페스티벌〉 환영 만찬. 노 리셉션과 그 파장은? ©LG전자 제공―한국일보

을 터였다. 일부 손님들은 턱시도를 입었고, 이브닝드레스를 입고 나온 부인들도 보였다. 한데 바로 테이블에 앉혀 놓고 만찬을? 아무렴 그러려고 한국에까지 부부 동반으로 왔단 말인가?

부부 초청 환대라면 디너 테이블 직행이 아니라 우아한 스탠딩 리셉션 파티 도입부가 필수였어야 했다. 밥 먹으러 온 게 아니라 새로운 사람들과 만나 교제하고 교유하기 위해 한국까지 온 것이다. 테이블 앞에 앉아서는 옆사람과 이야기 나누는 게 고작일 수밖에 없다. 스탠딩 리셉션이라야 모든 사람들과 접촉할 수가 있기 때문이다. 한국의 유명 인사들과 만나 본국에 돌아가 자랑할 인증샷도 찍고, 또 회사의 여러 임직원들과도 만나 친교를 나누려고 온 것이다.

특히 프랑스·스페인 등 남유럽과 중국·중남미의 구문화권에선 파티의 엔터테인먼트(단순한 유흥·오락이 아닌 대접·환대)를 매우 중시한다. 그런데 부부 초청의 의미도 모르고, 디너 테이블과 리셉션 중 어느 것이 딜러들을 초청한 목적에 맞는지조차 모른 채 그저 배고팠던 시절의 기억에서 벗어나지 못한 우물 안적 세계관으로 먼 나라의, 그것도 각 나라 비즈니스 주도층 그룹의 아주 잘사는 손님들을 부부 동반으로 불러다 앉혀 밥만 먹여보내는 난센스를 저지른 것이다. 1년 뒤, 결과는? 당기순이익 전년도 20%대로 추락, 본사 인력 절반 감축의 대대적인 구조조정 회오리!

참고로 디너 파티에선 호스트든 게스트든 여성은 반드시 치마 정장을 입어야 한다. 이때 여성이 치마를 입지 않으면 여성성을 일단 포기한 것으로 간주된다. 특히 부부 동반 모임에 나갈 때에는 무조건 치마여야 한다. 여성이 바지를 입는다는 것은 오피니언 리더로서 중성성으로 인정하기 때문이다.

김대중 정부 출범 직전, 신임 스티븐 보즈워스 주한미국대사가 이례적으로 신라호텔의 그랜드볼룸에서 햇볕정책의 무모함을 조심스레 설명해 보이는 설명회를 위해, 한국에서 북한 문제 좀 안다는 이들 모두를 부부 동반으로 초청하는 디너 행사를 베풀었다. 그 넓은 그랜드 볼룸을 가득 메운 사람들 가운데 한국인 동반 여성으로서 치마를 입은 사람은 딱 한 명이었다. 보즈워스 대사와 주한 미 대사관 직원들, CIA 요원들과 이 자리를 모니터하려 나온 주요국 정보기관원들은 한국의 장래에 대해 어떤 소회를 품었을까? 각자의 본국에 어떻게 보고하였을까?

청맹과니들의 우물 밖 나들이

예전에 한국과 베트남 간의 경제개발 노하우 전수 프로그램의 일환으로 KDI 원장을 지냈던 모씨가 베트남 총리에게 자문을 해준 적이 있었다. 그는 "한국의 새마을운동을 본받아 전 국민이 경제개발에 참여해야 한다. 그리고 한국처럼 군대도 건설에 동참해야 한다"며 열변을 토했다가, 배석했던 베트남의 육군참모총장이 분기탱천하여 권총을 빼들고 겨누는 사건이 있었다.

다행히 총리가 나서서 부랴부랴 사태를 진정시켰지만, 세상의 모든 군대가 한국처럼 죽으라면 죽는 시늉까지 하는 줄로만 알았던 KDI 원장님, 제대로 혼쭐이 난 것이다. 베트남 군대는 세계 최고의 자부심을 가진 군대다. 프랑스와 미국·중국을 물리친 군대로서, 국민들로부터 거의 신성시 여겨지고 있다. 그런 성스러운 군대에게 길 닦고, 벽돌 찍고, 도랑 치라고? 모욕도 그런 모욕이 다시없다 하겠다.

오래전 S그룹이 한·중·일 청년세대간의 교류와 소통 분위기 조성을 위해 황해상에서 삼국 청년들의 선상 토론을 개최하였다가, 역사 문제로 과열되어 대형 패싸움으로 끝난 적이 있다. 민감한 문제를 다룰 적엔 더없이 냉정해져서 객관적인 토론이 되어야 함에도 불구하고 감정에 충실한 세 나라 청년들에겐 무리였던 게다.

이런 일이 비즈니스 세계에서도 간혹 일어나는데, 아무튼 당시의 중국 청년들은 지금쯤 중국 각계에서 국장 내지는 차관급 정도로 성장하였을 것이다. 그들이 한국인들에 대해 가진 선입견이 어떨지는 물어보나마나겠다. 한순간의 경솔한 행동이 가져올 결과를 인식하지 못해 좋은 기회를 망친 선례라 하겠다.

또 수년 전 한국의 H통신이 스리랑카 모바일 사업의 교두보로 진출하기 위해 현지를 방문 협상하는 과정에서, 함께 따라간 부품공급업체 젊은 직원의 말실수로 스리랑카측과 시비가 붙는 바람에 사업이 깨어지고 말았다. 애국심이나 패기를 내세운 젊은이들의 말싸움 역시 음주 사고처럼 비즈니스 세계에선 자살골이다.

한국인의 두뇌가 세계 최고?

노벨상 한번 못 받은(평화상은 빼고) 한국인들은 뻑하면 자신들의 머리가 유대인 못지않게 우수하다고 자찬해댄다. 아무렴 그러니까 이 정도의 경제성장을 이룬 것일 테다. 그러나 머리 좋다고 지혜롭다던가? 지식과 지혜가 동의어가 될 순 없다. 세계 10위의 무역대국 대한민국이 선진국 문턱을 못 넘어서는 이유가 바로 여기에 있다 하겠다.

아직도 세계인들은 한국 상품이 질에 비해 상대적으로 값이 싸니까 사주는 것뿐이다. 그렇지만 한국·한국인에 대한 호감도가 낮기 때문에 실질적인 제품값 이상은 지불하기 싫은 게다. 팁, 즉 마진을 얹어주는 데 인색하다는 말이다. 역으로 우리가 우리보다 못한 후진국의 물건을 사줄 때도 마찬가지겠다. 한국이 명품을 못 만드는 이유다.

명품은 기술로 만드는 게 아니라 품격으로 만드는 것이다.

최고 품질이라고 해서 모두가 명품이 되는 게 아니다. 품격으로 대접받을 때 비로소 명품으로 탄생한다. 제품의 품격, 기업의 품격, 그걸 소비하는 국민의 품격이 삼위일체가 되어야 명품이다. 기술·문화·매너 중 어느 한 요소만 부족해도 결코 명품으로 대접받지 못한다는 말이다.

　오히려 한국은 세계적으로 손꼽히는 명품 수입 소비국이다. 그런다고 그만큼 한국인의 품격이 올라가던가? 머리 좋다고, 돈 많다고 품격 올라가는 것 아니다. 최고의 기술로도 최고의 대접을 못 받는다면 그건 기술에 대한 모독이다. 온몸을 명품으로 감싸고서도 품격이 나오지 않는다면 그건 명품에 대한 모독이다.

대기업 오너, CEO부터 고품격 글로벌 매너로 무장해야

　해서 한국이 제아무리 기술이 뛰어나고, 또 열심히 일하여도 소득이 고작 이 정도밖에 안 되는 것이다. 고품격 매너가 아니고서는 결코 부가가치를 높일 수가 없다. 기업마다 글로벌을 외쳐대지만, 정작 소통의 도구인 글로벌 매너를 제대로 갖춘 대기업 하나 없다. 고작해야 토익 점수가 소통의 조건인 줄 알고, 영어만 되면 소통은 걱정 없단다. 아무렴! 그냥 소통 위에 '품격 있는 소통'이 있는 줄을 모르니 할 수 있는 소리다.

　시중 서점에는 글로벌 매너를 내건 책들이 넘쳐나고 있지만, 하나같이 서비스업 종사자나 출신자들이 만든 서비스업 종사자들을 위한 서비스 매너다. 'A1' 소스와 같은 것이겠다. 그런 매너에 품격이 있을 리 없다. 따라서 결코 비즈니스 글로벌 매너를 대신하지 못한다. 덕분에 대한민국 젊은이들이 모조리 글로벌 하인으로 전락하고 있다.

　그런 하위기능직 시각의 저품격 매너를 익혔다간 결코 글로벌 중상류층 진입이 불가능하다는 사실조차 모르는, 돈만 벌면 된다는 청맹과니 저자들, 스타 강사들, CS아카데미 원장님들. 이들에게서 배운 한국의 내로라하는 최상류층 리더들조차 글로벌 사교계에 발도 못 디뎌 보고 문전에서 쫓겨나는 이유가 바로 그 때문이다. 완성된 인격체로서 갖춰야 할 정품격 매너는 따로 있다.

대부분의 한국인들은 사람들을 대하는 레퍼런스 프레임(reference frame)이 하나밖에 없다. 오히려 그런 것을 우직하고 곧고 믿을 만하다고 여겨 호의적으로 보는 경향이 짙다. 국내용 하나밖에 없다는 뜻이다. 그걸 다른 나라에 가서도 무작정 들이밀다가 무시당하기 일쑤다. 지난 런던 올림픽에서 오심에 항의하는 모습만 봐도 알 수 있는 것처럼 무슨 일이 생기면 무작정 한국식으로 방방 뜨고 본다.

모든 사람들에게 똑같이 대하는 것! 얼른 보면 바르고, 그래야만 할 것처럼 여겨진다. 하지만 중국인들이나 일본 등 대부분의 나라 사람들은 통상 두어 개 정도의 레퍼런스 프레임을 가지고 있다. 실은 조선의 옛 양반들도 그러했다. 서양 상류층 혹은 주류층 사람들은 예외 없이 네 개 정도는 가지고 산다. 순진한 한국인들은 그런 걸 두고서 음흉하다거나, 겉 다르고 속 다르다고 생각한다.

대해야 하는 이들의 신분과 품격에 따라 레퍼런스 프레임이 달라야 하고, 글로벌·로컬 등에 따라서도 달리해야 한다는 사실을 알고 있는 한국인은 요즈음 극히 드물다. 가령 외국의 소문난 프랑스식당이나 이탈리아식당에 가서 영어로 주문할 때와 프랑스어로 주문할 때, 웨이터들이 그 손님들을 어떻게 대하는지 관찰해 보면 짐작이 갈 것이다.

한국인들의 이러한 성향은 어디에서 오는가?

한국의 초중고 국어 교과서는 모조리 임 향한 일편단심가로 도배되다시피 하고 있다. 오직 임금에게 충성하여야 벼슬을 얻어 입신양명할 수밖에 없던 것이 한국 선비의 숙명이었다. 하여 유배를 가면서부터 임을 그리는 눈물겨운 시를 지어대는데, 실은 그게 반성문이다. 그 글이 구중궁궐의 임금에게까지 전해지도록 갖은 로비를 벌이는 것이다. 서포(西浦) 김만중(金萬重)의 《사씨남정기(謝氏南征記)》나 송강(松江) 정철(鄭澈)의 《사미인곡(思美人曲)》《속미인곡(續美人曲)》 등, 조선의 대표적인 가사문학도 모두 그러한 목적으로 지어진 것이다. 간단히 말해서 한국문학사는 조선 사대부들의 반성문학, 즉 아부문학이다. 반면에 남이 장군과 같은 무인이 남긴 시나 글은 문학성이 떨어진다는 이유로 다루지 않는다. 이 나라에서 문학성이란 문사적(文士的) 취향을 의미하기 때문이다.

문제는 이런 시를 익힌 한국의 청소년들이 부지불식간에 세뇌되어 일찍부터 고집스러운 성향을 지니게 된다는 점이다. 丹心歌(단심가)가 單心歌(단심가)이기 때문이다. 한국인의 단순무지한 기질은 여기서부터 길러졌다고 보면 된다. 한국 교육제도를 정권마다 바꿔도 소용없었던 것은 이 때문이다.

사군자(四君子)로 대표되는 지조와 절개의 선비 정신? 글로벌 환경에서는 무지일 뿐이나. 다수의 프레임을 지닌 다중인격으로 위선조차 자연스럽게 행할 수 있어야 한다. 환골탈태가 아니라 처한 환경에 따라 양가죽을 뒤집어써서라도 변태할 줄 알아야 한다.

Tip 글로벌 비즈니스 무대에서 왜 인도인들이 급부상하는가?

땅덩이가 크면 뻥도 커지는가? 흔히 《삼국지》에서처럼 중국인들은 뻥이 심하다고 말들 한다. 현실에서도 대체로 중국인들은 2배 정도쯤 부풀리는 것 같다. 하지만 그것도 인도인들에 비하면 아무것도 아니라고 한다.

글로벌 무대에서 한국인들의 개인적인 평균 지식총량을 100이라고 한다면, 인도인들은 30 정도밖에 안 된다. 한데 대개의 한국인들은 그 지식을 절반도 드러내 보이지 못한다. 토론 문화 없는 주입식 교육이 그 주된 원인일 터이다. 반면 인도인들은 그 30을 4배 정도로 부풀린다. 하여 국제사회에서 한국인들보다 더 뛰어난 것처럼 인식되고 있다.

인도인들이 세계 무대에서 비즈니스 상류층을 장악해 가고 있다.

세계적인 기업 최고경영자(CEO) 중 인도인의 비중이 점점 커지고 있는 가운데 2014년 2월, 미국 마이크로소프트의 세번째 CEO에 인도계 사티아 나델라가 임명되었다. 4월에는 노키아가 인도 출신 라자브 수리를 새 사령탑에 앉혔다. 비단 이뿐만이 아니라 이미 미국 일류 기업의 인도인 CEO는 그다지 드문 일이 아니다. 펩시콜라 회장인 인드라 누이도 인도인이다. 시티그룹의 비크람 팬디트 전 CEO, 맥킨지 컨설팅 전 대표 라자트 굽타 등 IT와 금융·식품·항공 분야를 넘나들며 백인 주류사회의 최정상에 속속 올라서고 있다.

IT기업 경영자만도 무려 3천 명. 실리콘밸리에서 탄생하는 기업의 30% 이상이 인도인 창업이라고 한다. 미국 IT업계의 대표적인 인도인 CEO로는 선마이크로시스템스의 공동 창업자인 비노드 코슬라를 들 수 있다. 그리고 샨타누 나라옌 어도비 시스템즈 CEO와 산제이

2014년 2월 4일, 미국 워싱턴주 레드먼드에 있는 마이크로소프트 본사 캠퍼스에서 이 회사 제3대 최고경영자(CEO)로 이날 취임한 사티아 나델라(가운데)가 초대 CEO인 빌 게이츠, 제2대 CEO인 스티브 발머와 함께 임직원들에게 인사하고 있다. ⓒ마이크로소프트 제공—연합뉴스

메로트라 샌디스크 공동 창업자, 핫메일 공동 창업자 사비르 바티아, 모토로라 전 CEO 산제이 자 등등, IT업계에서 인도인의 파워는 막강하다.

또한 미 관계에서는 2008년 10월 헨리 폴슨 재무장관이 물경 7천억 달러의 구제금융기금을 풀 때, 35세의 인도계 닐 캐시캐리가 그 집행책임자로 발탁되었다. 그는 한때 미 항공우주국(NASA)을 위해 우주망원경을 개발했던 엔지니어 출신으로서, 그만큼 변신하는 능력 또한 인도인 DNA 보유자답게 탁월했다.

이유가 뭘까? 어디서 그러한 저력이 나오는 걸까? 공부를 잘해서?

흔히 인도인들은 구구단 대신 19단을 외울 만큼 수학적 두뇌가 뛰어나 IT업종과 금융공학 분야에서 탁월한 능력을 발휘하고 있다고들 한다. 물론 일리는 있지만 반드시 그 때문만은 아닐 것이다. 만약 그러했다면 그동안 노벨상을 유대인이 아닌 인도인들이 휩쓸었어야 하지 않은가?

야성과 지성, 귀(貴)와 천(賤), 신과 인간, 삶과 죽음이 현실에서 공존하는 나라 인도. 인구가 많다 보니 똑똑한 사람도 그만큼 많을뿐더러 오랜 세월 영국의 식민지로 지내 영어가 공용어처럼 되다 보니 세계화시대에 한 발 앞서가게 되었고, 어떻게 해서든 실력으로 신분제와 가난의 굴레에서 벗어나고자 하는 강한 집념 때문이라는 분석이다. 게다가 상류층들은 자신들의 누천년을 이어온 전통적인 매너에다 영국식의 고품격 글로벌 매너까지 갖추고 있다. 그들은 어렸을 적부터 가정에서 영국식 영어와 문화를 배워 반영국인이라고 보면 된다. 따라서 영어권 국가에서 유학을 마친 인도인들이 그 나라 상류층에 편입되어 성장하는 구조가 자연스럽게 형성된 것이겠다.

그리고 인도인들은 굳이 유학을 가지 않아도 영어는 기본, 힌디어·벵골어·타밀어·구자라트어 등 네댓 개의 생활권 언어들을 동시에 구사한다. 신분 계급은 언어보다 더 복잡하고 철저하다. 하여 자연스레 세계 어느 민족보다 많은 레퍼런스 프레임을 가진다. 수많은 계급·계층의 사람들을 대하다 보니 눈치가 백단. 척 보면 그 사람의 신분이며 직업·빈부 등등을 스캔해 낸다. 그리고는 그에 맞춰 오리발·닭발·꿩발·거위발·참새발은 물론 고양이발·호랑이발·거미발까지 내민다. 사람을 가지고 노는 데 천부적이다.

능글능글, 능수능란, 뻔뻔하기 이를 데 없다. 얼굴도 돌리지 않고 맨얼굴로 천의 표정을 만들어 낸다. 그에 비하면 중국의 가면극 변검(變臉)은 어린애 장난에 지나지 않는다. 인도에선 연극배우가 따로 없다. 모두가 배우다. 인도 여행중 반쯤 속아서 들어간 개떡 같은 호텔, 개떡 같은 서비스를 해놓고 빙글빙글 한쪽 눈으로 껌벅껌벅 손바닥을 가리키며 팁 내놓으라 버티고 선 보이를 볼 때면 기가 막혀 말이 안 나오는 경험 수도 없이 한다. 한국인들이 즐겨 쓰는 '표리부동(表裏不同)'이니 '양심적'이니 하는 말들은 아무리 설명해 줘도 못 알아듣는다. '일편단심 통고집' '너 죽고 나 죽자' '더러워서 안하고 말지' 어쩌고 하는 표현들은 인도에서는 바보들도 쓰지 않는 말이다.

중국인들과 마찬가지로 인도인들에게도 사기(詐欺)란 말이 없다. 뻥과 사기는 그들의 생활의 일부이기 때문에 누구도 부도덕한 것으로 여기지 않는다. 그나마 중국인들은 대의명분 앞에서는 사기를 부끄럽게 여기지만, 인도인들은 그런 개념조차도 없다. 오히려 훌륭한 일로 여겨 상대방 면전에서 생글생글 웃으며 넘겨친다. 악한 일도 즐겁게 할 수 있는 민족이다. 인도인에게 'tricky(교활한, 사기성 있는)'하다는 말은 칭찬이다. 그들에게 사기는 곧 미덕(美德)이기 때문이다. 12억이 모두 봉이 김선달이다. 유대인과 더불어 생존력은 세계 최강이다. 게다가 자신의 지식을 4배로 뻥튀기는 재주까지! 아무렴 그만큼 소통 능력이 뛰어나고 적극적이란 뜻이다.

인도인들의 tricky함을 보여주는 대표적인 사례가 2014년 3월 31일, 인도 업체인 'JCE컨설턴시'가 가짜 어음 사건으로 인도 대법원으로부터 이건희 삼성전자 회장의 출석 명령을 받아낸 사건이다.

인도 대법원이 이건희 회장에게 현지 기업과 삼성전자와의 140만 달러 규모의 법적 분쟁과 관련, 가지아바드 법원에 출석할 것을 명령했다고 보도했다. 인도 대법원은 이회장이 6주 내 출석하지 않을 경우 체포 영장을 발부하겠다고 전언했다.

이 법적 분쟁은 JCE컨설턴시가 삼성이 자사에 지급해야 할 140만 달러를 주지 않았다며 소송을 제기한 데서 비롯됐다. 아랍에미리트 두바이에서 활동하던 인도 국적의 JCE컨설턴시 관계자가 2002년 삼성전자 두바이법인의 명의로 된 140만 달러짜리 어음을 확보했고, 이를 교환하려 했으나 어음이 가짜로 판명된 것. 이에 JCE컨설턴시측은 2005년 이회장과 당시 두바이지사 대표였던 윤종용 전 삼성전자 부회장을 대상으로 인도 법원에 소를 제기했다. 이를 4월 2일 〈블룸버그통신〉과 〈월스트리트저널〉 등의 외신이 일제히 보도함으로써 세계적인 토픽감을 만들어 낸 것이다.

재미있게도 고대 신화가 풍성한 민족일수록 뻥을 잘 친다. 뻥을 치는 데 신화만큼 좋은 소재가 또 있으랴. 시작도 없고 끝도 없고 증명할 필요도 없는 뻥의 무한대가 바로 신화다. 그리스 로마 신화가 유명하다지만, 기실 인도 신화에 비하면 조족지혈에 지나지 않는다. 《라마야나》《마하바라타》《푸라나》등등 말 그대로 무량대수다. 그리고 대체로 상업이 발달한 민족들이 뻥이 요란하다. 《아라비안나이트》도 순전히 속임수와 뻥 모음집이다.

반대로 단순한 신화를 가진 민족일수록 고지식하고 융통성 없는 성향을 지닌다. 이는 작은 반도에서 소규모 소작농으로 안빈낙도의 삶을 영위해 온 한민족의 최대 약점이기도 하다. 그러다 보니 한국인들은 어느 정도 먹고 살 만해지면 뻥 대신 눈앞의 적(?)을 붙들고 시시콜콜한 것들로 입씨름하는 재미에 빠져든다. 하여 역사·과거사 티끌 논쟁으로 허구한 날 멱살잡이다. 묵은 감정과 한풀이, 자기 모순에 대한 변명의 근거로 삼기 위해 과거사에 강박증적인 집착을 보인다. 덕분에 미래지향적이지 못하고 과거지향적이며, 내부지향적으로 근시안적 우물 안 세계관에서 벗어나지 못한다. 나라가 작고 신화다운 신화가 없다 보니 뻥거리가 부족한 탓이다. 해서 고작 족보 논쟁이나 하는 게다. 이념 논쟁이니 역사 논쟁이니 하며 핏대 세우고 입에 거품을 물지만 기실 그도 본색은 당파놀이다.

모든 문화는 뻥이다.

맛있는 공부! 열려라 공부! 이 나라에선 신문을 펼치자마자 공부! 공부! 공부다! 꼭두새벽부터 다연발 장사포를 퍼부어대듯 공부를 강요해대지만 기실 공부의 최고 경지는 뻥이다. 닳아서 구멍난 벼루가 태산을 이루도록 공자(孔子)와 그 수억만의 제자들이 누천년 동안 먹을 갈아댔어도 노자(老子)의 한 뻥을 못 이기는 것도 그 때문이다.

신화가 뻥을 만나면 시공을 초월한다. 눈썹 한번 깜박이면 수억만 년 전의 이야기가 수억만 년 후로 넘어간다. 신화가 곧 판타지가 되는 것이다. 그 판타지가 지금, 그리고 미래의 먹거리로 각광받고 있지 않은가? 어디 그뿐인가? 신화학이나 미래학이나 다 뻥학이다. 정치·종교·철학·문학·예술 등 모든 인문학이 따지고 보면 다 뻥이다. 그걸 고상한 말로 '상상력'이라 하는가? 역사나 과학도 뻥에는 못 당한다. 뻥 중에는 입만 열면 당장 새시대를 열겠다, 새정치를 하겠다, 잘살게 해주겠다는 정치인들의 공갈뻥이 가장 찌질하다. 실은 다 저 잘살자고, 저 잘나 보이고자 하는 거짓들이다.

한국의 아이들이 필요한 건 쑥과 마늘이 아니라 여의봉이다!

왜 〈전우치〉〈전설의 고향〉은 〈드래곤 볼〉〈스타워즈〉〈해리포터〉처럼 돈이 되지 못하는가? 홍길동은 왜 돌아오지 않는가? 호랑이에게 물려 간 그 많은 반도의 아이들은 왜 타잔으로 돌아와 다시 아톰이나 슈퍼맨으로 변신하지 못하는가? 한류 뻥은 왜 후진국으로만 통하는가? 뻥이 너무 작아서겠다. 떡은 줄어들고, 빵은 부푼다. 간장이나 된장 만드는 기술만 발달했지 차나 술 문화가 부실한 대한민국. 삭히는 효소는 많은데 부풀리는 효소는 신통찮다는 말이다. 한국 문화가 초라한 건 그 때문이다. 그러니 거대담론은 꿈도 못 꾼다. 해서 무역 1조 달러 대국임에도 불구하고 국민소득 고작 2만 불 언저리에서 계속 맴돌고 있는 것이다. 뼈빠지게 일만 할 줄 알았지 부가가치(마진)를 높일 줄 모른다는 뜻이다.

한국 문화에서 가장 부족한 것이 바로 이 뻥이다. 무속·점술·명리·주역·풍수 등 푸닥거리 방술류가 고작이다.

전쟁은 반드시 칼로만 치러야 한다는 법이 있던가? 교과서에 실린 것만 학문이 아니다. 된장독·장원급제·성인군자 DNA로는 절대 글로벌 상류사회에 못 들어간다. 당장 한국 아이들에게 필요한 공부는 국영수가 아니라 뻥이다. 졸업장·학위·자격증 따러 그만 좇아다니고 소통 능력부터 키우고 볼 일이다. 현실에서 뻥이 심한 사람은 우선 낙천적이고 긍정적이어서 사교적이며 사회성이 뛰어나다. 이런 친구 한 명만 있어도 사는 게 즐겁다.

흑학(黑學)도 학문이다. 뻥이 곧 현학(玄學)이다.

아무렴 젊은이들은 손오공이 되어야 하고, 늙은이들은 부처님 손바닥이 되어야 한다. 어릴 적부터 마음껏 재주를 부릴 수 있도록 멍석을 깔아 주고, 여의봉도 하나씩 쥐어 주어야 한다. 적게 배운 걸로도 크게 써먹을 수 있다면 그 또한 훌륭하지 아니한가? 제발이지 노벨상 받아 오라 금메달 따오라고 강요하지 말고 뻥치는 재주, 즉 세상과 소통할 수 있는 지혜부터 가르쳤으면 좋겠다.

53 꽃에 인색한 국민은 명품을 만들어 내지 못한다

꽃 소비 여부는 선진문명사회인 해당 여부의 판단 지표 I 꽃은 선진문명사회로 가는 필수불가결한 윤활유 I 후진국의 창밖엔 빨래가 내걸리고, 선진국에는 꽃들이 나와 있다 I 꽃을 든 여자 대처, 꽃을 든 남자 푸틴 I 꽃에 인색한 한국 대통령 I 꽃집 없는 부자 동네, 레 미제라블 코리아 강남 I 글로벌 양반? 꽃으로 입증해야! I 공수래공수거(空手來空手去)로 예의염치(禮義廉恥)?

"나도 행복해지고 싶어. 잠도 자고, 뿌리도 내릴 거야." 1995년에 개봉된 프랑스 뤽 베송 감독의 영화 《레옹》에서 주인공 레옹이 한 말이다. 그는 한 손엔 가방, 한 손엔 꽃 화분을 들고 떠도는 전문 킬러다. 고독한 그에게 유일한 취미이자 즐거움은 그 꽃을 가꾸는 일이다. 그는 아침마다 물을 주고, 베란다에 내놓아 햇볕을 쪼인다. 물론 그 화분은 외부의 누군가와 소통하는 암호로서의 역할도 한다.

어느 날 옆집 소녀 마틸다의 일가족이 몰살당하는 것을 목격한다. 레옹의 도움으로 목숨을 건져 가족의 원수를 갚기 위해 킬러가 되기로 결심한 12세 소녀 마틸다는 레옹에게 글을 가르쳐 주는 대신 복수하는 법을 배우게 된다. 둘의 기묘한 동거가 시작되고, 결국 복수 끝에 레옹이 장렬하게 전사(?)를 한다는 내용으로 한국에서도 이후 두 차례나 더 개봉될 만큼 큰 호응을 얻었던 영화다.

이 《레옹》에서도 뤽 베송의 천재성이 유감없이 드러나는데, 만약 이 영화에서 화분이 없었다면 어땠을까 하는 생각이 뒤늦게 든다. 그랬다면 그저 그런 범죄 영화에서 크게 벗어나지 않았을 것이다. 어찌 보면 보잘것없고 코믹하기까지 한 소품인 화분 하나로 영화에 인간성을 부여하였다. 화분은 레옹의 가족이다. 화분을 어린아이처럼 안은 마틸다와 레옹이 새로운 은신처로 서둘러 걸어가는 장면은 압권이다.

그 화분 외의 다른 식물은 의도적으로 배제되었다. 넥타이·배지·브로치 하나로 은유적인 메시지를 전달할 줄 아는 문화적 토양에서나 가능한 발상이리라.

꽃에 인색한 국민, 꽃을 모르는 여성 대통령

어느 나라 할 것 없이 대통령이 되면 반드시 국립묘지에 헌화를 하게 마련이다. 2013년 1월 21일, 오바마 대통령은 아침 일찍이 바이든 부통령과 함께 알링턴 국립묘지를 찾아 무명 용사의 묘에 성조기를 이미지화한 화환을 두 손으로 함께 들어 헌화한 다음 돌아와 취임식을 치렀다. 그런데 아쉽게도 한국의 박근혜 대통령은 이명박 전 대통령과 마찬가지로 취임식날 현충원에 들러 분향만 하고 헌화는 하지 않았다. 신분이 바뀌면 품격도 달라져야 한다. 대통령의 빈손 참배는 국격을 떨어뜨린다.

대통령은 외국 순방에서 통상적으로 그 나라 국립묘지를 찾아 헌화를 하게 된다. 이때 한국이나 일본처럼 흰 꽃을 바친다면, 그 자리에서는 대놓고 뭐라 하지 않겠지만 속으론 틀림없이 의아해한다. 글로벌 사회에선 전몰 용사에게는 붉은 꽃을 바치는 것이 정격이기 때문이다. 그들이 흘린 붉은 피를 기억하기 위함이다.

대한민국을 대표하는 대통령이라면 이왕지사 태극기를 이미지화해서 붉은 꽃과 파란 꽃으로 태극을, 흰 꽃과 검은 리본으로 사괘를 형상화한 화환을 바친다면 한국의 품격을 좀 더 높여 줄 것이다. 요즘은 화훼 기술이 발달해서 푸른색 꽃도 시장에서 귀하지 않다. 이때 구질구질하게 굳이 그 밑에 누가 바친다는 글귀는 달지 말았으면 좋겠다. 태극기 화환을 누가 못 알아보겠는가.

글로벌 양반? 꽃으로 입증해야!

글로벌 주류사회에선 넥타이나 브로치처럼 꽃으로도 다양하게 은유적 메시지를 전달한다. 해외 합작 파트너, 호텔에서 외국 단체손님이나 VIP를 맞을 때 꽃을 이용한 환대는 예외 없이 훌륭한 성과를 낸다. 이럴 때에는 그 나라 국기나 그 기업의 로고색으로 디자인한 꽃꽂이로 환영의 의사를 적극적으로 표현한다. 혹 손님 중 누군가가 생일이라도 맞게 되면 나이 수만큼의 꽃다발로 축하를 하기도 한다.

대통령 취임식은 물론 외국 정상이나 귀빈을 접견할 때에도 아무런 메시지도 없는 꽃꽂이로 장식할 것이 아니라 이왕지사 친선을 강조하는 뜻으로 양국 국기색 꽃을, 환대의 메시지로는 상대국 국기색 꽃으로 장식된 꽃꽂이를 놓는다. 오찬이나 만찬장에서도 마찬가지이다. 사소하지만 세심한 배려가 주는 감동이 더 진솔하게 받아들여진다. 당사자는 물론 TV 뉴스나 신문에 실린 사진으로 그 장면을 대하는 국민들까지도 감동시킬 수 있어야 한다. 조금만 머리를 쓰면 극히 적은 비용으로도 엄청난 효과를 낼 수 있다.

꽃을 든 여자 대처, 꽃을 든 남자 푸틴

영국의 마거릿 대처 전 총리는, 퇴임 후 자연인으로서 미국 텍사스에 소재한 아버지 부시 전 대통령의 사무실을 처음으로 방문하면서 길가 노점상에게서 꽃 한 다발을 사들고 갔었다. 아들 부시 대통령은 친밀한 외국 정상들을 캠프 데이비드 별장 대신 텍사스의 자신의 크로퍼드 목장으로 초대해 우정 외교를 펼쳤었다. 그는 2001년 푸틴 대통령을 첫 손님으로 맞았다. 이때 푸틴은 부시의 부인을 위해 직접 꽃다발을 들고서 방문하였다.

서구에서는 처음으로, 혹은 오랜만에 남의 집이나 사무실을 방문할 적엔 꽃을 사들고 가는 것이 일상적인 매너다. 꽃다발 선물은 반가움과 친밀함의 표시로서 자연스럽게 대화의 물꼬를 열어 준다. 한국인들은 남의 집을 방문할 적에 케이크나 와인·음료수·세제·화장지 등 고민 끝에 무얼 사들고 가면 "아이구, 뭘 이런 걸!" 하는데, 진정 반가운 선물인지 그저 그런 인사치레인지 구분이 안 간다. 이럴 때 필자는 대개 꽃을 사들고 가는데, 안주인이나 여직원들이 하나같이 "와, 예쁘다!" 반색을 하며 환하게 웃는다. 물론 우리나라 가정이 대부분 그렇듯 화병이 있을 턱이 없다. 안주인이 당황해하면 급히 페트병을 잘라 은박지 쿠킹호일을 둘러서 임시 꽃병을 만들어 주기도 한다. 수년이 지난 후에라도 다시 그 집을 찾으면 안주인은 틀림없이 '언젠가 꽃을 들고 온 그분'으로 기억하고 환대한다.

꽃집 없는 부자 동네, 레 미제라블 코리아 강남

한번은 강남의 좀 산다는 이들이 거주하는 아파트의 한 가정을 방문한 적이 있다. 한데 근처에 당연히 있을 줄 알았던 꽃집이 보이지 않았다. 한참을 헤맨 끝에 길 건너 다른 블록 상가 한귀퉁이의 초라한 가게에서 시들해 보이는 꽃 한 다발을 샀다. 주인에게 그냥 신문지로 싸 달라 해놓고 잠시 한눈을 팔다가 지갑을 꺼내는 사이, 아뿔싸! 주인이 그만 꽃대를 싹둑 잘라 모기장 천 같은 포장지로 요란하게 치장을 하고 있는 게 아닌가!

어렵사리 구한 짜리몽땅 꽃다발을 들고서 외제차·고급차들로 가득 찬 주차장을 간신히 비집고 아파트로 올라갔건만 예상대로 그 집에도 화병은 없었다. 대신 집안에는 다른 비싼 고상한 것들로 가득했는데, 주인은 그것들을 그토록 자랑스러워했다. 아무튼 그나마 한국의 상류층들이 산다는 비싼 아파트 단지에 번듯한 꽃집 하나 없다는 사실에 새삼 놀라지 않을 수 없었는데, 그 동네 문화 교양 수준은 말할 것도 없고, 그곳에 거주하는 이들이 얼마나 각박한 사람들일까 싶어지니 마음이 언짢았다.

힐러리 클린턴 미 국무장관의 볼에 입맞추며 꽃다발을 바치는 시몬 페레스 이스라엘 대통령. ⓒ 로이터

후진타오 부인에게 꽃다발을 선물하는 드미트리 메드베데프 러시아 대통령. ⓒ로이터

세기적 디자이너 이브 생 로랑의 장례식. 꽃다발 윗부분을 떼어낸 줄기묶음으로 관을 장식. 장례식조차도 창의적이다. [연합뉴스]

국립현충원 사병묘역 묘비에 장미 꽃잎을 뿌리고 있는 어린이(8세). ⓒ글로벌리더십아카데미

참고로 서구에서는 어느 꽃집에서건 손님이 특별히 주문하지 않는 한 한국처럼 꽃을 다발로 요란스럽게 포장해 주지 않는다. 꽃대도 대개 1미터 정도로 길지만 그냥 그대로 간소한 포장지에 둘둘 말아서 가져간다. 꽃을 고르는 건 손님이지만, 꽃을 화병에 맞추어 취향대로 꽂는 건 그 집 안주인의 몫이기 때문이다. 한국에서처럼 미리 다듬어서 다발로 묶어 가져가는 것은 안주인을 무시하는 큰 실례가 된다. 꽃집 주인이 꽃대 아래를 반자동 싹둑 자르도록 그냥 방치해 버리는 한국인들의 무신경은 미적 감각 제로를 방증하기 때문에 국내에서 외국인에게 꽃 선물을 할 때에는 절대 방심하면 안 된다.

꽃 소비 여부는 선진문명사회인 해당 여부의 판단 지표

한국사회가 대도시 집중으로 밀도는 점점 높아지는 반면 사람 사이는 점점 더 멀어지고 있다. 밀착으로 인한 스트레스가 극단으로 치닫게 하는가 하면, 그럴수록 개인은 오히려 더 외롭고 고독해한다. 흡사 사회 전체가 조울증을 앓고 있는 것처럼 광기와 우울증이 걷잡을 수 없을 정도로 번져 나가고 있어 미래가 암울하기 짝이 없다.

한국 가정에서의 꽃키우기가 사라졌다. 예전에는 집집마다 맨드라미며 채송화·분꽃·나팔꽃 등 소박하기 짝이 없는 꽃들이 마당 한구석에 옹기종기 나앉아 강아지와 함께 한 집안의 구성원이었지만, 80년대 들어서면서부터 급격히 내쫓겨 버렸다. 지금은 달동네에나 가야 골목에 나란히 나와 있는 화분과 담벼락 꽃밭(?)이나마 볼 수 있을 뿐이다. 아파트 화단보다 훨씬 정겹다.

경제성장과 함께 한국의 주거 형태가 아파트로 바뀌면서 꽃이 우리 주변에서 사라진 게다. 이미 청문회에서도 증명되었듯이 이 땅에 좀 산다거나 행세한다는 사람치고 위장 전입 한두 번 해보지 않은 이가 드물 정도다. 그렇지 못한 이들은 허구한 날 전세를 전전하며 살아

왔다. 그러니 어느 한 곳에 정착해서 내 집인 양 눌어붙어 살기가 힘든 세월을 보냈다. 당연히 집은 투기 혹은 투자의 가장 손쉽고 효율적인 수단이었다. 한 군데 정착하기보다는 이사를 많이 다닐 수밖에 없는 사회 구조를 형성해 왔다. 이사할 때 가장 거추장스러운 것이 화분이다. 그러니 베란다는 아무짝에도 쓸모가 없게 되고, 그냥 터서 거실 평수 늘리기에 바빴다.

없는 것 없이 다 가진 부자라 해도 집안에 화분이 없다면 결코 떳떳하거나 행복하지 않을 것이라 단정해도 그다지 무리가 없을 것이다. 베란다나 창가에 꽃을 키우고 집안에 꽃병이 있는 가정이라면, 결코 가족 중 누군가 목을 매거나 밖으로 뛰어내리는 불행은 없을 것이다. 또한 그런 집 가장이라면 청문회에 나와도 망신당하지 않을 것이다. 지난 행적을 뒷조사할 게 아니라 그 집 베란다부터 살피는 것이 훨씬 더 정확하지 않을까 싶다.

아름다움과 기쁨을 기르고, 가꾸고, 즐기고, 나눌 줄 알아야

인류학적으로 부성 본능은 늘리기, 모성 본능은 키우기로 대별할 수 있을 듯하다. 수컷이란 본래 자기 씨를 퍼트리고자 하는 것이 가장 원초적인 욕구여서 어떻게 해서든 결혼하여 자식을 많이 얻고자 한다. 반면에 암컷은 자기가 낳은 새끼를 어떻게 해서든 건강하게 길러내고자 한다. 따라서 자식 많이 낳기를 거부하는 현대의 남성이나, 역시 아이 가지기를 거부하고 또 스스로 낳은 자식을 기르기를 포기하는 여성들은 자연의 섭리에서 보자면 모두 정신질환자들이라 하겠다.

베란다를 화분으로 가득 채운 여주인이라면 이혼할 리도 없고, 자식을 버릴 리도 없다. 어쩌면 자살률 1위의 오명에서 벗어날 수도 있을 것이다. 꽃으로 학교 폭력을 추방해 보는 것도 한번 시험해 봄직한 일이다. 놀이공원 대신에 농원이나 꽃시장을 어린이 자연학습장으로 삼아 일찍부터 가꾸고 기르는 생산철학을, 아름다움을 즐기고 나눌 줄 아는 여유철학을 배우게 하였으면 좋겠다.

자신이 사는 아파트나 연립의 아래위층 베란다에 꽃이 나와 있다면 안심하고 오래 살아도 괜찮을 것이다. 레옹처럼 창밖에 화분을 내놓는다면 동네 사람들이 이상한 집으로 의심하지 않을 것이다. 꽃을 사 들고 가는 남자라면 굳이 경계하지 않아도 좋다. 꽃을 기른다는 것은 한 곳에 뿌리를 내려 정착하고픈 욕망을 의미한다. 이젠 한국인들도 이사 그만 다니고 한 곳에 정착해서 살 때가 되었다. 그리고 이사한 집을 처음으로 찾아갈 때 집들이 선물로 두루마리 화장지나 세제·식용유 대신에 꽃을 사들고 가는 것은 어떨는지?

국민 행복 웰빙지수는 꽃 소비지수와 정비례

인간은 꽃을 사랑하는 유일한 동물이다. 꽃이 인간의 감성과 상상력을 끊임없이 자극하기 때문이다. 결혼식·장례식·종교 의식 등에서 꽃이 빠질 수 없고, 꽃을 통해 은유적으로 표현되는 메시지 또한 다양하기 그지없다. 우리나라 역시 예외는 아니었다. 상여(喪輿)를 오색지화(五色紙花)로 장식했는가 하면, 궁중에서도 온갖 지화를 만들어 각종 의식에 사용했었다. 하지만 현대에 이르러 한국인들은 전통적인 꽃의 의미·감정 혹은 메시지 전달 도구로써의 이용법을 잃어버리고, 근조 리본이나 흰색 조화(弔花)처럼 맹목적으로 일본식을 따르고 있다.

선진국민들이 주도해 온 글로벌 매너엔 오랫동안의 경험을 통해 축적된 지혜가 숨겨져 있다. 깊숙이 들여다보면 잃어버린 우리의 옛 양반 문화와 결코 다르지 않다. 세계화시대에 우리 것을 주창하는 것도 가상한 일이지만 이왕 신사복을 입었으니 일단 글로벌화된, 세계적으로 표준화된 사교 교섭 매너부터 익히고 볼 일이다. 먼저 꽃으로 상대를 즐겁게 해주고, 자신도 환대받는 매너부터 길러 보자. 각박하다 못해 살벌하기까지 한 한국사회에 윤활유가 될 것이다.

후진국의 창밖엔 빨래가 내걸리고, 선진국에는 꽃들이 나와 있다.

한국도 꽃을 수출하는 나라이지만, 꽃 소비는 선진국에 비해 보잘것이 없다. 2005년 1조 원대이던 꽃 내수시장의 규모가 점점 줄어들어 2012년엔 7,560억 원이 되었고, 연간 1인당 꽃 소비액은 2005년 2만 870원에서 2012년 1만 4,835원으로 줄었다. 노르웨이는 16만 원, 일본은 10만 원이었다. 그나마 경조사용이 85%이고, 가정용은 5%가 채 안 된다고 한다.

아파트 베란다와 주택 창가에 꽃이 내놓이고, 골목마다 화분이 나오고, 집집마다 화병에 꽃이 꽂혀야 진정 선진국이라 할 것이다. 기술은 뛰어난데 미적 감각, 품격이 떨어지는 민족! 꽃조차 먹으려고만 드는 나라에서 명품이 나올 리 만무하겠다. 꽃에 인색한 국민은 결코 글로벌 주류사회에 들지 못한다.

Tip 공수래공수거(空手來空手去)로 예의염치(禮義廉恥)?

불황의 여파로 요즈음 유럽도 사정이 녹록지 않아 소매치기 등 잡범들이 파리로 대거 몰려들고 있다 한다. 급기야 파리 시내 공동묘지들에서 꽃과 장식물을 훔쳐 가는 좀도둑들 때문에 경찰이 골머리를 앓고 있단다.

시월의 어느 토요일, 글로벌 매너 개인 지도를 받고 있는 어린 제자를 가르치기 위해 아침 일찍 양재동 꽃시장에 들러 꽃과 바구니·리본 등을 사들고서 동작동 국립현충원을 찾았다. 꽃값이 배추값보다 싼 것 같아 오히려 미안스럽기까지 했다. 한데 가는 날이 장날이라고 10월 26일, 고 박정희 대통령이 서거한 날이어서 관광버스와 승용차들이 줄을 잇고 있었다.

쉼터에서 꽃다발을 묶고, 장미 꽃잎을 따 바구니에 담은 다음 무명용사기념탑을 비롯한 다른 몇몇 기념비에 헌화한 뒤, 내친 김에 남들 따라 박정희 대통령 내외분 묘소에까지 걸어 올라갔다. 정오를 넘긴 터라 이미 행사장은 철수중이었지만 묘소에는 참배객들이 아직도 줄지어 차례를 기다리고 있었다. 4, 5분을 기다린 끝에 마침내 우리 차례가 되어 헌화를 하게 되었는데, 바로 그때 사고 아닌 사고가 터지고 말았다.

전날엔 박근혜 대통령이 다녀가고, 그날엔 다른 가족과 전·현직 정치인, 관료 등 수많은 사람들이 줄지어 다녀갔음에도 불구하고 묘소 주변엔 화환과 꽃바구니 몇 개가 고작이고 개인이 바친 꽃은 한 송이도 보이지 않았다. 향로에선 흰 연기가 자욱이 피어올라 화약 냄새가 진동을 했다. 육영수 여사를 기리는 마음으로 목련 대신 가시를 제거한 하얀 장미꽃 다발을 준비한 어린아이가 어디다 꽃을 놓아야 할지 몰라 일순 당황해서 울먹이려 하였기 때문이다. 지켜보던 필자도 민망해서 얼굴이 화끈거렸다.

향(香)만 사르면 됐지 쓸데없이 무슨 꽃? 아무렴 참 편리한 나라이다. 이게 대한민국의 품격 수준일 테다. 꽃을 놓고 내려오니, 천막을 걷어낸 행사장 바닥 여기저기에 '追悼'라고 찍힌 싸구려 검정 리본들이 낙엽들과 함께 나뒹굴며 사람들의 발에 밟히고 있었다. 분노 비슷한 것이 치밀어오르는 것을 참고 쓰레기통에서 그 중 깨끗해 보이는 리본 한 개를 기념(?)으로 주워 왔다. 한참을 내려와 한 묘역을 찾아 줄지어 늘어선 묘비에 준비해 간 장미 꽃잎을 뿌렸다.

그 옛날 신화의 시대, 사람들은 신을 받드는 행사를 할 때면 먼저 하늘에다 그 사실을 고하기 위해 불을 피워 연기를 올렸었다. 그후 동양의 대부분 나라에선 향으로 대신하고 있지만, 실은 주검을 방에다 모시고 장례를 치를 때 썩는 냄새를 덮기 위한 목적이 더 강했다. 인도

등 더운 지방에선 사원마다 독한 향을 끊임없이 태우는데, 이는 날벌레들을 쫓는 목적이 더 크다. 대신 그들은 생화를 바친다. 한국도 지금은 어느 집이나 장례를 장례식장에서 지내니 시신 썩는 냄새를 걱정할 필요가 없어졌다. 그리고 사시사철 생화가 나오고 있다.

매번 빈손 추모객들! 다음에는 제발이지 생화 한 송이라도 직접 마련해 들고서 참배했으면 싶다. 향이라 해도 제 돈으로 사서 바치는 게 예의겠다. 자신의 품격을 위해서라도! 고인 덕분에 이제는 배곯지 않고 사람답게 살고 있음을 고하는 의미에서라도! 그리고 이왕 특별한 날, 그런 신성한 곳을 찾을 적엔 정장 좀 입고 나오길 바란다. 아무렴 일반 시민이라 하더라도 울긋불긋 아웃도어 차림으론 좀 그렇다. 정성 이전에 공사(公私)의 구분부터 할 줄 아는 게 품격이다.

꽃보다 명품? 하루에 몇 번씩 알록달록 옷을 갈아입는다고 멋쟁이라 하지 않는다. 정장 하나 갖추어 입을 줄 모르고, 꽃도 모르는 국민이 무슨 패션이며 디자인·예술·문화·철학·행복을 논하랴! 문화 융성, 창조경제란 구호가 왠지 공허하게만 들리는 이유다. 진정성 없는 요식행위. 변화와 혁신 없는 전통은 박제일 뿐이다. 끊임없이 시대의 숨결을 불어넣어야 생명력을 지닐 수 있다. 예의염치(禮義廉恥)라 하지 않았던가! 예의 없는 염치, 염치 없는 예의로는 절대 선진국 못 된다. 우리네 품격부터 제대로 갖춰야겠다.

54 글로벌 어글리 코리언 LPGA 우승 한국인 골퍼들

인격 개념 부재 '박세리 키즈'들 | 우승 세리머니 하나 제대로 따라 할 줄 모르는 한국 골퍼들 | 정규 샴페인이 아닌 맥주·맹물 세리머니가 추태임을 전혀 인식 못해 | 공만 잘 치면 그만? | 우승은 신분 상승의 출발점 | 상류층 사교 골프 이너서클의 레귤러 멤버가 되기 위해 목숨을 걸어야! | 정장 입을 줄 모르는 국가대표팀의 국격 디스카운트 의심 상황

1998년, 한국의 박세리 선수가 미국 맥도날드 LPGA 챔피언십을 시작으로 연이어 우승을 거두자 한국민들이 흥분하기 시작했다. 문제는 거기서부터 시작된다. US여자오픈에서 우승이 확정되자 너무 흥분한 나머지 그의 부모와 한국 방송관계자들이 일제히 환호성을 지르며 그린으로 뛰어들어 한바탕 소동을 빚은 것이다. 이 때문에 승자인 박세리는 상대 선수와 악수하는 것조차 잊었다. 주최측과 관전 갤러리들은 말할 것도 없고, 전 세계 수많은 시청자들의 눈살을 찌푸리게 만들었다.

그러거나말거나 한국에서는 IMF 구제금융시대에 실의에 빠진 국민들에게 악전고투 끝에 우승하는 모습이 생중계되면서 일약 국민적인 영웅으로 떠올랐다. 그로부터 십수 년이 흐르는 동안 그를 비롯한 수많은 '박세리 키즈'들이 LPGA 투어에서 쉼없이 우승을 거두었다. 하여 지금은 LPGA인지 KLPGA인지 구분이 안 될 정도로 많은 한국의 낭자들이 LPGA 투어에 참가하고 있다.

박인비 선수가 미국 캘리포니아주 란초 미라지의 미션 힐스 골프장에서 열린 LPGA 시즌 첫 메이저대회인 '2013 크라프트 나비스코 챔피언십'에서 생애 두번째 메이저대회 우승 트로피를 들어올렸다. 크게 축하할 일이지만, 이제는 LPGA 우승이 흔한 일이어서 그런지 하

루살이 뉴스거리밖에 되지 못했다. 다만 그간 본 적이 없는 우승 세리머니가 눈에 띄었다.

인격 개념 부재 '박세리 키즈'들

인천 스카이72골프장에서 열린 '2012 LPGA 하나-외환 챔피언십'에서 노르웨이의 수잔 페테르센이 우승을 했다. 한국의 쟁쟁한 선수들을 모조리 제치고 우승을 하였는데, 이제까지 잘 알려져 있지 않은 선수라 무심코 기사와 함께 실린 사진을 들여다보다가 깜짝 놀랐다. 우승이 확정되는 순간 다른 동양 선수가 샴페인을 들고 나와 축하 세리머니를 해주는 광경이었는데 정말 멋진 모습이었다.

선수의 미모 때문에 보내는 찬사가 아니다. 한국에서는 물론이고 LPGA에서도 한국 선수들이 수없이 우승을 거두었지만 그같이 멋진 사진을 본 적이 없었기 때문이다. 우승자든 아니든 아직 한국 선수들 중 누구도 정격(正格) 우승 세리머니를 한 사진을 남긴 적이 없었기 때문에 한국에서 그런 사진을 보게 되리라곤 상상도 못했었다.

해서 반색을 하며 사진 설명을 읽었는데, 아니나 다를까 하는 탄식이 저절로 새어나왔다. 샴페인으로 세리머니를 해주는 선수가 한국 선수가 아니었던 것이다. 지난해 우승자이자 이번 대회에서 3위를 한 대만의 청야니 선수였다. 4위는 LPGA에서 수없이 우승을 거두어 미국 골프 명예의 전당에 오른 한국의 박세리 선수. 그런 쟁쟁한 선수가 아무런 준비 없이 빈손? 그외에도 LPGA에서 활약하던 대부분의 한국 선수들이 참가했지만 모두들 하나같이 멀거니 구경만 했다.

도대체 무슨 말인가? 한국 선수들도 수없이 우승을 했었고, 또 그때마다 세리머니를 빠트린 적이 없는데! 의아심이 들면 지금 당장 인터넷을 뒤져 과거 박세리·최경주 등 한국 선수들의 우승 세리머니를 찍은 사진들을 찾아 수잔 페테르센의 것과 비교해 보길 바란다. 이제

축하? 저주? 추태? "우승했으니 그 벌로 물벼락이나 맞아라!" 우승의 영광에 찬물 끼얹는 한국
식 가학적 세리머니! ⓒ연합뉴스 외

샴페인을 그냥 들이붓는 게 아니라 흔들어서 그 거품을 쏘는 세리머니라야 한다. ⓒ뉴스1

새신랑다루기(東床禮)처럼 도망가는 탱크 최경주. 간만에 제대로 샴페인을 터뜨렸지만 주인공이 도망을 간다. 이 순간을 위해 그토록 땀 흘려 놓고 막상 축하받기가 쑥스러운가? '세리머니'의 의미를 모르는 듯. ⓒOSEN

잘못 뀐 첫 단추? LPGA 한국인으로서 첫 우승한 박세리 선수의 맥주 세리머니. 전 세계로 나간 사진이다. 한국인들은 열광했지만 과연 세계인들은 이 사진을 보고서 무슨 생각을 하였을까? ⓒ연합뉴스

까지 한국의 많은 선수들이 우승을 하였건만 그 가운데 누구도 우승 세리머니를 제대로 받아 본 적도, 해준 적도 없다.

고등학교 졸업식 버전의 맹물·맥주 세례

한국 선수들은 그때마다 십중팔구 '냄새나는' 맥주, 아니면 마시던 '침 섞인' 맹물 세례를 받았다. 샴페인은 나중에 가서야 아주 드물게 어쩌다 등장했다. 글로벌 세계에서는 오직 샴페인만이 축하용으로 사용된다. 맹물·병맥주·캔맥주는 축하용이 아니다. 그걸 샴페인 대신 끼얹는 것은 인격에 대한 모욕이자 저주이다.

우승자에게 물벼락 세리머니라니? 영화나 드라마에서 분에 못 이겨 상대방에게 모욕을 줄 때 자기가 마시던 맥주나 맹물을 끼얹는 장면

이 흔히 나온다. 글로벌 사회에서 이는 침 뱉은 거나 다름없는 행위로 인식된다. 그 희한한 광경을 보고 미국은 물론 전 세계 사람들이 한국인들을 어찌 생각했을지 소름이 끼친다.

이겼으면 됐지, 우리가 왜 그런 것까지 서구식을 따라야 하느냐며 무시할 수도 있다. 국내에서야 우리끼리 생수든 맥주든, 심지어 막걸리 밀가루 세례를 퍼부으면서 그걸 굳이 '우리 식'이라 고집하겠다면 말릴 일도 아니겠으나, 글로벌 무대에선 사회적 인격체로서 사형 선고나 다름없는 행위이다. 무지하거나 5천 원짜리 샴페인 한 병 사서 준비해 둘 마음의 여유조차도 없는 사회적 미성숙자로 오인받기 십상이다. 어쩌면 머잖아 한국 선수들 때문에 주최측에서 샴페인을 제공하는 관행이 생겨날지도 모르겠다.

게다가 한국 선수들은 우승 세리머니를 받게 되면 예외 없이 도망을 가거나 움츠리는 시늉을 한다. 날카로운 인상으로 유명한 탱크 최경주조차도 술래잡기하듯 도망을 다녔다. 다른 나라 선수들처럼 당당하게 두 팔 쫙 벌리고 챔피언만이 누릴 수 있는 샴페인 세리머니를 기꺼이 받아들이지 못하고, 흡사 서양 영화에서 어른들이 없는 틈을 타 엄마의 화장법에 파티 드레스까지 입고 서툰 춤을 추다가 들킨 소녀들처럼 어색하기 짝이 없었다.

더더욱 한심한 일은 LPGA나 PGA 투어에서 뛰는 그 많은 한국 선수들이 허구한 날 글로벌 선진문명사회권 출신 우승자들의 '격조 있고 우아한' 우승 세리머니를 보고서도 맥주·맹물 끼얹기, 도망다니기를 계속해 왔다는 사실이다. 어려운 일도 아니다. 그냥 남들 따라 그대로 하면 될 일이다. 수많은 현지의 코치들과 투어를 하는 다른 외국의 선수들이 보다못해 한번쯤 충고나 언질을 줬을 법도 한데 말이다. 무엇보다 한국의 그 많은 골퍼들은 한국 선수들의 우승 세리머니를 수없이 보고서도 그동안 왜 아무런 말이 없었는지 신기하기만 하다. 눈앞에서 보고서도 따라 하지 못하니 어쩌면 하나같이 그렇게 당달봉

챔피언다운 당당함을 표현해 낸 정격 모델 폼. LPGA 하나-외환 챔피언십에서 수잔 페테르센의 우승이 확정되는 순간 대만의 청야니 선수가 뛰어나와 샴페인 세리머니를 해주고 있다. ⓒ 스포츠서울

우승의 기쁨을 만끽하고 있는 수잔 페테르센. 샴페인 거품이 눈꽃처럼 쏟아져 내리는 아름다움을 연출해 내고 있다. ⓒ연합뉴스

정품격 우승 세리머니의 모델 폼. 수잔 페테르센 골프 선수. ⓒ연합뉴스(AP)

사들이란 말인가? 혹여 이같은 가학적인 물벼락 세리머니의 심리적 저변에는 '사촌이 땅을 사면 배가 아프다'라는 속담처럼 된장통 저급성이 깔려 있는 것은 아닌지? 아무튼 우승 세리머니를 장난이 아니라 게임의 끝을 장식하는 신성한 의식으로 여겨 보다 진지하게 연출해야 할 것이다.

'호수의 숙녀들' 우승 세리머니 자리에 웬 정체불명의 남자들?

크래프트 나비스코 챔피언십은 우승자가 '포피 폰드'라고 불리는 연못에 뛰어드는 세리머니로 유명하다. 이 전통은 1988년 에이미 알콧이 처음 만들었다. 2004년에는 한국인 최초로 우승한 박지은 선수가 뛰어들어 몸매가 그대로 드러나는 매혹적인 모습으로 두 팔을 치켜들어 눈길을 끌었다. 그후 2008년에는 멕시코 선수인 로레나 오초아가 온 가족과 함께 연못에 뛰어들어 화제(?)가 됐었다.

이번에 우승한 박인비도 전통대로 연못에 뛰어들었다. 먼저 그의 캐디가 뛰어들었고, 이어 박인비가 뛰어드는 데 난데없이 한 무리의 남자들이 우르르 함께 뛰어드는 광경이 온 언론과 방송매체를 통해 세계로 퍼져 나갔다. 함께 뛰어든 남자가 박인비의 약혼자라고 이름까지 친절하게 밝혀 주었다. 또 한 남자는 박인비 선수의 연습 코치라고 한다. 공식 경기의 연장선상 자리인 TPO(Time, Place, Occasion)에 아닌 밤중 웬 개인 코치 아저씨? 그밖에 낯선 두어 명의 남자도 뛰어들었다. 그리곤 끝! 뒷말이 없다.

박인비가 여러 남자들과 연못에 뛰어드는 사진을 보고, 어라! 이게 뭐지? 누가 주인공? 웬 남자 캐디들이? LPGA야, PGA야? 등등 온갖 의문들이 순간적으로 스쳐 갔다. 해서 사진 설명을 읽어보니 쓴웃음이 나왔다. 도대체 박인비의 우승과 그의 약혼남이 무슨 상관인가? 그가 박인비의 매니저인가? 아니면 전속 캐디인가? 친구든 가족이든

나비스코 챔피언십에서 우승한 박인비 선수의 호수 뛰어들기 세리머니에 동참한 남자들. 누가 챔피언인지 구문이 안 된다. 주인공이 돋보이도록 들러리들은 한 박자 뒤에 뛰어들었어야 했다. ⓒ연합뉴스

그게 어쨌다는 건가? 나머지 남자들은 또 뭔가? 아무 생각 없이 그대로 내보내는 한국 언론도 참 어이없다.

일본 신문까지 나서서 친절히 지적해 주는
글로벌 어글리 코리언 추태

골프가 어떤 경기인가? '매너의 스포츠'가 아닌가? 그 매너는 품격에서 나오고, 그 품격은 곧 절제에서 나온다. 한국의 많은 남녀 골퍼들이 PGA·LPGA를 휘젓고(?) 있지만, 문제는 우승만큼이나 매너가 따라가지 못해 제대로 대접받지 못하거나 때로는 무시당하기까지 한다는 거다. 그로 인해 선수 본인은 물론 코리아의 이미지가 아웃렛되고 있음을 눈치채지 못하고 있으니 참으로 답답한 노릇이다.

박세리 선수가 98년 US여자오픈에서 우승하였을 때, 일본의 〈산케

이신문〉을 비롯한 여러 외국 매체들에서 가족 등이 그린에 뛰어든 무례를 두고 '감정에 충실한 한국인들'이라고 완곡히 지적했었다. 이후 박세리뿐만 아니라 뒤이은 한국 낭자들의 매너 없음이 종종 현지 및 세계 언론의 도마에 오르기도 했다. 그럴 때마다 한국인들은 괜히 우리가 너무 잘하니까 질투가 나서 저러는 거라고 애써 무시해 왔다. 남에겐 편협하고 자신에겐 관대한 국민성 때문이리라. 남의 시선을 지나치게 의식하는 것도 문제이지만, 그 반대 역시 곤란하기는 마찬가지이다.

물론 전통이나 관례라 해서 반드시 지켜져야 한다는 법은 없다. 경기에 우승했다고 해서 반드시 별난 세리머니를 해야 하는 것도 아니다. 기실 매너와 품격을 중시하는 골프 경기에서 우승자가 연못에 뛰어드는 것도 그다지 점잖아 보이진 않는다. 오히려 경망스러워 다른 골프장에서는 따라 하지 않는다. 하지만 이왕 만들어졌으면 그대로 따라 주는 게 예의이다. 박인비가 그 전통에 따라 연못에 뛰어들었지만 경기와는 아무 상관없는, 경기의 아이덴티티와 구체적인 연결고리가 설명 안 되는 남성들과 함께 뛰어든 것은 말 그대로 코리언 난센스이다.

가족이든 친구든 모두 관전자일 뿐이다. 그린은 선수만이 올라설 수 있는 곳이다. 다른 누구도 침범해서는 안 된다. 경기 자체는 물론 마지막 세리머니까지 철저히 선수만의 것이 되어야 한다. 선수의 미래 가족이나 비공식 동반인들의 물놀이장으로 만들어 놓고 새로운 전통을 세운 양 기고만장할 일이 아니다. 규정상 우승자가 연못에 함께 뛰어 들어갈 사람을 지명할 수 있다지만 스스로 주인공으로 부각되기를 포기한 어리석은 행위라 하겠다. 때와 장소를 가릴 줄 모르는, 공사(公私)를 분별할 줄 모르는 한국인의 충동성을 재확인시킨 사건(?)이라 하겠다.

공만 잘 치면 그만이라는 한국 골퍼들

다른 종목의 선수들도 마찬가지이지만, LPGA 투어에 참가한 한국 선수들이 유달리 승부에 집착하는 바람에 때로는 골프팬들의 실망을 사는가 하면, 심지어 경멸을 당하기도 한다. 그럼에도 본인들은 그러한 사실을 눈치조차 채지 못하거나, 설령 알았다 해도 고치려 노력하지도 않고 있어 안타깝다.

처음 아무개 선수가 한국에선 베스트셀러 골프 코칭 비디오테이프로 유명했던 미국인 코치를 두었는데, 이 코치가 정식으로 무릎을 구부리고 공을 줍는 매너를 가르치다가 선수의 아버지로부터 바로 잘린 게 아니냐는 에피소드가 있다. 예전에는 품위 있는 남자 골프선수들은 물론이고 여자 골프선수들은 당연히 공을 주울 때 무릎을 살짝 굽혔었다.

그런데 한국 낭자들이 그린을 휩쓸면서부터는 아무도 그러질 않는다. 남자 선수들처럼 뻣뻣이 다리를 세운 채 허리를 굽히는 바람에 스커트 아래 속옷이 흘러덩 노출되어, 첫 우승과 더불어 19금 더티 이미지로 각인되는 추태가 벌어짐은 물론 스커트형 반바지차림일지라도 엉덩이 부분이 민망하기 짝이 없다. 비록 바지를 입었다 해도 무릎을 구부려 공을 줍는 것이 품위 있게 보여 이미지 관리에 도움이 될 것이고, 무엇보다 운동선수의 생명인 척추 보호를 위해서도 그렇게 하는 것이 좋다.

우승에 절박한 한국 골퍼들, 즐길 줄 모른다

어느 해 호주 퀸즈랜드주 골드코스트에서 개최한 레이디스마스터스대회 개막 이틀 전, 숙소인 크라운플라자 로열파인즈리조트에서 선수들을 위한 환영 파티가 열렸다. 이날 연사로 나선 주요 인사들이 위상이 높아진 한국 여자 골프를 감안하여 수차례 한국 선수들의 활약상을 언급했다. 그때마다 참석자들이 이리저리 연신 고개를 두리번거리며 한국 선수들을 찾았으나 아무도 보이지 않았다고 한다.

또 한때는 LPGA에서 영어를 못하는 선수를 퇴출시키겠다 하여 논란이 되었던 적이 있다. 결국 해프닝으로 흐지부지되었지만, 그 사건은 영어를 못하고 오직 코스 탐색에만 몰두하는 한국 선수들을 겨냥한 것이 분명하다는 중론이었다. 한국 선수들이 프로암 대회에서 영어가 서툴러 동반한 아마추어 골퍼들과 대화가 안 되는데다가 오직 결과에 급급하여 코스 탐색에만 열중하는 바람에 주최측을 낭패 보이기 일쑤였기 때문이다.

프로암대회는 정식 대회를 열기 전 참가 선수들이 코스에 익숙해지기 위한 연습 경기인데, 이때 아마추어들이 참가비(조당 약 2만 4천 불 정도)를 내고 프로 선수들과 함께 라운딩을 하게 된다. 이를 통해 주최측이 적지않은 수입을 올리는데, 이들 중에는 대회 타이틀 후원기업 사장 등 거물급들이 많다. 그런데 한국 선수들 때문에 이들에게서 원성을 듣게 된 것이다. 프로암대회 시상식엔 아예 참가조차 하지 않거나, 설령 참가했더라도 얼굴만 비치고 내빼기 일쑤였기 때문이다.

사실 프로 선수들에겐 이 프로암대회가 행운의 기회인데도 불구하고 한국 선수들은 오히려 이를 통해 자신의 이미지를 구기고 있다. 경기중은 물론 시상식 파티에서 거물들과 친교를 맺을 수 있는 더없이 좋은 기회를 놓치고 마는 것이다. 언어 소통도 안 될뿐더러 상대에 대한 배려심이나 깔끔한 매너도 없으니 돈을 주고 참가한 아마추어 골퍼들이 한국 선수들에게 실망하는 것은 당연한 일이겠다.

식탁에서도 소통 불능인 한국 골퍼들

한국의 해외 유학생들과 마찬가지로 LPGA 투어에 참가한 한

한식 세계화 행사에서 한국인 LPGA 여성 프로 골퍼들끼리 한 테이블에 앉았다. 이왕지사 각 테이블에 흩어져 앉아 현지인들과 함께하였어야 했다. 이명박 정부가 추진했던 한식 세계화는 대부분 이런 식으로 현지 교민들 모아 놓고 공짜 밥 먹여 주는 데 돈을 다 써버렸다. ⓒ농수산물유통공사 LA지사 제공-연합뉴스

국 여자 골퍼들도 현지 혹은 다른 나라에서 온 프로 골퍼들과 친목이나 교제를 제대로 하지 못하고 저희들끼리 몰려다니는 걸로 소문이나 있다. 심지어 골프하우스에서의 식사마저도 외국 선수들과 잘 어울리지 못한다. 저희들끼리 구석의 한 테이블에 모여 먹다가 미처 식사를 다 마치지도 않은 채 우르르 어디론가 몰려가 버린다. 메인 음식 먹자마자 일어서는 한국 여자 선수들, 디저트까지 마쳐야 식사 끝임을 모르는 것이다. 모두들 어디로 갔을까? 모조리 어느 선수의 방으로 몰려가 수다를 떨고 있었다.

　지난 정부 때 한식을 세계화한답시고 야단법석을 피웠었다. 하여 아이디어를 내어 LPGA 골프하우스에서 한국 여자 골퍼들이 골프계 주요 인사들과 유력한 스폰서들에게 한식을 대접하여 홍보하는 행사를 가졌다. 의도는 괜찮았지만 기대했던 효과를 내지는 못했던 모양이다. 당시 사진을 보니, 한쪽 식탁에 한국 여자 골퍼들끼리 모여 앉

아 간만의 식사를 즐기고 있는 딱한 광경이다.

기실 행사를 기획한 사람이나 한국 여자 선수들 가운데 누군가가 약간의 센스라도 있었더라면, 선수들 각각이 다른 테이블에 앉아서 합석한 외국인들에게 비록 짧은 영어이지만 음식을 설명하며 즐겁게 식사를 하였어야 했다. 기껏 적지않은 행사비 들여 바라던 성과의 반도 못 거둔 행사 주최측의 미련함도 한심하지만, 간만에 한국에서도 잘 먹어 보지 못했던 고급한 한식을 공짜로 잘 얻어먹고도 그에 상응하는 밥값을 해내지 못한 한국 선수들의 철없음 또한 민망스럽다.

글로벌 대회에서의 우승은 신분 상승의 디딤돌

왜 이러한 일들이 고쳐지지 않을까? 다행(?)히도 골프가 개인 종목인 바람에 지금까지 그럭저럭 버티고 있는 것이다. 게다가 우르르 몰려간 또래의 한국 선수들과 어울리며, 또 뒷바라지로 따라간 가족들과 투어를 하고 있기 때문일 게다. 만약 골프가 단체종목이었으면 한국 선수들이 어쩔 수 없이 글로벌 매너를 익혔을 것이다. 그러지 못하면 왕따에 못 견디고 돌아왔을 테니 말이다.

예전에 닉 팔도·그레그 노먼·어니 엘스·박세리 등 세계적인 선수들을 길러낸 유명 골프코치 데이비드 리드베터가 한국을 방문했을 때 "한국 선수들끼리 몰려다니는 모습이 자주 보인다. 골프란 나라를 위해 하는 것이 아니라, 자기 자신을 위해서 하는 것이다"라고 점잖게 에둘러 말했다. 하지만 누구도 그 말에 귀기울이지 않았다. 그때마다 "아무렴 어때! 뭐 그럴 수도 있지!"라는 흐리멍덩한 한국적 정서 때문일 것이다.

글로벌 무대에서 우승이 더없는 행운이기는 하지만 본질은 그게 아니다. 어느 스포츠, 어느 경기에서나 우승은 시작이자 상층부로 올라가는 디딤돌이다. 특히 골프가 그러하다. PGA·LPGA 우승 역시 골퍼 인생의 끝이 아니라 시작이어야 한다. 글로벌 대회에서의 우승은 신분 변화, 신분 상승, 상류층으로 진입할 수 있는 면허를 취득한 것과 같다. 기본 틀이 되는 미셸 위는 미국 언론의 주목을 받아 유명 잡지의 표지 모델이 되기도 했고, 또 전 세계인들이 관심을 갖는 미국의 유명 TV 토크쇼에 초대되기까지 했었다. 현역에서 카메라 세례를 받을 때, 자신의 품격을 글로벌 상류층에 각인시키지 못하면 선수 생명 끝남과 동시에 장밋빛 인생도 끝이 나고 만다.

LPGA 신데렐라도 왕자님 만날 내공 안 되면 부엌데기

미국의 대부분 사교 클럽 및 스포츠 클럽이 그렇지만 컨트리클럽 회원이 된다는 것은 결코 쉬운 일이 아니다. 아무렴 동양인들에겐 더더욱 어려운 일이 아닐 수 없다. 멤버가 되기 전 상당 기간 동안 회원들과 함께 라운드를 하며 얼굴을 익히는 것은 물론 입회하려면 두세 차례 면접을 거쳐야 한다. 골프 기량보다는 매너와 사회적 평판을 먼저 보며, 심지어 부부 동반으로 초청돼 멤버들 앞에서 사교성을 테스트받는 등 까다로운 절차를 거친다. 멤버 중 단 한 명만 반대해도 입회하지 못한다. 주류층에 든다는 것이 그만큼 어렵다.

현재 한국 골퍼들의 의사소통 능력, 식사 매너, 건배 매너, 유색의 아동틱한 복장, 주최측에 대한 감사 표시 생략, 불성실한 인터뷰 등등 교양과 처신·품격은 글로벌 수준에 한참 못 미치고 있다. 언제 제대로 배울 기회도 없었을 것이다. 하여 이제는 한국 선수가 글로벌 메이저대회에서 우승했다 한들 글로벌 상류층 어느 누구에게서도 라운딩이나 식사 초대를 받지 못하고 있다.

오직 승리만을 목적으로 경기를 하는 안쓰러운 한국 골퍼들. 우승 상금, 스폰서 기업 후원금, 그리고 운이 좀 더 따라 주어서 국내 광고 모델료까지 보태져 그동안 땀 흘려 바친 젊음에 대한 보상으로 만족

축구 결승전 승리 축하 세리머니. 샴페인 거품 대신 종이 꽃잎. ⓒ로이터

F1 우승 샴페인 세리머니. ⓒ로이터

한다면, 남은 인생을 골프코치 혹은 골프용품점 여는 것으로 마감하겠다면 군이 이런 지적이 필요 없을는지도 모르겠다. 하지만 벽오동 심은 뜻은 봉황을 보자는 게 아니던가? 글로벌 상류무대로 진입하자는 게 아니던가?

상류층 사교 골프 이너서클의 레귤러 멤버가 되기 위해 목숨을 걸어야 하지만, 그들 중 누구도 그 길이 있는지조차 모르고 있다. 당연히 방법도 알 리 없다. 그러니 한때 MB 대통령 소통불통 삽질하듯, 그저 허리와 관절이 녹아나도록 골프채만 휘두르고 있어 안타깝기 짝이 없기에 다수의 한국 골퍼들에게 공개적 흉보기를 초래하는 심적 부담을 감수하고 우선 당장 고칠 수 있는 문제점들을 지적해 보았다. 아무튼 이제는 양보다 질이다. 우승하기 전에 매너의 '기본기'부터 제대로 갖추었으면 한다.

아무렴 어떠랴! 요즈음 한국의 골프대회는 물론 야구 등 다른 종목에서도 맹물 우승 세리머니가 유행이다. 아예 한국적 세리머니로 자리잡았다고 할 수 있을 정도다. 이에 대한 필자의 비판 글을 보고서 많은 사람들이 오히려 역정을 낸다. 왜? 우리 식으로 하면 되지 군이 샴페인이냐? 그런 논리라면 골프 규칙도 우리 식으로 바꾸자고 하든지, 그게 싫으면 아예 골프를 수입하지 말았어야 했다. 그러나 지금은 글로벌 시대. 세계인의 시야와 시각이 동일해지고 있다. 싫든 좋든 그에 맞춰야 세계인들과 쉬이 소통할 수 있다. 샴페인 거품 세리머니가 세계적인 트랜드가 된 지 오래다.

대학에 골프학과까지 있는 대한민국! 고생 끝에 우승해 놓고 고작 저질 세리머니 하나 때문에 내공이 깡통임이 드러나서 어글리 코리언이 되고 말다니! 골프든 야구든 우리끼리 맹물 세리머니를 해대다간 영원히 글로벌 삼류를 못 벗어난다. 감정이 격해지면 공사(公私)도 구분 못하고 날뛰는 버릇 고치지 못하면 LPGA 우승, 올림픽 금메달 열개를 딴다 해도 신분 상승 못한다. 스포츠든 인생이든 그 전 과정을 품격 있게 가꾸고 즐길 줄 알아야 한다는 말이다.

선수 본인이야 금메달이나 우승컵이 소중하겠지만. 세상이 기억하는 것은 단 한 장의 이미지(사진)다.

Tip 정장 입을 줄 모르는
국가대표팀의 국격 디스카운트 의심 상황

정장을 하지 않으면 외국의 오페라 극장이나 고급 레스토랑에 들어갈 수 없다는 것쯤 모르는 이 없을 것이다. 또 파티에 입고 갈 옷을 두고서 야단법석을 피우는 영화 장면들도 곧잘 접하였을 것이다. 어쩌면 가난한 사람이 파티에 참석하기 위해 세탁소에서 신사복을 빌려 입고 갔다가 세탁꼬리표 때문에 망신을 당하는 외국의 유명 단편소설을 읽은 기억이 있을는지도 모른다. 하지만 요즘의 한국인들이라면 그 작품을 읽으면서 비웃을 자격이 전혀 없을 듯하다.

한 대학생이 추리닝 바람으로 수업에 들어와서는 부끄러운 줄 모르고 꽤 비싼 메이커라고 자랑이다. 돼지 목에 진주목걸이라 아니할 수 없다. 또 얼마 전에는 한국에서 위세를 떨치는 어느 연극인이 모 신문과의 인터뷰에서 정장에 넥타이 매는 것 싫어 장관직을 사양했노라고 스스럼없이 말하기도 했다.

요즈음 한국의 초중고등학교 교사들의 복장은 학생들보다 더 자율적이다. 해서 일부 여선생들은 지나치게 화려하고, 또 일부 남선생들은 도무지 교사 같지 않은 동네 양아치 혹은 거지 옷차림새다. 운동선수·예술가·작가 등 자유직업군에 속하는 전문가들일수록 아무렇게나 후줄근히 걸치고 다니는 게 무슨 특권인 양 촌티나는 '뚝멋'을 부린다. 예의란 거추장스러운 것, 게으름과 자기 방임을 용기 혹은 관용인 양 허세를 부리지만 실은 그런 구차함으로라도 남들과 구별되고 싶은 걸 게다.

제2차 세계대전 때 연합군 승리를 견인했던 미국의 조지 패튼 장군은, 자신의 부대 전 장교들에게 "아무 줄이라도 구해서" 넥타이를 매도록 강제했다.

소치 올림픽을 마친 선수들이 인천공항 입국장에서 해단식을 가졌는데, 김연아를 비롯한 모든 선수들이 유니폼을 입고 나왔다. 그 며칠 후 청와대 환영 오찬에서도 똑같은 복장이었다. 대통령의 캐주얼풍과 유니폼 벗어 의자에 걸어두고 추리닝 바람으로 식사하는 선수들. 한국에서 운동선수는 언제까지나 미성년자인 것이다. 반면 아사다 마오는 정장에 일장기 배지를 달고 귀국 기자회견을 하였다.

2014년 7월 25일부터 나흘간 미국 메릴랜드주 오윙스 밀스의 케이브스 밸리 골프클럽에서 개막하는 미국여자프로골프(LPGA) 투어의 국가대항전인 인터내셔널 크라운의 갈라파티에 참석한 한국 여자골프 4인방의 자랑스러워하는 모습의 사진이 여러 신문에 실렸는데 두 선수만이 검정 원피스, 한 선수는 막 캐주얼, 한 선수는 반바지 차림이었다.

또 그 전날 필자는 국내의 어느 기념식에 참석하였는데, 맨 앞 귀빈석에 도지사를 비롯해서 세계문화유산과 관련한 국내외 전문가들도 착석하고 있었다. 행사장 좌우 대형 화면에 그 귀빈석의 귀빈들 모습이 비치는데, 그 중 한 명이 티셔츠 바람으로 멋쩍게 앉아 그림을 다 버려 놓고 있었다. 같은 날 가수 고(故) 유채영 씨의 장례식장에 연예인 김모 씨가 아들까지 데리고 문상하는 모습이 TV 뉴스에 비치는데, 두 부자가 다른 VIP 인사들 대개가 갖춰 입은 예의 정장도 없이 아버지는 괴기한 사이즈의 체크무늬 유색 셔츠, 아들은 반팔 검정 티셔츠 바람으로 들어서고 있었다. 어이없는 광경이지만 한국에선 일상적인 일이라 다들 그러려니 하고 그냥 넘어간다.

허름하게 아무렇게나 차려입고 팔러 온 상품에 신뢰가 가던가? 제 값 다 주고 사고 싶던가? 실내장식은 그럴듯하게 해놓았는데, 정작 주

처음 입어 보는 정장 차림. 축구 국가 대표선수들. 국가를 대표하는 선수라면 당연히 이런 정장이어야 한다. 이왕 태극기 배지까지 달면 무게감이 훨씬 더해지겠다. ⓒ연합뉴스

인이나 종업원들의 행색이 후줄근한 식당이라면 식욕이 나던가? 성공한 기업인인 김철호 본죽 회장은 IMF 때 회사가 부도나 노점에서 호떡 장사를 해가며 재기에 성공하였는데, 그는 호떡을 팔면서도 정장을 했다고 한다.

정장은 자기 존엄 및 미래에 대한 확신과 의지의 표현이다.

아무렴 공식 행사에는 빌려서라도 정장을 입어야 한다. 그도 불가하면 차라리 불참해서 욕을 먹는 편이 덜 손해다. 불참은 변명이라도 할 수 있지만, 천박한 이미지는 지울 수가 없기 때문이다.

2013년 7월 17일, 홍명보 축구 국가대표팀 감독이 첫 대표팀 소집을 하면서 모두 양복 정장에 넥타이 차림으로 오되, 트레이닝센터 정문에서 내려 걸어오게 하였다 해서 화제가 된 적이 있다. 이전에 거스 히딩크 감독에게서 배운 군기 잡는 법이다.

그렇게 해서 선수들 모두가 양복을 입고 입소하는 광경이 언론에 올랐는데, 역시 뭔가 각오를 다지는 듯한 분위기 연출에는 성공했지만 가만히 들여다보니 가관이다. 청바지·티셔츠·운동화·모자에 익숙한 선수들의 도무지 갑갑해서 어색해하는 모습이 흡사 마음껏 뛰놀던 강아지 목줄 채워 놓은 듯한 인상들이다.

네덜란드 PSV 입단 계약서에 서명하는 박지성 선수. 어떻게 살 것인지에 대해 고민한 흔적이 보이지 않는다. 이런 귀중한 공식적인 자리에선 정장을 입는 것이 매너다. 그라운드에서는 공으로 승부하지만, 밖에서는 이미지로 승부한다는 사실을 깨달아야 삶을 풍요롭게 가꿀 수 있다. [PSV 홈페이지 캡처]

프로 선수의 정격 모델 폼. 텍사스 레인저스구단 입단 계약 후의 추신수 선수 가족. 아이들까지 정장을 입혀 품격 있는 가정임을 알렸다. 현명한 부모는 이런 기회를 절대 놓치는 법이 없다. [MLB 홈페이지 화면 캡처]

아사다 마오가 소치 올림픽을 마친 뒤 귀국 기자회견에서 환하게 웃고 있다. ⓒ연합뉴스

LA다저스 류현진이 미국으로 출국하기 전 인천공항에서 기자회견을 하고 있다. 대부분의 한국 선수들이 이처럼 편한 복장으로 공항을 출입한다. 유명 선수일수록 공항을 출입할 때 반드시 사진 찍힘을 대비해서 정장을 갖추어 자신의 위상을 높이는 기회로 삼아야 한다. 그래야 광고 모델로서의 몸값을 높일 수 있다. ⓒ뉴시스

2014년 3월 28일, 올림픽파크텔 강연회에서 사인 요청받은 2002월드컵 대표선수 안정환의 정장 모델 폼. 신사도가 곧 스포츠맨십. 선수로서의 삶은 짧다. 인생 전체를 두고 승부할 줄 알아야 진정한 스포츠맨이다. ⓒ연합뉴스

 게다가 인터뷰에서 늘어놓은 선수들의 뒷얘기도 객쩍기 그지없다. "여름 정장이 없어 겨울 양복을 입고 나왔다" "사흘 전에 부랴부랴 샀다" "결혼식에서 입었던 양복을 모처럼 꺼내 입고 왔다" "넥타이를 깜박하고 나와 동료의 것을 빌려 맸다" "넥타이를 맬 줄 몰라 전날 묵은 호텔 직원에게 넥타이를 매어 달라고 부탁했다" 등등. 설령 그게 사실이라 하더라도 미성년자도 아닌 다 큰 성인들, 한 국가를 대표하는 선수들이 입에 담을 이야기인가?

 어색하기는 홍감독도 매한가지이다. 언제나처럼 와이셔츠가 배 밖으로 밀려나와 버클을 가리는가 하면, 넥타이 길이도 제대로 맞춰 매지 못한데다가 바지춤이 항상 아래로 처졌다. 청바지·회색바지에나 어울리는 갈색 구두가 모직 양복 바지색과 어울리지 않는 차림새다. 마침 다음날 동아시안컵 축구대회에 참가하기 위해 정장 차림을 하고

인천국제공항으로 입국한 북한 여자 축구대표팀의 모습이 훨씬 자연스러워 보인다. 북한의 신랑들도 아무렴 한국 축구대표팀보다는 점잖을 듯하다.

이런 군상들에서 미루어 보건대, 그동안 각종 스포츠에서 한국을 대표하는 선수들이 해외 경기 전후 언론과의 인터뷰 때나 현지 유명 인사들과의 리셉션이며 디너, 출입국 때 과연 정장을 갖추어 입었을까 하는 의구심이 든다. 육상선수 우샤인 볼트는 어딜 가나 항상 정장 차림이다. 박지성·차두리·유현진, 그리고 PGA·LPGA 등 해외에서 뛰고 있는 우리 선수들과 골프 대디들은 정장 한 벌쯤은 가지고 다닐까?

대개의 한국 선수들은 국내든 해외든 입단 사인하는 공식적인 자리에서 정장이 아닌 셔츠나 추리닝 바람이다. 해서 성인이 아닌 미성년 취급받고 있음도 눈치채지 못하고 있다. 그 정장 한 벌 때문에 국격은 고사하고 한국 선수 자신들의 값어치가 얼마나 디스카운트당하는지 알기나 할까? 연봉 외에 마땅히 따라와야 할 알파(부가가치)를 다 놓치고 있음을 알기나 할까? 홍명보와 박지성, 둘 다 2002년 월드컵 때 히딩크 감독에게서 배웠음에도 불구하고 그 차이가 어느 정도인지는 바로 이 정장이 나타내 주고 있다. 박지성도 언젠가 홍명보처럼 국가대표팀 감독을 맡을 수 있을까? 현재의 품격대로라면 절대 그런 일일랑은 없을 듯하다.

기실 운동 그 자체는 동물격이다. 결코 인격 함양을 위한 것이 아니다. 다만 인간이 문명화하면서 차츰 망각 내지는 퇴화하고 있는 인간의 동물적 야성을 되살리는 행위에 다름 아니다. 해서 여기에 이왕 절제미·규율미·우아미 등 미학적·도덕적·오락적 요소를 가미시켜 인격화·상품화한 것이 오늘날의 스포츠이다. 난 운동선수이니까 매너니 품격이니 하는 거추장스런 것은 배운 적도 없고, 또 배울 필요도 없다? 해서 그냥 막입고 다녀도 된다는 발상은 말 그대로 스스로 인격임을 포기하는 소치이다. 선수이기 이전에 한 인격체이다. 운동장

글로벌 정장 사례. 미 해안경비대원인 아버지를 따라 오바마 대통령을 방문한 어린이. ⓒ백악관

오바마의 경청. 아이가 훗날 주류사회의 일원으로 커갈 수 있는 더없이 좋은 기회다. ⓒ백악관

미국 낸시 펠로시 하원의장 취임식에 초청된 어린이들. ⓒ백악관

커리어 우먼의 비즈니스 정장 모델 폼. VVIP 여성들의 정장에 유색 옷이 많은 이유는 그 대부분
이 노인층이기 때문이다. 화사한 색조의 화장, 즉 메이크업 효과가 필요해서다. 그렇지만 프랑스
파리의 젊은 여성들은 죄다 블랙 일색이다. [글로벌 재계의 유명 격주간지 〈Forbes〉의 홈페이지]

신임 미국 연방준비제도이사회 의장 재닛 옐런의 정장 모델 폼. ⓒ백악관

해외 토픽감 난센스 골드 정장으로 UAE 왕세제를 접견하는 박근혜 대통령. 황금의 나라 여성 대통령임을 자랑하는 건지, 황금을 좋아하는 나라의 손님을 환영한다는 건지 모르겠으나 분명 오버한 듯. 연예인들이 입는 무대복 같다. ⓒ연합뉴스

캐롤라인 케네디 신임 주일 미국대사가 아키히토(明仁) 일왕에게 신임장을 전달한 뒤 악수를 하고 있다. ⓒ연합뉴스(AP)

'상파울루 국제모터쇼'에 참석한 지우마 호세프 브라질 대통령. 일정표상 기념촬영 대상 자동차의 도색 컬러에 앙상블시킨 정격 의상 컬러 코디 모델 폼. ⓒ로이터

업무 환경에 앙상블시킨 컬러 선택과 절제된 디자인으로써 한 폭의 그림처럼 포스가 더욱 강력해진 커리어 우먼의 비즈니스 정장 모델 폼. [허핑턴 포스트 캐나다판(www.huffingtonpost.ca)]

커리어 우먼의 비즈니스 정장 모델 폼. 평소 상대를 높이고 자신을 낮추는 수수한 검정 및 짙은 색의 포멀 수트를 마치 자신의 피부처럼 자연스럽게 입는 습관을 들여 포스와 분위기를 길러나가는 것이다. [인체공학 블로그(ugleepen.wordpress.com)]

젊은 세대일수록 '포멀 정장'으로 제2의 천성을 계발해야! 심플한 디자인일수록 이미지 전달 과 정상 노이즈(noises, 잡음) 자살골이 줄어들어 전 인적 포스와 분위기가 더욱 강화된다. [패션 디자 이너 Isabella James의 블로그(www.dressity. com)]

을 벗어나면 즉각 인격으로 되 돌아와야 한다. 그걸 매너, 정장 으로 표현해 내어야 사람 대접 받는다.

올림픽 금메달 목에 건다고 인격이 금격(金格) 되는 것 아니 다. 아무 데나 모자 쓰고 추리 닝이나 러닝셔츠 바람으로 돌 아다니는 게 운동선수의 특권 아니다. 우리 밖을 어슬렁거리 는 짐승격일 뿐이다. 자기 존중 은 자기가 하는 것이지 누가 챙 겨 주는 것이 아니다. 스스로가 그 자신을 존중하지 않으면서 남에게서 존중받으려는 건 난 센스다. 그런 사람이 남을 제대 로 존중할 줄 알까? 배려가 뭔 지 알기나 할까? 자기를 함부

로 다루는 사람을 우리는 천박하다고 일컫는다.

정장은 가장 기초적인 자기 존중이자 상대에 대한 배려다.

게임의 승패는 그라운드에서 가리지만, 인생의 승부는 그라운드 밖 에서 가려진다.

사실 근대 스포츠는 신사들의 오락이자 잔치였다. 신사가 되기 위 해선 반드시 수영·댄스·승마·사격·사냥·스키 등 스포츠를 익혀야 했다. 이는 지금도 마찬가지이다. 따라서 스포츠맨십은 신사의 정신 과 품격, 즉 신사도에 다름 아니다. 정장, 그러니까 신사복은 자신이 신사임을 밖으로 표현해 내는 가장 상징적인 도구이다.

굳이 신사가 되고 싶지 않다 하더라도 국가 대표선수는 준공인이다. 따라서 미성년자일지라도 공공 장소나 공식적인 자리에선 반드시 정장을 갖추어 입어야 한다. 연습이나 시합이 끝나고 각종 회식이나 리셉션과 같은 모임에선 더더욱 멋진 정장으로 자신의 존재가치, 부가가치를 높여 나가야 한다. 그래야 현역 이후의 삶의 길이 열린다. 옷이 사람을 만든다는 말은 결단코 맞는 말이다.

　국가 대표선수는 한국을 대표하는 선수, 즉 한국인의 대표다. 해서 국위 선양하라고 병역 면제에다 각종 혜택까지 준다. 그런데 글로벌 매너 수준이 완전 저품격이어서 기껏 우승하고도 코리아 디스카운트 시킬 때가 많다. 우승과 금메달만이 국위 선양이 아니다. 그 과정에서 대표선수의 일거수일투족의 품격이 곧 코리아의 품격이다. 한국 국가 대표팀은 물론 전체 스포츠선수들에 대한 글로벌 매너 교육이 우선적으로 절실한 이유이다.

　아무렴 올림픽 금메달은 상류사회로 들어설 수 있는 훌륭한 도구 가운데 하나이다. 한데 기껏 금메달을 따놓고도 매너가 안 되면? 결국 신사가 되지 못하고 운동장 주변 허드렛일로 남은 생을 사는 수밖에 없다.

　정장의 기피는 자신의 미래를 스스로 포기하는 것이다.

55 글로벌 버전이 뭔지나 아는 국회의원 몇이나 될까?

안철수가 빌 게이츠에게 냉대당한 이유 | 글로벌 소사이어티에서 피드백 못 받는 한국의 엘리트들 | 못말리는 관광성 저질 의원 외유 | 일본 의원들이 노동절에 워싱턴으로 몰려 가는 이유 | 인증샷 찍기 방문, 망신당한 줄도 모르고 희희낙락 돌아다니며 세금 축내는 한국의 어글리 정치인들, 퇴직 후 결혼식 주례로 용돈벌이 | 정품격 식사 호스트 능력이 진짜 의원 외교! | 헨리 키신저와 식사할 수 있는 내공 지닌 인물을 찾아라!

어제 오늘 일도 아닌 관행화된 국회의원들의 외유를 두고서 이 번에는 유달리 뒷말이 많다. 어디 국회의원들뿐이랴! 단체장·지자체 의원·공무원들의 해외 여행에 관한 한심한 이야기는 신물난 지 오래 다. 특히나 국회의원들은 해외 여행을 가면 반드시 그곳 대사관 직원 이나 주재원들을 여행 가이드로 부려먹어 원성이 자자하다. 나랏돈으 로 가든 제 돈으로 가든, 후진국으로 가든 선진국으로 가든 제발이지 나라 망신스럽지 않게 금배지 떼고 조용히 관광이나 다녀왔으면 하고 바랄 뿐이다.

2013년 1월 11일자 〈조선일보〉에, 퇴임하는 미국 헤리티지재단 풀 너 이사장의 인터뷰 기사가 실렸다. 그는 "개인적으로 박근혜 대통령 당선인과 20년 이상 친분이 있어 워싱턴의 집으로 초청해 식사하며 대화를 나누기도 했다"면서 당당히 "친구로 생각한다"고 말하였다. 나름 꽤나 글로벌적으로 논다는 한국의 지도자나 엘리트들 중 이 말 의 엄중한 의미를 알고 기사를 읽은 사람이 과연 몇이나 될까?

매년 5월, 노동절이 돌아오면 일본이나 중국은 그 주간을 황금연휴 로 여긴다. 이때 일본의 상당수 의원들은 미국 워싱턴으로 날아간다. 물론 자비다. 중진은 중진대로, 초선은 초선대로 각자가 이미 오래전에 워싱턴의 이탈리아식당을 예약해 두었다. 원래 프랑스식이 정통이 긴 하지만, 이탈리아식이 일본인들에게 더 편하기 때문에 그리한다. 미국의 상·하원의원들이나 정계 인물들과 만찬 혹은 오찬을 하기 위 해서다.

안철수가 빌 게이츠에게 냉대당한 연유도 모른 채!

한국인들은 어떤 영향력 있는 사람들과의 인맥을 강조하기 위 해 일면식만 있어도 그 사람과 잘 안다고 말하는 버릇이 있다. 같이 모임에 참석했다가 명함을 주고받거나 악수를 나눈 것만으로도 친교 가 있는 것처럼 떠벌리는 경우가 허다하다. 문제는 이런 한국적인 관 행이 해외에서 자칫 망신을 불러일으킬 수 있다는 것이다.

지지난해 안철수 원장이 미국의 빌 게이츠를 만나러 갔다가 사진 찍는 것조차 거부당한 것이 그 한 예라 하겠다. 천하의 기부 큰손 빌 게이츠와 기부 얘기를 꺼내려면 사무실에서의 업무협의 이전에 서로 교분을 여는 식사 초대를 미리 거치는 것이 문명인이라면 당연지사인 데, 식사 한 끼도 안 나눈 그냥 일방통행식 '방문(visit)'을 상호 긴밀 한 '만남(meeting)'인 양 지레 떠벌리다 망신을 당한 것이다.

그게 왜 실수이고 망신인가? 한때 미국에서 공부했다는 안철수인 데 설마 그런 걸 몰랐을 리 있겠느냐고 반문할 수도 있겠지만, 이는 비단 안철수만의 문제가 아니다. 선진 교섭 문화 부재! 거의 모든 해 외 유학생·연구원·주재원·기관원은 물론 업무차 해외 출장을 가는 한국 회사원들이 허구한 날 저지르는 공통적인 실수다.

한국적 관행에서는 아무나 아무 때 아무 곳에서 악수만 나눠도 만 났다고 한다. 하지만 밖으로 나가면, 그 만남의 형태와 의미를 확실하 게 구분하지 않으면 자칫 낭패당하기 십상이다. 업무적인 미팅이 아 닌 개인적인 친교로 만났다고 할 적엔 최소한 정규 오찬(luncheon)을 함께하고서야 만났다는 표현을 할 수 있고, 그 만남이 서너 차례 이루어진 후라야 비로소 '누구를 안다'는 표현을 쓸 수 있다. 그리되면 다음 단계로 비교적 고급 식당에서의 푸근한 만찬(dinner)으로 이어진다.

그런 만남이 여러 차례 지속된 후 호감과 신뢰가 쌓이면 상대를 자신의 집 저녁식사에 초대하게 되는데, 이는 앞으로 '친구'로서 사귀고 싶다는 의미를 지닌다. 이미 몇 번의 만남을 통해 저 정도의 교양·매너·품격이면 친구로 삼아도 되겠다는 자신이 생겼을 때, 최종적으로 자신의 집으로 초대해서 함께 저녁을 먹으며 가족들의 평가와 의사를 묻는 것이다. 물론 이때 합격점을 받지 못하면 다시는 초대받지 못한다. 더 이상 진전 없이 그냥 '아는 사이'로 머물고 만다.

진짜 친구냐, 착시 현상 지레짐작 친구냐?

간혹 잘 모르거나 그다지 탐탁스럽지 않게 여기던 이가 자기를 잘 안다고 떠벌리고 다닌다는 소문을 전해들을 때면 참 당황스럽지 않을 수 없다. 해외생활을 많이 했거나 국제 활동이 잦은 한국인들 중에는 외국의 유명 인사를 잘 안다거나 친구라고 자랑하는 이들이 많다. 그런데 이 '알고 지낸' '친하다'는 관계가 서로간에 주파수가 일치하지 않아 그만 오해를 불러일으키는 경우가 있으니 조심해야 한다.

대개의 서양 상류층 사람들이 동양인과 사귈 적엔 두 가지 프레임으로 사귄다. 하나는 말 그대로 친구로, 다른 하나는 착시 현상 지레짐작 친구로. 속으로는 짐승 취급하면서 겉으로는 친구처럼 대해 주는, 식민지인 대하듯 애매모호한 사이. 실례를 무릅쓰고 보다 직설적으로 표현하면, 애완용으로. 한 개의 프레임밖에 가지지 못한 '순진한' 한국인들이 이 부분에서 대부분 착각을 일으키는 바람에 결정적인 순간에 망신과 낭패를 당하곤 한다. 무뚝뚝한 한국인들은 외국인들의 몸에 밴 상냥함과 친절에 지나치게 감동받아 간·쓸개 다 빼주는

조 바이든 미국 부통령과 아소 다로 일본 부총리. 도쿄 미대사관저에서. 한국에 이 정도로 바이든과 친숙한 정치인이 있던가? 진짜 국가의 힘이 무엇인지를 생각하게 하는 사진. ⓒ백악관

역사상 한국을 최초 방문한 팔레스타인 자치정부 수반 환영 만찬에서 건배하는 정운찬 국무총리. 거의 모든 한국인들의 건배 자세가 이렇다. 글로벌 정격 매너로 응대해서 이런 사진이 찍히지 않도록 해야 한다. ⓒ연합뉴스

경우가 적지않다.

하여 자신은 그를 친구 사이로 알았는데, 상대는 그냥 알고 지내는 사이로 사귄 것이다. 해서 글로벌 무대 2부 리그에서는 그럭저럭 넘어가지만, 본선 1부 리그에서는 가차없이 당하고 마는 경우가 허다하다. 친구? 웃기시네! 대표적으로 한국이 IMF 구제금융 위기 때 친구로 알았던 그 많은 글로벌 주류 인사들이 냉큼 등을 돌린 것도 그 때문이었다.

글로벌 소사이어티에서 피드백 못 받는 한국의 엘리트들

한국의 수많은 학자나 공무원, 회사의 임직원들이 세미나·연수 등의 명목으로 해외에 드나든다. 물론 자기 비용이 아니다. 국가기관이나 기업에서 부담한다. 가난했던 시절과 달리 지금은 여유 있게 대준다. 그랬으면 남는 돈으로 그들과 오찬이나 만찬을 함께하거나, 사무실에서 임시변통 스몰 파티 또는 작은 선물이라도 하면서 인적 네트워크를 만들어 왔어야 했다. 한데 대부분 관광을 다니거나, 제 가족이나 상사들에게 줄 선물 쇼핑에 남긴 돈과 시간을 다 쏟아붓고들 온다.

이 나라 아무개 전 총리는 7년간 미국에서 박사 후 조교수 봉급의 호시절 보내는 동안 단 한번도 같은 연구동에 있는 노벨경제학상 수상 경력이 있는 다른 교수들을 정규 레스토랑에 초대해 본 적이 없었다고 한다. 적지않은 월급으로 무얼 하였느냐고 물었더니, 알뜰살뜰 모았다가 방학 때마다 디즈니랜드·옐로스톤공원 등 가족들과 관광하였노라고 자랑스레 말하더란다. 그런 사람이 총리를 하였으니, 작은 나라 외국 정부 수반을 총리공관에서 접대할 때 그 꼴불견이라니! 하긴 그런들 어떠하랴. 유학 다녀온 이 나라 교수들 모두가 하나같이 그러했던 것을! 그 꼴불견조차 이 나라에선 극히 몇몇 사람을 제외하면 알아차릴 이가 없으니 말이다.

개화기에 한국인 최초의 남감리교 신자로서 미국 유학을 했던 윤치호 선생은, 1893년 봄 학업을 마치고 귀국길에 오르기에 앞서 그동안 틈틈이 강연을 다니며 모은 돈을 남감리교학교인 에모리대학 킨들러 총장에게 편지와 함께 보냈다. "제가 모은 돈 2백 달러를 보내오니, 이 돈을 기초로 해서 조선에도 기독교학교를 세워 제가 받은 교육과 같은 교육을 우리 동포들이 받을 수 있게 해주십시오." 이에 감동한 남감리교 선교회에서 모금 운동이 전개되었고, 마침내 한국에도 선교사를 파견하게 된다. 그리하여 최초의 감리교회가 한국에 세워지는데, 그게 바로 광화문 세종문화회관 가까이에 있는 종교교회(宗橋敎會)다. 당시 종교라는 다리가 근처에 있어서 그렇게 이름 붙여졌는데, 이후 지금까지 한국 감리교의 모교회(母敎會) 역할을 해오고 있다. 이처럼 훌륭한 글로벌 모델을 두고도 후인들은 왜 배우지 못하는지 참으로 안타깝다.

정품격 식사 호스트 능력이 진짜 의원 외교!

다른 선진국 지도자들과 달리 한국의 역대 대통령은 물론 그 많은 총리며 장관들이 퇴임 후 외유할 데가 없어 고작 동네에서 후배나 졸개들과 잡담이나 하며 세월을 죽일 수밖에 없는 이유가 바로 이 때문이다. 현직에 있을 때에야 마지못해 상대했지만, 퇴임하고 나면 같이 놀기는커녕 아는 척도 않는다. 왜? 진즉에 밥맛없는 인간임을 확인했기 때문이다.

프랑스·남유럽·중남미, 심지어 아시아의 빈국 네팔에서도 네 시간가량이 걸리는 디너가 드물지 않은데 꾸어다 놓은 보릿자루, 말 못하는 짐승에 가까운 화상(畵像)과 그 긴 시간 동안 마주해야 하는 고통을 누가 겪으려 하겠는가? 그러니 퇴임 후에 자신의 경험을 바탕으로 국가를 위해 봉사하고자 해도 받아 주는 데가 없거니와, 고작 '전아무부 장관'이란 수식어 내걸고 결혼식 주례 서는 일로 소일하고 있는 것이다. 그만한 직함으로 해외에 나갔다가 저녁 만찬에 초대받지 못하였다면 자신이 '인간 대접 못 받고 있구나!'라고 깨닫기라도 하면 그나마 다행이겠다.

아무렴 해외에서는 고사하고 국내 몇 안 되는 프랑스식당에서나마 호스트로서 오찬이나 만찬을 주재해 본 의원들이 과연 몇이나 될까? 글로벌 소사이어티 경험을 가진 인물이 아닌, 즉 방자·향단이류의 servants에게서 배운 순짝퉁 식탁 매너를 무기로 무리지어 후진국으로 몰려가는 의원 외교? 선진국으로 안 가서 차라리 다행이겠다.

리더는 유아독행(唯我獨行)이다.

떼지어 몰려다니며 사진찍기? 그런 '똘마니 근성'으론 지구를 몇 바퀴 돌아도 똘마니일 뿐이다. 글로벌 인적 네트워크니 하는 말은 입에 담는 것조차 민망한 일일 테다.

우선 급한 대로 국비로 출장 혹은 연수 나가는 국회의원·지방의

제왕적 자세로 앉은 이명박 대통령. 인도 국빈 방문중 국경일 리셉션에서. ⓒ청와대

원·공무원들부터 제대로 된 글로벌 매너 교육을 강제해야 한다. 그리고 현지 평판 조회 등 사후 결과 보고를 철저히 검사해서 헛짓·헛돈 쓰고 온 자들은 비용 다 물게 하고, 다시는 못 나가게 감시해야 할 것이다. 사소한 일일 수도 있지만, 국가개조를 위해 가장 먼저 해야 할 일 가운데 하나이다. 대통령이 주요국 특사·대사 내보낼 때 인물 잘 골라야 한다. 그게 국격을 높이는 길이다.

Tip 헨리 키신저와 식사할 수 있는 내공 지닌 인물을 찾아라!

그깟 밥 한 끼 먹는 게 무슨 대수라고, 또 프랑스식당은 뭐고 이탈리아식당은 뭐냐는 볼멘소리가 나올 법하다. 하지만 비즈니스 무대에선 오찬이라 해서 그냥 밥만 먹는 게 아니다. 오찬이면 최소한 한 시간을, 만찬이면 서너 시간을 상대와 자연스럽게 즐거운 담소를 나누며 상호 교감을 해야 하기 때문이다.

오래전 한창 잘나갈 무렵, 대우그룹에서 미국의 키신저를 초청한 적이 있었다. 어느 날 김우중 회장이 급한 일로 출장을 가버렸고, 마침 식사 때가 되었는데 이 거물과 식사를 함께할 만한 임직원이 없어 때아닌 해프닝이 벌어졌다. 대우그룹을 다 뒤져도 마땅한 인물을 찾지 못하자, 부랴부랴 수소문하여 당시 대우빌딩에 세들어 있던 한국수출입은행 이선호 이사를 긴급 초청(?)하여 키신저와 함께 식사하도록 함으로써 무사히 위기(?)를 넘긴 사건 아닌 사건이 있었다.

더 안타까운 일은 그때나 지금이나 한국의 글로벌 응대 수준이 크게 다르지 않다는 사실이다. 지금 다시 키신저가 한국에 온다면 그와 함께 식사를 할 만한 내공을 지닌 인물이 기껏 열 손가락을 넘지 않을 것이라는 게 전문가의 의견이다. 나름 외교에서는 자신한다던 MB 대통령조차 언제부터인가 해외 순방국들이 환영 만찬을 열어 주지 않았다. 요리의 나라 프랑스에 가서도 만찬은커녕 오찬도 정규로 못 얻어

대우에서 초청한 키신저를 식사 응대하고 있는 한국수출입은행 이선호 이사. "키신저 박사님의 데탕트 바람몰이 덕분에 (반공국) 한국인인 내가 (공산권) 동유럽에도 여행 가는 기회가 열리게 되었다"고 멘트를 하니, 키신저 박사가 이선후 이사에게 아주 고마워했다고 한다.

먹고, '제발 햄버거 스타일 약식이라도 좋습니다' 꼴이 되고 말았다. 대통령 순방 업적 기록으로 남기기 위해 구걸 외교로 얻어먹고 왔으니 말이다. 퇴임 후 밥 한 끼라도 다시 함께 나누려면 정품격 테이블 매너를 갖추어야 한다.

56 사진 한 장으로 보는 국격(國格), 근조 위생마스크

세계적 웃음거리 자초한 근조용 위생마스크 | 인간을 마루타삼아 생체실험 자행했던 일본 731부대를 떠올리게 하는 마스크 | 일제 때 배운 의전 고집하는 대한민국 | 매뉴얼에 집착하면 문화 창조 역동성 상실 | 품격 없는 선진사회는 없다! | 감동이 없는 사회는 죽은 사회!

무예계든 무용계든 고수들은 그들의 시연 사진 한 장만 보고 서도 그 내공의 깊이를 능히 짐작한다. 심리학자들은 협상·면담·강연·토론·접대 행사 사진 한 장이면 예리하게 그 사람의 관록은 물론 심리 상태 및 진정성, 심지어 과거와 미래의 운수까지 알아차린다. 사람을 많이 접해 본 리더들은 굳이 사주관상 보는 법을 공부하지 않았더라도 자세며 눈초리·입 모양·걸음걸이·손동작 등 상대의 행동거지만 얼핏 보고서도 충분히 그 속을 들여다본다.

영광의 귀환?

전장에 나가는 병사들의 한결같은 소망이라면 살아서 고향의 가족 품으로 돌아가는 것일 게다. 그보다 더한 바람이 또 어디 있으랴. 북한에서 미군 유해인 줄 알고 발굴해 미국으로 가져갔던, 한국전쟁 순국 용사들의 유해 12구가 10년을 기다린 끝에 지난달 고국으로 돌아왔다. 한국전쟁 발발 62년, 참으로 민망스럽고 또 감격스런 일이다. 이명박 대통령까지 공항으로 나가 그들을 엄숙하게 맞았다.

한데 공항에서 대통령과 함께 운구하는 영현봉송단의 의전 모습을 보니 아쉬운 탄성이 절로 나온다. 아, 대한민국은 선진국 되려면 아직

한참 멀었구나! 물론 다른 의전도 대부분 개념 없이 그저 관습적으로 행해지고 있지만, 그건 그것대로 우리 한국식이라고 고집하면 그만이겠으나, 이번과 같은 호국영령들을 모시는 국가기관의 의전 형식은 도무지 그 근거가 어처구니없거나 시대에 한참 뒤떨어진 경우이다. 우리에겐 너무도 익숙한 풍경이지만, 글로벌한 시각에서 보면 한심한 어글리 코리아를 세계만방에 알리는 꼴이다.

열두 명의 전사자들 가운데 한 명은 학도병으로 신원이 밝혀졌다. 그들의 유족은 물론 대통령까지 공항에 나가 직접 맞이하여 운구를 인도했다. 물론 지난날 김대중·노무현 정권 때 서해교전에서 전사한 용사들에게 한 소행을 생각하면 이 정도만으로도 충분히 감동적이었다. 그러나, 그럼에도 불구하고 아직 부족하고 여전히 허전한 무엇이 느껴진다.

엄숙하고 경건한 분위기 연출?!

유해를 봉송하는 국방부 의전병사들이 모두 흰색 마스크를 착용하고 있다. 도대체 이 나라는 언제까지 이 모양일 텐가? 전 세계에서 이런 의전에 마스크로 입, 아니 안면을 가리는 의전이 어디 또 있다던가? 그게 어때서? 당연한 일이 아닌가? 예전에도 이 일로 국방부에 시정할 것을 권하였더니, 돌아온 답변은 더욱 가관이었다. 위생을 고려한 관례적 조치이며, 운구를 맡은 젊은 의장대 병사들의 초상권을 보호하기 위해서란다.

그러니까 그 엄숙한 순국 용사들의 유해를 봉송하는 일이 실은 화장장 일처럼 혐오스런 일이란 말이 아닌가? 이는 의전병사들의 초상권을 보호하는 것이 아니라, 오히려 그들의 인격을 심각하게 침해하는 것이다. 인간이 아닌, 인격체가 아닌 로봇으로 취급한다는 말이다. 자신의 얼굴이 삭제되어 초상권(인권)을 훼손당했음을 철없는 젊은

지나치게 위생(?)적인 남한 스타일 운구법. 북한 지역에서 발굴되어 미국으로 갔다가 돌아온 국군 전사자. 엄숙함을 표현한다지만 세계인들은 한국에 전염병이 창궐한 것으로 여길는지도 모른다. ⓒ데일리안

위생마스크를 쓴 세계 유일한 운구법. 북한에서 발굴된 국군 전사자의 유해 12구가 62년 만에 고국으로 돌아왔다. 무작정 엄숙! 소통 거부! 형식적 타성에 젖어 인격 개념을 상실하고 말았다. ⓒ연합뉴스

한국식 운구 의전. 2014년 6월 28일 오후 국립대전현충원에서 열린 동부전선 GOP(일반전초) 총기난사 사건 희생 장병 합동안장식에서 현충원 의전단원이 영현과 영정을 안고 묘역에 들어서고 있다. 흡사 마루타들의 행렬 같아 보인다. ⓒ연합뉴스

중국식 운구 의전. 2014년 3월 28일, 한국전쟁에서 전몰한 중국군 437구의 유해가 중국에 인도되었다. ⓒ연합뉴스

병사들이 알 턱이 없다. 사람으로 대접받지 못하고 있음이다. 국가인 권위원회는 왜 있는지 모르겠다. 그런 논리라면 적을 죽여야 하는 전쟁터에서도 마스크로 서로의 초상을 가려 줘야겠다.

대한민국, 혹은 미국이 콜레라·사스 등 전염병이 창궐하는 미개국이던가? 그들이 전염병으로 사망한 군인들인가? 하면 거기에 참석한 유족은 물론 내외귀빈들부터 먼저 마스크를 착용해야 하지 않는가? 과거 냉동시설이 없었던 시절, 시신의 썩는 냄새 때문에 마스크를 쓰던 시절이 없었던 건 아니다. 하여 일제 때 배운 그 의전 형태를 대한민국 국방부가 아직도 고집하고 있는 게다. 그때 배운 그대로 아무런 시대적·글로벌적 개념 없이 지금까지 답습하고 있는 것이다. 동서양의 문화적 차이? 김정일 장례식에서 누가 위생마스크를 썼던가? 북한에서도 이런 모습은 볼 수 없다. 하물며 국민소득 2만 불 시대의 대한민국에서 이 무슨 해괴한 모습인가?

언제부터 대한민국이 그렇게 결벽증적일 정도로 위생에 엄격했던가? 유골이 아닌 유해(주검, 시신)라 해도 마찬가지다. 마스크를 쓰는 일은 그 용사들의 시신을 불결하게 여김이다. 하여 그 영혼들을 모독하는 일임을 어찌 모른단 말인가? 물론 귀중한 보물이나 유물을 다룰 때에 장갑을 끼기도 한다. 그러나 유해는 물건이 아니다. 뼈 한 조각이라 해도 국립묘지에 안장할 때까지는 한 인간으로서, 살아 있는 한 인격체로 여겨 그들의 손을 잡아 이끈다는 생각을 가져야 한다.

엄숙해야 하는 곳에서 의전병사들이 혹여 웃거나 격정에 차서 울먹거리거나 하는 모습을 보이지나 않을까 염려하여 마스크로 표정을 가린다는 구실도 궁색하기는 마찬가지이다. 그 정도로 훈련받지 못한 병사가 어찌 의전을 맡는단 말인가? 나라를 위해 목숨을 바친 순국 용사들의 운구를 맡는 일은 숭고하고 영광스런 일이다. 그게 어찌 낯부끄럽고 망측한 일이던가? 어쩌다 한국에서 위생마스크가 근조 액세서리로 둔갑했단 말인가? 부시맨의 콜라병처럼 세계인의 웃음거리가

북한 스타일 운구법. 1950년 9월 북한 인민군 총참모장 강건의 장례식. 김일성과 박헌영 등이 관을 직접 운구하고 있다. [국가기록원]

미국식 운구 의전. ⓒ백악관

아닐 수 없다.

위생마스크 착용을 고인에 대한 최소한의 예우라거나 경건해 보이기 위해서라는 주장은, 그동안의 관습에서 고착된 한국인만의 착각 가운데 하나일 뿐이다. 문제는 어느 세계인도 그렇게 생각해 주지 않는다는 사실이다. 당연히 마스크 고유의 기능인 먼지 혹은 악취 흡입 방지, 전염병 예방, 때로는 소통 거부의 상징으로 여길 뿐이라는 것이다. 무슨 이유인지는 모르지만 일본 만화영화 〈은하철도 999〉의 차장은 마스크를 쓰고 있다. 스타킹이나 수건으로 얼굴을 가린 강도, 부르카로 얼굴을 가려야 하는 중동의 회교권 여성들, 붙잡힌 흉악범이 범죄 현장을 재연할 때 마스크와 모자로 얼굴을 가린다. 〈스타워즈〉의 다스베이더처럼 문화예술적으로도 마스크는 불길함을 의미한다. 지난날 인간을 마루타삼아 생체실험을 자행했던 일본 731부대를 떠올린다 해도 할 말이 없다.

진정성이 담긴 예우와 감동

게다가 이 나라에선 이런 국가적인 장례 행사에서 운구담당은 언제나 졸병들의 몫이다. 낡고 형식적인 전근대적 타성에서 벗어나지 못하고, 그저 형식적인 절차를 마지못해 해치우는 듯한 모습을 연출하고 있다. 상상력의 빈곤과 무성의가 적나라하게 드러나고 있다. 선진문명사회의 일원으로서의 자부심을 느끼기엔 요원하기만 하다.

전통적으로 동양에선 사람이 죽으면 그 혼(魂)은 하늘로 가지만, 그 백(魄)은 육신을 떠나지 못한다고 하는 관념이 있다. 더구나 전쟁터에서 죽은 영혼들은 그 혼(魂)마저 저승으로 떠나지 못하고 백(魄)과 함께 주변을 맴돈다고 한다. 비록 백골 한 조각이지만 그들의 혼백이 깃들어 있다고 여겨 그 영혼과 교감하고 소통한다는 생각으로 의전해야 한다. 그저 살 만하니까 체면상 남 따라 유골을 찾아 안장하는 의식을 치르는 것이 아니다.

하여 이번 6·25 전사자 회향 의전을 좀 더 품격 있는 선진사회의 상상력으로 새로이 연출해 보자. 전쟁 발발 62년이 지났지만 아직도 이 땅엔 당시의 참전 용사들이 생존해 있다. 그 노병들, 특히 학도병으로 참전했던 분이 함께 이 운구를 이끌었어야 했다. 생전에 함께한 적이 있는 친구라면 더없이 반가울 것이다. 노구로 힘이 없다면 유골함에 손이라도 얹어서, 걸음이 불편하면 휠체어에 앉아서라도 그 혼백들과 어깨를 나란히 하여 무언의 대화를 나누며 유족들에게로 인도하였어야 했다. 그분들이라면 당연히 마스크도 쓰지 않고, 장갑조차 끼지 않을 것이다. 장갑을 끼고 전우에게 악수를 청할 순 없지 않은가? 하여 지난 역사를 단순히 회고가 아닌, 박제된 역사가 아닌 현실로 클로즈업하여 감동을 배가시킬 것이다.

품격 없는 선진사회는 없다

의전이라 하여 반드시 정해진 매뉴얼대로만 해야 한다는 생각부터 버려야 한다. 매뉴얼에 집착하다 보면 변화와 융통성이 없어져 금방 고답적이 될 수밖에 없다. 당연히 진정성의 전달이 떨어져 감동이 일지 않는다. 이는 문화 전반에 걸쳐 동일한 현상으로 나타난다. 일본이 작금에 들어 그 역동성을 잃은 것도 어쩌면 이 지나치게 매뉴얼화된 시스템 때문일 수도 있다. 게다가 지나치게 요란스런 의전은 오히려 그 진정성을 떨어트린다. 간결하면서도 집중력이 있어야 감동이 더 깊어진다.

유달리 남과 비교하기를 좋아하고, 지기 싫어하는 한민족이 아니던가? 경제지표, 기술지표, 행복지수, 국가신용도, 올림픽 금메달 순위 등등의 비교만으로는 결코 선진사회로 진입하지 못한다. 국민소득 비교해서 선진국 되는 것 아니다. 20~50클럽에 들었다 해서 강국이 되

페루식 운구법. 2012년 6월 남미 페루에서 헬기 추락 사고로 순직한 삼성물산·수자원공사 직원들의 주검을 옮기고 있다. 관을 위로 드는 것은 고인에 대한 존중의 표시다. 매너로 보면 한국보다 훨씬 문명사회다. ⓒ연합뉴스

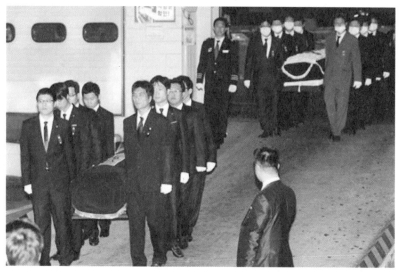

한국식 운구법. 2012년 6월 남미 페루에서 헬기 추락 사고로 순직한 삼성물산·수자원공사 직원들의 주검이 담긴 관을 옮기고 있다. 위생마스크를 벗고, 상여를 메듯 어깨 위로 들어올려 메는 것이 인격 존중의 운구법이다. 가방을 들 듯 관을 드는 것은 주검을 물격화시키는 것이다. ⓒ연합뉴스

마거릿 대처 전 영국 총리 장례식의 노 마스크 운구 장면. ⓒ로이터

글로벌 정격 운구법. 관을 들어올리는 만큼 고인에 대한 존중의 의미가 커진다. [인터넷 화면 캡처]

는 것 아니다. 첨단 기술을 개발하고 선진제도를 도입했다 하여 선진 국 되는 것 아니다. 이젠 제발이지 품격을 비교하고, 그 수준을 선진 화 내지는 글로벌화해야 한다.

그깟 사진 한 장을 두고 지나친 선입견을 내보이는 것 아니냐고 항 변할 수도 있다. 그러나 그런 사소한 매너와 의식이 우리 국민의 교양 과 품격의 수준을 가늠하는 잣대이다. 그걸 우리 한국식이라고 고집 하는 것만이 자존심 세우는 일이 아니다. 오히려 그 근저에 깔린 국수 주의적 열등감의 발로가 아닌지, 아니면 그저 단순한 관행의 연속인 지 한번쯤 짚고 넘어갈 때가 되었다. 뜻도 모르고 남 따라 하니 감동 이 있을 리 없다. 선진국 거저 되는 것 아니다.

(이 글이 발표된 후 국립현충원에서는 위생마스크가 사라졌으나, 여타의 곳에서는 여전히 착용한 상태로 의식을 치르고 있다.)

Tip 감동이 없는 사회는 죽은 사회!

전사자의 유해를 챙기는 것은 단순히 살아남은 자의 도리를 지 키는 것만이 아니다. 예(禮)란 상대와 이를 지켜보는 수많은 눈을 의 식하고 행하는 일이다. 하여 그 공동체의 구성원들이 문명인임을 드 러내 보이고자 하는 의도도 내포하고 있다. 그를 통해 공동체가 결속 하며, 역사에서 교훈을 얻어 다시 각오를 다지자는 국민적 의례이다. 진정성 없는 의전은 과시적 행사에 지나지 않는다. 현대 사회에서 감 동 없는 그 무엇은 존재가치조차 인정받기 어렵다. 감동이 곧 알파요, 오메가인 세상이다. 국민소득, 거창한 사상, 우수한 제도, 전통에 빛 나는 문화만이 선진국을 만들어 준다는 단순한 생각은 버려야 한다.
감동이 곧 소통이다.
전시적이고 딱딱하고 낭비적이고 요란하기만 한 우리의 의례와 의

전을 이번 기회에 두루 점검하여 보다 세련되게 이미지업해야 한다. 더 이상 제품이나 건축물 디자인에만 몰두할 것이 아니라 글로벌적 발상으로 개개인의 품격과 국격을 중단 없이 디자인해 나가야 한다. 하드웨어적 디자인을 넘어 소프트웨어적 디자인을 고민해야 한다는 말이다. 진정성과 열린 마음, 창조적 상상력으로 문화를 선도하지 못하면 언제까지나 2만 불 턱 언저리에서 뼈빠지게 일만 하면서 조마조마하게 살아갈 수밖에 없다.

참고로, 간혹 뉴스를 통해 중동의 분쟁 지역에서 폭격으로 사망한 어린이의 주검을 군중들이 높이 들어 옮기는 장면을 마주할 때가 있다. 당연히 한국인들은 그 광경을 보고서 시위하기 위해 일부러 그러는 줄 알지만, 이는 사자(死者)에 대한 존중의 의미로 이해해야 한다.

더하여 이참에 주검은 냉동실에 넣어두고 영정사진 앞에서 벌이는 퍼포먼스식 장례 문화, 조문객과 축하객 숫자로 세를 과시히려는 예식 문화에 대해 되돌아보는 기회를 가졌으면 한다.

57 대한민국은 이미 선진국이다

국격(國格)은 수구제언(修口齊言)부터 | 차별과 구별은 문명의 본질 | 존귀하고 천박한 것을 구별하고 차별하지 못하는 사회는 죽은 사회 | 상하좌우를 편가르기 전에 귀천을 구별하는 법부터 먼저 배워야 | 천박함을 경멸하라! 그게 도덕(道德)이다 | 절제 없인 선진 없다 | 소국(小國)적 열등감을 극복해야! | 패배주의에서 못 벗어난 대선주자들

처음 한국에 온 외국인들은 한국인들의 얼굴에서 적개심·적대감·경계심·의심·복수심·불복종·불친절·비타협·반발심 등, 심한 경우에는 섬뜩한 살기까지 느낀다고 한다. 어렸을 적부터 피해망상적 역사 교육을 받아 왔기 때문이다. 지금도 우리는 한결같이 외국은 침략자, 또 외국인은 적, 벼슬아치는 탐관오리, 재벌이나 부자는 부도덕한 인간, 낯선 사람을 경계해야 한다고 가르치고 있다. 타인을 친구로 삼는 법을 배우기 전에 적으로 경계하는 법부터 배운 것이다.

무뚝뚝하게 굳은 얼굴, 단 한번도 자주적으로 삶의 즐거움을 맛보지 못한 종복의 얼굴이다. 영화 속의 유럽 상류층 만찬장에서 뒤에 대기하고 있는 무표정한 시종의 얼굴 같기도 하다. 여유 있고 편안하고 호의적인 인상을 가진 사람 만나기가 참으로 드물다. 어쩌다 눈길이라도 마주치면 미소가 아니라 즉시 경계의 빛부터 띠기 때문에 서로가 섬뜩 놀라 얼른 눈길을 돌고 만다. 게다가 한국인들의 대화는 싸우는 것으로 오인받을 만큼 그 인상과 함께 어투가 공격적이다. 또 외국인들은 한국 드라마나 영화에는 웬 폭력 아닌 폭행·막말·쌍말·쌍욕이 그렇게 많느냐며 고개를 절레절레 흔든다.

삶을 가꾸고 즐길 줄 모르면 선진국민이 아니다

대저 어느 나라든 열심히 노력만 하면 국민소득 1만 불까지는 가능하다고 한다. 7, 80년대의 한국은 하청생산 위주의 품질경영의 시대를 그렇게 넘었다. 이후 기술경영으로 2만 불 달성, 지금 그 언저리에서 머뭇거리고 있다. 가발 수출하던 나라가 첨단 전자제품 수출하게 된 것이다. 이제 3만 불로 올라서야 하는데, 여기서부터는 기술만 가지고는 안 된다고 한다. 일을 더 많이 한다고 되는 것도 아니란다. 문화가 받쳐 주지 않으면 불가능하다고들 한다.

언제까지 이등국민으로 머무를 것인가?

한국은 더 이상 개발도상국이 아니다. 경제적 규모로는 G20이 아니라 G10에 든다. 이제 선진국으로서의 자긍심을 가져야 할 때가 되었다. 남들이 뭐라 하던 스스로 선진국임을 선포해야 한다. 물론 아직 많은 부분에서 부족하고, 스스로도 흡족하지 못하다. 그렇다고 언제까지 위만 쳐다보고 살 건가? 주어진 대로 현재의 삶에 만족하며 사는 것이 선진국민의 자세일 순 없다. 그래서는 백년하청(百年河淸)이다. 시작이 반이라 하지 않던가. 일단 선포하고 나면 스스로 품격 상승에 노력하게 된다. 그게 인간의 심리다.

굳이 모든 것을 서양 선진국과 견주어 우리 스스로 격을 낮출 이유는 없다. 서양 문화의 기준에선 우리가 아무리 노력해도 그들과 동등해질 수 없는 것들도 적지않다. 거기에 주눅들 필요 없다. 글로벌한 것은 배워 나가되 일본식 모델이 아닌, 동양적 가치관을 바탕으로 한 참신한 한국적 선진 모델을 만들어 나가면 된다. 고도성장, 압축성장, 성급한 따라잡기로 반성과 질정을 유보하고 덮어두었던 것들을 하나하나 되짚어 바로 세워야 한다. 범아시아의 리더답게 선도 의식을 가지고 상하 개개인 스스로가 매너를 다듬고, 도덕적 정당성을 기반으로 한 품격을 갖추어야 한다.

남의 불행은 나의 행복인가?

중국 전 충칭(重慶)시 서기 보시라이(薄熙來) 사건에 대한 보도 기사가 거의 석 달이 넘게 주요 일간 지면을 도배했었다. 권력투쟁, 부정부패, 여성편력, 가족관계, 아들 보과과(薄瓜瓜)의 방탕한 미국생활 등등. 이제는 그마저도 고갈되었는지 쿠데타 시도설 등 소설 같은 추측 기사까지, 마치 할리우드의 유명 스타 스캔들 파헤치듯 하루도 빠지지 않고 새로운 비리와 추문들이 실시간 중계하듯 국내 언론에 올라 짜증이 날 정도였다.

이 사건에 대해서 유독 미국과 한국이 유달리 많은 관심을 보이는데, 이게 과연 그럴 만한 가치가 있는지, 또 그래도 되는 것인지, 이쯤에서 한번 되짚어 보아야 하지 않나 싶다. 사건 자체야 충분히 뉴스로서의 가치가 있다. 그리고 그를 통해 중국 지도부의 권력 구도를 들여다보고 얼마나 부패했는지를 파악하는 것 등 나름의 의미는 있겠다. 그러나 매사는 지나친 것이 문제다.

그렇다 한들 대한민국이 이번 일에 호들갑을 떨 이유는 없다. 남의 나라 문제를 제 나라 연예인 스캔들처럼 즐기는 모습은 분명 가벼운 처사다. 어느 개인이나 가정·기업·국가라 해도 자신의 치부를 내보이고 싶지 않은 것은 당연지사. 미국은 그렇다 치더라도 한국까지 덩달아 법석을 떠는 것은 정도(正道)가 아니다. 국격에도 어울리지 않을뿐더러 외교나 국익에 아무런 도움이 되지 않는다. 그만 일로 중국 공산당이 파산하고, 그 여파로 북한 정권이 흔들리기라도 바라는가?

북한 문제를 고려하더라도 한국은 중국과의 신뢰관계를 돈독히 해야 한다는 것은 불문가지. 이번 사건처럼 직접 이해관계도 없는 일을 지나치게 떠벌리는 것은 그만큼 한국이 점잖지 못하다는 것이고, 오히려 소국 근성을 드러낸 것으로 보일 수도 있다. 입장 한번 바꿔 생각해 보라. 못생긴 내 강아지라도 옆집 사람이 구박하면 기분 언짢은 법이다. 누가 자기 자식의 잘못을 벌준다고 해서 이웃이 담장 너머로 들여다보며 손가락질해대거나 동네방네 소문내고 다니면 기분이 좋

겠는가? 천박스럽고 얄미운 일이다. 점잖은 이웃이라면 당연히 못 본
척할 것이다. 나아가 다른 선진국 사람들이 이번 사건을 대하는 한국
인들을 바라보면서 무슨 생각을 할지도 염두에 두어야 한다.

소국적 열등감을 극복해야

그동안 알려지지 않게 보시라이는 이미 몇 차례 한국을 다녀갔
었고, 국내에도 나름의 인맥을 가지고 있다. 그를 아는 사람들은 이번
사건을 매우 안타깝게 여기고 있다. 언론을 통해 알려진 것과 달리 그
는 결코 만만한 인물이 아니라고 한다. 상당한 인품과 배포, 지성과
교양을 갖춘 매력적인 인물이라고 한다. 무엇보다 그는 지한파이자
친한파라고 한다. 한국으로서는 아까운 친구를 잃었다.

이렇듯 끊임없이 보시라이 사건을 다루는 것이, 혹여 작금에 연일
호박넝쿨처럼 줄줄이 터져 나오는 수신제가(修身齊家) 수구제언(修
口齊言)하지 못한 대통령 주변 인물들의 부패를 희석시키려는 계산
된 의도가 아닐까 하는 의구심마저 들 정도이다. 중국에 비하면 한국
의 부패는 조족지혈에 지나지 않는다는 건가? 그게 아니면 어찌해 볼
수 없는 대국의 힘에 대한 두려움에서 이런 기회에 실컷 조소해 위안
으로 삼으라는 건가? 뭐 묻은 줄도 모르는 개가 뭐 묻은 개 나무란다
더니, 솔직히 우리가 남의 허물을 흉볼 만큼 깨끗하고 당당한가? 부
정·부패·불법·멱살잡이가 일상화된 나라가 대한민국 아니던가?

한국은 비록 강대국은 아니지만, 이미 선진국이자 선도국이다. 이제
는 그 위상에 맞는 의식과 품격을 가꾸어 나가야 한다. 냄비 끓듯 하
는 소국적 가벼움은 내다버리고 진지하고 묵직한 품격을 지닌 민족으
로 거듭나야 한다. 나폴레옹·박정희·덩샤오핑이 키가 커서 위대한
인물이 되었나? 비록 작은 영토를 가진 나라이지만 그 배포나 품격이
야 얼마든지 대국 이상으로 크게 가질 수 있지 않은가?

아무튼 이젠 글로벌, 즉 지구공동체의 시대이다. 비록 경쟁적이고 적대적이라 해도 신뢰만큼은 쌓아 가야 한다. 그게 글로벌 시대를 살아가는 지혜이자 힘이다. 신뢰를 쌓는다고 약소국이 강대국에 이용당하거나 굴복하는 것으로 오해하는 건 어리석은 일이다. 그건 아직 열등감에서 벗어나지 못했다는 방증이다. 오히려 대등하고 당당해졌음이다. 개인이든 국가든 신뢰가 있어야 함부로 무시할 수 없는, 만만치 않은 무게를 지닐 수 있다. 인간이 만든 것 중 가장 무거운 것이 '신뢰(信賴)'라는 단어이기 때문이다.

글로벌 시대, 글로벌 의식

그 신뢰란 군사력이나 경제력으로 구축할 수 있는 것이 아니다. 지도자는 물론 시민 한 사람 한 사람의 품격과 처신에서 우러나오는 호감에서 시작된다. 상대방에 대한 너그러운 관심과 배려, 교양과 환대, 이해와 존중을 기반으로 피와 땀, 그리고 시간으로 철근 콘크리트 굳히듯 쌓아올리는 것이다. 그게 선진국민의 품격이자 요건이다. 개개인이 당당해질 때 선진강국이다.

보시라이 사건과 같은 일은 앞으로도 중국이나 북한에서 끊임없이 발생할 것이다. 그때마다 오두방정을 떨 것인가?

당장 중국 관광객들이 한국에 왔을 때 자국에 대한 자랑스럽지 못한 사건으로 지면이나 화면이 도배되어 있으면 기분이 어떻겠는가? 여행의 즐거움이 줄어든 만큼 지갑의 돈도 푹푹 줄어들까? 국가간의 공식적인 신뢰도 중요하지만, 무엇보다 세계 시민들과의 우호적인 관계가 신뢰의 뿌리가 되어야 한다. 그런 것들이 코리아의 이미지를 높이고, 상품의 부가가치를 높이는 밑거름이다.

절제 없는 선진 없다

선진국민으로 대접받으려면 스스로 품격을 갖추는 수밖에 없다. 이런 건 기술이나 물건처럼 사고파는 것이 아니다. 수입 명품으로 휘감는다 해서 품격이 올라가는 것도 아니다. 오히려 속이 그만큼 허(虛)하다는 반증일 게다. 결국 각자가 노력해야 한다. 그 품격의 첫번째 요건은 절제다. 사소한 것부터 시작하자. 아무리 현실이 답답하고 욕구불만이라 해도 막말은 쓰지 말자. 대한민국이 '가카세키'의 나라일 수는 없지 않은가? 전혀 실속도 없는 남의 나라 홍보하는 짓 그만하자. 그게 북한이라 해도 마찬가지이다. 시시한 일에 열광하거나 열불내는 에너지 낭비부터 줄이자. 그게 일 적게 하고도 부가가치와 행복지수를 높이는 길이다.

획일적 평등주의 역시 피지배 근성에서 나온 전복적 발상이다. 공산국가라 한들 인간이 평등하던가? 똑같이 한 표를 행사한다고 똑같이 평등하고 동등한 인간이던가? 아무렴 그 한 표를 구걸하기 위해 90도 허리 굽히기를 마다하지 않는 인간들에게만 그 순간 존귀해 보일 뿐이다. 그들의 목에 꽃다발이 걸리는 순간, 누가 귀하고 누가 천해지던가?

차별과 구별은 문명의 본질. 존귀하고 천박한 것은 구별되고 차별받아야 마땅하다. 그러지 못하는 사회는 뿌리가 썩은 사회, 죽은 사회다. 상하좌우를 편가르기 전에 귀천을 구별하는 법부터 먼저 배워야 할 것이다.

천박함을 경멸하라. 그게 도덕(道德)이다. 그래야 종복이 아닌 인격체로 살 수 있다. 품격 있는 사회, 선진국으로 들어가는 첫걸음이다. 경제니 제도니 정책이니 하는 거창한 것들 따라 한다고 선진국민 되는 것 아니다. 품격은 정치인·부자·벼슬아치·지식인들에게만 요구되는 것이 아니다. 양반 해먹기 힘들다지만, 시민 개개인이 삶을 어떻게 격조 있게 가꾸어 나가는지를 배워야 할 것이다.

땀 위에 기술 있고, 기술 위에 품격 있다.

기술만 가지고 명품이 나온다던가? 배보다 배꼽이 더 큰 것을 명품이라 한다. 파리에는 있는데 서울에는 없는 것, 포도주엔 있는데 막걸리엔 없는 것, 애플에는 있는데 삼성에는 없는 것, 벤츠에는 있는데 현대에는 없는 것, 빌 게이츠에겐 있는데 안철수에겐 없는 것, 미셸 콴에겐 있는데 김연아에겐 없는 것, 필 미켈슨에겐 있는데 타이거 우즈에겐 없는 것, 리처드 기어에겐 있는데 안성기에겐 없는 것, 그 배꼽, 플러스 알파를 키워내야 선진국이 된다. 당연히 그 반대로 저들에겐 없지만 우리에게 있는 미덕도 있다. 그걸 찾아내어 글로벌 품격으로 다듬어야 한다.

언제부터인가 '자본주의의 노예' 어쩌고 하는 말이 학계나 지식인들 사이에서 애용되고 있다. 그런 말을 입에 담아야 마치 지성인이라도 되는 줄 안다. 하지만 이 얼마나 가증스런 난센스인가? 우리가 언제 제대로 자본주의를 해본 적이 있었나? 국민소득이 이제 겨우 2만 불인 나라가 입에 담기는 너무 주제넘지 않은가? 국민소득 5,6만 불 넘어가는 선진국 사람들도 자신들을 '자본주의의 노예'라 여길까?

아무렴 명품에 지갑 열지 말고, 스스로 품격을 높이는 데 인색하지 말자. 베풂에서 오는 너그러움, 배려에서 오는 여유로움 없는 삶이 결코 만족스럽지도 아름다울 리도 없고, 국민소득 3만 불 아니라 10만 불이 된다 한들 누가 선진국이라 불러주겠는가? 말 그대로 '자본주의의 노예'일 뿐이다.

Tip 패배주의에서 못 벗어난 대선주자들

이 나라 대선주자들의 글로벌 세계관은? 한데 그 출마 명분이 참으로 빈약하고 허접하기만 하다. 정치개혁·경제민주화·선진국·복지정책 등등 구태의연한 것들을 모조리 주워 모았다. 국민들을 무조건 잘살게 해주겠단다. 제 정치적 욕심에 나섰으면서도 국민의 부름을 들먹이며 비장한 듯 쌍심지를 켜고 입을 꽉 다문 모습에 헛웃음이 터져 나온다. 앞을 똑바로 주시하지도 못하고 흔들리는 눈동자에선 진정성은 고사하고, 자신 없고 겁먹은 옹색함이 어른거린다. 한국인들 중 정치인들의 얼굴이 가장 추하게 일그러져 있다. 주는 것 없이 미운 얼굴. 왜 저렇게 사는지 도무지 이해가 안 된다.

그래도 거기까진 봐줄 만하다. 아니나 다를까, 앞선 유력주자에 대한 흉보기가 빠질쏘냐? 결국 저희들끼리 시기·질투? 그게 대선 후보 경선에 뛰어든 이유 아니던가? 아무렴 그렇지, 고작 멱살잡이해서 언감생심 어찌 대통령 자리를 훔치겠단 말인가. 그 말이 그토록 급했나? 참신한 정치철학? 창조적 어젠다? 미래지향적 비전? 아서라, 제발 국민의 품격이나 더 이상 떨어뜨리지 말았으면 좋겠다. 게다가 한쪽 구석에선 여전히 젊은이들을 선동해서 꿈은커녕 욕이나 실컷 가르치겠다고 이빨을 갈아대니 백년이청(百年耳淸) 대한민국이다.

지난날의 사대 근성, 피식민 근성, 종복 근성이 몸에 배어 강국이나 강자, 권위나 공권력에 반발하고 일탈하는 것이 마치 선구자적인 지성인 양, 약소국 약자니까 생떼를 써도 봐주겠지 하는 원조받던 어리광을 아직도 보듬고 있는 것은 아닌지? 더 이상 이런 옹졸함이 용인되어서는 안 된다. 반성적 성찰을 통해 천박해진 문화를 정화해야 한다. 그러기 위해선 자기 부정, 자기 수정을 두려워 말고, 상식과 보편적 양심으로 행동하는 당당한 지성을 길러야 한다. 싸울 땐 싸우더라도 적마저 친구로 삼을 수 있는 배짱과 품격을 지닌 통큰 리더가 나와야 한다.

58 감히 한복을?
그게 진정 분노할 일인가?

한복 하나에 목숨 거는 한국인들 | 과도한 애국심의 표출 밑바닥에 뭉쳐 있는 문화적 열등감 | 자신이 부자가 못 된 것이 삼성 때문인가? | 개인의 불행은 모두 조직 탓이고, 사회 탓이고, 국가 탓인가? | 해서 불문곡직하고 약자 편에 서는 것이 정의인가? | 글로벌 망신, 아름답지만 위험한 한복? | 반바지는 미성숙 인격체, 즉 아동임의 표식

신라호텔이 한복 입은 손님의 출입을 제한했다 하여 온통 난리가 난 적이 있다. 급기야 국회의원·장관까지 나서서 혼을 내주겠다고 벼르는 지경에 이르렀다. 감히 우리 겨레의 옷인 한복을? 일본호텔도 아닌 신라호텔에서? 게다가 다른 호텔도 아닌 삼성가 호텔에서? 안 그래도 재벌이란 말만 나와도 귀끝을 쫑긋 세우고 송곳니부터 드러내는 이 나라에서? 기다렸다는 듯이 여기저기서 돌멩이가 날아들었다. 일찌감치 사태의 심각성을 깨달은 호텔 대표가 직접 찾아가 사과를 했는데도 열혈 '애국시민'들의 분기는 삭을 기미를 보이지 않는다.

물론 우리 것은 소중한 것이고, 그런 우리 한복을 남도 아닌 바로 이 나라의 대표적인 유명 호텔에서 괄시했다 하니 어처구니없고 화가 날 만한 일이다. 그렇다고 온 국민이 다 일어나고, 정치인과 유명인들까지 가세하여 담배꽁초 버리듯 돌멩이 던지는 것은 오히려 볼썽사납다. 그나마 우리 호텔이었으니 망정이지, 외국계 호텔이었다면 아예 문 닫고 쫓겨날 뻔했다.

꼭 이런 때만 한국인의 공동체 의식, 애국심, 그리고 평등주의가 유달리 요란을 떤다. 신라호텔에 가본 적도 없는 사람들, 앞으로도 갈 일이 전혀 없는 보통의 시민들이 더욱 열받아 분기탱천한다. 과연 그 분들이 출입을 제한당한 예의 한복전문가만큼이나 평소 한복에 대한

신라호텔 뷔페 식당 한복 사건 들여다보는 법. [인터넷 화면 캡처]

관심이 있었을까? 어쩌면 평생 동안 명절이 아니고는 한복 한번 세대로 갖추어 입은 적도, 입을 생각조차도 없는 분들일 것이란 생각이 먼저 든다.

기실 그래서 더 길길이 날뛰는 건 아닌지? 한복에 애착 없기는 너나 나나 매한가지이면서 적반하장, 이런 기회에 앞장서서 돌 던지는 건 아닌지? 비록 내 집에서 천대받는 똥개라도 옆 부잣집 아들놈한테 걷어차이는 꼴 못 보듯이 말이다. 제 집 문 두드리는 것 모른 척해 놓고도 부잣집에서 거지 내쫓았다고 손가락질하는 거와 진배없는 일을 두고 온 나라가 떠들썩하니 당연히 해외 토픽감이다.

우리에게 한복은?

우리 것은 무조건 귀한 것이라는 생각도 고루한 생각 가운데 하나다. 사실 요즈음 우리 한복을 보면 좀 의아스런 면도 없잖아 있다. 인사동 한복집에 막상 들어가 보면, 과연 이게 우리 한복인가 싶을 정도로 모조리 낯선 옷들이 걸려 있다. 개량한복이라 주장하지만, 도무지 국적이 불분명해 보인다. 중앙아시아 어느 나라에 갖다 놓아도 어색하지 않을 만큼 글로벌하다.

그런가 하면 정통한복은 아름답긴 하지만 지나치게 화려하고 고급스러워 감히 평소에 입고 다닐 엄두가 안 난다. 편의보다는 멋을 너무 중시한 때문이리라. 특히 펑퍼짐하게 늘어진 치마폭은 서양 결혼식 드레스나 무도복 같아 특정 장소가 아니면 본인은 물론 주변인들에게 불편을 주는 것도 사실이다.

신라호텔에서 출입을 제한당한 분이 당시 어떤 모양의 한복을 입고 갔는지는 알 수 없으나, 평소 한복 입은 손님들 때문에 오죽하면 호텔 측에서 그랬을까 싶기도 하다. 아마도 객실에 숙박하러 왔거나, 커피숍이나 다른 정규 식당이었다면 출입까지 제한하지는 않았을 것이다. 뷔페 식당이어서 어쩔 수 없이 그런 매뉴얼이 만들어지지 않았나 싶다.

사실 결혼식 뷔페에 가보면 한복 입은 여인들이 항상 몇몇은 있게 마련인데, 솔직히 서로 불편한 것은 사실이다. 식장에서야 그렇다 치지만 굳이 붐비는 뷔페가 아니라도 복도나 계단 등에서 주변 사람이 치맛자락을 밟아 실수하기 딱 좋은 의상임은 부정할 수 없다. 게다가 옛날 우리네 어머니들처럼 일을 할 때나 붐비는 곳에서는 치마를 다 잡아 두른 다음 끈으로 묶어 올리는 법도 없이 그저 보란 듯이 펼쳐 바닥에 질질 끌고 다니기 일쑤다. 우리네끼리도 그러한데, 하물며 외국인들을 주로 맞아야 하는 특급호텔 뷔페라면 이 문제를 고민하지 않는 것이 오히려 이상한 일이다.

이런 사정을 예의바르게 양해를 구하고 손님을 설득시키지 못한 호텔측의 실수는 비난받아 마땅한 일이지만, 그렇다 한들 국가의 공공기관도 아닌 호텔에서 한복을 금지하든, 기모노를 금지하든, 아니면 다른 어떤 부류의 손님맞기를 거부하든 그건 전적으로 그 업소가 결정할 일이지 국민 모두가 나서서 분노할 일은 아닌 듯싶다. 간혹 외국의 어떤 숙소에서는 아예 한국 손님을 받지 않는 곳도 있지 않던가.

한국의 대표적인 호텔이니까 우리의 고유한 문화를 외국인들에게 알리는 데에 앞장서야 한다는 것은 당연한 자세다. 그렇다고 강요할 수 있는 일은 아니다. 직원들에게 불편해도 한복을 입히고, 이익이 적더라도 한식당을 특별히 크게 꾸미라는 등, 한국을 대표한다고 해서 굳이 한국적인 것을 강조하는 것이 옳은 일만은 아니라는 뜻이다. 한국적이기 이전에 글로벌 마인드를 갖추는 것이 더 중요한 일이다.

과도한 애국심의 표출, 그 밑바닥에는 문화적 열등감이

이왕이면 우리 옷을 보여주는 것도 좋은 생각이지만, 그것 또한 우리의 가벼운 바람일 뿐이다. 외국 손님들이 일부러 우리 한복 구경하러 온 것이 아닐 터이니 말이다. 우리 스스로도 입지 않는 한복을, 우리 문화를 외국인들에게 자랑하지 못해 지나치게 안달하는 것도 민망한 일이다. 혹여 문화적 열등감에서 나온 극성은 아닌지? 제발이지 이젠 매사에 좀 담대해졌으면 싶다.

굳이 뷔페가 아니어도 우리 한복을 보여줄 점잖고 고상한 자리는 얼마든지 만들 수 있을 것이다. 우리 것을 알리는 것도 중요하지만, 진정한 호스피탈리티는 상대에 대한 배려가 우선이다. 한복 입었다고 우리 호텔에 오지 말라는 것이 아니라, 뷔페여서 곤란하다고 한 것일 테다. 간혹 외국에서도 파티장이나 연주회, 그리고 고급 식당에서 정장을 갖추어 입지 않으면 입장을 막는 것처럼 말이다. 소중한 것이라 하여 무조건 용인되어야 하는 것은 아니지 않는가.

생겨서는 안 될 일이었지만, 오죽 그동안 우리 모두가 한복을 외면했으면 이만 일로 열불을 내었겠나? 평소 한복 입은 모습을 본 적도 없던 유명인들까지 이번 일에 돌 던지는 걸 보면서 혹시나 자격지심에서 저러는 건 아닌지 하는 생각이 들었다. 한복을 아끼고 알리는

데 앞장서 온 한복전문가가 그런 일에 분개하는 것은 당연한 일, 그렇지만 이미 당사자가 사과를 받아들인 일이다. 더 이상 제3자가 끼어들 계제가 아니다.

그만 일에 시민 모두가 나서서 '애국심'을 증명할 것까진 없는 일이다. 작은 일에 지나치게 분노하게 되면 정작 큰일에서는 그 진정성이 받아들여지기 어려운 법이다. 이번처럼 매사를 감정적으로 받아들여 무차별적 여론몰이로 가버리면 사건의 본말이 흐려져 건전한 대안제시가 원천적으로 봉쇄되어 버리기 때문이다. 소를 잃고도 외양간을 못 고치는 한국인의 병폐가 바로 이런 데서 오는 것이 아닌가.

속담에 중매는 붙이고 싸움은 말리랬다. 한데 어찌된 일인지 이 땅의 백성들은 어디 싸움나는 데 없나 눈을 두리번거린다. 해서 말리기는 고사하고, 불문곡직하고 '나쁜 놈' 정해 놓고 앞뒤 가리지 않고 남 따라 돌멩이 던지기를 주저하지 않는다. 그러고는 뒤도 안 돌아보고 또 다른 돌 던질 곳을 찾는다. 이런 일에는 냉정하게 중립적이어야 할 언론들이 오히려 앞장선다. 사후 검정과 사회적 학습을 전혀 불가능하게 만드는 깽판 문화가 기승을 부리고 있다.

필자는 〈동물의 왕국〉이라는 다큐프로를 좋아해서 자주 보는 편이다. 약육강식의 처절함을 통해 야성과 문명의 경계를 들여다보기를 즐기는 것이다. 때로는 끔찍하기도 하지만, 그건 어디까지나 우리 인간의 기준일 뿐 실은 모두 자연의 섭리에 따른 행위일 뿐이다. 하지만 그 어떤 동물의 세계에서도 인간만큼 야비하고 잔인한 장면을 본 적은 없다. 지구상 동물들 중 인간만이 야비하고 잔인할 수 있기 때문이다.

남의 싸움에 끼어들어 부채질하고 돌멩이를 던졌으면 중간에 도망가지 말고 끝까지 같이 싸우든 말리든 했어야 도리가 아닌가? 아무런 대안도 제시하지 못하면서 그저 스트레스 풀 듯 불난 집 장독에 돌멩이 던지고 가버리면 어쩌란 말인가? 사자나 호랑이가 배불러서 먹지도 않을 사냥을 재미로 계속한다면 자연계의 질서가 어찌되겠는가?

이래저래 인간은 짐승만도 못하다고 할 수밖에 없다.

이번 사건의 발단이 된 한복전문가도 그만 일에 지나치게 흥분하지 말고 차분히 생각을 정리해 보길 권한다. 점점 사라져 가는 한복을 아끼는 마음 누가 모르겠는가마는 그만 일로 애국시민인 양 그 스스로를 특별한 사람으로 여기거나 치장하는 일은 곤란하지 않을까 싶다. 시민들이 한복을 지키라고 사명과 권한을 부여한 것도 아니지 않은가. 자신이 좋아서 한 일이고, 또 그것을 직업으로 삼아 돈도 벌고 있지 않은가? 사실 한복이 차츰 사라지는 바람에 한복전문가 행세할 수 있었던 것 아닌가. 아무나 모두가 만들어 입고 다닌다면 한복전문가가 따로 있겠는가?

한복을 입든, 기모노를 입든, 그밖에 다른 어떤 옷을 입든 먼저 글로벌 매너·에티켓에 대한 인식부터 점검하는 기회를 가졌으면 한다. 그런 풍성한 옷차림(한복 이외라 할지라도)을 할 때의 식사 약속은 일어나 왔다갔다하는 뷔페 식당이 아니라 웨이터로부터 우아하게 서빙 받는 정규 레스토랑이어야 한다는 것쯤은 상식이어야 한다. 우아한 한복을 입고 뷔페 식당을 찾았다는 것 자체가 결과적으로 한복의 격을 추락시켰다는 사실을 왜 모르시는가? 정규 식당이라면 원래 손님을 가려서 거부할 수 있고, 때로는 퇴장까지 시킬 수 있음이 글로벌 코드임을 아직 몰랐단 말인가? '못돼먹은 손님'에 대한 차별이 아니라 손님 전체의 편익과 즐거움을 위한 '정체성 원칙'과 같은 업소측의 매뉴얼임을 인정하지 못한다면 똑같은 수모(?)를 또 당할 수 있음을 알아야 한다. 그렇다 해도 우리 옷이니까, 우리 호텔이니까를 반복 주장한다면 한복 착용 당사자의 인간성·사회성에 대한 자질 문제를 심각하게 생각해 볼 수밖에 없는 일이다. 신라호텔이 아닌 외국의 어느 호텔에서 이번과 같은 일을 당했다면 어찌할 것인가? 이번처럼 온 동네방네 떠들어 나라 망신시킬 것인가? 신라호텔은 시민의 것도 아니고, 논란의 당사자가 호텔의 주주도 아니다.

게다가 이번 일에 "한복이 남에게 불편을 준다는 말에 이해가 안 간다"는 이들도 있다. 물론 변방의 소수민족이나 아프리카 등에는 한복보다 더 거추장스러운 옷에다 온갖 액세서리를 걸친 민족들도 많다. 당연히 불편해 보이지만 그네들은 그 불편함을 알지 못한다. 왜냐하면 습관화되었기 때문이다. 그리고 더 편한 옷을 입어 보지 않았기 때문에 자신들의 옷이 불편하다는 사실조차 느끼지 못한다. 한복을 평소 즐겨 입거나 생활복으로 입고 다니는 사람에게는 불편하지 않을 수 있다. 그러나 거의 모든 한국 사람들에게 한복은 일상생활에 불편하고 어색하다는 것이 사실이다. 그렇지 않다면 평소 누가 한복을 입지 않겠는가? 실제로 한복 저고리의 넓은 소매는 멀리 있는 음식을 집을 적에 종종 가까이 있는 음식에 닿기도 한다.

문화란 것은 언제나 습합, 변질, 소멸하는 과정을 겪는다. 한복 역시 예외일 수 없다. 누가 일부러 무시해서가 아니라 저절로 일상에서 밀려나 사라져 가는 과정을 거치고 있는 중이다. 아쉽기는 하지만 시대의 흐름에서 밀려나는 것일 뿐 누가 일부러 없애려고 한대서 없어지는 것이 아니다. 억지로 입힌다고 입는 것 아니다. 한복이 평상복으로서의 기능을 상실한 지 오래되었다. 이미 특별한 날, 특별한 자리에서 입는 예복일 뿐이다. 한국인이 한복을 안 입는다고 섭섭해할 일이 아니다. 한복을 안 입는다고 해서 한복을 무시하는 건 아니다. 일상에서 밀려나 민속박물관으로 옮아간 유형·무형의 문화재들이 어디 한복뿐이던가.

한복 입었다고 모두 문화인이고, 애국자이고, 독립투사일 수는 없지 않은가? 한복전문가이니까 어디에서든 한복을 입어야 한다는 법도 없고, 한복전문가라서 한복 이외의 옷을 입을 수 없다는 것도 아니지 않은가? 한복이니까 무조건 보호받아야 하고, 한복을 입었으니까 특별한 대접을 받아야 하고, 한복을 입었으니까 차별하면 안 된다는 법은 없지 않은가? 경우에 따라 한복을 입도록 강요받을 때가 있듯이,

반대로 한복을 입지 말아야 할 때도 있는 법이다. 식당이나 연회장 모임에서 어울리지 않는 복장으로 눈총을 받거나 내쳐지는 경우가 있는데, 유독 한복만은 예외가 되어서는 안 된다는 말이다. 지나친 관심이 교육을 망치듯 한복에 대해 '당연한 우대'를 요구하는 것은 자칫 역효과를 부를 수 있음이다. 우리 옷이라 해서 '한복'을 우대해야 한다면, 상대적인 '양복'은 우리 옷이 아니고 아름답지도 못하고 소중하지도 않지만 어쩔 수 없이 외세에 의해 강제로 입고 다니는 옷으로 하대할 수밖에 없는 논리가 성립하게 된다.

아무튼 한복의 불편함이 초래한 에피소드 정도로 여기고 웃고 넘어갔으면 싶다. 그렇다 한들 이번 사건을 계기로 앞으로 그 호텔이나마 한복 입은 손님들이 많이 붐볐으면 좋겠다. 한복전문가와 애호가들의 분발을 기대해 본다. 그러나 이참에 한복 입고 고의로 그 호텔에 가보겠다는 소영웅 의원님들, 부디 국회에서나 제대로 품위 좀 지켜 한복 품격 떨어뜨리지 말고 국민들 열받게 하지 마시길 빈다. 한복에다 깽판 어거지 이미지를 덧씌운 게 누구인가? 인기 연예인들이 입어도 유행 타지 못하는 한복을 확인 사살할 일이 있나. 정치인들이 한복을 안 입어야 한복이 그나마 연명한다는 사실을 왜 모르는가?

게다가 신라호텔에 뷔페 식당이 있는 줄은 필자도 이번에야 알았다. 해서 조언하는데 이참에 뷔페 식당 없애고 정규 식당으로 바꾸길 바란다. 한국을 대표하든 안하든 세계 속의 호텔을 지향한다면 그에 맞게 품격을 높였으면 한다. 결혼예식업과 뷔페식은 다른 호텔에 넘기고 양보다 질, 당당함과 고품격으로 승부하길 바란다. 이젠 그런 호텔도 하나씩 생겨날 때가 되지 않았나?

참고로, 접시 들고 우르르 떼지어 몰리는 뷔페식은 영양보충식이다. 게다가 대부분의 한국 사람들이 뷔페에서 접시에 음식을 담는 모습을 보면 완전 노예 내지는 하층민 수준으로 서구인들에게는 거의 토할 것 같은 느낌을 준다. 자칫 인격을 짐승격으로 떨어뜨리는 식사법으로 결코 점잖은 손님 접대법이 못 된다. 아주 친한 사람들끼리나 가족 내 행사에 한해야 한다. 비즈니스 런천 혹은 디너라면 당연히 정격 레스토랑에서 웨이터로부터 인간 존엄성을 확인받는 테이블 식사여야 한다.

그러니 한복전문가라는 사람이 한복을 입고 뷔페 식당에 가는 것도 문제라면 문제다. 그건 한복에 대한 모독이라 할 수 있다. 한복만 중히 여겼지 한복의 품격은 챙길 줄 몰랐던 것이다. 그저 한복 만드는 기능공적 사고와 막무가내 애정이 빚어낸 해프닝이라 하겠다.

우리에게 정작 중요한 일은?

한복 소동으로 와자지껄하고 있는 터에 북한 인권 문제 좀 다뤄 보자는 법안은 국회에서 6년째 개밥에 도토리 모양 이리저리 굴러다니는 천덕꾸러기 신세다. 다루기는 껄끄럽고 버리자니 명분이 서지 않는다. 제 아쉬울 땐 "국민이…" 어쩌고 하면서, 빠져나갈 땐 "정치적으로 민감한…" 핑계대며 꼬리를 뺀다. 사실 당장의 북한 주민들에게 인권이란 단어는 사치일 수도 있다. 그런 법 만든다고 해서 당장 북한 주민들 구제할 수 있는 것도 아니다. 하지만 같은 동족으로서 관심을 보인다는 시늉이라도 해야 할 것 아닌가. 한 세기가 넘도록 굶주림에서 벗어나지 못하고 있는데, 남한에서는 기껏 특급호텔 뷔페에 한복 입고 들어가네 마네가 무슨 큰일이라도 되는 양 배부른 입씨름에 신명들이 났다. 독도 문제로 일본한테 뺨 맞고 재벌가 호텔에다 분풀이하는 꼴이다. 자신이 부자가 못 된 것이 삼성 때문인가? 개인의 불행은 모두 조직 탓이고, 사회 탓이고, 국가 탓인가? 해서 불문곡직하고 약자 편에 서는 것이 정의인가?

열흘 붉은 꽃 없다지만, 어차피 이 나라에선 대충 사흘이면 모든 게 흐지부지해져 버린다. 게다가 이 작은 나라에서 사흘이 멀다 하고 별

희귀한 소동들이 벌어진다. 없으면 심심할까봐 억지로 만들어 내듯 신기하게도 황당한 일들이 때맞춰 쏟아진다. 드라마에 중독된 것처럼 시민들도 이제는 거기에 길들여져 한 열흘쯤 조용히 지나면 좀이 쑤시고 무료하다 못해 우울증 내지는 정서불안 증세를 보인다. 바로 이때 재수 없게 걸리면 죗값의 수백 배를 넘기는 몰매를 맞게 되고, 재수 좋은 인간은 알맞게 다음 사건이 터져 주어 구렁이 담 넘어가듯 슬그머니 빠져나간다. 하니 사흘, 늦어도 열흘, 다음 사건 터질 때까지만 견디면 된다. 장자연 유서 위조 사건, 신정아 자서전 출판, 전 국세청장 귀국, 카이스트 학생·교수 자살 사건 등등 제법 그럴듯한 사건들이 이번에도 역시나 한복 한 벌에 모조리 관심권 밖으로 밀려나 버렸다.

학생들 성적 비관 자살이 어찌 카이스트뿐이던가? 다른 대학이나 고등학교·군부대 등에서 자살하는 청춘들이 줄을 잇고 있는데, 왜 유독 카이스트에서만 문제가 되는가? 유명하지 않은 지방대에서 그런 일이 생겼어도 그랬을까? 한국 제일 재벌 오너의 딸이 경영하는 호텔이 아니고, 그저 그런 호텔에서 일어난 일이었어도 이번처럼 유명 인사들이 돌멩이 던지고 나섰을까? 한국을 대표하는 유명한 곳에서 생긴 사건이니 한국을 대표하는 유명한 지식인(?)인 자신이 나서지 않을 수 없다는 것인가? 매스컴의 주목을 받을 수 있는 기회를 놓칠 수야 없지 않은가?

일본 쓰나미 성금 모금하듯 지난 월드컵 때 서해 바다 지키다 산화한 장병들, 연평 해전·천안함 피격·연평도 포격 등등에 희생당한 장병들과 그 유가족들, 그리고 부상자들을 위한 국민모금운동은 왜 못 벌였었는가? 민주·평등·인권·복지란 단어에는 거품 무는 사람들이 왜 북한 동포들의 인권에는 먼 산 보듯 하는가? 무엇이 시소한 일이고 무엇이 중요한 일인지, 무엇이 비겁한 일이고 무엇이 당당한 일인지 판단조차 서지 않는가?

한복이 우리 옷이어서 소중한 것은 사실이지만, 아름다운 것과 불편한 것은 다른 문제이다. 머리가 좋다고 반드시 우수한 인재일 수는 없다. 또 우수한 인재라고 해서 반드시 훌륭한 사람이 된다는 보장도 없다. 이상과 현실, 소중함과 보편성이 항상 조화롭기는 참 어려운 일이다. 맹목적 국수주의와 이를 선동 혹은 편승하여 자신의 유명세를 유지하려는 직업적 짝퉁 지식인들이 판을 치고 있다. 천리마 꼬리 잡고 천리를 달렸노라고 자랑하는 쇠파리들이다. 기실 그런 사람일수록 책임질 일에는 나서길 꺼린다. 막상 맡겨 주면 일을 망치는 사람들이다. 그게 말로 먹고 사는 말 많은 사람들의 특징이다. 안타깝지만 그게 세상이다. 먼 길 가다 보면 소도 보고 말도 보는 법. 사소한 일에 목숨 걸지 말자. 담대해야 생각의 폭을 넓힐 수 있다.

국가적 재난에 직면해 큰 문제에는 무관심하고, 아주 사소한 문제에 발끈하는 지극히 가벼운 문화가 넘쳐나고 있다.

천안함 격침과 46인의 희생자에 대한 관심은 진짜냐 가짜냐? 어뢰 잔해를 두고 마치 식당에서 나온 소고기가 진짜 한우냐 가짜 한우냐를 두고 시비하듯 하고 있으니 기가 차서 말이 안 나온다. 사소한 문제 꼬투리 잡기로 흘러 그야말로 배가 산으로 가고 있다. 무거운 주제를 회피하려는 객관식 사고가 팽배하고 있다. 월드컵, 개똥녀, 똥꾸빵꾸, 폭행녀…. 비스킷 부스러기에 개미 몰려들 듯 한없이 가벼운 문제에 올인한다. 당연히 진정성이 있을 리 없다. 매사에 냄비 끓듯, 감정과 생떼잡이로 몰아쳐대니 사회적 학습이나 건전한 담론 문화의 기회를 스트레스 푸는 걸로 날려 버리고 만다.

아니나 다를까! 며칠 후, 서태지·이지아 이혼 위자료 소송건으로 위 사건들도 모조리 쓰나미처럼 쓸려 나가 버렸다.

Tip 글로벌 망신, 아름답지만 위험한 한복?

박근혜 대통령의 영국 국빈 방문 마지막 행사인 런던시티 시장

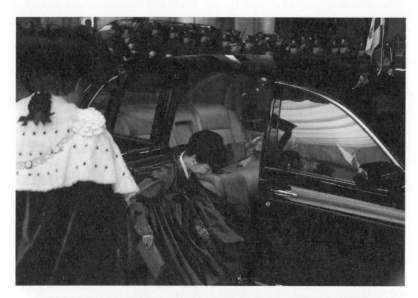

모나코 왕비의 승차 마무리 자세의 기본 모델 폼. ⓒ로이터

[左上] 한복은 위험한가? 영국 국빈 방문중 차에서 내리다가 넘어지는 박근혜 대통령. ⓒ연합뉴스

[左下] 박근혜 대통령의 평소 잘못된 하차 자세. 남녀 불문 대부분 한국인들의 승하차 자세가 이런 모양이다. 자동차를 만들고 사고팔 줄만 알았지 자동차 문화를 배우지 못한 탓이다. ⓒ뉴스1

하차 자세의 글로벌 모델 폼. 두 무릎을 모아 붙인 다음 몸통 전체를 90도 회전시킨 후. [인터넷 화면 캡처]

주최 만찬장 길드홀. 대통령이 탄 차량이 현관 앞으로 들어왔다. 한 국인에게도 생소한 파란색 한복 차림의 박대통령이 내리다가 그만 땅 바닥에 넘어지고 말았다. 청와대에서는 차량 문턱이 높았다느니 비가 와서 미끄러웠다느니 둘러댔지만, 실은 치맛자락을 밟아서 생긴 불 상사였다. "드라마틱 엔트리" "콰이어트 엑시트"라는 재치 있는 말로 분위기를 되돌려 행사를 마쳤다고는 하지만, 국가원수로서 있을 수 없는 실수고 망신이었다.

박대통령의 한복이 너무 길어서 넘어진 것일까? 그렇다면 바로 그 자리에서 한복보다 더 폭이 큰 파티용 드레스를 입은 영국 귀족여성들과 주영 주요 외교사절의 각 나라 부인들도 꽤 많이 하차하였을 텐데 그들은 왜 사고가 안 나는 것일까? 외국 배우에게는 드문 일이지만 한국 배우들이 왜 뉴스거리도 되지 않을 만큼 영화제나 시사회 등 레드카펫에서 잘 넘어지는가?

이는 박근혜 대통령 등 대다수 한국인 VIP 여성들의 승용차 하차 자세 자체가 처음부터 잘못된 데에 기인한다. 그리고 이에 대한 문제의식이 아예 없는 것이 더 큰 문제라 하겠다. 필자는 지난날 박대통령 미국 방문 전에 미리 발표한 칼럼(이 책의 첫번째 글. 당시 청와대 비서실장에게도 두어 차례 전달한 바 있다)을 통해 대통령의 잘못된 하차 자세를 지적하고 교정을 받고 나가야 한다고 했지만 도무지 받아들여지지 않더니 기어이 사고를 낸 것이다.

특히 여성의 경우 승용차를 타고 내리는 자세에서 본인의 에티켓 매너 수준이 다 드러난다. 그럼에도 한국에서는 이 기본적인 승하차 매너를 지키는 여성이 극히 드물다. 거기에다 평소 바지 차림으로 팔다리 다 벌리고 하차하기 때문에 반자동 쩍벌녀가 된다. 그러다가 어쩌다 긴 치마를 입으면 박대통령처럼 제대로 옷을 케어하지 못해 사고를 치는 것이다.

기본기는 이렇다. 하차시 두 다리를 모아 붙이고, 몸통 전체를 돌린 후 두 발 동시 착지, 몸을 펴 일어서면서 눈이 마주치는 사람에겐 반자동 방긋 스마일 눈인사 목례(目禮). 승차시는 정확히 그 반대 순서. 그러나 이를 지키는 한국 여성은 극히 드물다. 따로국밥식 다리 벌려 한 발 먼저 착지 방식은 엉거주춤 촌닭 자세 포즈 사진으로 우아해야 할 여성성에 치명적이며(치마가 짧은 경우, 속옷까지 노출되는 방송 사고도 가끔 초래), 또한 자빠지는 사고 가능성을 항상 내포하고 있다. 또 두 발을 착지한 다음 몸을 펴서 완전하게 세운 후, 어깨를 한 번 추슬 러 매무새를 단정하게 정리한 다음 똑바로 걸어 나가야 한다. 만약 그 렇게 두 발을 모은 자세에서 일어나게 되면 설령 치맛자락을 밟았다 하더라도 뒤로 넘어지기 때문에 도로 그 좌석에 앉게 된다.

이런 원리(에티켓)를 무시한 한국인들은 한 발을 땅에 딛자마자 성 급하게 다음 발을 앞으로 내딛는 바람에 한쪽 발에 체중이 다 쏠리는 상태에서 구부정한 자세로 뛰쳐나가듯 하니 몸 자세가 불안하거나 넘 어지는 것이다. (이날 박대통령이 탄 차량은 일반 자동차와는 달리 문이 좌석 바로 옆에 붙어 있지 않다. 따라서 그 상태에서는 좌석에 앉은 채로 착 지가 불가능하다. 분명 좌석을 앞으로 밀어내는 기능이 있었을 것이다. 그게 아니라면 의전 차량 선택을 잘못한 것이겠다. 이처럼 나라별·차량별로 문 의 위치가 다르면, 이 기본기 기조하에서 임기응변으로 대처해야 한다. 조 금이라도 불편하면 서슴지 말고 문을 열어 준 시종에게 손을 내밀어 부축 받아야 한다.) 아무렴 문이 옆에 달렸다고 해서 옆으로 내리지 말고, 몸을 돌려 밖으로 바로 보고 내려야 한다는 말이다. 이는 남자라 해도 마찬가지이다.

이로써 박대통령 후보 시절 퍼스트레이디 수업 운운이 사실은 허구 였고, 기본적인 에티켓도 갖추지 못한 그냥 어글리 코리언 중의 한 사 람이었음을 증명한 셈이다. 그것도 국제사회에 해외 토픽 뉴스로. 매 사에 절차를 무시하고 대충대충 조급하게 목적만 달성하려고 대드는 한국인의 심성, 그리고 저품격을 고스란히 대변해 준 사건이었다.

하나를 보면 열을 안다고 했다. 한국인에겐 한낱 사소한 실수로 보 일는지 모르지만, 눈 밝은 선진문명권 중상류층이라면 그 한 가지만 보고서도 박대통령의 내공은 물론 한국인 전체, 대한민국의 정치·경 제·군사, 상품의 질, 장래까지 미루어 짐작해 낸다. 하여 비즈니스라 면 파트너십을 어느 수준으로 유지해야 할지 판단하는 객관적 체크

포인트로 삼는다. 이런 게 진짜 국가 브랜드이고, 국가 이미지이다. 아무려나 대통령을 보좌하는 사람들 중 이런 기본적인 매너 정도도 케어할만한 인물이 없다는 사실이 도무지 믿기지가 않을뿐더러 분노까지 치밀어오른다. 국가기관의 파티든 비즈니스 파티든 단순히 즐기고 노는 곳이 아니다. 죽느냐 사느냐, 내공을 겨루는 전쟁터다.

어쨌든 이번 일로 한복은 불편하고, 때로는 위험할 수도 있음을 만천하에 알린 꼴이 되고 말았다. 동시에 아무리 아름답고 귀한 명품이라 해도 제대로 품격을 갖춘 사람이라야 그 가치를 빛낼 수 있음을 확인한 사건이었다. 이 기회에 한국 여성들은 기존의 악습을 반드시 고쳐야 한다.

Tip 반바지는 미성숙 인격체, 즉 아동임의 표식

서울시의 쿨비즈 홍보 패션쇼. 상의·하의·양말·신발 모두 제각각. 박원순 시장의 상의는 바지춤 안으로 집어넣어야 하는 속옷형 셔츠다. ⓒ이데일리

얼마 전 한국의 아무개 작가가 자신이 존경해 마지않는다는 그리스의 위대한 문호 니코스 카잔차키스의 무덤을 성지순례하듯 찾아가 꽃을 바치는 영상을 보고 헛웃음이 나온 적이 있다. 그의 차림새가 반바지였기 때문이다. 그 케이블 TV ONT채널 화면에서 다른 나라 성인 남자들은 긴 바지 차림이었는데 그들이 이 작가를 보고, 이 작가의 행동거지를 찍어대는 ONT채널 촬영팀들을 보고 무슨 생각을 하였을까? 매너 없는 자유인?

그런가 하면 서울시는 여름이면

시청 직원들로 하여금 반바지 차림으로 근무하도록 권장하고 있다. 이른바 '쿨비즈'로 대기업들까지 전력 수요를 줄인다며 줄줄이 동참하고 있다. 하지만 부서나 직무에 관계 없이 무작정 반팔·반바지 차림은 분명 난센스다.

한국인들은 이 반바지에 대한 개념이 명확치 않다. 하여 여름이면 아파트 엘리베이터나 지하철 같은 곳에서 반바지를 입은 성인들을 쉽게 볼 수 있다. 시커먼 다리털을 그대로 드러내 놓고 여승객 사이에 앉아 있는 모습은 짐승격으로 영 민망스럽기 짝이 없다.

2014년 작고한 남아공의 넬슨 만델라는, 그가 감옥에 있을 동안 가장 모멸스러웠던 건 반바지를 입도록 강요당한 일이었다고 회고한 바 있다.

서구사회에서 반바지는 미성년, 즉 성인의 보호가 필요한 어린이나 학생들임을 명시적으로 나타내기 위한 것이라는 분명한 인식을 가지고 있다. 물론 성인이라 해도 피서지나 자신의 집 안에서 반바지를 입는 것에 대해서는 누가 뭐라 하지 않는다. 그러나 그밖의 공공 장소에서는 절대 금물이다. 굳이 반바지를 입겠다면 반드시 목이 긴 양말로 맨살과 털을 가리는 것이 예의다. 영화에 나오는 중동이나 아프리카에 근무하는 영국군처럼 말이다. 어린이라 해도 그렇게 하는 것이 정격이다.

따라서 아무리 날씨가 덥더라도 비즈니스 무대에선 반팔 티셔츠나 반팔 와이셔츠 및 반바지 차림은 금물이다. 또 미성년이라 해도 공식적인 자리에

반바지 차림 정격 모델 폼. 목이 긴 양말로 종아리를 가려야 한다. [인터넷 화면 캡처]

미 백악관 기자회견장에서 연설하는 어린이들. 눈높이 스피치 위한 받침대 배려. 드레스에 재킷, 의상과 구두 컬러 앙상블로 품격을 유지하였다. ⓒ백악관

비싸면 정장? 인도 국빈 방문시 이명박 대통령을 따라간 큰딸과 외손녀의 완전 어글리 코리언 복장 상태. 김윤옥 여사의 뉴델리 산스크리티 학교 방문 공식 일정중. ⓒ청와대

나갈 땐 반드시 성인에 준하는 정장을 갖춰 입혀야 한다. 공식적인 자리, 즉 공공 영역이란 성숙된 사회적 인격체들만의 자리이기 때문이다. 열대 지방에서도 공식적인 행사에는 항상 정장 차림이어야 한다.

언제나 그렇듯 한국은 물격보다 인격, 하드웨어보다 소프트웨어가 문제다. 국제도시 서울! 디자인 서울! 도시 설계만으로 명품도시가 만들어지는 것 아니다. 중요한 건 품격! 공무원 한 사람 한 사람, 시민 한 사람 한 사람의 품격이 곧 그 도시의 품격이다.

냉방비 절약도 필요하지만, 6백년 수도 서울의 품격을 지키는 게 더 중요한 일이다.

59

우울한 한국인의 세기말적 자화상, 깻잎머리

한국 삐딱이들의 앞머리 기르기 | 유명 인사들의 앞머리로 이마 가리기 | 깻잎머리는 거세된 남성성의 상징, 불운의 징조 | 히틀러, 케네디, 다이애나 | 유럽에서 깻잎머리는 요괴의 상징으로 밥 한 끼 얻어먹기 힘들어 | 성장이 두려운 한국 젊은이들의 깻잎머리 따라 하기 | 깻잎머리들과는 가까이만 해도 재수 없어!

2011년 8월 24일, 무상급식을 둘러싼 보수·진보 간의 한판 싸움은 진보의 기권승으로 결말이 났다. 그런데도 서로간의 손익계산이 복잡하기만 했다. 지고도 이겼다 하고, 이기고도 이긴 것이 아니라는 둥 생뚱맞은 소리들만 해댔다. 어차피 한국 정치는 자기가 잘하는 것보다 상대의 실수가 곧 기회. 아니나 다를까, 선거가 끝나자마자 사태의 주인공인 곽노현 교육감이 제풀에 고꾸라져 버렸다.

거세된 남성성의 표현, 깻잎머리

요즘 들어 유난스레 한국의 TV 드라마에 나오는 남자 주인공들의 앞머리로 이마 가리기가 유행하고 있다. 거의 예외 없이 긴 앞머리로 이마와 한쪽 눈을 가린 채 연기를 하고 있다. 예전에는 떳떳치 못한 출생으로 인해 반항적인 삐딱이를 연출하기 위한 이마 가리기였으나, 지금은 남자 배우는 물론 일부 가수와 개그맨들까지 비슷한 유행을 따르고 있다.

드라마에서 부정적이고 반항적인 배역에서는 앞머리로 눈을 가린 캐릭터가 어울리지만, 리더나 최고책임자로서의 배역에는 어쩐지 어울리지 않는다는 감을 절로 느낄 것이다. 관상학적으로 배역과 그 역할이 맞지 않기 때문이다. 대개 인기를 끄는 드라마나 영화는 그 배우들이 맡은 역할이 그와 관상학적으로 잘 맞아떨어질 때이다.

사람마다 앞머리로 얼굴을 가리거나 추어올려 다양한 멋을 내는데, 그 모양새를 살펴보면 그 사람의 성격과 운(運)을 짐작할 수 있다. 흔히 불황일수록 여성들의 치맛자락이 올라간다고들 한다. 인상학(관상학)적으로 볼 때 이런 얼굴 가리기는 매우 불길하고 부정적인 징조로 본다. 그런 만큼 현재 한국사회가 우울하고 전망이 밝지 못하다는 방증이라 하겠다. 이런 일이 사회 전반으로 유행하기 때문에 문화심리학적으로 살펴볼 필요가 있다.

과거 3공 유신시대에는 히피 스타일 장발이 유행하였고, 국가에서는 이를 암울한 폐습으로 여겨 물리적으로 막았었다. 그후 한국 경제가 번성하고 민주화되면서 장발은 저절로 없어졌다. 당시의 장발과 지금의 얼굴 가리기는 그 성격면에서 약간의 차이를 보인다. 장발은 자유에 대한 갈망, 체제에 대한 반발에서 세대를 가리지 않은 유행이었지만, 지금의 얼굴 가리기, 특히 청년들의 앞이마 가리기는 불확실성이 팽배한 이 시대상의 반영이라 하겠다.

먼저 앞머리를 길러 이마를 가리는 것은 자기 것을 숨기고 싶다는 자폐적 성향을 보이는 행태이다. 차별이나 구박 등 개인적인 불안이나 피해 의식으로 당당하게 나서기보다는 뒤로 숨어들고 싶어한다. 음모적이고 배반적인 본심을 감추려는 경향도 있다. 가족이나 자신이 속한 공동체에 적응하지 못하고 구석으로 도피하려는 심리 상태를 나타낸다. 대체로 앞머리 전체를 길게 늘어뜨려 양쪽 눈을 다 가리려 한다. 이들은 모자를 쓰고서도 앞쪽 챙을 푹 내려 자신의 눈을 깊숙이 감춘다.

다음은 기성세대에 대한 반항, 체제에 대한 불만을 표현하고 있다. 해서 이들은 항상 세상을 비판적이고 부정적으로 보는 성향을 가진다. 반항적이고 배타적이어서 대개 독선적인 행보를 보인다. 이들은

불길함의 상징 깻잎머리! 암울한 미래를 예감케 한다. 글로벌 사회에선 식사는 고사하고 함께 사진 찍는 것조차 끔찍한 일로 여긴다. 입꽉다물기와 함께 닫힌 세계관을 가진 사람들의 전형적인 특징이다.

성격이 까칠하고 편협하여 자만심이 가득하기 때문에 전체 구성원들과 화합하지 못하고 항상 소수적 인간관계를 선호한다. 대개 삐딱이 훈수꾼의 삶을 즐기는 이들은 한쪽 이마와 한쪽 눈을 가린다. 보고 듣는 것의 반만 받아들이겠다는 편협함을 드러내는 것이다. 다 보고 싶은 것만 본다. 당연히 의심이 많고, 상대를 전적으로 신뢰하질 않으며 독선적이다. 깻잎머리의 원조인 히틀러를 떠올려보라. 세상을 선악의 이분법으로 보는 깻잎 삐딱머리들의 공통점은 언제나 자기가 선이기 때문에 상대는 모두 악이고, 적으로 본다는 것이다. 국민을 논리적으로 설명·설득하기보다는 비판적 선동으로 권력을 잡으려 든다. 해서 순결주의·원리주의·교조주의 독재자가 탄생하는 것이다.

작금의 한국 깻잎머리 유행의 가장 현실적인 원인은 자신감 상실이다. 특히 지금의 젊은 세대가 주눅들어 가고 있으며, 궁색함에 빠져 있다는 상태의 방증이다. 청년 실업이 날로 증가하고 있어 이들의 앞날이 결코 밝지 않음에 대한 절망의 표시이기도 한 것이다. 답답한 현실을 인정하긴 싫지만, 그렇다고 스스로 이를 타개할 용기와 배짱이 없기 때문에 성장을 멈추고 싶은 심리를 나타낸다. 자신감 결여를 앞머리로 감추고 싶은 것이다. 선글라스 혹은 가면 효과를 가져다 주기 때문이다.

앞머리로 이마 가리기는 거세된 남성성의 상징이다.

애완용 수캉아지처럼 남성의 폭력성을 제거하여 중성화 내지는 여성화시킨 것이다. 이미 많은 젊은이들이 도전 정신 상실, 책임감 결여, 보호자가 아니라 피보호자로서의 동정받고자 하는 나약함을 드러내고 있다. 남녀를 불문하고 작은 얼굴로 어리고 귀엽게 보여 간택받고 싶어하는 소심함이 자리하고 있다. 이들은 대개 귀와 볼까지 덮고 양눈썹까지 가리되 겁먹은 두 눈은 오히려 더 반짝거린다. 성장이 두려운 게다. 날기가 두려워 번데기 속에 안주해 계속 비비적대고자 하는 게다.

한국 삐딱이들의 앞머리 기르기

연예인뿐만이 아니라 한국의 정치인과 지식인들 중에도 앞이마를 가리는 사람이 많다. 요즘 뜨는 대표적인 깻잎머리 인물이 바로 한국의 젊은이들에게 희망인지 절망인지 모를 애매한 바이러스를 전파하고 있는 안철수다. 그외에도 손석희·곽노현·유시민·조국·이석기·이정희·김재연 등 몇몇 유명 인사들이 이마를 가리거나 기울이고 있다. 재미있게도 TV 토론에 나오는 인사들 중 사회자의 왼쪽에 앉은 진보좌파적 논객 중에 이런 머리를 한 사람이 많다. 대체로 비판적인 성향의 지식인들이 앞머리를 길러 심리적 엄폐물로 이용한다. 안전한 벙커(대학) 속에서 바깥을 감시하는 감시병처럼.

하지만 사회는 결코 무조건 자비롭지 않다. 사람은 위치가 바뀌면 이에 맞는 품격을 갖추는 것이 순리를 따르는 일이다. 이마를 가리고 출마하는 사람을 보면 쓴웃음이 나온다. 제 얼굴 하나 바르게 디자인할 줄 모르는 인간이 무슨 조직을 관리하고 나라를 다스리겠다고? 대통령은 고사하고 절대 조직의 리더로서 책임지는 자리에 오르지 못한다. 이 사람들은 수하에 많은 사람을 못 거느리는 공통점이 있다. 남을 칭찬하고 인정해 주는 데 인색하기 때문이다. 게다가 지나치게 비판적인 사람을 막상 수장으로 세우고 따르기엔 불안한 것이 사람들의 심리이다. 보통의 사람들은 전문 훈수꾼과 삐딱이의 말에 재미있어는 하지만, 결코 자신이 그렇게 되고 싶어하진 않는다. 오히려 그들의 공격을 받는 쪽에 서고 싶은 게 인간의 솔직한 욕심일 것이다. 인기와 리더십은 별개이다.

대수롭지 않은 깻잎머리 하나지만 포용력이 부족하여 남들과 화합하기 쉽지 않은 아웃사이더로 오해받기 십상이다. 이들은 상대를 정면으로 바라보지 않고, 항상 고개를 삐딱하게 뒤로 젖혀 턱을 내밀며 시선을 아래로 깔아 비스듬히 쳐다본다. 상대를 아주 기분 나쁘게 하여 주는 것 없이 미운 상을 하고 있다. 이런 답답하고 짜증나게 하는 얼굴로는 절대 좋은 직장은 물론 능력 있고 당당한 배우자 못 만난다. 어쩌다 최고직에 오르더라도 그 머리 모양을 바꾸지 않으면 그 자리 오래 지키지 못한다. 결국 전복위화(轉福爲禍)가 되고 만다. 해외 선진국에서라면 이런 인간들은 절대 점잖은 집에 초청받아 저녁 한 끼 못 얻어먹는다. 당연히 어느 사교 클럽에도 초청받지 못하고 왕따당한다. 인생 포기한 히피족이나 요괴를 떠올리기 때문에 밥맛 떨어지고 재수 없어 한다. 글로벌 매너에선 빵점으로 밖에 나가면 아예 사람 대접 기대하지 말아야 한다. 이런 인간과는 악수하거나 같이 사진 찍는 것조차 꺼린다.

이마는 잘생겼든 못생겼든 당당하게 드러내는 것이 좋다. 지난 대선 후보였던 문재인은 이마를 가리지 않았을뿐더러 염색도 하지 않았다. 당당하고 관록 있고 솔직해 보인다. 만약 검게 염색만 하였어도 그 절반의 표조차 얻기 어려웠을 것이다. 앞머리까지 내렸다면 아마도 우리 국민 누구도 그를 기억하지 못했을 것이다. 문제는 그가 재수 없는 깻잎머리들과 포옹했다는 데 있다. 그런가 하면 앞이마를 훤히 드러내어 출세한 사람도 많다. 자신감의 표현이다. 출세욕과 과시욕이 강한 사람일수록 앞머리를 최대한 높이 세우려 한다. 인간의 본능이 그렇다. 그러나 지나치게 앞머리를 기르다가 추어올리지 못하고 오히려 늘어져 이마를 가리는 것은 좋지 않은 징조이다. 후보자 매수 사건으로 엎어진 곽노현 전 서울시교육감, 주제도 모르고 금배지 달았던 이석기 의원이 그 대표적인 예가 되겠다.

또 앞머리를 들어올려 이마를 드러내고 자신감을 보이는 건 좋지만, 지나치게 세워 그늘지게 하거나 처져서 이마를 덮게 되는 것도 좋지 않다. 오세훈 전 서울시장과 케네디 전 미국 대통령이 그러한 예이다. 역시 시원하게 빗어올린 앞머리로 한 시대를 풍미했던 미국 로큰롤의 황제 엘비스 프레슬리도 나중에 머리를 길러 얼굴을 뒤집어씌우더니 그만 가버렸다. 마이클 잭슨 역시 비슷한 경우겠다. 여성이라 해서 예외는 아니다. 지난 일이지만 만약 영국의 고(故) 다이애나 왕세자비가 깻잎머리를 하지 않고 자신의 며느리가 된 미들턴처럼 이마를 훤히 드러냈더라면 그녀의 운명은 사뭇 달랐을 것이다.

얼굴 성형은 물론 걸음걸이, 말하는 모양, 눈동자의 움직임, 옷매무시 하나에서도 사람의 운명이 바뀔 수 있다. 그렇게 가꾸면 그렇게 보이고 그렇게 행동하기 마련, 결국 그렇게 운(運)이 만들어진다. 귀한 상을 지녔다고 무조건 훌륭한 사람이 되는 것은 아니다. 타고난 좋은 인상과 뛰어난 자질을 갖추었음에도 불구하고 대수롭지 않은 고집이나 습관 하나 때문에 운명이 제대로 풀리지 않는 경우가 허다하다. 기업이나 사회나 국가도 마찬가지이다.

음울한 세기말적 현상

전체적으로 이런 이마 가리기는 부정적으로 보일뿐더러 뭔가를 감추는 듯한 인상을 주기 때문에 상대방에게 신뢰를 주지 못한다. 해서 굳이 관상학을 들먹이지 않더라도 그들의 운은 더 이상 나아지지 않는다. 대체로 이런 모양새로 주연을 맡은 배우들은 이후 그다지 주목받지 못해 크게 대성한 경우가 거의 없다. 당연히 그 드라마도 큰 성공을 못 거둔다. 어느 정도의 위치에 이르면 더 이상 오르지 못하고 계속해서 옆으로 게걸음질만 치거나, 사고를 쳐서 제풀에 고꾸라진다.

사기꾼도 이마를 가리지 않는다.

굳이 가수나 탤런트가 아니더라도 애써 얼굴을 가려 젊어 보이게 하여 젊은 세대들의 인기에 연연하다 보면, 어느 순간 자신의 지적 성장은 물론 사회적 성장까지 멈춘다는 사실을 정작 본인들은 깨닫지 못한다. 요즘 많은 젊은 대학생들이 별생각 없이 이 유행을 따르고 있어 그들의 장래가 심히 염려스럽다. 이마를 가려 얼굴을 작게 하면 우선은 귀엽게 보인다. 그런데 이는 그만큼 가볍게 보일 수밖에 없다. 결국 만만하게 보여 스스로 자기 존엄, 무게감을 떨어뜨리게 된다. 리더가 되기를 포기한 자다. 깻잎머리 사진을 붙인 취업 이력서라면 1백 장을 보내도 면접 기회 안 온다. 소통이 안 되고, 신뢰가 가지 않기 때문이다. 깻잎머리는 '전 미래가 없는 놈입니다!' 혹은 '전 아직 준비가 덜된 놈입니다!'라는 암시적 표현이기 때문이다.

앞머리는 그 사람이 올라갈 수 있는 최고 운(運)의 높이를 결정한다. 앞머리로 얼굴을 가리는 것은 그만큼의 자신의 운을 포기하는 것이다. 멋낸다고 이마 선을 내리거나 기울이는 것은 제 스스로 운을 깎아내리는 어리석은 짓이다. 자신의 능력(욕심)만큼 대접을 못 받고 있다는 항변이자 체념에 대한 불만의 무의식적인 표현이기도 하다. 이런 사람이 만약 앞머리를 걷어올려 이마를 훤히 드러내면 매사가 잘 풀리는가 하면, 예기치 않은 행운을 거머쥐기도 한다. 거울 효과 때문에 수동적이고 부정적인 성격도 차츰 능동적이고 긍정적으로 변하게 된다. 위에 언급한 사람 중에는 만약 지금이라도 이마의 머리를 걷어올린다면 학장·총장·청장·장관·총리까지 능히 올라갈 인상과 자질을 가진 이들도 있다.

이런 이마 가리기 유행의 시작은 음울한 일본 만화 주인공인데, 그걸 한국 드라마가 베끼고 있는 것이다. 세기말쯤에나 나타나야 제격인데 요망하게도 뒤늦게 한국에서 유행하고 있다. 이로 보건대 한국이 앞으로 빠르게 암울한 일본을 뒤따를 것이다. 어쩌면 일본보다 더 빨리 국가가 노쇠해질 것 같은 예감이 든다. 어쨌거나 부동산 투기, 과외 열풍에 이어 이 앞이마 가리기도 한류 바람을 타고 전 세계로 퍼져 나갈 것인지 두고 볼 일이다.

조선조말 개혁은 단발령(斷髮令)으로 시작했고, 새마을운동은 지붕 개량과 장발 단속에서부터 시작되었다. 이제 선진사회로 발돋움하려면 깻잎머리부터 걷어내야 한다.

60 글로벌 비즈니스 무대에서 한상(韓商)들의 수준은?

한상(韓商)들의 글로벌 매너 수준 | 한상들과 그 2세들, 왜 현지 주류사회 편입이 불가능한가? | 서양인들조차 익숙한 중국요리 하나 제대로 주문 못하는 한상들, 글로벌 정규 리그 자리에 단 한번도 접근해 본 적이 없다는 사실을 웅변 | 화상(華商)과 비교하기엔 너무도 부끄러운 한상(韓商)! | 글로벌 비즈니스 세계에서 테이블 매너는 가장 치열한 경쟁 도구 | 오발탄 효자동 기름떡볶이와 화해의 메시지 산시성 방방면

박근혜 정부가 들어서자 해외 한상(韓商)들의 국내 출입이 더욱 잦아졌다. 지난 대선 때부터 해외 교민들에게 투표권을 주었기 때문일 테다. 국내에 살지도 않을뿐더러 세금 한푼 내지 않는 그들에게 참정권이라니? 표에 눈먼 이 나라 정치인들이 그때그때 즉흥적으로 법을 제멋대로 주무르는 바람에 생겨난 황당법으로 탁상행정·전시행정의 표본이라 하겠다.

성급한 일반화로 한상 모두를 폄하한다는 우려가 있을 테지만 해외 교민사회에서 벌어지는 한인회장 감투싸움은 익히 소문난 터라 새로울 것도 없겠고, 참정권 부여를 기화로 한인회 감투싸움이 과거보다 더 치열해질 것은 불문가지겠다. 사실 그들은 이 땅에서 살기 싫다고 나간 사람들이다. 그들 중에는 사고나 부도를 내고 도망간 사람도 꽤 있을 것이다. 그런 사람일수록 신분 세탁을 위해 한인회장이라는 감투 하나 쓰려고 기를 쓸 것이다. 그들에게서 무슨 진심어린 애국심을 바라겠는가? 그저 이번 기회에 지속 가능한 신분 상승 탄력에 박차를 가하고자 몰려온 것일 게다.

한상(韓商)들의 글로벌 매너 수준

식사 장면만 봐도 그 사람의 글로벌 내공 수준이 다 드러난다고 누차 말했었다. 대부분의 한국인들은 어지간히 글로벌 무대 실전 경험을 쌓은 사람이라 해도 이 식탁에서 제대로 살아남는 경우가 극소수인 게 현실이다. 해서 웬만하면 중요 비즈니스 카운터파트와는 유명 레스토랑에서의 식사를 피할 것을 권한다. 자칫 복구할 수 없는 사고를 칠 가능성이 매우 크기 때문이다.

이번에 한국에 온 한상들의 식사 매너를 두어 차례 관찰해 본 결과 딱하기 짝이 없어 불쌍한 생각까지 들 정도였다. 그동안 그곳에서 현지인 중상층의 눈으로 볼 때 얼마나 개판치고 사람 대접 못 받고 살아왔는지가 여실히 드러나 보였기 때문이다. 그러고도 도무지 부끄러워하는 기색 하나 엿보이지 않았다. 말이 좋아 '한상(韓商)'이지 전인적인 그릇됨은 그저 살아남기 위해 몸부림치다 개천에서 용 나는 성공을 거두었거나, 한국의 성장 덕분에 한국 상품 떼어다 파는 소매상 마인드 정도밖에 안 되는 수준임에 틀림없겠다. 그 정도로는 글로벌 무대 본선 진출은 고사하고 1부 리그에서조차 컷오프당할 것은 불문가지겠다. 나름대로 웬만큼 성공을 거둔 극히 일부의 한상들이야 그렇다 치더라도 다음 세대는 그 부모들과 달리 제대로 글로벌 본선무대에 나가야 할 텐데, 한국 한상대회에 온 부모 세대의 글로벌 수준을 보니 도무지 난망해 보인다.

글로벌 매너의 기본기 부재는 물론 '요리들로 전하는 마음 중심 메시지 전달 소통 대화법'에 대한 개념 자체가 없어 보이는 한상들. 글로벌 무대에선 상대방을 서류상으로, 또 오피스 회의실 대담에서 뿐만 아니라 반드시 비즈니스 식사자리라는 창(윈도우)을 통해서 상대방의 비즈니스 역량과 규모 큰 사안의 감당 능력을 더블 체크, 트리플 체크한다는 사실조차 전혀 모르고 살아왔음이 분명해 보였다. 이는 곧 그들이 글로벌 정규 리그 자리에 단 한번도 접근해 본 적이 없다는 사실을 웅변해 주고 있는 게다. 글로벌 비즈니스 세계에서 화상(華商)

과는 천양지차로 '한상(韓商)'이란 존재가 왜 그토록 미미한지 짐작하고도 남겠다.

범세계적 기본 메뉴인 중국요리 하나 주문 못하는 한상들

2013년 봄, 서울 워커힐에서 대통령까지 초청되어 축사를 한 바 있는 '2013 세계한인회장대회'의 어느 소모임 한상(韓商)들의 식사 장면을 통해 그들의 글로벌 매너 수준을 가늠해 보자. 더불어 이참에 전 세계 어디서나 쉬이 갈 수 있는 중국식당에서의 기본적인 메뉴 주문에 대해 공부해 보도록 하자.

이번 식사의 호스트는 해외에서 수십 년 동안 활동했고, 또 사업적으로도 나름 성공을 거둔 것은 물론 현재 한상단체 주요 요직에 있는 분이었지만, 손님을 제대로 케어하는 모습을 보이진 못했다. 첫 실수는 요리 메뉴 주문이었다. 글로벌 사회에서 메뉴(음식, 와인) 선정은 음식을 사는 사람, 즉 돈을 내는 사람의 고유한 권한이자 의무다. 때로는 그 식당을 추천한 사람이 고를 수도 있다. 한데 그들은 식당에 몰려와서야 이 사람 저 사람 의견대로 주문을 받느라고 야단법석을 피웠다. 완전 한국판이었다. 과연 저 사람들이 글로벌 물을 먹었는지 눈을 의심케 할 정도였다. 세계적으로 그렇게 흔하고 쉬운 중국요리 하나 제대로 주문할 줄 모르면서 무슨 한인회 회장이니 한상이니 하는지 참으로 어이없는 광경이었다.

참고로, 거의 대부분의 한국인들은 해외 비즈니스 파트너를 대접한답시고 자신도 가보지 못한 유명 식당으로 데려가는데, 이는 손님에 대한 큰 무례다. 따라서 그 음식점에 대해 잘 모르면 사전에 답사해서 메뉴 전체, 접시 분량(몇 인분)을 반드시 체크해야 한다. 직접 못 가면 팩스로 견적을 보내 달래서 협의해야 한다. "자기도 잘 모르는 식당에 날 데려오다니!" 그런 사전 노력 없이 현장에서 우왕좌왕하는 것은 손님에 대한 모독이다. 밥값만 내면 된다는 나이브한 생각으로는 기껏 돈 쓰고 욕먹는 어리석음만 자초할 뿐이다. 해서 가능하면 자신이 평소 잘 아는 레스토랑으로 정하는 것이 가장 좋다. 호스트가 그 식당 종업원들을 얼마나 잘 매니지먼트하고, 또 존경받고 있는지가 비즈니스 카운터파트에겐 매우 중요한 체크 사항이기 때문이다.

서양인들조차 익숙한 중국요리 하나 제대로 주문하지 못하고, 결과적으로 몇몇 요리와 또 다른 손님들의 요구에 따른 요리 몇 종을 추가로 주문. 아무튼 그런 식으로 간신히 주문을 마친 한상들. 그런데 식사 주문 전에 착석 리셉션용 티가 빠지는 바람에 요리가 나올 때까지 맨입으로 떠들어야 했다.

실제 돈을 내는 호스트의 메뉴 기획에 대한 지식 태부족

호스트라면 메뉴 구성에서 손님(들)에 대한 자신의 메시지를 표현해 낼 줄 알아야 한다. 먼저 특선으로 생선요리(도미요리 정도)를 정한다. 생선 없는 중국요리를 주문한다는 건 손님을 졸(卒)로 보는 것이다. 다음, 식사중에는 차를 마시지 않으므로 수프(탕) 없는 중국요리는 생각할 수 없다. 한국 내 대부분의 중국식당은 이 탕요리가 없거나, 있다 해도 형편없다. 이 경우에는 반드시 미리 식당측과 협의해서 사전 오더해야 한다.

그리고 중국요리에서 애피타이저로 냉채가 빠지면 안 된다. 냉채는 중국요리의 시각적 꽃이라 해도 된다. 곧 더운 요리에 들어가기 때문에 도입부에서 찬 음식으로 식욕을 촉진시키는 효과가 있고, 또 무엇보다 첫 요리는 파티 분위기를 돋우어야 하기 때문에 냉채가 빠질 수 없다. 해서 애피타이저로 냉채, 중간 음식으로 돼지고기 및 조류, 특선요리로 생선, 다음으로 탕, 마지막으로 입가심용 밥 또는 면류, 그리고 디저트순으로 주문한다. 게다가 술이 빠지면 안 된다. 아무리 오찬이라 해도 술은 기본이다. 중국식당이라 해도 여성들에게 독한 고량주는 실례! 샴페인이나 화이트 와인을 주문해야 한다.

그렇게 요리가 차례대로 나오고, 식사가 끝날 무렵엔 식당측에 특별히 부탁해서 마련된 짙은 공부차(工夫茶)를 마신다. 이 공부차는 매우 쓴 발효차로서 조금만 마셔도 다량의 침이 분비되기 때문에 소화제용으로 마신다. 조주(潮州)식 식당에서는 빠지지 않는다. 서양의 정규 디너에서 마지막으로 마시는 브랜디와 같은 효과를 낸다. 손님들의 소화 촉진까지 챙기는 것이 글로벌 매너 센스다. 요리에서 주도면밀함을 내보이지 못하면 글로벌 비즈니스 본무대에 결코 오르지 못한다.

그동안 장기간 해외에서 살았다면, 국내 해외 관련기관에서의 장기간 실무 경력이 있었다면 위 정도의 기본적인 식탁 호스트 능력과 매너는 당연히 익혀 몸에 배었어야 했음에도 불구하고 그 누구도 이 형편없는 오찬에 대해 아무런 불만도 없어 보였다. 한상들이 그동안 어떻게 살아왔는지, 그들의 시야와 시각이 얼마나 수준 낮고 좁은지를 한눈에 보여주는 오찬이었다.

어느 한상 관련단체의 창립총회 부대 행사 오찬 장면

또 그 직전에 여의도 국회의원회관에선 어느 한상 관련단체의 창립총회가 열렸다. 식을 마친 후 옆의 식당에서 오찬이 있었는데, 역시나 어글리 코리언 그대로였다. 김치전과 삼겹살 쌈이 나왔는데, 모두들 김치전엔 손도 대지 않고 곧장 삼겹살로 직행했다. 적어도 글로벌 무대에서 놀아 봤으면 습관적으로 김치전부터 집어들게 되어 있다. 왜냐하면 그게 애피타이저에 해당하기 때문이다. 게다가 샴페인도 없이 보리차로 식전 건배를 하는 어이없는 광경이 벌어졌다. 참석자의 대다수가 여성이기 때문에 당연히 스파클링 와인(샴페인)을 준비하였어야 했다.

참고로, 여성들은 이런 자리에서 고기요리라고 하여 무조건 공식처럼 레드 와인을 곁들이면 술꾼 취급받는다. 마지막으로 과일 디저트가 나왔지만 절반 이상이 그 전에 자리를 떠버렸다. 일례로 배낭 여행 간 한국인들이나 LPGA에서 활동하는 한국 여성들이 식사 후 이 디저트를 기다리지 못하고 나가 버리기 일쑤다. 식사의 시작과 끝도 모르는 무례함으로 식당을 모독하는 바람에 '한국인 출입 금지'를 써붙여 놓는 일이 일어나는 것이다.

당연히 식사 뒷자리가 지저분하기 짝이 없어 구역질이 날 정도였다. 게다가 고작 회장 한 사람을 빼놓고는 제대로 정장 차림을 한 여성이 없고, 유색 귀걸이와 목걸이도 중구난방이었다. 한국의 여느 식당 풍경과 하나도 다르지 않고 모조리 구부정 짐승 자세다. 그들이 평소에 얼마나 막살아 왔는지를 여실히 보여주었다. 이 정도로는 서양에 사는 중국인들조차 한상들과 함께 밥먹기를 기피했을 것이다. 그러니 그들과 무슨 큰 비즈니스를 도모하였겠는가. 고작 잘나가는 한국의 성장 떡고물 좀 얻어먹고 성공했답시고 으스대는 것이겠다.

IMF 위기 때, 한국에 진출해 있던 외국기업 한국인 CEO들의 이기적이고 악질적인 처신에 대해 일반 국민들은 잘 알지 못한다. 그러다 한국 경제가 회복되기 시작하자 그들이 그 혜택을 가장 많이 누렸다. 그러고는 자신들이 마치 한국 경제의 구세주였던 것처럼 행세했었다. 한상들 역시 마찬가지다. 살기 힘들 때 저 혼자 잘살아 보겠다고 나간 사람들이 이제 와서 한국 경제가 마치 자신들 때문에 성장한 양 으스대고 싶은 것일 테다.

아무렴 그렇다 한들 이왕지사 무역 1조 달러의 쓰나미 효과를 교민들이 제대로 따먹기라도 했으면 좋으련만 글로벌 무대는 고사하고 현지 주류사회에 진입조차 불가능한 매너 수준이니 이 또한 난망한 일이다. 1세대야 그렇게 막살아 왔다손 치더라도 그 자식들은 어찌하랴. 비즈니스 매너의 기본도 못 갖춘 교민들더러 '한상(韓商)'이라 호칭하기엔 너무 계면쩍다. 아무쪼록 지금부터라도 글로벌 비즈니스 정격 매너를 익혀 다음 세대에서라도 누구라면 알 만한 세계적인 한상이 배출되길 빈다.

Tip 글로벌 비즈니스 세계에서 테이블 매너는
가장 치열한 경쟁 도구

식당은 공공 영역이다. 따라서 철저히 공인으로 행세해야 한다. 공공 영역에서의 실수는 사회적 반역행위로 찍히고 만다. 그리고 그곳은 아군과 적군이 우글대는 전쟁터로 누군가가 자신의 식사 매너를 관찰하고 있다는 생각을 잊어서는 안 된다. 사무실에서 나눈 얘기를 식당에서 반드시 더블 체크한다. 그것도 철저히 상업적으로. 이는 글로벌 비즈니스계에선 기본이다. 어떤 중국인 사업가는 그 자리에 천억 원대 매출을 올린 현직 CEO 관상쟁이역까지 대동해서 미래의 합작 파트너를 더블 체크하는 일도 있었다.

사소한 것과 시시한 것은 다르다.

고작 식사 따위가 뭐 그리 까다로울 필요 있느냐? 그냥 편하게 우리 식으로 배부르게 잘 먹었으면 됐지? 남의 나라 매너를 모르는 게 당연하지, 그게 왜 부끄러운 일이느냐고 항변할 수도 있다. 하지만 그건 막살아 온 사람들의 생각이자 변명일 뿐이다. 우리가 접대해야 할 사람들의 수준은 그리 만만치가 않다는 거다. 상대의 기분을 맞출 줄 알아야 기본적으로 상대의 장단점을 분석하여 접대하고, 대처하는 능력을 지녔다고 보기 때문이다. 게다가 같은 목표를 두고 글로벌 매너로 무장한 다른 나라, 다른 경쟁업체들이 우글거린다는 점이다.

한국 기업들은 관공서 관리 접대에 온 힘을 기울여 치밀한 계획을 짠다. 한데 그 관료들은 허구한 날 그런 식의 대접만 받아 본, 얻어먹기 습관이 몸에 배어서인지 정작 남을 대접하는 데에는 무지·무식하기 짝이 없다. 해서 실컷 대접해 주고도 욕먹는 일이 다반사다. 아무 렴 그렇다고 그 손님들이 언짢거나 멸시하는 표정을 지을 리 만무하다. 그러니 불쌍하게도 자신이 정작 뭘 실수했는지도 모르고 그저 허허거리기만 한다.

해외에서 근무하는 공관원이나 지사 직원들의 한결같은 고충은, 한국에서 온 높은 사람들이 한식당과 한국식 의전·매너를 고집한다는 것이다. 그들은 글로벌 매너를 대범하지 못하거나, 또는 까탈스런 성격을 지닌 자들의 위선 정도로 치부하려는 경향이 있다.

2013년 11월 5일 오후 6시, 국빈 만찬을 두 시간 앞둔 버킹엄궁 2층 볼룸. 박근혜 대통령을 맞는 엘리자베스 2세 영국 여왕이 이날의 준비 상황은 물론 접시와 포크·나이프 등 테이블 세팅까지 모든 상황을 일일이 직접 점검하였다. 그리고 이날 만찬은 당초 예정 시간인 세 시간을 훌쩍 넘어서 끝나는 바람에 '근래에 없었던 장시간의 만찬'으로 '이례적인 일'이라는 기사가 한국 일간지에 실렸다. 물론 그 연세에 간만의 긴 만찬이었겠지만, 기실 문명사회에선 그같은 호스티스 서브드(hostess-served) 디너는 지극히 당연한 일이다. 그런 당연한 일이 한국에선 뉴스거리가 된다.

세계적인 유명 물리학자 스티븐 호킹 교수도 언젠가 신라호텔의 프랑스식당 라 콘티넨탈에 지인 2명을 초대하여 불편한 몸임에도 불구하고 부인의 조력을 받아 가며 오찬의 전 과정을 장악, 리드해 가는 호스트 서브드(host-served)의 내공을 유감없이 보여주어, 이를 한국식 눈으로 걱정스레 지켜보던 사람들에게 경탄을 선사한 바 있다. 서구나 중국 등 선진문명권에서는 식사자리 주재자로서의 호스트(호스티스) 권위, 즉 인간 존엄성의 확보에 예외란 없다!

불과 얼마 전까지 한국의 해외 공관들은 자체적으로 수시 파티를 열 만한 여유가 없었다. 그러니 부유한 나라 공관에서 열리는 파티에 초대되어 대개 얻어만 먹었다고 해도 과언이 아니다. 지나친 표현이라 나무라겠지만 엄연한 사실이다. 지금도 일부 중진국 이하의 나라에서 자체적으로 자유롭게 파티를 열지 못한다. 한국은 이제 일본·중국과 함께 자체적으로 자유롭게 수시 파티를 열 만큼 여유 있는 나라가 되었다. 그럼에도 지난 수십 년 동안 얻어먹던 버릇만 남아 있어 공관장 외 중간 간부직원들은 오찬이나 만찬 메뉴 하나 제대로 코디할 줄 모른다. 그러니 '호스트 서브드 디너'는 꿈도 꾸지 못할 일이다. 게다가 대부분 글로벌 비즈니스 실전무대에서 호스트로서의 경험이 전무한 서비스업 종사자들로부터 배운 탓에 기껏 호스트가 되고서도 망신을 자초하는 경우가 대부분이다. 일본만 하더라도 주요국 대사관엔 본국에서 훈련받은 뛰어난 요리사를 파견하고 있다.

대통령은 국가의 호스트로서 외국의 수반이나 유명 인사·CEO들을 하루에도 수차례 접대해야 한다. 평소 이런 훈련이 몸에 배지 않으면 불가능한 일이다. 글로벌 정격 매너로 접대할 능력, 상대에 따른 맞춤형 접대를 치밀하게 코디할 능력을 갖춘 이가 한국에 과연 몇이나 될까? 현재 국가 최고기관인 청와대도 이런 수준에 한참 못 미치고 있다. 대통령·장관·공관장·기업 오너·CEO 등 대부분의 한국 인사들은 전통적으로 접대란 그저 아랫사람들의 일로 치부하고 있다. 본인도 뭐가 뭔지도 모르는데 아랫사람이 알아서 한다? 식탁 하나 장악 못하는 사람이 기업이나 국가를 경영한다? 지나가는 소가 웃을 일이다. 다시 강조하지만, 식탁에서 자신의 글로벌 소통 능력과 리더십을 증명해 내지 못하면 글로벌 비즈니스 무대에서 바로 탈락이다.

Tip 오발탄 효자동 기름떡볶이와 화해의 메시지 산시성 뱡뱡면

한국을 방문한 존 케리 미 국무장관이 기름떡볶이를 사먹은 통인시장 '효자동옛날떡볶이집'이 완전 대박났다. '케리떡볶이'를 먹으

졸지에 맞은 행운의 오발탄으로 대박이 난 '효자동옛날떡볶이집' ⓒ연합뉴스

려는 사람들이 줄을 선 것이다. 케리 장관의 통인시장 방문은 성 김 주한미국대사가 추천했다 한다. 방문국 내 문화체험 언론쇼 작업이 필요한 케리 장관이 청와대에서 박근혜 대통령을 만나고 나오는 길에 이 가게에 들러 기름떡볶이를 사먹은 것이다.

　하지만 케리 장관은 하마터면 이 '기름떡볶이 시식' 대중쇼 프로에서 망가질 뻔하였다. 원래 통인시장에 있는 기름떡볶이집은 두 곳으로 시장 입구에서 가까운 '원조할머니떡볶이집'과 케리 장관이 방문한 '효자동옛날떡볶이집'이 그것이다. 평소에는 원조할머니집에 손님이 더 많은 편이었다.

　애초 미 대사관측은 원조할머니집으로 케리 장관을 안내하려고 이틀 전 성 김 주한미국대사가 직접 답사까지 했었다고 한다. 그때 "깜짝 놀랄 분이 올 수 있으니 알고만 있으시라"고 당부했다. 그리고 당일 케리 장관이 통인시장을 찾기 두 시간 전에 미 대사관 직원이 다시 원조할머니집을 찾아 "높은 분이 방문할 수도 있고, 일정 때문에 못

들를 수도 있다"고 친절하지만 애매하게 전하고 갔다.

오후 7시쯤 20분쯤 드디어 그 높으신 분들이 가게를 찾았다. 한데 아뿔싸, 펑크! 할머니가 높으신 분을 기다리지 않고, 그날 분량을 남김 없이 다 팔아 버린 것이다. 불행 중 다행으로 케리 장관 일행은 임기응변으로 이 가게에서 조금 떨어진 효자동옛날집에서 기름떡볶이를 사먹을 수 있었다. 이 오발탄 해프닝에 대해 원조집 할머니는 '높은 사람이 와봤자 나보다 높겠어!'라고 생각해 떡볶이를 다 팔아 버렸다며, "케리 장관을 못 모신 것이 크게 아쉽지는 않다"고 했다 한다.

시진핑(習近平) 중국 국가주석은 지난 18일 대만의 롄잔(連戰) 국민당 명예주석을 맞은 만찬에 산시성의 전통국수인 '뱡뱡면'을 내놓았다. 두 사람의 부친이 모두 산시성 출신인 점을 감안하여 '고향의 맛'으로 환대한 것이다. 서로간의 공통점(연결점)을 찾아내어 소통 교감의 매개체로 삼은 것이다.

뱡뱡면은 넓적한 면에다 고추를 얹은 산시성의 향토요리로 모양도 특이하지만, '뱡'자는 57획으로 중국에서 가장 복잡한 한자(漢字)로도 유명하다. 가난한 선비가 음식값 대신 써주었다는 글씨라거나, 진

중국에서도 가장 복잡한 한자(漢字) 가운데 하나로 꼽히는 '뱡'자와 '뱡뱡면' [사진기사 출처: 조선일보]

시황이 산해진미를 마다하고 즐겼다는 전설이 전해진다. 표준어로 대화를 나누던 두 사람은, 뱡뱡면이 나오자 춘부장들의 고향말인 산시 사투리에다 '뱡'자를 써가며 화기애애하게 환담을 나누었다.

이날 만찬에는 뱡뱡면 외에도 수제비와 다진 양고기·채소 등을 넣고 육수를 부은 양러우파오모, 밀빵 사이에 다진 양고기를 햄버거처럼 넣은 러우자모 등 산시성 토속음식들이 나왔다고 한다. 한데 재미있는 일은 그 소식이 전해지자마자 산시성 및 베이징의 일부 식당들에서 순발력 있게 두 사람이 먹은 '뱡뱡면·양러우파오모·러우자모'를 세트메뉴로 58위안(약 1만 원)에 내놓았다고 한다. 작년의 '시진핑만두'에 이은 대박이다.

오래전 홍콩에 갔다가 식당에 저녁을 예약하면서 혹여 만약의 경우 못 갈 수도 있다는 언질을 해두었다. 공교롭게도 일행은 이러저러한 사정으로 그날 저녁 그 식당을 찾지 못했고, 그 사정을 주인에게 미처 알리지도 못했다. 다음날 오전에야 그 식당이 우리가 오기를 자정까지 기다리다 새벽 1시 무렵에 문을 닫았다는 사실을 알게 되었다. 결국 너무 미안한 마음에 다음날 저녁 일정을 바꾸어 그 식당에서 푸짐한 저녁을 했다. 사족으로, 전 세계에서 밤 11시에도 라스트 오더가 가능한 곳은 프랑스식당들이다. 중국인들 다음으로 외교 협상에서는 물론 민간의 국제 빅딜에서 프랑스인들이 강한 원인이기도 하다.

지금이야 요식업도 주요 서비스산업의 하나로 인식되지만, 80년대까지만 해도 한국인들은 시장에서 음식이나 간식을 만들어 파는 일을 그저 '입에 풀칠하기 위한 먹는 장사'쯤으로 가볍게 여기는 풍조가 있었다. 하여 이번 존 케리 미 국무장관의 떡볶이 사건도 그저 있을 수 있는 에피소드 정도로 웃어넘기거나, 오히려 그 '높은 미국 양반'을 물먹인 '원조할머니'의 콧대 높은 자존심에 박수를 보내며 고소해하는 이들도 있는 듯하다.

비단 이번 케리 사건만이 아니어도 오찬이나 디너를 예약해 놓고 지키지 못하는 경우가 흔히 있다. 한데 이를 두고 한국식당 주인과 홍콩식당 주인의 대응이 정반대다. 대개 한국식당의 주인이라면 예의 원조할머니처럼 오면 오고 말면 말고 식으로 그걸 예약으로 여기지 않거나, 기껏 약속해 놓고 안 왔다며 분통을 터뜨린다.

대박과 쪽박, 화상(華商)과 한상(韓商)의 차이다.

이런 식의 예약을 'open-ended' 약속이라 한다. 제한(제약)을 두지 않은, 수정이 가능한 약속(계약)을 말한다. 해외 여행시 왕복항공권을 살 때 가는 비행기편은 결정(fix)하였지만 돌아오는 비행기편은 일정이 다소 유동적이므로 일단은 미정 상태로 오픈(open)시킨 것처럼. 글로벌 사회에선 이 오픈된 약속도 상업적 계약으로 친다. 해서 홍콩식당의 주인은 그날 자정까지 기다린 것이다. 거기까지도 상업적 신용으로 여긴다. 그만큼 상대방을 존중하기 때문이다.

"높은 사람 와봤자…" "까짓 안 팔고 말지…"라며 대충 지레짐작으로 안 오나 보다며 (open-ended) 약속을 지키지 않아 대박의 기회를 놓친 원조할머니떡볶이집. 상업적 피드백 개념 없는 글로벌 어글리 코리언의 대표적인 사례라 하겠다. 게다가 한국인들의 입에 붙은 이런 냉소적인 '그릇된 입버릇'이 비즈니스 앞날을 망친다. 이런 포괄적 약속도 중히 여기는 서비스 정신이 아니고는 결코 글로벌 무대에서 살아남지 못한다.

근자에 우리도 화상(華商)처럼 세계를 누비며 장사를 해보자며 해외 교포들에게 한상(韓商)이란 말을 붙여 주고 있다. 그리고 시중에는 중국인들과 유대인들의 상술을 본받자는 처세경영서들이 넘쳐나고 있지만, 그게 얼마나 허황된 바람인지 '케리떡볶이' 사건 하나만으로도 짐작하고 남겠다.

대통령에게 가방을 만들어 팔고서도 메이커를 밝히지 못하는 나라가 대한민국이다. 그 가방 제작에 무슨 국가적인 비밀이라도 숨어 있단 말인가? 외국 유명 축제 그대로 베낀 지방들의 축제며, 발렌타인

데이·화이트데이 등 국적조차 불분명한 남의 나라 온갖 축제들이 얄팍한 상혼으로 수입되어 젊은이와 어린이들의 머릿속을 온통 초콜릿으로 채우는 나라. 허구한 날 사대 피식민 근성에 찌든 천박하고 어쭙잖은 흉내내기에서 무슨 창조적인 발상이 나오랴!

결국은 기본이 문제다.

대통령 혼자 입에 침이 마르도록 창조경제를 부르짖고, 정부가 예산을 쏟아붓는다고 일자리 창출되는 것 아니다. 한식 세계화와 같은 거창한 구호 대신 재래시장에서 떡볶이집을 하든 길가에서 풀빵을 팔든 홍콩 상인들처럼 오픈엔디드 약속일지라도 자정까지 기다리는 집요한 상업적 마인드를 지닐 때에야 창조경제가 가능하겠다. 그런 게 진짜 '진돗개 정신'이고 글로벌 매너, 글로벌 마인드다.

61 《정글만리》? 중국이 그렇게 만만한 나라던가?

지나치게 오버해 버린 한 소설가의 눈을 통해서 본 한국인의 글로벌 인식 수준 | 한국 작가는 왜 노벨 문학상을 수상하지 못하는가? | 13억 마리의 하이에나가 우글거리는 인간 정글, 인간 사냥터에서 살아남기 | 중국 대륙에서 성공하려면 '더러운 손'이 되어야! | 젊은이들 장래를 망치고 있는 배낭 여행

전 세계에서 일본과 중국을 가장 우습게 여기는 민족이 바로 한국인이라는 우스갯소리가 있다. 그만큼 뭘 모른다는 말이겠다. 누천년 그토록 당하고서도 아직도 정신 못 차린다는 핀잔이겠고, 그러니 미래에도 또 그렇게 당할 수밖에 없을 것이라는 충고겠다. 등잔 밑이 어둡다더니 너무 가까운 이웃이다 보니 만만해서인가?

예나 지금이나 한국 지성인들의 특징은 동서남북좌우를 막론하고 과거지향적이라는 사실이다. 당연히 미래에 대한 해법을 제시하려는 시도는 전무할 수밖에 없다. 그런 점에서 문단의 대표적인 작가 조정래의 《정글만리》는 한국문학의 새 지평을 열었다는 데 의의가 있다 하겠다. 하지만 이 작품은 중국 문제가 비즈니스 당사자의 시각이 아니라 외부인(손님, 구경꾼)의 시각에서 쓰여져 있어, 읽는 이가 중국의 중심부로 들어가는 것을 불가능하게 하고 있다. 이런 점은 작가가 선택한 작은 소재들의 특색만 살펴보아도 알 수 있겠다.

지나치게 오버한 한 작가의 눈을 통해서 본 한국인의 글로벌 인식 수준

우선 대부분의 소재들이 남에게서 들은 에피소드, 즉 한중 수

교 후 이십 년 가까이 한국 비즈니스맨 사회에서 떠돌던 낡은 얘기들이다. 해서 남의 말과 글들에서 옮아온 게 엄청 많다. 이는 조정래 씨가 진정 상상력을 갖고 창작하는 작가인지 비정론 주간신문이나 황색잡지 기자인지 헷갈리게 한다. 게다가 소설 어디에도 주목할 만한 중요성 있는, 등장인물간의 서면 문서 소통 내용이 없다. 기업소설에서 빠져서는 안 될 부문이다. 이메일·편지 방식에 의한 비(非)대면(텔레)커뮤니케이션 전개가 없으므로 소설이라기보다는 공상적인 이바구류 수준임을 알 수 있겠다.

한국의 젊은이거나 3,40대 비즈니스맨들이 중국 시장으로 진출하기를 바라는 마음에서 집필했다면서도 이 책은 결코 제대로 된 가이드 역할을 못하고 있다 하겠다. 그저 역시 여타의 유명 한국 작가들이나 여행기작가와 별차이 없는 우물 안 세계관으로 자신이 책임지지 못할 외국 문제, 거대 시장 문제, 글로벌 문제를 다루는 무모함을 저지르고 있다. 비록 여덟 차례나 중국을 여행했다고 자랑하지만, 중국이나 글로벌 현실을 제대로 꿰뚫어보는 눈을 가지지는 못한 듯하다. 일례로 제1권 10쪽에 보면, 중국인들은 목소리가 크다는 얘기가 있는데, 그 이유를 잘못 짚고 있다. 물론 일부는 그들의 과시욕에서 그럴 수도 있지만, 근본적인 것은 중국말이 한 옥타브에서 사성으로 발음해야 하기 때문에, 그 의미를 명확하게 전달하자면 목소리가 자연 커질 수밖에 없음이다.

또한 이 책에는 여러 외국인(글로벌 인물)들이 등장하는데, 이를 표현하는 작가의 와인 매너, 테이블 매너에 대한 식견, 즉 성숙된 사회적 인격체로서 선진문명인 의식은 완전 오류 상태다. 제1권 114쪽에, 비행기 일등석에서 프랑스어를 쓴다는 손님이 손가락 끝으로 스튜어디스를 불렀다거나, 와인을 주문하면서 영어로 "와인!" 한마디만 했다는 데에서는 웃음이 비어져 나온다. 영어라면 마땅히 "플리즈(please)!"가, 프랑스어라면 "씰부쁠레(s'il vous plait)!"가 자동적으로 붙어야 했다. 더구나 손가락으로 스튜어디스를 불렀다는 건 완전히 라면상무, 초등학생 내지는 상것 수준이다. 이 책을 읽은 점잖은 분들이 이게 평소 작가의 글로벌 매너 수준이라 단정하지나 않을지 걱정스럽다. 이런 작품이 혹 외국으로 번역되어 나가면 그만큼 뱃속에서 갑자기 꾸르르 구역질날 것 같은(disgusting) 반응을 반자동 초래, 코리아 디스카운트당하는 거다.

비단 한국문학뿐 아니라 많은 영화·스포츠·예능 등이 이같은 사소한(?) 무매너 때문에 평가절하되고, 정작 선진국 시장에는 진입도 못하는 것이다. 한국 작가는 왜 노벨문학상을 수상하지 못하는가? 노벨상위원회(노벨재단, 스웨덴왕립아카데미, 노벨상추천위원회, 노벨상선정위원회, 역대 수상자들)가 세계 최상류 사교 클럽임을, 작가가 작품을 통해 자신의 글로벌 내공과 품격을 간접적으로 표현해 내어야 한다는 사실쯤은 상식적으로 알고 있는 이라면 이런 질문 안한다.

그러나 어찌 보면 위에 지적한 것들은 사족일 수도 있겠다. 정작 중요한 문제는 작품에 나오는 한국 사람들이 중국인과 사귀어 가는 과정, 대화 방식에 대해 아주 지겨울 정도로 상세하게 다루었어야 함에도 불구하고 이 부분에 너무 소홀했다는 거다. 중국인과 비즈니스 탐색전을 벌이고 합작 의사를 얻어내는 데는 오피스에서의 상담뿐 아니라 식사자리에서의 품격 있는 인문학적 식담(食談)이 절실함에도 작가는 거의 다루지 않았다. 아마도 이에 대한 '심각한' 경험이나 전문(傳聞) 없음으로 인한 문제의식 자체가 없어서겠다.

기업소설에서 글로벌 비즈니스 매너는 필수!

과연 한국의 엘도라도를 개척하기 위해 쓴 《정글만리》를 읽은 한국의 젊은 비즈니스맨들이 어떻게 중국인 카운터파트(business counterpart) 인적 정글을 헤쳐 나갈 수 있을지 심히 걱정스럽다. 그런 점에서는 이 책은 무용지물이겠다. 오히려 헛바람이 들어 무모하게 도전했다가 인생 망칠까 염려된다. 차라리 시중에 오래전부터 번역 보급된 일본 만화책《시마과장》《시마부장》《시마사장》을 강력히 추천하고 싶다. 한 권당 5백 원으로 동네 책대여점에서 부담 없이 빌려 볼 수 있다. 이 책에는《정글만리》보다 백배 넓고 깊은 콘텐츠가 들어 있다. 이 일본 청소년용 만화책의 내공에 대해서는 언젠가 삼성전자 스토리를 다룬 〈동아일보〉 기획기사에서 언급할 정도다. 여기에는 과거 일본이 대동아공영을 외치며 준글로벌, 아시아 경영에 나선 실질적 글로벌 경영전략은 물론《대망》《미야모도 무사시》《불모지대》 등에서의 노하우들까지 진하게 녹아들어 있다.

아무렴《태백산맥》을 누비던(실은 숨어다니던) 빨치산적 비정규전 마인드로《정글만리》중국 대륙에서의 정규전 포함 토탈 전쟁, 비즈니스 생존필살기를 제시하는 것은 무리겠다.《정글만리》를 통해 뭔가를 얻으려 했던 젊은이들, A급 아닌 B급들을 대상으로 구체적인 콘텐츠를 제시하는 과정 없이 마치 중국 대륙이 노다지인 양 막연한 헛바람을 불어넣기 전에 작가 자신부터 환골탈태, 진짜 글로벌 내공을 제대로 쌓았어야 했다. 그냥 소설로 끝났으면 좋았을 것을 마치 그 책이 중국 진출 입문서라도 되는 양 홍보하는 것은 너무 오버했다 하겠다. 그 사회적 책임은 어떻게 질 것인가? 더욱이 이 책의 최근 신문 광고에는 국내에서 누구나 알 수 있는 10인의 VVIP 저명 인사들이 실명으로 판촉을 유도하고 있다. 소경 작가 혼자서 뭇 소경들을 인도하고 있는 게 아니라 제도권, 진보 인사 지원군까지 대거 합류하여 한국의 차세대 꿈나무들을 외지 구렁텅이로 유혹해대고 있는 것이다. 흡사 한국전쟁 때 총알받이로 학도병 내몰 듯. 실패의 통곡 메아리가 하나하나 국내로 전해질 때, 이 10인의 VVIP들은 실질 피해보상 분담은 고사하고 50만 부, 1백만 부 베스트셀러에 속은 독자들이 입을 심리적 배반감 피해를 어떻게 보상할 것인가? 어떻게 변명할 것인가?

어찌 조정래 한 작가뿐이랴. 온전히 깊이 있는 글로벌 실전 경험 없는 많은 한국인들과 마찬가지로 대부분의 작가들도 중국을, 개혁개방으로 강산이 세 번이나 바뀔 물경 30년도 넘게 지났음에도 자신의 하루살이 시간 감각, 좁은 시야대로 마치 신대륙이라도 되는 양 안이한 생각들을 가지고 있다. 해서 감히 글로벌 선진국을 배경으로는 작품을 쓸 엄두도 못 내면서 만만하게 일본이나 중국 문제를 다룬다.

아무려나 사회·정치관계를 소설로 다루려면 치열하게 생존필살기를 베이스 콘텍스트로 다루어야 함에도 우물 안 세계관으로 그렇고 그런 소재를 다루고 있다. 하나같이 해방 후 북한의 김일성과 '무궁화 꽃이 피었습니다' 수준의 담판이 가능할 것이라고 믿었던 고 백범 김구(金九) 선생류의 글로벌 상황 인식 및 객관적인 세계관 제로, 감상적·낭만적 감성만으로 젊은이들에게 어쭙잖은 현실 인식 오류 및 위험천만 세계관을 심어 주고 있는 것이다.

일본 문화에 대한 세계적인 명저로서, 미국 여성 루스 베네딕트가 쓴 《국화와 칼》이 있다. 놀라운 것은 그 작가는 일본에 한번도 가본 적이 없다는 사실! 그러니 여덟 번씩이나 중국을 여행하였다는 한국 조정래 작가의 《정글만리》는 왜 세계적인 명저 콘텐츠가 못 되는지 의아해할 수밖에 없다. 조선의 왕은 자기 직할지(경기도)를 떠나지 않고도 자신의 영토 전체를 꿰뚫고 잘 다스려야 한다는 왕기(王畿)사상이 없어서였을까? 다른 말로, 온전한 주인 의식이 없어서 그러했던 건 아닌지?

중국 대륙에서 성공하려면 '더러운 손'이 되어야!

지구상에 유일하게 '사기(詐欺)'가 준학문으로 정립되어 있는 나라가 중국이다. 그것도 수천 년 전에. 손자병법·오자병법·육도삼략·삼십육계 등등 말이 좋아 병법이지 실은 모두 속임수다. 역으로 그런 게 발달했다는 건 곧 그러지 않으면 그곳에서 살아남을 수 없다는 말이다. 심하게 말하면 중국의 역사서 《사기(史記)》는 사기(詐欺)의 기록이고, 소설 《삼국지(三國志)》는 사기(詐欺)문학의 정수라고까지 말할 수 있겠다. 그에 비하면 헤라도토스의 《역사》는 물론, 심지어 16세기에 나온 마키아벨리의 《군주론》조차 얼마나 낭만적인 이야기인지 쉬이 짐작하겠다.

그같은 환경에서 한국의 젊은이들이 살아남아 성공하려면 그 마음가짐을 철저하게 상업적으로 무장하지 않으면 안 된다. 와인대사가 평소 읊조리던 말대로 "황하는 자신이 흙탕물 됨에 연연치 않고, 양안의 대지에 안겨 줄 풍요를 먼저 바라본다"고 했다. 장 폴 사르트르의 희곡 《더러운 손》도 이와 같은 맥락이다.

중국을 그 옛날 고구려인들이 말 달리던 무인지경, 드넓은 북만주벌 초원이나 신개척지 내지는 만만한 개발도상국쯤으로 여기는 낭만적인 선입견을 가졌다간 반드시 큰코다친다. 오랜 세월 그 땅에서 모질게 살아남은 엄청난 숫자의 비즈니스 카운터파트들을 상대로 속으로는 오만 가지 계략과 술수를 품고, 겉으로는 더없이 고상하고 우아한 글로벌 매너로 포장해서 능란하게 구사할 줄 알아야 그 정글에서 살아남을 수 있다. 현실에서는 '더러운 손'이 될 각오를 해야 하고, 마음속으로는 겸손과 온유, 당당하게 온전한 극중(克中)의 자세로 명경지수처럼 깨끗하고 냉정하게 철저히 계산된 시나리오대로 움직여야 한다. 왜냐하면 현지 기업가든 지자체든 개인이든 중국인들은 상당수 처음부터 그들 땅에 들어오는 한국인들을 벗겨먹을 각오를 하고 인정사정없이 덤벼들기 때문이다. 아니나 다를까? 지금 한국 기업 중국 진출 20년 만에 줄줄이 밀려나고 있다. 이미 1세대 진출 기업들은 대부분 껍데기 다 벗기고 알몸으로 쫓겨났으며, 다음으로 들어간 2세대들마저 지금 반타작 뜯어먹히고 있는 중이다. 심지어 롯데백화점·이마트·SK·두산·대우 등 대기업들도 철수 내지는 축소중이다. 머잖아 역으로 중국 기업이 한국 시장을 잠식해 들어올 것이다. 호랑이 잡으러 갔다가 되레 호랑이를 집 안으로 끌어들인 격이 되겠다.

홍건적의 지도자가 황제가 되고, 사기꾼도 영웅에 준해 존경받는 나라가 중국이다. 그들은 5천 년 동안 그렇게 살아왔다.

기실 중국뿐 아니라 글로벌 무대에서 초심자(beginners, the novice)를 위한 자리는 없다. 초심자를 기다리고 있는 건 죽음뿐이다. 그게 정글이고, 그 정글이 만리나 뻗어 있다. 《정글만리》라! 작가가 책 제목 하나는 기막히게 잘 뽑았다. 하지만 그 책을 읽는 독자들이여, 그 정글에 낭만적인 초식동물은 한 마리도 없다. 13억 마리의 하이에나만 우글거리는 인간 정글, 인간 사냥터이다. 차라리 소설 《삼국지》를 열 번 이상 읽고 가길 바란다. 실제로 《삼국지》의 줄거리를 거의 외우다시피 꿰지 않고는 중국인들과의 담론에 끼어들 수가 없다. 흑학(黑學)을 공부하지 않고 중국으로 들어가는 것은 자살행위다. 부디 필자의 충고를 받아들여 룸살롱 매너가 아닌 글로벌 정격 매너로 철저히 무장(武裝)해서 만리 여정을 무사히 마치고 거부가 되어 돌아오길 바란다.

Tip 젊은이들 장래를 망치고 있는 배낭 여행

한국에서 '세계화'가 화두가 된 지 이미 오래다. 유치원마다 일찌감치 세계를 가르쳐야 한다며 세계지도·지구본 가져다 놓고 세계화 교육에 안달이다. 그러고는 초등학교에서부터 조기유학 경쟁에 돌입한다. 그런데 기껏 공부해서 좋은(유명) 대학 나와 대개는 월급쟁이로 살기를 원하는 한국인들에게 여행이란 그저 머리 식히고 견문 조금 넓히는 것으로 끝난다. 반면 유대인과 중국인들은 언젠가는 독립해서 창업할 생각을 가지고 있기 때문에 여행조차도 예사로이 다니지 않는다.

예전에 굴지의 모그룹에서 사원들에게 해외 배낭 여행을 내보내는 것을 보고 회사 망치려고 작정한 모양이라고 혀를 찬 적이 있다. 또 근래에는 어느 여성 여행가의 여행기가 베스트셀러가 되면서 수많은 젊은이들이 그 뒤를 잇고 있다. 정규 사회생활을 해보지 않은 사람이 젊은이들을 무작정 글로벌 무대로 내몰아 국제 낭인으로 만들고 있는 것이다. 이왕 글로벌 봉사를 하더라도 제대로 글로벌 매너를 익혀 현지 및 글로벌 선진사회 중상류층으로 올라서는 디딤돌이 되도록 하였어야 했다. 그리하여 훗날 빌 게이츠 같은 거부가 되어 어마어마한 도네이션을 할 수 있도록 구체적인 콘텐츠를 제공하는 것이 진정 젊은이들을 바로 이끄는 길이겠다.

기실 저급한 배낭 여행은 비즈니스 감각을 익히는 것과는 아무런 상관이 없다. 지구를 종횡무진, 모험과 도전, 극기? 말이야 그럴듯하지만 실은 빌붙어 살아가는 거지 근성만 익혀 세상을 막살아노 되는 걸로 인식하게 만든다. 한술 더 떠 어떤 이들은 아무런 준비 없이 무작정 나가 헤매다가 갖은 고생 다하고 온 걸 자랑인 양 떠벌린다. 어리석기 짝이 없는 짓이다. 그처럼 무지몽매하게 지도 밖으로 행군하다간 자칫 지구 밖으로 나가 진짜 인생 망가지는 수가 있다. 거지가 지구를 열 바퀴 돈다고 신사가 되지는 않는다.

홍콩에선 취업에서 가장 중요한 조건으로 두 가지를 꼽는다. 연봉과 (해외) 휴가 일수다. 당연히 긴 휴가를 원한다. 한데 그들은 휴가를 가도 그냥 놀러 가지 않는다. 반드시 비즈니스건을 하나, 심지어 몇 개씩 물고 돌아온다. 자기 비즈니스에 관한 것은 물론 집안 식구나 친척·친구들 것까지 챙겨 온다. 그런 게 아주 몸에 배어 생활화된 때문이다.

이왕 여행을 가려면 그 나라에 대해 철저히 사전 준비를 해서 비즈니스 감각을 익히고 오겠다는 키워드를 들고 나가야 한다. 고생스런 모험에 도전할 게 아니라, 그 나라의 진짜 잘사는 중상류층에 도전해서 그들이 어떻게 해서 잘살게 되었는지, 어떻게 품격 있게 노는지를 배워 와야 한다. 어떻게 하면 그들과 함께 놀 수 있는 친구가 될 수 있을지를 모색해야 한다. 준비 없이 나가 인생 막사는 걸 배우는 게 아니라, 철저하게 비즈니스적 마인드로 무장하고 나가 지혜롭게 사는 법을 배워 와야 한다는 말이다.

세계 여행 남보다 많이 다닌다고 세계 시민, 글로벌 리더가 되는 것 아니다. 그저 여행만 즐긴다면 자칫 현실 도피 방랑벽을 얻어 인생 종치기 십상이다. 게다가 그런 막사는 하층 매너를 먼저 익혀 버리면 이후 제대로 된 매너를 받아들이는 데 어려움을 겪거나, 심지어 불가능할 수도 있다. 배낭 여행이든 트렁크 여행이든 그를 통해 중상류층으로 들어가는 글로벌 매너 기본기를 익혀야 한다.

세계화 교육은 정품격 글로벌 매너부터 시작해야 한다. 매너란 나이 들어 배우려면 힘들고 거북하다. 따라서 어려서부터 체화시켜 자연스럽고 즐거워야 한다. 말을 타면 달리고 싶고, 칼을 쥐면 휘두르고 싶은 게 인지상정. 글로벌 비즈니스 매너를 익힌 젊은이라면 나가지 말라고 말려도 뛰쳐나가려 할 것이다.

62 양반 교육과 글로벌 교육이 다르지 않다

세계의 지도자나 부호들이 자녀들을 유럽 명문 국제학교에 보내는 이유 | 상위 1%를 위한 글로벌 비즈니스 매너 교육이 시급한 이유 | 미국이 유럽 국제기구들에서 맥 못 쓰는 이유 | 불치하문(不恥下問), 선진 매너를 배우려면 밥값·와인값으로 꽤 든다 | 로컬 매너와 글로벌 매너 함께 익혀야! | 영국의 피니싱스쿨과 21세기 신데렐라 윌리엄 왕세손비 케이트 미들턴

2001년 분식회계로 세계 경제를 휘청거리게 해놓고 파산한 미국의 엔론, 한데 분식회계를 도운 역시나 세계적인 회계법인 아서 앤더슨의 회장이 부탁한 제1호 뇌물(청탁)은 엔론 회장더러 자신의 아들을 뉴욕 유대인 초등학교 교장에게 입학 추천하는 전화 한 통 해달라는 것이었다. 미국판 맹모삼천지교라고나 할까? 아들에게 유대인식 교육과 유대인들과의 인적 네트워크를 쌓게 해주고자 했던 것이다. 아무튼 그렇게 해서 입학이 됐는지는 모르겠으나, 칠순이 넘은 엔론의 스필링 회장은 지금 복역중이다.

글로벌 매너 교육에 대한 관심이 높아져 가고 있다. 한데 막상 강의하러 가보면 대부분 떨떠름한 표정들이다. 위에서 장(長)이 시키니까, 아니면 매달 정기적으로 하는 거니까 그냥 들어 보자는 식이다. 글로벌 매너? 우리가 왜 굳이 서양 매너를 배워야 한담! 어쩌다 관광 말고는 밖에 나갈 일도 없는데 글로벌이 무슨 상관이람! 답답하면 저희들이 우리 것을 배워야지! 해서 시큰둥한 얼굴이다.

그러다 강의가 중간을 넘어서면 "어라?" 하는 듯 눈빛들이 조금씩 밝아져 간다. 결국 강의를 마칠 때쯤에야 사태의 심각성을 깨닫고 당황해하는 모습들이 역력하다. 유학 다녀온 인사들이 적지않을 텐데도 도무지 말이 없다. 그리고 백조가 되어 돌아오길 기대하고 처자식을

이역만리로 보낸 기러기 아빠들의 얼굴은 거의 흙빛이 되고 만다.

이전엔 부유층부터 품격을 갖추려 노력해

필자의 스승인 원로민속학자 심우성 선생께서는 옛 신당동 집 한 집 건너에 박정희 장군이 살고 있어 육영수 여사께서 자주 배움을 청하였는데, 매우 열성적으로 묻고 꼼꼼히 받아 적었노라 기억하고 계신다. 그후 청와대에서 영부인 주재로 고위직 부인들 다과회를 가질 적에도 자주 모셔 담론을 부탁했었다고 한다. 그리고 일찍이 약관의 나이에 한국 대기업 창업주들의 가정교사 노릇을 했었다. 이승만 대통령의 양아들 이강석 씨, 삼성 이병철 회장, 한국일보 장기영 회장, 한화그룹 김종희 회장 등.

연세가 많으신 분들이라 아무래도 아랫사람에게서 배우는 것이 어색해 자제들의 가정교사로 삼아 가르치게 해놓고, 당신은 미닫이 문턱 너머에서 저녁상을 받아 놓은 채 귀동냥하듯이 배웠다고 한다. 가르치는 내용은 모두 족보와 예의범절, 즉 양반집 법도였다. 마지막으론 이희호 여사가 청와대로 몇 차례 초청해 가르침을 청했다고 한다.

근자에 필자가 글로벌 매너를 공부하면서 새삼스럽게 느낀 점은, 30년 동안 선생님 곁에서 귀동냥하며 살펴본 양반 가문의 법도나 지금의 유럽 상류층 매너가 전혀 다르지 않고 일맥상통한다는 점이다. 인간 존엄성을 최고의 가치로 여긴다는 데서는 전혀 다름이 없다.

중국·북한·베트남은 언제부터 글로벌화되었나?

마오쩌둥을 제외한 저우언라이·덩샤오핑 등 중국 공산당을 창립한 주요 멤버들 대부분은 유럽 유학생들이었다. 또 프랑스 기선의 주방보조로 고용되어 유럽 유학을 떠났던 베트남의 호치민도 영

1929년 모스크바 국제레닌학교에 재학중인 박헌영(앞줄 중앙)과 베트남의 호치민(뒷줄 최우측).

국·프랑스에서 공부를 하였고, 한때는 모스크바 국제레닌학교를 다녔었다. 박헌영 부부 또한 같은 시기 그곳에서 동문수학하였다. 참고로 러시아의 매너는 프랑스와 거의 흡사하다고 보면 되고, 중국과 북한은 반(半)프랑스적이라고 보면 된다.

한국에서는 일제시대 평양외국어학교가 유명하여, 당시 아시아에서 선교 활동을 하던 목사들의 자제들 대부분이 그곳에서 수학하였다. 미국의 세계적인 부흥사 빌리 그레이엄 목사의 부인 루스 벨 그레이엄 여사도 소녀 시절 6년간 그곳에서 수학하였다. 그 인연으로 빌리 그레이엄 목사는 한국전쟁 발발시 망설이던 트루먼 대통령에게 한국을 공산주의로부터 구해 달라는 편지를 보내어 미국의 참전에 결정적인 영향을 끼쳤다. 최근 비밀 해제된 서류에서 그같은 사실이 밝혀졌다.

남미 등 전 세계 독재자들이나 중동의 왕가 자녀들이 많이 다니는 유럽권 국제학교도 있다. 북한의 김정은 역시 13세부터 17세까지 프랑스를 경유해 스위스 베른 근교의 한 작은 공립학교를 다녔었고, 김정남의 아들 김한솔도 지난 2011년 유럽 보스니아에 있는 국제학교 유나이티드 월드칼리지 모스타르 분교(UWCiM)에 입학해 2013년 5

월 졸업, 9월에 프랑스의 명문 파리정치학교(시앙스포Sciences Po)에 입학하였다.

한국에서는 과학고며 서울대, 미국의 하버드나 스탠포드만 나오면 최고인 줄 알지만, 글로벌 상류층에서는 그런 학교들에 그다지 연연해하지 않는다. 유럽에는 세계 최상류층 자제들이 다니는 명문 사립학교 내지는 국제학교들이 많이 있는데 대부분 기숙학교다. 세계의 지도자급 인사나 부호들의 자녀들은 유럽의 국제학교에서 상류층 교육을 받으며 저희들끼리의 글로벌 인적 네트워크를 만들어 나간다. 하여 자연스레 열린 세계관을 가지게 되는 것이다.

한국의 많은 부유층 자제들이 미국으로 유학을 가는데, 그 상당수가 현지인들로부터 소외 내지는 격리된 생활을 하고 있다. 해서 그 중 일부는 방탕한 생활로 인생을 망치기도 한다. 그밖에도 중산층 자녀들의 조기유학, 그 뒤를 따라 기러기 아빠의 자녀들이 줄을 잇고 있다. 한데 대부분 미국 등 영어권이다. 그리고 미국 유학중이거나 유학한 한국 부유층 자제들의 마약 복용 사건은 이젠 뉴스거리도 되지 않을 만큼 흔해졌다. 유럽 명문학교에 비하면 미국의 학교가 아무래도 교육의 질이나 환경, 무엇보다 품격이 떨어지기 때문일 것이다.

미국이 유럽 국제기구들에서 맥을 못 추는 이유

유럽에는 미국의 MBA와 같은 과정으로 스위스 로잔에 IMD가, 프랑스 파리 근교 퐁텐블로에 INSEAD가 있다. 학교 근처에 나폴레옹이 집무실로 사용했던 궁전이 있을 정도로 프랑스국립행정학교만큼이나 훌륭한 인재들이 배출되고 있다. 졸업 후 대부분 글로벌 기업에서 일한다. 이곳 출신 중에서 간혹 일본인 이름이 글로벌 무대에 오르내리지만, 아직 한국인은 특별히 두각을 나타낸 모습을 본 적이 없다. 현재 INSEAD는 크게 발전하여 싱가포르와 아부다비에까지 캠퍼스를 확대해 나가고 있다.

이들은 기본적으로 영어와 프랑스어가 모국어 수준인데다가 거의 토론식 수업이다. 당연히 토론의 폭이 좁고 깊이가 얕은 한국 학생들은 살아남기 힘들다. 게다가 그룹스터디이기 때문에 글로벌 매너 없는 한국 학생들은 왕따로 기피 대상일 뿐이다. 70년대까지만 해도 한국인들이 해외에 나가면 국가의 위신을 생각해서라도 모임에서 대화를 못 알아들어도 같이 웃고 고개를 끄떡이고 참고 견디라고 했었다. 그런데 지금은 그마저도 잘 안 되고 있으니 글로벌 왕따는 당연지사인 게다.

경제든 국제기구에서든 미국이 유럽에서만은 맥을 못 추는 주된 원인은 바로 이 토론식 정책 대화 문화 때문이다. 미국식 우격다짐이 먹히지 않기 때문이다. 특히 프랑스어가 아니면 유럽의 고급 사교 문화에 익숙해질 수가 없다. 그걸 배우자니 따로 자기 돈이, 엄청난 자기 부정 및 재창조 노력이 들어간다. 해서 얼마 못 견디고 도망치는 것이다. 만약 유엔이 미국이 아닌 유럽에 있었다면 아마도 상황은 크게 달랐을 것이다. 유엔을 빼놓고는 미국이 주도하는 국제기구가 거의 없는 이유가 바로 이 토론식 정책 대화 문화와 프랑스어 때문이다.

한국에서도 제대로 된 국제학교가 생겨야 할 때

2013년 봄, 삼성 이재용 부회장 아들의 국제중학교 입학 문제로 한참 소란스럽더니 기어이 자퇴를 시키고 중국 상하이국제학교에 보낸다는 뉴스가 있었다. 진즉에 그랬어야 했다. 이 나라에 있는 국제학교라고 해봐야 이름만 국제학교지 제대로 된 글로벌 교육, 글로벌 매너를 가르치는 곳이 아니다. 중국이 아니라 차라리 전통과 품격의 유럽 명문 국제학교였으면 좋았을 걸 하는 생각이 든다.

내친 김에 대한민국에도 전 세계의 부호나 거물들이 자녀를 맡길

만한 제대로 된 국제학교 하나 만들어 미래의 글로벌 인재를 키워냈으면 어떨까 하는 꿈 같은 생각도 해본다. 말 많은 사람들 잔소리 듣기 싫다면 아예 본고장 유럽에다 학교를 세우는 것도 한 방법이 되겠다. 어차피 우수한 교사들과 상류층 자녀들을 확보하려면 그게 더 나을 듯도 싶다. 기실 세계경영, 창조경영은 그렇게 하는 거다. 국가의 장래를 위해서도 그렇고.

선진 매너를 배우려면 밥값·와인값으로 자기 돈 꽤 든다

빠듯한 형편에 장학금 받아 유학 온 학생이나 교수들이 자기 돈 들여 매너를 배운다는 것은 꿈도 못 꾼다. 그런 게 있는지조차 모른다. 그들의 문화에 익숙해지려면 그들과 어울려 먹고 놀아야 한다. 한데 공부할 시간도 모자라고 경제적 여건도 안 되는 유학생으로선 불가능한 일이겠다. 주재원이나 공관원들이라 해도 사정은 마찬가지다. 자기 돈 써서 그들과 식사와 와인을 즐기면서, 그것도 중상류와 어울려 친구가 되어야 품격 있는 매너를 배울 수 있기 때문이다.

한국인들이 왜 노력을 해도 글로벌 사회에서 상류 대접을 못 받는지 자신도 잘 모르는 경우가 대부분이다. 이는 진정한 친구가 없다는 말이다. 서양인들은 상대방의 무매너를 개인의 약점으로 여기기 때문에 굳이 지적해 주지 않는다. 친구가 되면 그제야 지적해 주고 가르쳐 준다. 가방 끈 긴 한국인일수록 설령 자신의 무매너를 알았다고 해도 자존심 때문에 도무지 물어서 배우려 하지 않는다. 불치하문(不恥下問)이라 했다. 모르면 물어서라도 배워야 한다.

그리고 제 돈으로 정품격 식사자리의 호스트(호스티스)를 해봐야 고품격 매너를 습득할 수 있다. 그러니 현실적으로 한국의 부유층 자제부터 이런 고품격 매너를 배울 수밖에 없다는 말이 된다. 그렇지만 부유층 자제라 해도 똑같이 가난한 집 자녀들과 같은 학교에 다녀야 한다는 막무가내 평등 논리가 득세하는 한국에선 실상 아무리 돈이 많아도 글로벌 고품격 매너를 지닌 리더십 교육이 불가능하다. 이는 결국 우리 모두의 손해다. 이젠 그런 평준화 사고를 버려야 할 때가 되었다. 적어도 상위 1%는 그런 고급한 교육을 받아 국가를 이끌어 가야 한다. 그들 덕에 나머지 국민들 편하게 사는 거다. 그걸 시샘하는 건 너 죽고 나 죽자는 논리밖에 안 된다. 장학재단들도 이제는 공부 잘하는 젊은이만 인재인 줄 알고 쥐꼬리 수업료 대주고 생색낼 것이 아니라, 제대로 지원해서 단 한 명이라도 글로벌 인재를 키워내는 데에 진력을 쏟았으면 한다. 반기문 유엔 사무총장이나 김용 세계은행 총재가 공부 잘해서, 영어를 잘해서 그 자리에 오른 것 아니다.

전통예절과 글로벌 매너 같이 배워야

현재 많은 기업들이 자체적으로 글로벌 소통 매너 교육용 책자들을 만들어 사원들을 교육하고 있지만, 실은 제목만 글로벌이고 소통이지 그 내용은 고작 소셜 에티켓 수준으로 자신들의 글로벌 경험, 검증 사실들을 신빙성 있게 정리한 것이 아니고 남의 나라 책들을 뭔지도 잘 모르면서 베낀 것들이다. 글로벌 비즈니스 실전 경험이 전무한 강사들, 하위서비스직 종사자들에 의한 매너 교육이 실전에서 무용지물일 것은 불문가지겠다.

그게 아니라면 그들 자신이 언제까지 그런 서비스업에 종사하고 있을 리가 없겠다. 해서 그들은 물론 그들에게서 배운 사람들조차 나무만 보고 숲을 볼 줄 모르는 우물 안 세계관에서 벗어나지 못하는 것이다. 한국의 부자들이 명품으로 꾸미고 격식(에티켓)을 따지지만 품격이 없는 이유가 바로 여기에 있다. 품격 없는 재벌, 품격 없는 지도자나 관료들도 마찬가지다. 자신의 위치에 걸맞은 매너를 배우지 못한 때문이다. 한마디로 격(格)이 뭔지를 모른다는 뜻이다.

결혼하는 영국 윌리엄 왕자와 케이트 미들턴. ⓒ연합뉴스(AP)

결혼하는 룩셈부르크 왕세자. 룩셈부르크 국기색으로 넥타이 컬러를 코디. ⓒ로이터

어쨌든 현재로선 한국인들만큼 매너 배우기 싫어하는 민족도 드물 것이다. 스펙과 명품으로 치장하고 영어며 와인·골프는 배운다고 난리를 치면서 매너 좀 고치고 배우자면 왜들 그렇게 싫어하는지 모르겠다. 가장 돈 적게 들이고 가장 큰돈 버는 일인데 왜 마다하는지 이해가 가지 않는다.

아무렴 당장은 가세(家勢)가 넉넉해도 가풍(家風)이 없는 집안은 오래가지 못한다. 자식에게 재산을 많이 물려주는 것으로 부모의 도리를 다한 줄만 알았지 매너와 품격을 물려줄 줄 몰랐다. 해서 결국 물려준 재산 때문에 자식을 오히려 망치는 경우가 허다한 거다. '부자 삼대 어렵다'는 건 졸부를 두고 한 말이다.

Tip 영국의 피니싱스쿨과 21세기 신데렐라 윌리엄 왕세손비 케이트 미들턴

영국 런던에는 피니싱스쿨(Finishing School)이 있다. 일종의 예비신부 내지는 요조숙녀 학원으로 고품격 상류층 매너를 가르치는 곳이다. 속칭 때빼고 광내는 학원으로 대개는 2~3개월 과정으로 기본 수업료만도 1천2백만 원 정도인데다 각종 옵션이 붙기 때문에 상당히 비싼 수업료를 지불해야 한다. 중상류층 오피니언 리더 그룹으로 발돋움하려는 명문여대 졸업반 학생들이 많이 거쳐 간다. 그리고 자체적으로도 수시로 사교 파티를 열어 인적 네트워크를 형성해 나가게끔 도와준다.

원래 이런 매너스쿨은 스위스가 유명했다. 현재 스위스에는 한 군데, 런던에 몇 곳이 남아 있다. 사교계에 들어가기 위해 필수적으로 거치는 과정 중 하나다. 서구사회에선 대학을 졸업하는 청춘남녀들에게 일종의 성인식과 같은 사교계 데뷔 파티를 열어 주는데, 그 준비를 위해서는 사교춤은 물론 각종 매너를 익혀야 한다. 여기에 탈락되면 그저 평범한 소시민으로 살아갈 수밖에 없기 때문에 다들 열심히 준비한다.

이처럼 상류층 고품격 매너를 익혀 가장 성공한 여성이 있으니 그녀가 바로 영국 왕위 계승 서열 2위인 윌리엄 왕자와 결혼한 평민 출신 케이트 미들턴이다. 온라인 파티용품 판매로 크게 성공한 그녀의 어머니는, 딸에게 상류층 매너를 교육시켜 같은 세인트앤드류스대학에 다니는 윌리엄 왕자가 나가는 클럽이나 파티마다 딸을 밀어넣은 끝에 결혼에 성공시켰다. 그러니까 순전히 엄마의 치맛바람으로 신데렐라를 만들어 낸 것이다. 아무튼 그들의 결혼에 즈음해 런던에는 어린이를 대상으로 한 '공주예비학교'까지 생겨나 왕실 예절을 가르치는데, 일주일 수업료가 우리 돈으로 4백만 원이라 한다.

그런가 하면 2010년 스웨덴 왕위 계승 1위의 빅토리아 공주와 그녀의 운동 강사 다니엘 베스틀링의 결혼은 '남자 신데렐라'의 탄생으로 눈길을 끌었다. 처음 왕가는 물론 국민들도 이 시골뜨기를 탐탁해하지 않았으나, 다니엘이 열심히 궁중의 예법과 상류층 매너를 익혀 국왕의 허락과 국민들의 축복 속에 결혼했다. 그외에도 유럽 왕가의 왕자와 공주들의 평민과의 결혼이 잦아지면서 이런 신데렐라들이 심심찮게 생겨나고 있다.

63 대한민국이 선진화되지 못하는 진짜 이유

아부 영합도 매너 | 충신(忠臣)·명신(名臣)의 차이는 아부 영합의 기술 유무 | 미련한 충신은 있어도 미련한 간신은 없다 | 아부를 모르는 원조 좌파 훈수꾼 공자(孔子) | 안자(晏子)가 공자(孔子)를 문전박 대한 이유 | 아부 영합은 서비스 정신이자 상대에 대한 배려, 소통과 리더십, 그리고 소프트웨어의 밑 거름! | 한국 늙은이들은 보다 교활해져야!

한국 정치인들만큼 유머 없고 막무가내 뻔뻔이들이 또 있으랴. 어디 정치인들뿐이겠는가. 관료나 재벌은 물론 조그만 권력이나 외제 차라도 몰 형편이 되면 예외 없이 싸가지가 없어진다. 한국을 찾은 외국인들이 이구동성으로 하는 말이 있다. 사람들이 하나같이 입을 꾹 다물고 눈을 째려보고 있어 도무지 말 붙일 엄두가 나지 않는단다. 기실 한국인들 속으로는 그만큼 불안하고 자신 없어함을 모르고서 하는 말일 것이다. 현실에 대한 답답함·증오심·적개심·자격지심·피해 의식·열등감 등등으로 찌들어 흡사 늙은 암소 갈빗살 뜯는 듯한 인상이니 놀라는 것은 당연하다 하겠다. 세계 어디서도 이런 얼굴들을 한 나라는 없다. 게다가 직위가 높아질수록 무뚝뚝해지고, 인상은 더욱 고약해진다.

만고에 변치 않는 밑천 안 드는 기술 중 최고가 아부 영합이다.

사람들은 이 아부 영합을 간신배들 또는 소인배들이나 하는 천박한 짓으로 폄하하지만, 과연 그럴까? 인간이 맨몸으로 할 수 있는 기술 중 최고의 고난도이자 가장 미학적인 것이 아부 영합이다. 그러니 아부 영합은 멍청해선 못한다. 어쭙잖은 아부 영합으로는 오히려 망신만 당한다. 한국 국회의원들이 그 단골이다.

이 아부 영합이 없으면 인간사회가 얼마나 삭막하겠는가. 아부 영합 없는 관계가 제대로 유지되겠는가. 우리는 우선 가족들끼리 매일 매일 아부 영합하고 산다. 사랑한다, 예쁘다, 멋있다, 착하다, 잘했다 등등 온갖 아부 영합을 입에 달고 산다. 회사는 물론 사회도 마찬가지이다. 인사는 아부 영합의 첫걸음이다. 당연히 아부 영합할 줄 모르는 인간을 두고 우리는 가족성·사회성에 문제가 있다고 말한다. 우리가 흔히 칭찬이니 격려니 하는 것도 실은 아부 영합의 기술 가운데 하나일 뿐이다.

아부(阿附) 영합(迎合)도 매너고 덕(德)이다!

일반적으로 윗사람에게 하면 아첨(阿諂)이고, 아랫사람에게 하면 칭찬이라고 하는데, 이는 그 방향만 다를 뿐 둘 다 아부 영합이다. 위로만 아부 영합하는 신하를 간신(奸臣)이라 한다. 그러나 진짜 현명한 자는 위아래 구분 없이 아부 영합을 잘한다. 예전에는 이런 인물이 정치를 하면 명신(名臣, 良臣)이라 불리었다. 그런데 충신은 아부 영합할 줄 모른다. 명신과 충신의 차이는 바로 이 아부 영합하는 능력의 유무에 달려 있다. 자고로 충신은 많아도 명신이 적은 이유가 바로 이 때문이다. 조선왕조가 그랬다.

명군(名君)은 명신이 만든다. 충신이 아무리 많아도 명군이 될 수가 없다. 오히려 충신이 많이 나왔다는 것은 그만큼 왕이 형편없었다는 말이 될 수도 있다. 이순신·유성룡 등 많은 충신들을 배출한 선조가 명군이 되지 못하는 이유가 이 때문이다. 황희 없는 세종, 김종필 없는 박정희였다면 어찌되었을까? 아무리 지고지순한 충절을 지녔다 해도 백성의 소리에 귀를 열어 주는 않는 충신을 명신이라 불러 주지는 않는다.

비위가 약한 사람은 아부 영합, 특히 아첨을 잘 못하지만, 기실 아첨은 멍청한 사람은 잘 못한다. 흔히 우리가 간신이라 해서 손가락질하지만, 이들은 모두 머리가 비상한 사람들이다. 순발력과 재치며 눈치, 임기응변이 보통 사람들은 흉내조차 내기 힘들 정도로 뛰어나다. 당연히 지식도 많아야 한다. 간신 역시 목숨을 내걸고 아첨하는 꾼이다. 시기하는 수많은 적들을 경계해야 하고, 아차 잘못 헛바닥 놀렸다간 황천길로 직행하기 때문이다. 흡사 시퍼런 작두날 위를 걷는 것처럼 아슬아슬한 곡예를 하는 것이다.

이에 비해 충신은 고집만 있으면 할 수 있다. 굳이 머리 굴릴 필요가 없고, 아래위 눈치 볼 것도 없다. 목이 달아난다 해도 고집을 꺾지 않고 버티기만 하면 된다. 나라가 망하거나 말거나 충신은 충신이다. 해서 충신 중에 나라 말아먹은 자가 하나둘이 아니다. 간신만 나라를 망치는 것이 아니다. 임진왜란·병자호란·한일병합이 간신들 때문에 일어났던가? 그처럼 많은 충신들이 나왔음에도 어째서 나라를 망쳤는가?

미련한 충신은 있어도 미련한 간신은 없다.

미련한 충신들이 득실대면 반드시 영리한 간신이 득세하기 마련이다. 간신은 명신이 될 수 있지만, 충신은 절대 명신이 되지 못한다. 아부 영합의 기술이 있고 없음에 달렸겠다. 미련한 아부 영합으로는 떡고물 정도는 챙길 수 있지만, 뛰어난 아부 영합은 권력을 쥔다. 간신의 아부 영합은 자신만을 위하지만, 명신의 고품격 아부 영합은 군왕과 백성을 동시에 감동시킨다. 해서 역사상 많은 명작 아부 영합들은 길이 전해져 지금도 회자되고 있는 것이다.

원조 좌파 훈수꾼 공자(孔子)

공자(孔子)의 가장 큰 결점은 아부 영합할 줄 몰랐다는 것이다. 그는 아부 영합이 곧 인(仁)임을 깨닫지 못했다. 인을 군자만의 덕으로 잘못 이해했고, 능력 대신 예(禮)로만 사람의 귀천(貴賤)을 구분했다. 한 뼘 막대자로 사람을 차별하고 계급화한 것은 공자의 가장 큰 죄악(?)이라 하겠다. 그는 아부 영합을 간신들의 전유물인 양, 소인배들이나 할 천박한 짓으로 규정했다. 정작 스스로는 위대한 뜻을 펼쳐 보고자 일평생 천하를 주유하며 벼슬을 구걸하였지만 어느 군주도 그를 반기지 않았던 이유가 바로 그 때문이다. 인은 물과 같이 부드러워야 하는데도 자신은 마른 대꼬챙이같이 고지식했으니, 과연 그가 인을 제대로 이해하기나 했을는지 의심스럽다.

　중국 역사상 3대 명신으로 동시대를 살았던 제나라 재상 안자(晏子)가 공자를 문전박대했던 것도 바로 그러한 이유에서였다. 현실성이 없는 이상 세계를 꿈꾸는 극단주의자로 보았던 것이다. 요즘으로 치면 공자는 세계 최초의 사회학자이자 좌파 지식인이었던 셈이다. 그것도 지독한 삐딱이 진보좌파주의자였다. 성격적으로 문제가 많은 또라이 몽상가였다. 그러니 어느 군주가 그를 가까이 두려 하였겠는가?

　만나는 왕마다 그 면전에 대고 '불인지옥(不仁地獄)' '불신지옥(不信地獄)'이라며 핀잔부터 해댔으니, 아무리 옳은 소리라 한들 반감부터 먼저 생기는 걸 어쩌겠는가? 《논어》는 후세에 제자들이 그들의 스승인 공자 중심으로 기술해 놓은 책이다. 당연히 제 스승이 실수해서 망신당한 얘기야 기록했을 리 만무할 터, 기실 당시 공자에게 핀잔당한 제왕들 얼굴 붉으락푸르락했을 것이고, 그가 간신히 목숨 붙여 도망쳐 나온 적이 한두 번이 아니었을 것임은 짐작하고도 남을 일이다. 당사자들 모두가 죽은 후에 그 스승을 높이기 위해 제자들이 기록한 것이니 실제 내막을 누가 알겠는가? 아무렴 성인이 되고 안 되고는 제자들에 달렸다.

　먹느냐 먹히느냐, 혼돈의 시대에 인자무적(仁者無敵) 어쩌고 평화가 어쩌고 꼴통 막힌 소리를 해댔으니, 흡사 천안함 격침, 연평도 포격당하고도 햇볕정책 고수하라고 주장하는 요즈음 대한민국의 친북좌파들이 바로 저 공자의 신자들이라고 할 수 있겠다. 인(忍)으로 인

(仁)을 지키고, 신(信)으로 의(義)를 받들면 필시 사해의 오랑캐들이 감복하여 머리를 조아릴 것이라는 가르침을 충실히 따르고 있는 것이다. 그렇게 당하고도 정신 못 차리는 것을 보면 유학을 왜 유교라 하는지 알 듯하다.

그럼에도 어찌해서 공자는 그 살벌한 전국시대에 가는 곳마다에서 왕들의 화를 돋우고도 죽음을 면할 수 있었을까? 그건 그가 군사적인 무력을 혐오했기 때문에 아무 나라에도 위협이 되지 못한다고 본 때문일 것이다. 그런 인간 죽여서 속 좁은 군왕이란 소리 듣기 싫었을 것이다. 그렇지만 능히 한 나라를 망칠 수 있는 위험한 인물임은 알아챈 것이다. 해서 죽이지 않고 내치면 이웃의 다른 나라로 가서 혹여 그 나라를 망쳐 줄 테니 그 아니 고마운 일인가. 해서 폭탄돌리기를 한 것이리라. 하지만 동양 역사상 전국시대가 어떤 시기이던가? 인간이 짜낼 수 있는 갖은 지혜와 술수가 이때 다 쏟아지던 시기가 아니던가. 호락호락할 리가 없다. 이미 이웃나라에서도 눈치채고 곧바로 다른 나라로 폭탄돌리기를 한 것이겠다. 해서 일평생 돌림을 당한 것이다.

만약 그때 어느 어리석은 왕이 있어 그를 중용했더라면 그 나라 망치는 데 그다지 오래 걸리지 않았을 것은 불문가지. 그랬더라면 지금 아무도 공자를 기억하지 못했을 것이다. 진실로 공자가 위대한(실은 위대해진) 이유는 그가 천만다행으로 실제 나라를 단 한번도 제대로 경영해 보지 못한 때문이겠다. 그러다가 훗날 공자의 이상 세계가 구현된 나라가 있었으니 그게 바로 조선이 아닌가? 해서 조선이 위대해졌던가? 하긴 5백 년을 해먹었으니 그게 공자의 가르침 덕분일까? 아니면 무학대사가 터를 잘 잡아 준 덕분일까?

지금 대한민국의 말만 번지르르한 교수들이 저만 옳고 잘난 줄 알고 현실정치에 참여했다가 죽 쑤고 사발 깨고 쫓겨나는 것도 바로 그 때문이 아닌가. 위로 고정된 눈치만으로 아무 생각이 필요 없는 종복 가신(家臣)과 가신 지망생인 식객들이 사랑채에 그득하다. 가신이 곧 충신인 줄만 아는 미련한 지도자가 간신을 만든다. 대문 밖에는 너무 똑똑한 삐딱이 훈수꾼들이 부자 상갓집에 거지 몰리듯 넘친다. 실제 나라 경영을 해보지 못한 순결한(?) 인물들이 다음 지도자감으로 부상되고 있다. 정치란 진흙을 묻히는 것이라 했다. 정치판에 있으면서, 혹은 그 주변을 빙빙 돌면서 자기만이 깨끗하고 순결한 척하며 주가를 올리는 얌체들이 바로 그들이다. 진흙을 만지지 않았으니 당연히 깨끗할밖에. 여기에 기성 정치인들에 염증을 느낀 백성들은 혹시나 하고 또 속아 넘어가는 것이다. 모두 공자학원 동창들이다.

대한민국의 미래는 아부 영합의 기술에 달려 있다

요즈음 우리나라 텔레비전 오락프로의 대부분은 유재석과 강호동이 다 차지하고 있다. 전자는 미소로 상대의 아양을 받아 주면서 자신의 잘나지 않은 외모로 상대를 돋보이게 하는 재주가 남다르고, 후자 역시 괴상한 외모와 오버하는 몸짓으로 상대방의 별것 아닌 얘기에 과도하게 박장대소하며 자지러져 상대를 추어 주는 미덕을 지녔다. 둘 다 추임새, 즉 아부 영합의 달인이다.

전통적으로 우리는 공자의 가르침에 따라 겸손을 미덕으로 선양해 왔다. 그러나 이는 사람을 수동적으로 만들고, 사람 사이에 쓸데없는 오해를 불러일으키거나 사람과 사람 사이에 유리막 같은 경계를 만들어 인간관계를 피곤하게 만든다. 나아가 본심을 숨기게 하고, 결국은 이중적인 인격 형성을 유도한다. 이는 결코 남에 대한 배려가 아니다. 오히려 자기 방어적인 수단이라 할 수 있다. 해서 겸손과 아부 영합은 비슷한 것 같지만 질적으로 다르다. 아부 영합은 능동적이고 적극적인 배려라 할 수 있다. 사람 사이를 좁혀 주는 소통법이다.

아부 영합의 기술은 보다 어렸을 적부터 자연스레 습득되어져야 한다. 나중에 철들고 나면 여간해서 배워지지 않는다. 그러니 학교에선 제발이지 훈수꾼만 양성하는 똥고집 선비 정신을 가르칠 것이 아니라 아부 영합의 기술부터 가르쳐야 한다. 따로 교육비가 더 드는 것도 아니다. 그게 서비스 정신이고 소통과 리더십, 그리고 소프트웨어의 밑거름이다. 아부 영합할 줄 모르는 인간은 배려할 줄 모르고, 화합할 줄 모른다. 당연히 여유도 없고, 융통성도 없다. 그러고서 공부만 잘해서 저 잘살기를 바라는가?

스티브 잡스는 논문 한 편 발표한 적 없고, 직접 무슨 기술 하나 개발한 적 없다. 남의 기술을 융합시킨 것뿐이다. 물 같은 유연함으로 남의 기술들을 끌어모아 반죽을 해낸 것이다. 한국이 글로벌 시대에 도태되지 않으려면 하루빨리 근엄한 샌님 공자 자왈교(子曰敎)·학벌교(學閥敎)·입시교(入試敎)에서 벗어나야 한다.

Tip 한국 늙은이들은 보다 교활해져야!

대형 서점 한켠에 노인(노년)에 관한 책들이 깔렸기에 얼핏 제목을 훑어보는데 그만 소름이 끼친다. 노년 예찬! 노년 만세다! 청춘콘서트를 노년콘서트로 바꿔 놓은 듯하다. 그러니까 '청춘'이란 단어만 '노년'으로 바꾸어도 그 책이 그 책이라 할 만큼 내용이 똑같다. 오히려 노년콘서트가 더 유토피아적이다. 그저 즐기기만 하면 된다. 세상과 미래에 대한 책임도 의무도 없다. 오직 지금 당장 자기만을 위해야 한다는 의무감에 불타면 된다. 하여 너무 좋은 세상 만나 아까워서 못 죽겠다고 발버둥이다. 어른다움은 찾아볼 수 없고, 젊게 살겠다며 갖은 추태(?)를 다 부린다. 이들 책대로라면 나도 빨리 늙고 싶다는 생각이 절로 든다.

게다가 하나같이 역겨울 정도로 이기적이다. 이게 노인복지라면 망국복지가 아닌가? 30년 길러지고 공부해서 고작 30년 일하고, 다시 30년을 놀고먹는다? 차라리 그냥 놀고먹기만 한다면야 다행이겠지만 육신이 어찌 그냥 곱게 시들어 줄까? 엄청난 사회적 비용이 든다. 젊은이들은 노량진 고시학원을 전전하며 자격증 따기·이력서 쓰기로 날을 지새우는데, 노인들은 스포츠 댄스로 땀을 흘리고 있다. 이러고도 나라가 망하지 않는다면 그게 이상한 일이겠다.

많은 한국의 부자·대기업 오너·CEO·교수·전문직업인·고위관료들의 퇴직 후 삶의 모습들을 보면 참으로 안타깝다. 독서·텃밭가꾸기·골프·등산·헬스 등으로 소일하며 노년을 보낸다. 그게 뭐 이상한 일이냐? 물론 열심히 일했으니 이제는 편히 쉬어도 되겠다. 그러나 그 정도의 귀한 지식과 경험·관록을 그대로 썩히고 가는 건 국가적 관점에서 보면 일종의 직무유기라 하겠다. 출세해서 국가나 사회를 위해 나름 공도 세웠고, 재산도 모아 아쉬운 것 없이 여유롭게 지내다가 자식들에게 넉넉한 재산을 물려주는 것으로 자신의 인생을 성공적으로 마무리했다고 생각하지만, 기실 선진문명권 시각에서 보면 하나같이 미완성 인생들이다.

그런가 하면 예능인이나 교수·퇴직관료들 중에는 제자를 죽을 때까지 자신의 종처럼 부려먹는 이들이 많다. 경조사·민원서류 떼는 것은 말할 것도 없고, 여권·비행기표 예약 등등 제 자식에게 시킬 자질구레한 심부름까지 모조리 제자에게 시킨다. 심지어 마누라나 제 자식의 일은 물론 자신의 병수발까지 시키기도 한다. 그러니 아무리 어렵더라도 대학에서 조교 같은 아르바이트는 하면 안 된다. 사제지간의 정(情)이니 도리니 하는 것에 코 꾀이면 십중팔구 종놈 인생 되고 만다. 더 심하기는 단연 정치인들이겠다. 한자리씩 나눠 줄 것처럼 주변머리 다 끌어모아 부려먹고는 출세하고 나면 차일피일 나 몰라라 하며 애간장 다 녹인다. 그래야 계속 잡아둘 수 있기 때문이다. 해서 착한 중생이 독한 중생의 밥이 되는 게다.

요즈음 들어 한민족은 원래 단일민족이 아니라고들 하지만, 그건 기간을 어느 정도로 잡느냐에 따라 달리할 수 있는 주장이다. 몇만 년이 아닌 천년 혹은 이천 년으로 보면 우린 분명 단일민족이라 해도 된다. 생물학적으로도 약 20대쯤 거슬러 올라가면 너나할것없이 이 땅의 모두는 피가 섞인 친척들이라 한다. 마찬가지로 앞으로 또 그만큼 흘러가면 지금 당장 원수진 인간하고도 피를 섞게 되어 있다. 그러니까 내 자식만 자식이 아니라는 말이다.

퇴직을 하면 그것으로 부모로서, 사회구성원으로서 의무와 책임이 끝나는 것 아니다. 그간 축적·검증한 지식과 지혜를 다음 세대 젊은이들에게 넘겨 주고 가야 한다. 그들이 글로벌 무대로 올라설 수 있도록 디딤돌이 되어야 한다. 재능기부·봉사·도네이션을 통해 젊은이들에게 꿈을 심어 주는 길잡이가 되어야 한다. 이 나라 미래를 책임질 글로벌 전사가 될 젊은이를 발굴하고 길러내어야 한다. 예전에 조상들도 벼슬을 마치고 나면 고향이나 시골로 내려가 후진을 양성하는 걸로 삶을 마무리했다. 자기 완성을 위해서였다.

얼마 전 박삼옥 서울대 명예교수가 교수 생활에 마침표를 찍고 전북 전주의 자립형 사립고 상산고등학교 교장에 취임했다. 지방 사립대 총장 제의까지 마다하고 고등학교 교장직을 선택한 이유는, 21세기를 이끌어 갈 인재들을 양성하기 위해서라며 "앞으로 리더가 될 유능한 학생들이 우리나라를 이끌고, 혼자 잘나서 앞서가는 게 아니라 타인과 협력하고 상생하도록 하는 교육을 하고 싶었다. 토론과 협력이 필요한 새로운 시대에 교육자로서의 길이 대학에만 있는 것이 아니라는 것을 보여주고 싶다"고 했다.

지금 한국의 50대 중반이면 대부분 자의반 타의반 일선에서 물러나 고작 등산으로 남은 인생을 자기 위안하며 보낸다. 육체적으로도 10년, 20년 더 일할 수 있음에도 그저 세월을 죽이며 하루하루를 보내고 있다. 도네이션을 할 만한 경제적 여력이나 재능이 없다면 농어촌에 일손 보태기라도 하며 봉사하는 삶을 사는 것이 자기 완성의 길이겠다. 넉넉한 경제적 여건에도 불구하고 상당수 노인들이 무임승차·무료관람·무료급식·노인수당을 챙기는데, 이 역시 그다지 아름다워 보이지 않는다. 염치의 문제겠다.

기원전 4천년경 고대 수메르 점토에 새겨진 설형문자를 해독하는 과정에서 "요즘 젊은 것들은 어른을 공경할 줄 모르고 버르장머리가 없다. 말세다"란 말이 있었다고 한다. 또 기원전 4백년경 소크라테스가 "요즘 아이들은 폭군이다. 부모에게 대들고, 음식도 게걸스럽게 먹고, 스승을 괴롭힌다. 미래가 암담하다"고 했다. 아무렴 그때나 지금이나 젊은이들은 방종하게 마련이고, 늙은이들은 끊임없이 잔소리를 해왔다는 사실. 절이나 교회에 나가 설법·설교를 듣는 것도 따지고 보면 잔소리 들으러 가는 것이 아닌가. 젊은이들이 버릇 없다고 늙은이가 잔소리를 하지 않는 것은 곧 늙은이의 의무를 저버리는 것. 철없는 SNS 악다구니와 댓글에 질려서, 구더기 무서워 장 못 담그는 사회라면 그만큼 쉬 상하고 말 것이다. 소금이 부족하다는 말이겠다.

잔소리도 봉사다.

이 나라를 동방예의지국이게 하는 마지막 보루인 양 시도때도없이 노인을 공경하고 배려하라고 강요하고 있다. 한데 그 이유가 구차스럽다. 너 또한 늙을 것이니! 국민연금 의무 가입이나 매한가지이다. 이제 좀 솔직해지자. 노인이라는 이유만으로 공경하고 배려하기엔 이 나라 노인이 너무 젊고, 너무 많고, 노년이 너무 길다. 해서 젊은이들이 감당하기엔 너무 무겁고 무섭다.

늘어난 인간 수명만큼 일을 더해야 후손이 튼튼해질 것은 자명한 일! 미국의 헨리 키신저·지미 카터 등, 지금도 활동하고 있는 세계의 원로들이 적지않다. 그에 비해 한국의 도시 늙은이들은 너무 안일하다. 편안한 노년이 자기 완성 아니다. 그건 이미 주검이다. 벼는 익을수록 고개를 숙이지만, 사람은 늙을수록 교활해진다. 한국의 늙은이들은 보다 교활해져야 할 필요가 있다. 미래와 젊은이들에 대해 보다 많은 책임을 져야 한다는 말이다.

64 김연아를 글로벌 비즈니스 매너로 재디자인한다면?

IOC는 스포츠를 핑계로 한 세계 최상류 사교 클럽 중의 하나 I 금메달이 선진국민 만들어 주지 않아 I 진정한 영웅은 금메달을 넘어선다 I 승리에 담담하고, 절제되고 세련된, 정제된 언어와 행동으로 자신의 품격을 디자인해야 I 인문학과 글로벌 매너로 금메달의 부가가치를 높여야 I 기술이 아닌 글로벌 매너로 인생을 승부하라! I 끝나는 곳이 곧 시작점이다 I 新고려인 빅토르 안, 러시아 대지에 입맞춤하다 I 성형수술 세계 1위 대한민국의 창조경제 솔루션

2010년 동계올림픽 금메달 쇼가 한 차례 쓰나미처럼 휩쓸고 지나갔었다. 혁혁한 전과(?)를 올린 한국 선수단의 청와대 초청, 뒤이은 한두 차례 뒤풀이 방송이 끝나고 다시 일상으로 돌아가고 있다. 모두가 잠시나마 불황의 시름을 잊기에 충분한 감동이었다.

한데 아직도 눈물인가? 김연아 선수가 금메달을 목에 걸고 시상대에서 애국가가 울려퍼질 때 감격의 눈물을 흘렸었다. 그런데 유독 눈물이 많은 두 나라는 한국과 일본이었다. 한쪽은 기뻐서 울고, 다른 한쪽은 안타까워 울었다. 한국이 딴 메달이 마치 일본 것을 빼앗은 것 같아 한국인들은 더욱 기뻐했고, 역시 일본인들도 한국에 금메달을 다 빼앗긴 것처럼 분해했다. 그래서 이웃사촌인가 보다. 한(恨)이 많은 게다. 감정(感情)이 많은 게다.

일본이 비록 노(No)금메달이라지만, 한국이 그처럼 좋은 성적을 내지 않았다면 아마도 지금보다 충격이 덜하였을 것이다. 때마침 도요타자동차 회장의 눈물까지 오버랩되면서 아사다 마오의 눈물을 섭섭함을 넘어 "분하다!" "억울하다!"로 변질시키고 있다. 소니가 삼성 때문에, 도요타가 현대자동차 때문에, 마오가 연아 때문에. 모든 것이 한국 때문에?

정말이지 예전의 일본이 아니다. 어쩌면 일본 본색이 바로 저런 것이 아니었을까? 지난 세기 동안 일본은 사무라이로 상징되는 결단력·솔직함으로 선진국민으로서의 품격을 유지해 왔었다. 예전 같았으면 도요타 회장은 이유 불문하고 먼저 코가 구두에 닿도록 허리 굽히고, 미국 의회 청문회에 불려나가 망신당하기 전에 깨끗하게 사표를 냈을 것이다.

금메달이 선진국민 만들어 주는 것 아니다!

아사다 마오 역시 설사 심판의 편파 판정이나 판정 실수 때문에 억울하게 금메달을 놓쳤다 하더라도 깨끗하게 "졌다!" 하였어야 했다. 그랬다면 "역시 일본인답다!" 비록 패자이지만 "멋있다!"라는 말을 들었을 것이다. 그런데 두 사람은 계속 억울해하고, 분해하고, 두고 보자며 눈물을 훔친다. 이런 일에 즉시 핀잔을 주던 일본 지성인들도 이번에는 대체로 입을 다물고 있다.

그렇다 한들 그만 일로 일본을 가볍게 보아서는 안 된다는 것을 모르는 바는 아니지만, 왠지 일본인들의 이런 모습이 안쓰러워 보인다. 그리고 돌이켜보면 저 모습이 불과 어제까지만 해도 바로 우리의 모습이 아니었던가? 또한 머잖은 장래에 우리 역시 지금의 일본처럼 어찌하지 못하는 눈물을 흘리지 않을까를 짐작해 본다.

어쨌든 금메달을 딴 한국 선수들의 눈물이 과거처럼 북받치는 한(恨)의 그것이 아니라 그저 기쁨과 성취감의 눈물처럼 보여 다행이다 싶고, 심지어 장난기 넘치는 세리머니를 신세대적인 개성으로 웃어넘기게 되어 함께 웃고 우는 국민들도 모두 상쾌해서 좋았다. 하지만 좀 더 욕심을 부려 주문을 드리고자 한다. 승부 세계에서 승자는 반드시 패자에 대한 배려를 우선해야 함을 잊어서는 안 된다. 패자의 승복과 존경을 받지 못하는 승자는 결코 진정한 승자가 못 된다. 물론 금메달만으로도 위대하고, 그것으로도 그는 영웅임에 틀림없다. 하지만 그 이상도 있다는 것을 알았으면 한다.

진짜 영웅은 금메달로 만들어지는 것 아니다

그토록 바라던 금메달 하나로 부와 명예를 거머쥐고, 자신이 최고임을 증명했으니 이제 그만 됐다는 식의 사고는 지극히 근시안적이다. 위대한 영웅은 영원한 영웅이어야 한다. 위대한 영웅은 보통의 영웅과는 뭐가 달라도 달라야 한다. 누구도 달성하지 못했던 초유의 기록만으로도 물론 영웅으로 불릴 수 있다. 하지만 그건 그 기록이 깨어질 때까지만 유효하다.

"비록 금메달을 땄지만, 내게 이런 영광이 있기까지는 나와 같이 이 스포츠를 즐기고, 땀 흘리고, 눈물 흘린 수많은 선수들이 있었다. 이 영광을 그들 모두와 함께 나누고 싶다!" "멋진 승부였다고 생각한다. 그가 있었기에 내가 있었다. 비록 이번에는 내가 이겼지만, 그도 역시 승자다!" "우리 모두가 올림픽에 열광하고 있을 때 지구 한편에서는 지옥과 같은 재난이 있었다. 희생자들에게 애도를 표한다. 그들을 돕고 싶다!"고 말하고, 다른 모든 일정을 제쳐두고 아이티의 지진 현장으로 달려갔다면? 상금과 장려금을 모두 기부하겠다고 했다면? 올림픽 금메달을 망연자실해 있는 소녀의 목에 걸어 주고 왔더라면? 김연아 선수는 어찌될 것 같은가? 편하게 돈으로 계산해 보자. 손해를 볼까? 아니면 더 많이 벌까? 금메달이 만들어 준 영웅과 금메달 이상의 것으로 스스로 위대해진 영웅과는 그 격이 하늘과 땅 차이다. 만약 그랬다면 금메달 없는 김연아는 그동안 찍어낸 올림픽의 모든 금메달을 합친 것보다 더 값진 영광을 가지게 될 것이었다. 그렇게 금메달을 던졌다면, 그녀는 세상의 귀한 모든 것을 다 가질 수 있는 영웅이 되었을 것이다.

아무튼 그녀가 금메달로 영웅이 되었지만, 이제부터는 그의 이름으로 금메달이 빛나야 한다. 금메달이라 해서 다 같은 금메달이 아니다. 위대하려면 결단코 남달라야 한다. 그리고 그 위대한 영웅 탄생의 기회는 너무도 짧게 온다. 이런 기회가 반드시 금메달에만 주어지는 것은 아니다. 위대한 승자가 있는가 하면, 영웅적인 패자도 있는 법이다. 금메달을 목에 거는 순간은 물론이려니와 비록 꼴찌를 했어도, 혹은 억울하거나 안타까운 일로 카메라가 집중되어 세계인이 주목하는 바로 그 순간 내뱉는 말과 행동, 첫 인터뷰, 첫 소감에서 그 위대함이 결정난다. 마술의 시간은 그 짧은 몇 초간이다.

국격(國格)을 몇 차원 높일 수 있는 기회!

온갖 매체들이 김연아 우승 하나만 해도 몇조 원의 경제적 효과를 유발시킬 거라고 야단법석이다. 하지만 만약 김연아가 우승 소감으로 기쁨 이상의 격조 있는 아름다운 말을 했더라면 어찌되었을 것 같은가? 몇조가 아니라 몇백조도 가능했을 것이다. 본인의 영광은 물론 더불어 한국인의 위상도 곧장 수직 상승하였을 것이다.

해서 부탁인데, 각 선수들의 후원업체들은 이왕지사 후원비용 이상의 광고 효과를 거두려면 이런 점도 염두에 두었으면 한다. 요즘 대기업 CEO들의 인문학 강좌가 인기라고 한다. 작금의 화두가 디자인인 모양인데, 제품만 디자인하는 것이 아니라 바로 이런 일이 진짜 디자인이라는 것을 알아야 기대 이상의 효과를 누릴 수 있다.

그리고 국가 대표선수를 관리 감독하는 사람들도 시합에 나가기 전에 승전의 결의만 다질 것이 아니라 넌지시 이런 승부에 대한 철학을 교육시켜 주었으면 싶다. 한 골 넣으면, 우승하면 어떤 세리머니를 연출할까만 궁리해서야 아직 철이 없다 할밖에. 대기업 CEO들처럼 틈틈이 교양 강좌를 열어 주었으면 한다. 그들의 말 한마디, 행동 하나 하나에 따라 대한민국의 국격이 가늠되기 때문이다.

정상에서 물러나는 것은 승자의 아량이 아니다

아사다 마오는 4년 후 소치에서 김연아와 다시 한 번 맞붙고 싶다고 했다. 한참 후 김연아도 소치 올림픽에 도전하겠다고 선언했다. 그런 게 진정한 승부사다. 이제까지 명멸해 간 수없이 많은 한풀이 금메달리스트들과는 달라야 한다. 혹자는 최정상의 순간에 만족하고 깨끗이 물러나는 것을 미화하기도 하지만, 그 역시 기권의 또 다른 형태에 다름 아니다. 다음 금메달의 순도를 떨어트리는 일이다.

언제까지고 정상의 자리에 당당하게 버티고 서서 자신을 딛고 일어설 새로운 영웅이 나올 때까지 그 어떤 도전도 사양치 말아야 한다. 진정한 승부사는 승자로서가 아니라 패자로서 경기장을 물러나는 것을 부끄러워하거나 피하지 않아야 한다. 당당히 겨루어서 지고 나가는 것이 다음 영웅에 대한 예의이다. 게임의 법칙에 대한 존중이다.

그리고 기록 경쟁만이 승부가 아니다. 도요타가 기술이 모자라 눈물을 흘리는 것이 아니다. 타이거 우즈가 우승을 못해서 뭇매를 맞는 것이 아니다. 이제부터 보태는 금메달은 현재의 영광을 유지하고, 자신의 존재를 확인시키는 작업에 불과하다. 여기에 만족해서는 안 된다. 금메달을 뛰어넘

미셸 콴과 김연아. 금메달은 시작이다! 상류층 이너서클로 들어갈 수 있는 자격증이다! ⓒ연합뉴스

어야 한다.

기술이 아닌 글로벌 매너로 인생을 승부하라

그리고 여왕은 더 이상 눈물을 보여서는 안 된다. 승리에 담담하고, 절제되고 세련된, 정제된 언어와 행동으로 자신의 품격을 높여 나가야 한다. 그렇지만 오직 운동밖에는 달리 공부를 한 적이 없는 선수에게 이는 무리한 주문이다. 기술코치·안무코치·분장코디 외에 김연아만의 스토리텔링을 만들어 나갈 수 있도록 지도해 줄 인문학 스승이 필요한 때이다.

그리고 전 광고계가 그녀에게 목을 매달고 있어 다음 대회 준비하랴, 광고 촬영하랴 여념이 없었다. 그렇지만 흔하면 가치가 떨어지는 법! 영광의 부산물을 챙기는 것에 시기하는 것은 아니지만, 이제 자잘한 광고는 다 정리하고 큼직한 것 한두 건만 맡았으면 좋았겠다. 우승했다고 금·은·동메달을 다 차지하는 것은 아니지 않은가. 양지가 있으면 음지가 있고, 산이 높으면 골이 깊은 법! 인기와 광고로 먹고 사는 다른 수많은 사람들이 단 한 사람의 너무 빛나는 영광의 그늘에 가려 때아닌 보릿고개를 맞고 있음도 헤아릴 줄 알았으면. 그리고 같은 금메달을 따고도 광고 한 건 없이 벌써 잊혀져 가는 선수들도 있다.

김연아가 우상으로 삼았던 미국의 미셸 콴은 후진타오 국가주석의 미국 국빈 방문했을 때 백악관 만찬 헤드테이블에 앉았다. 글로벌 매너가 갖춰져 있어 상류층 인사들과 사교하는 데 걸림이 없기 때문이다. 이제부터 김연아가 배워야 할 것은 그같은 고품격의 글로벌 매너다. 세계의 모든 운동선수들에게 올림픽 금메달은 삶의 목표일 수 있다. 한데 그 다음은? 올림픽 금메달은 글로벌 상류층 이너서클에 들어가는 디딤돌이다. 쉽게 말해서 그들의 만찬에 초대될 수 있는 자격증을 얻었다고 생각하면 된다. 그런데 글로벌 매너가 되어 있지 않으

TV 오락프로 〈무한도전〉에 출연한 김연아 선수와는 대조적으로 그녀가 우상으로 생각한다는 미셸 콴 선수는 미 백악관 중국 후진타오 국가주석 환영 국빈 만찬 헤드테이블에서 부시 대통령과 동석하고 있었다. 성조기 배지를 달고 건배하는 부시 대통령. ⓒ백악관

MBC 〈무한도전〉에 출연한 김연아. 출연진들의 복장은 말 그대로 천방지축. 피겨 여왕의 우아한 품격을 자신의 삶으로 연결시키지 못하고 삼류 막장놀이로 전락시키고 있다. [인터넷화면 캡처]

면? 춤을 출 줄 모르는 신데렐라!

미국의 영화배우 리처드 기어는 요즘은 출연하는 영화가 드물어 그를 기억하는 팬들이 많지 않지만, 미국 상류층 사교계에선 가장 함께 식사하고 싶은 신사로 통한다. 유달리 티베트불교에 관심이 많은 그는 지금까지 달라이 라마를 구루(스승)로 섬기고 있다. 해서 해마다 백만 달러가량을 티베트 망명정부에 도네이션하고 있다. 물론 그 돈은 자기가 다 번 것이 아니다. 함께 식사한 상류층 부자들이 그를 통해 달라이 라마에게 보내는 돈이다.

김연아가 가질 수 없는 것?

지금은 많은 이들이 김연아의 눈길이며 손짓 하나에도 열광하지만, 인간이란 원래 싫증을 잘 내는 동물인지라 새로운 영웅을 찾아 나서기에 그다지 오랜 시간이 걸리지 않을 것이다. 이젠 순간의 영광을 진정한 위대함으로 가꾸는 법을 익혀 나가야 한다. 피겨의 여왕에 만족하지 말고, 인생으로 승부를 해야 한다. 그러다 보면 피겨 이후의 새로운 삶의 큰 길이 자연스레 열릴 것이다. 어찌 김연아뿐이겠는가. 미국 LPGA 우승을 휩쓸고 있는 한국 여자 골퍼는 말할 것도 없고, 여타의 모든 스포츠 스타며 연예인 할 것 없이 똑같다 하겠다.

미국의 피겨스케이팅선수 미셸 콴이 어떻게 해서 미 국무부 홍보대사로 위촉되었을까? 한국의 김연아 선수는 왜 고작 TV 오락프로인 〈무한도전〉 같은 데나 나갈까? 동계올림픽의 꽃, 피겨의 여왕이란 명성에도 불구하고 왜 글로벌 광고 모델이 되지 못할까? 둘의 자세와 미소를 비교해 보면 금방 답이 나온다. 품격으로 매니지먼트해야 부가가치를 무한대로 끌어올릴 수 있다. 금메달은 끝이 아니라 시작이다.

세계는 지금 영국의 다이애나 왕세자빈 사후 글로벌 퀸이 부재한 상태다. 사람들은 새로운 퀸의 등장을 원하고 있다. 한국 여성이라고 그렇게 되지 말란 법 없다. 예전엔 한국 선수가 피겨스케이팅에서 올림픽 금메달을 따리라곤 누구도 상상조차 한 적이 없었다. 글로벌 매너와 인문학적 소양 및 품격을 잘 가꾸어 나간다면 충분히 가능한 일이다.

Tip 끝나는 곳이 곧 시작점이다

2014 소치 올림픽에서 은메달! 완벽한 기술 구사와 뛰어난 예술미! 솔직히 그럼에도 불구하고 김연아가 안일했다고 볼 수 있다. 무난한 곡에 무난한 동작들로 구성된 프로그램. 속도나 파워, 창의적인 새로운 동작이 없이 예전의 것들을 단지 실수 없이 해냈다는 안도감만 남겼다. 아델리나 소트니코바나 아사다 마오와 같은 절박함이 없어서였겠다. 게다가 우아미(優雅美)만 예술미가 아니다. 스피드와 역동성도 충분히 아름답고 가치 있다.

그동안 아사다 마오와 김연아를 주축으로 한 피겨스케이팅이 지나치게 예술적 기교로 흘러왔다고도 할 수 있다. 아무리 피겨라 하지만 본색은 체육이다. 그런 시각에서 보면, 갈라쇼적인 동양적 취향의 피겨스케이팅이 진부했다는 심판진들의 논리도 일견 설득력을 지닌다. 아무튼 이번 소치 올림픽을 계기로 피겨스케이팅의 주무대가 아시아에서 다시 서구로 넘어가 버렸다.

문제는 시합이 있기 전부터 편파 판정에 대한 우려가 끊임없이 제기되었음에도 불구하고 그에 대한 한국측의 선제적 대응이 전무했다는 점이다. 가령 김연아가 경기를 마치자마자 링크 중앙에서 관중을 향해 스테이지 바우로 절을 하고 몸을 일으키면서 프랑스어로 "메르시 보그, 주템므!"라고 감사와 사랑의 인사말을 팔 동작—키스 제스처와 함께 던졌어야 했다. 분명 카메라가 클로즈업하기 때문에 대형 전광판에 비친 그 입모습만으로도 프랑스어권 관중들은 다 알아차린다.

이어 링크 사방 네 곳을 돌며 프랑스어와 함께 영어·러시아어로도 인사해서 관중들의 열렬 환호를 유도해 심판진들을 압도시켰어야 했다. 그랬다면 당황한 심판들이 자칫 관중들의 뭇매라도 맞을까 두려워 그런 판정을 못 내렸을 것이다. 한데 김연아는 무사히 마쳤다는 안도감에 넋이 빠져 그 자리에 축 처진 채 한동안 서 있었다. 레이스의 끝이 끝이 아니다. 진정한 영웅은 그 끝에서 태어난다. 선수나 코치나 생각이 짧았던 것이다. 참고로 이번 소치 올림픽에서의 공식 언어는 프랑스어·영어·러시아어 순이었다. 그리고 심판진들은 모두 프랑스어가 모국어(mother tongue)이거나 모국어처럼 사용하는 이들이었다.

설마 그깟 인사말로? 지난날 개최권을 두고 소치와 평창이 경쟁할

평창 동계올림픽 유치를 성공시킨 올림픽 컨설턴트 테렌스 번스. 그는 2010년 밴쿠버 동계올림픽, 2014년 소치 동계올림픽 유치를 맡아 평창을 두 번이나 물먹인 적장이었다. 남아공 더반에서의 환상적인 프리젠테이션은 전적으로 그의 손으로 연출된 것이었다. 한국인들이 정작 배워야 할 것은 두 여성의 영문 연설문 암기력이 아니라 번스의 글로벌 소통 매너 및 교섭 능력이다. [중앙일보]

때 노무현 대통령 다음으로 나선 푸틴 대통령은 먼저 프랑스어와 스페인어로 인사말을 해 전세를 역전시켰었다. 교황이 각국 언어로 성탄 메시지를 읽어 주는 것과 같다 하겠다. 무슨 사고가 터지고 나면 으레 억울하다며 스포츠 외교 부재를 탓하지만, 정작 이런 예상 가능한 일에 부딪히고서도 선제적 콘티 하나 짜내지 못해 고스란히 당하는 체육계 인사들과 감독·코치의 무능과 고루함을 먼저 탓할 일이겠다. 빅토르 안처럼 상대의 가슴 깊은 곳을 두드리는 창조적 솔루션이 없었다.

현대의 스포츠는 체육이자 소통과 교감, 사교와 교섭의 도구다. 올림픽은 웃고 뛰놀면서 세계인들과 소통하는 축제다. 아무렴 이제 한국인들도 지나치게 국가주의적 강박증으로 승부에만 집착하지 말고 가벼운 마음으로 즐겼으면 한다. 메달만 보지 말고 선수들의 매너와 품격, 인간적 성숙도까지 함께 살피는 안목을 지녔으면 싶다.

승부에는 수식어가 없다. 뒷말은 더더욱이 금물이다. "억울하게 졌다!" "아깝게 졌다!" "금메달을 도둑맞았다!"는 등의 푸닥거리는 스포츠에 대한 모독이자 자기 품격만 떨어뜨릴 뿐이다. 올림픽이란 4년마다 던지는 주사위놀이다. 오직 다시 도전하는 길만 열려 있다.

오심이든 편심이든, 아무리 분하고 억울해도 승부는 승부다. 그마저도 스포츠다. 순간적으로 판단해도 판정이 번복될 가능성은 제로다. 그렇다면 다음은? 기왕지사 금메달보다 더 값진 말 한마디! 우승자에 대한 존중과 배려! 김연아는 보다 적극적이고 분명하게 소트니코바의 우승을 축하해 주었어야 했다. 늦었지만 언론을 통해서라도 축하의 말과 함께 언제 갈라쇼에서라도 함께할 수 있기를 바란다고! 그런 게 진정한 도전이고, 진정한 승리다. 포용과 관용은 그렇게 체득(體得)하는 것이다. 위기가 곧 기회다.

사람은 자기를 이길 때 부쩍 성장한다.

언젠가 김연아는 IOC위원이 되고 싶다고 밝힌 적이 있고, 소치 올림픽 참가도 그 요건을 갖추기 위한 목적도 있었다. 그렇다면 이제부터 준비해 나가야 하는데, 처음부터 호랑이를 그려야 한다. 스포츠인에게 IOC위원이란 더없는 영예이기는 하지만, 기실 IOC위원이라고 해서 다 똑같은 건 아니다. 김운용 전 위원처럼 이너서클인 집행위원회(Executive Board)에 입성해야 명실상부한 권력과 명예를 지닌다.

노벨상이 문(文)의 축제라면, 올림픽은 무(武)의 제전이다. 노벨상위원회가 지성의 사교 클럽이라면, IOC는 야성의 사교 클럽이다. 스포츠를 핑계로 한 세계 최상급 사교 클럽 중의 하나다. 박사학위나 금메달순으로 집행위원이 되는 것 아니다. 대중의 인기가 아니라 글로벌 매너와 품격으로 승부하는 곳이다. 소통 교감 지향적 프랑스어 소양과 고품격 테이블 매너, 그리고 한국 선수들 모두가 그렇듯 겉옷 정장 상의를 부자연스럽게만 느끼는 등 발달 장애 미성년자 마인드의 극복 없이는 본선 데뷔가 불가능하다.

그리고 글로벌 최상급 사교 클럽의 공용어는 프랑스어다. IOC의 모국어 역시 프랑스어다. IOC를 창설한 피에르 쿠베르탱도 프랑스인이다. 프랑스어 없는 스포츠 외교란 있을 수 없는 이유다. 언제나 변방의 들러리일 뿐이다. 현재 김연아의 내공 수준으론 자질 부족이다. 이 일은 체육계나 김연아 개인에게만 맡길 일이 아니다. 5~10년을 내다보고 국가에서 정책적으로 육성시켜야 한다.

그런데 한국빙상연맹은 소치 올림픽에서의 판정에 대해 기어이 제소를 했다. 당연히 기각이다. 제소 이유에 소트니코바가 경기 시연 직후 심판석에 달려가 러시아 심판과 포옹한 것까지 지적했다가 "그건 매너일 뿐"이라는 단호한 핀잔까지 받았다. 말 그대로 망신이다. 그게 한국식 한풀이라 해두자. 매너도 모르는, 매너도 없는 피겨의 여왕? 결과에 승복하지 않았던 선수? 덕분에 김연아는 기껏 쌓아 온 글로벌 명성에 스스로 먹칠을 하고 선수생활을 마감했다. 그리고 장래 자신이 활동할 무대까지 망쳐 놓았다. 과연 그녀가 나중에 국제빙상연맹 이사나 IOC위원이 되고자 할 때 그들의 호의적인 반응을 기대할 수 있을까?

발상의 전환은 위기 때 빛나게 마련! 아무렴 러시아인들도 이번 판정이 진정 편파적이었다면 내심 미안함이 없지 않을 것이다. 그렇다면 이왕 놓친 금메달 대신 그에 상응하는 무형의 무엇, 즉 자신의 장래에 대한 지지를 받아냈어야 했다는 말이다. 새 여왕의 탄생을 축하해 주어 그들 모두로 하여금 자신을 존경토록 만들 수 있는 절호의 기회를 놓친 것이다.

아무튼 한국인으로서는 불세출의 글로벌 스타가 드넓은 세계 무대를 마다하고 국내에 안주하려는 것 같아 안타깝다. 진짜 비즈니스는 지금부터 시작이라는 사실을 인식하지 못했기 때문이겠다. 꿈이 크지 않았던 모양이다.

Tip 新고려인 빅토르 안, 러시아 대지에 입맞춤하다

하계올림픽과는 달리 동계올림픽은 거친 열기 대신 시종일관 긴장감을 유발시킨다. 얼음과 눈, 그리고 맨몸이 아닌 도구를 사용하는 스포츠이기 때문이겠다. 한국으로선 기대에 한참 못 미치는 성적표를 받아 쥔 소치였지만, 러시아에 귀화해서 4개의 메달을 거머쥔 빅토르 안에겐 인생 최고의 무대였다.

불똥은 고스란히 한국으로 튀었다. 올림픽 기간 내내 그가 러시아로 귀화한 배경을 두고 온갖 소문과 억측이 난무하고, 대통령까지 나서서 한마디 거드는 바람에 솔직히 이번 소치 올림픽에 대해 개운한 기억을 가진 한국인은 별로 없지만, 그는 소치 올림픽을 완전히 자기 것으로 만들어 버렸다.

만약 빅토르 안이 소치에서 메달을 하나도 따지 못했다면? 당사자로선 상상만 해도 끔찍한 일이었을 테다. 그런 무거운 강박증을 극복하고 일궈낸 성과이기에 그 어떤 메달보다도 값졌다. 무엇보다 그의 선택이 지혜로웠다. 하필이면 생소한 러시아! 개최국의 이점과 적극적인 후원을 노린 것이겠다. 아무렴 한국이 내다버린 퇴물을 데려다가 3관왕으로 길러낸 러시아가 위대했다.

신뢰가 가장 큰 힘임을 증명해 준 사례였다.

한국인에게 빅토르 안의 러시아로의 귀화는 아직도 생소하기만 하다. 그가 비록 4개의 메달을 러시아에 안겨 줬다고 해서 진정한 러시아인으로 받아들여질까 하는 의구심을 떨쳐 버리기 쉽지 않다. 작은 반도에서 누천년 이민족과의 섞임 없이 살아온 한민족에겐 '귀화'란 단어는 언제나 어색할 수밖에 없겠다. 실은 '이민'과 다를 바 없는데도 말이다.

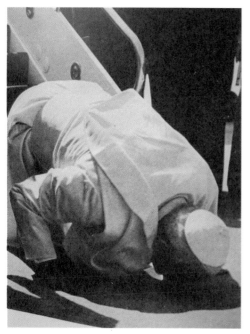
1984년 최초로 한국을 방문한 교황 요한 바오로 2세. 비행기에서 내리자마자 대지에 입맞춤했다. [국가기록원]

대체로 작은 나라의 민족들은 상대적으로 포용력이 부족한 게 사실이다. 인종적·문화적 포용력은 대국만이 가질 수 있는 충력이자 관성이기 때문이다. 해서 대국적 관용과 포용력을 배우고자 하지만 여간해서 그게 잘 안 된다. 한국인의 배타적인 기질이 반드시 굴곡진 역사에서 기인한다고 볼 수만 없는 것도 이 때문이다.

빅토르 안이 첫 우승을 하였을 때, 빙판에 엎드려 키스를 했다. 한국인들은 그 광경을 보고서 그가 너무 기뻐서 저러나 보다 했을

러시아 귀화 후 업그레이딩된 소통 능력을 발휘! 소치올림픽에서 첫 금메달을 딴 후 빙판(大地)에 입맞춤하는 빅토르 안. ⓒ연합뉴스

터이지만, 러시아인들은 그걸 단순히 세리머니로 보지 않는다. 러시아인들의 대지에 대한 애착은 다른 어떤 민족보다 강하다. 절체절명의 찬스에서 대지(大地)에 입맞춤으로써 러시아인들과 완벽하게 소통을 해낸 것이다. 그 순간 그는 '우리 러시아인 빅토르 안!'으로 모든 러시아 사람들에게 각인되었다. 예전에 교황으로선 처음으로 한국을 방문했던 요한 바오로 2세가 비행기에서 내리자마자 땅에 키스한 것을 연상하면 되겠다.

빅토르 안이 러시아에서 경기력만 키운 것이 아니라 인격적으로도 엄청난 성장을 한 것이다. 입맞춤 하나로 진정한 러시아인으로 받아들여짐은 물론 주류사회로 곧장 진입했다. 그리고 그는 이제 한·러 관계에 가장 영향력 있는 인물로 부상했다. 한국에서 그만한 인물을 어느 세월에 또 길러내겠는가? 덕분에 러시아연방에 흩어져 사는 고려인들도 큰 자부심을 가졌으면 좋겠다.

중국의 시진핑 국가주석과 일본의 아베 총리는 소치 개막식에서 치열하게 외교전을 펼쳤지만, 한국은 다음 개최국이면서도 대통령이 가지 않았다. 겨우 축제가 다 끝나갈 무렵 국무총리가 한국 선수단과 방송팀을 격려차 둘러보고 폐회식 리셉션에 참석한 게 고작이었다.

미래를 내다보고 역으로 생각하면 지금 우리가 어떻게 행동해야 할지 그 답이 명확하게 나온다. 승자가 답이다. 이젠 우리가 그에게서 배워야 한다. 아니 그에게 빌붙어 러시아를 배우고, 러시아와 가까워져야겠다. 체면이니 자존심이니 하는 소모적 논쟁은 이제 제쳐두고 보다 적극적이고 우호적으로 그를 키워 나가야 한다. 연기처럼 사라져 버린 한국인 최초의 우주인을 생각해 보면 답이 좀 더 명확해진다.

그는 다음 평창 동계올림픽에도 선수로든 코치로든 참가할 것이다. 한·러 간에 그의 영향력은 한국의 그 어떤 IOC위원보다 크다. 섭섭한 마음은 접어두고 이왕지사 한국은 그가 빙상계를 넘어 문화·정치적으로도 큰 힘을 지니도록 밀어 주어야 한다. 열린 세계관으로 빅토르 안을 끌어안아야 한다. 그리하면 언젠가는 그가 이번에 러시아에 헌납한 금메달들보다 훨씬 더 값진 일을 한국을 위해 해낼 것이다. 뿌린 대로 거둔다. 계속해서 체면을 구길 것인지, 아니면 이왕지사 대오 각성의 계기로 삼을 것인지는 우리가 하기에 달렸다.

Tip 성형수술 세계 1위 대한민국의 창조경제 뉴솔루션

성형수술 붐이 광풍처럼 몰아치고 있다. 어느 조사기관 발표에 의하면, 한국이 성형수술 세계 1위란다. 왜 그럴까? 외모 콤플렉스가 그렇게 심하단 말인가? 그런데 잠깐, 2위는 이탈리아, 3위는 그리스란다. 그리고 미국, 브라질순이다. 놀라운 현상이다. 서양 미의 기준이 그리스·로마가 아니던가? 그렇게 잘생긴 그들이 왜? 한데 더욱 희한한 것은 이들 1,2,3위 국가가 모두 반도국가라는 점이다.

사실 대륙문명과 해양문명이 뒤섞이는 반도국가는 예로부터 인종적으로 교잡종에 속하며, 주변 대륙이나 섬나라 민족보다 신체적으로 우월하고 잘생겼다. 그 때문인지 그들은 미의식(美意識)이 남달리 강하다. 유독 한국인들이 서양인에 비해 신체적 열등감을 심하게 느끼는 것도 실은 잘났기 때문이다. 지고는 못 사는 성질 때문이겠다. 그나마 잘생긴 사람이 성형수술에 더 열심인 이유가 거기에 있다. 학교에서 공부 한참 못하는 학생보다 잘하는 저희들끼리 더 시샘하는 거와 같은 이치겠다.

당연히 한민족이 동아시아에선 미적으로 가장 우월하다. 해서 외모에 그토록 신경을 쓰는 거다. 거기에다 반도 기질 때문에 주어진 그대로 살기를 거부하고 겁없이 뜯어고치는 게다. 부작용으로 인한 장애가 속출하고, 심지어 사망에까지 이르는 위험에도 불구하고 양악수술은 물론 다리뼈를 분질러 키를 늘리는 끔찍한 수술까지 거침없이 감행한다. 그게 우리 민족성이다. 조선 5백 년 동안 공자님한테 억눌려 있던 욕망과 야성(野性)이 이런 식으로 폭발하고 있는 거다.

아무튼 기왕 이 신체적 장점과 반도 기질을 잘 살리면 한국은 기실 다른 어떤 나라보다 우아하게 살아갈 수 있다. 이탈리아처럼 앞으로 아시아의 명품은 한국만이 만들어 낼 수 있다는 말이다. 아름답지 않은 민족이 신체적 아름다움을 위한 명품을 만들어 성공하기는 어렵다. 물론 독일처럼 신체와 직접 관련 없는 가구나 기계류의 명품은 그런 나라에서도 가능하다. 예능의 한류와 함께 한국 패션과 화장품이 아시아에서 먹히는 것도 이런 신체적 우월이 받쳐 주기 때문에 가능한 일이다.

그러니 이 신체적 조건이 적극 활용되는 경제 부분을 집중해서 키우는 것, 그 또한 창조경영이겠다. 그러나 양념 부족한 음식이 그렇듯, 글로벌 매너 없이는 품격 없다. 부가가치가 높아지지 않는다는 말이다. 한국인의 우월한 신체적 조건에다 품격마저 갖춘다면 명품은 절로 탄생한다. 머잖아 이 민족이 진정한 자신감을 가질 수 있을 것이다.

일본이나 중국은 이미 오래전부터 글로벌 선진국의 상류층이나 오피니언 리더들과 결혼한 여성이 적지않다. 결혼을 통해 곧바로 글로벌 주류사회로 진입하는 거다. 글로벌 무대에서 이들 여성들의 영향력은 웬만한 대사나 외교장관에 못지않다. 한데 G7 선진국가 상류층과 결혼한 한국 여성은 거의 없다. 그러기 위해선 미모나 스펙만으론 어림없기 때문이다. 풍부한 교양과 유머, 남편을 출세시킬 만한 고품격 소통 매너와 잘 정제된 품격을 갖춰야만 가능하다. 이는 훗날 한국이 G8, G9에 드는 가늠자로 삼아도 되겠다.

65 매너가 돈이고, 품격이 힘이다

다이내믹 코리아? | 3만 불 시대를 열어 갈 글로벌 마인드 | 이제부턴 국민 문화 수준과 교양이 국민 소득을 끌어올린다 | 글로벌 매너로 코리아에 대한 세계인의 인식을 바꿔야 | 글로벌 매너로 코리아 디스카운트 극복해야 | 구호에 의한 국가 브랜드보다 국민 브랜드를! | 어글리 코리언 첫 단추 입국 카드, 군말 없이 쓰기 | 코리언은 왜 영원한 글로벌 이방인인가?

좀 언짢은 이야기이지만, 요즈음 유럽 친구들의 농담 가운데 현재 세계에서 가장 얄미운 민족을 꼽으라면 한국인이 단연 으뜸이란다. 최근의 급성장에 대한 질투와 문화적인 오해도 한몫을 했겠지만, 아무튼 부끄러운 얘기이다.

사실 한국인들은 언제부터인가 유럽 선진국 사람들이 보기에 좀 지나치다 싶을 만큼 성급하고, 천박스런 행동을 많이 했었다. 그들이 보기엔 아직 한참 멀었다고 여겨지는데, 경제적인 여유가 좀 생겼다고 선진국 우습게 보는 것에 상당히 비위가 상했을 법도 하다. 그들에게 한국인은 지난 일본인들이 가졌던 '일벌레'의 이미지를 이어받은 신흥 기술국 정도로밖에 안 보이는 것이다.

이런 현상에 대해 우리가 뭐 잘못한 것도 없는데, 괜히 질투가 나서들 저런다고 코웃음으로 넘어갈 수도 있겠지만, 지금은 민족이든 국가든, 기업이든 개인이든 이미지·브랜드를 가벼이 여길 수 없는 시대이고, 그것이 곧 국부로 연결되기 때문에 결코 그냥 넘길 사안이 아니다. 억울하다며 남을 탓하기 전에 스스로 고쳐서 국제적 기준에 맞춰 나가지 않으면 결국 저만 손해다.

흔히 경제학자들이 말하기를, 국민소득 3만 불은 문화가 없으면 불가능하단다.

그러자면 먼저 일등 국가, 일등 시민이 되어야 한단다. 국가와 정부는 물론 국민 한 사람 한 사람이 멋있고, 깨끗하고, 성실하고, 친절하고, 신의가 있고, 호감이 가야만 가능하다고 한다. 자연은 아름답고, 건물도 멋있고, 거리는 깨끗해야 한다. 그것들이 국가 브랜드로써 힘을 발휘할 때라야만 2만 불을 넘어설 수 있다고 한다. 2만 불 문턱에서 헐떡거리는 한국이 바로 여기에 발목이 잡혀 있다고 간단하게 진단하는 것이다.

바로 이 점 때문에 허물 없는 사이의 유럽 친구들은 한국이 절대 선진국이 될 수도 없을뿐더러, 그런 자격조차 갖추지 못하였다고 비아냥거리는 것이다. 남보다 좋은 물건 만들어 많이 팔면 절로 소득이 올라가고, 당연히 한국도 머잖아 선진국민이 될 수 있을 것이라는 기대에 딱하다는 듯 고개를 흔든다.

일찍 터뜨린 샴페인과 선진국 흉내내기

한국은 이미 세계 10위권의 무역대국이다. 그럼에도 이 작은 나라가 변변한 자원도 없이 그만큼 이뤄냈다는 것에 자부심을 가지기엔 뭔가 이상한, 뭔가 부족한 느낌을 가지지 않을 수 없다. 그게 무언가? 여러 가지가 있겠지만, 그에 앞서 드는 의문이 있다. 사실 5천만 인구에서 그 정도로 많은 일을 했으면, 당연히 지금쯤 국민소득이 4,5만 불은 되어야 하지 않은가?

무슨 말인가 하면, 수입을 하든 수출을 하든 그만큼 많은 물량이 거래되었으면, 뭔가 떨어지는 고물이 있어야 하지 않느냐는 말이다. 그리고 그것만으로도 국민소득이 선진국만큼 되고도 남아야 정상이 아닌가 하는 것이다. 그런데도 왜 소득은 제자리걸음이냐 하는 의문을 안 가질 수가 없고, 이에 대한 반성 없이는 절대 3만 불 고지를 넘을 수가 없다는 말이겠다. 굳이 경제학자들의 진단이 아니더라도 간단히 계산이 나온다. 일은 선진국 어느 국민들보다도 열심히 했는데, 마진이 없었다는 말이다. 즉 부가가치가 낮아 경제대국에도 불구하고 소득이 시원찮다는 말이다. 땀 흘려서 그저 입에 풀칠하는 정도의 이익밖에 못 얻었다는 거다. 규모만 컸지 실속이 없는 장사만 하고 있다는 뜻이다.

가령 프랑스의 넥타이나 한국의 넥타이 할 것 없이 중국의 같은 공장에서 같은 하청 가격 1천 원으로 만든다고 치자. 그걸 한국 메이커는 1만 원에 내다파는데, 일본은 3만 원, 프랑스 메이커는 10만 원을 받는다. 이게 기술력인가? 마케팅 능력인가? 흔히 말하는 디자인의 차이인가? 물론 그런 요인도 있겠다. 그렇지만 그게 전부는 아니다. 바로 국가의 브랜드에서 오는 차이이다.

한때 일본도 고도성장기엔 '메이드 인 재팬'으로 국가 브랜드를 키워 나갔다. 하지만 지금은 아니다. 이제는 문화의 이미지로 저 밑바닥에서부터 국가 이미지를 바꿔 나가고 있다. 조선·전자산업·IT산업 분야에서 생산과 판매를 서서히 한국과 중국 등 다른 산업국에 넘기고 있지만, 속으로는 이미 그것들이 하찮게 보일 만큼의 다음 먹거리산업을 탄탄하게 다져 놓은 상태이다. 제조업에서 벌어들이는 돈의 비중이 신기술·신재료 개발 특허료, 금융·문화·관광 등 비제조업에서 벌어들이는 것에 비해 4분지 1도 되지 않은 지 오래되었다.

국가 브랜드보다 국민 브랜드를!

국민소득도 당연히 그래야겠지만, 일본의 예를 보듯 선진국을 향해 일등국민이 된다는 것이 절대 쉬운 일이 아니다. 몇몇 첨단 분야에서 점유율 세계 1위를 차지했다고 해서 우쭐할 여유가 없다. 열심히 일만 한다고 해서 되는 것도 아니다. 우리 민족의 피를 모두 갈 각오를 해야 한다. 끊임없이 공부하고 자신을 단련시키지 않으면 안 된다. 일류란 하루아침에 이루어지는 것이 아니다.

이런 이유 때문에 아마도 지난 정부 출범하면서 국가브랜드위원회라는 기구를 만들었던 것 같다. 당연히 필요한 일이라고 생각한다. 그렇지만 이제 겨우 '브랜드'라 하면 그럴듯한 구호, 제품의 디자인과 광고 정도밖에 떠올리지 못하는 인문학적 수준의 정치인·행정가·기업의 CEO들을 설득해서 국가 브랜드를 높이는 작업이 어디 그리 만만하겠는가.

이명박 정부 초기 국가브랜드위원회에서 과거에 사용해 왔던 국가 슬로건을 새로이 만드는 것을 고민했던 적이 있다. 그동안 '다이내믹 코리아(Dynamic Korea. 다이내믹: 깡패처럼 국제 질서를 어지럽혀대는 뉘앙스 단어)'를 내걸었었고, 한국관광공사에서는 더 생소한 '스파클링 코리아(Sparkling Korea. 스파클링: 밤하늘에 은하수별들이 반짝반짝 보이는 저개발 상태 국가 연상)'를 사용했던 모양인데, 이것들에 대한 반응이 부정적이라는 거다. 그외에는 한때 유행했던 '바이 코리아'와 뜻 모를 '하이 서울'밖에 기억에 남는 것이 없다.

이에 대해 어윤대 전 위원장은 '미라큘러스 코리아(Miraculous Korea)'를 대안으로 제시했다고도 하는데, 참 낯설고 어려워 보이는 단어다. 이외에도 '클린(Clean)'이나 '그린(Green)' 등의 낱말도 오르내리는 모양인데, 이것 역시 아무래도 희망 사항이지, 다른 나라에 비해 상대적인 우월성을 얻기 힘든 유행성 구호라서 자신이 없는 모양이다.

대한민국도 이젠 이런 후진적인, 개발도상국적인 구호를 버릴 때가 되었다. 어느 선진국에서도 그런 구호 내걸지 않는다. 민주 정부, 참여 정부, 녹색성장, 창조경제 등등 5년마다 내거는 구호에 세계인들은 물론 한국인들조차도 이제는 관심이 없다.

우리는 한강의 기적을 일궈내어 식민 지배와 분단의 고통 속에서 무역대국으로 우뚝 서 올랐다. 지금도 전 세계 시장에서 '메이드인코리아'의 첨단제품이 팔려 나가고 있으며, 앞으로도 자원이 부족한 이 나라가 살아갈 길이 현재의 패턴과 그다지 달라지지 않을 것이기 때문이다.

그동안 열심히 일해서 세계 시장에서 한국 제품이 잘 팔려 나가는 바람에 이 정도의 경제성장을 누리고 있다. 하지만 그 와중에 서툴렀던 점도 많았다. 소득만큼 국민 문화 수준이나 교양이 올라가지 못했고, 물건만 팔아먹을 줄 알았지, 도의나 신의를 저버리거나 돈을 번 만큼 국제사회에서의 마땅한 의무를 소홀히 한 적도 적지않았다. 극단의 정치 싸움, 노동 투쟁 등 스스로 추한 몰골을 부끄럼 없이 내보인 적이 어디 한두 번이던가.

품격경영으로 코리아 디스카운트 극복해야

3만 달러 조급증을 버려야 한다. 달러 액수며 숫자가 선진국을 만들어 주는 것이 아니다. 4대강 유원지 만들기, 광화문 광장, 청계천 광장, 골프장, 관광산업을 핑계한 싸구려 축제, 연례 행사가 된 보도블록 갈아치우기, 분수대 만들기… 등등 겉포장 꾸민다고 해서 선진국이 되는 것 아니다. 선진국들 가지고 있는 것 다 갖춘다고, 선진국민들 누리는 것 다 누린다고 해서 선진국민이 되는 것 아니다.

선진국으로 가는 길이 달러에만 있는 것도 아니다. '메이드인코리아'를 넘어서려면, '어글리 코리언'을 불식시키려면 한국인 개개인이 멋진 세계인이 되어야 한다. 상품의 질만큼 인품의 질도 높여야 국격(國格)이 올라간다. 도전과 자신감, 확신과 신뢰, 정직함과 자부심을 가진 글로벌 코리언이 되어야 한다. 글로벌 매너! 그게 없이는 결코 선진국민이 못 된다. 다음 세대를 위한 초석이라도 깔아야 한다. 또다시 5년짜리 '창조경제'란 구호에 스스로 갇혀 새로운 뭔가를 찾으려들지만 말고, 이왕의 것에 부가가치를 더할 지혜를 찾아야 한다. 기술에서 오는 부가가치는 그다지 오래가지 못한다. 반면에 품격으로 높인 부가가치는 반영구적이다.

Tip 어글리 코리언 첫 단추 입국 카드, 군말 없이 쓰기

국제선 비행기가 착륙 공항에 접근해 가면 기내방송이 나온다. 입국 카드(Immigration Card)와 기타 서식들을 미리 써두라는 안내방송이다. 작성 생략해 주는 공항들도 있겠지만 현지 체류중 다른 일로도 꼭 지켜야 할 사항이므로 노파심에 언급해 둔다.

필자가 이 대목마다 관찰해 본 결과 거의 대다수 한국인들이 해외여행 경험 횟수에 관계없이 다같이 대~한민구욱 흘림체 아니면 힘겨워 반 누운 듯한 인쇄체이다. 게다가 삐뚤빼뚤! 무성의 일색! 저급한 마음의 중심 노출! 한국인들의 마지못해 끄적댄 이같은 입국 카드들을 무수히 대하는 현지 입국 심사관들의 마음은 심할 경우 아마 이러할 것이다. '이런 써너바비치! 한국놈들은 도대체 눈깔을 뭐에다 쓰려고 달고 다니는 거야? 기본 영어 단어를 알아먹기는 하는 거야 뭐야?'

입국 카드는 아무리 바빠도 자필 이력서 쓰듯 또박또박 써야만 한다. 입국 카드 서식 제목 부근에 보면 'print'니 'block letters'라는 문구가 있다. 또박또박 정자체로 써서 빅 데이터로 고생하는 출입국 심사관들을 스트레스받지 않게 제발이지 존중 배려해 달라는 얘기이다. 문제는 이 어려운(?) 단어를 해득할 만한 가방끈 길어 보이는 칼정장 차림의 한국인들조차 여지없이 태극기 휘날리듯 펜을 휘갈겨 왔다는 게 한국적 심히 불편한 진실이다.

고분고분 쓰면 존심이 상하나? 식민 지배당했던 시절의 콤플렉스내지는 트라우마가 되살아나는가? 죄 없는 서식 종이 위에다 '짜아식들, 지들이 뭘 어쩐다구!' 식의 망나니 호기를 국민 개개인들이 거침

없이 토해 내면서 코리아 글로벌 매너 종합 단체점수 100점 만점에서 고작해야 25점이다. 러시아의 소치가 뒤늦게 뛰어들어 평창과 동계 올림픽 유치 경쟁을 벌일 때 푸틴은 이 점을 잘 알았기에, 또 노무현 대통령이 현장에서 극적인 자살골로 도와줄 줄 알고 승산이 있다 판단하고 달려간 것이겠다. 공항 세관 통관시 한국에서 오는 비행기 승객 소지품 불시 전수검사 자주 당하는 게 그냥 우연이라고 여긴다면 아직 글로벌 왕초보라 하겠다.

하나 더! 입국 카드 성별 표시란을 보면 Mr.·Master·Mrs.·Ms.·Miss로 자세히 구분해 놓은 나라도 있다. 한데 거의 99% 한국인들은 Master의 의미를 모르는 것은 물론 궁금해하지도 않는다. Master는 미성년 남자, 즉 도련님이다.

애국이라면 입에 거품을 무는 한국인이 아닌가? 입국 카드는 개인의 얼굴이자 한국인의 얼굴이다. 개개인의 사소한 존중심과 배려심이 나라의 품격을 올린다. 소중한 한 표가 민주주의를 지키듯 성의 있게 쓰여진 입국 카드 한 장이 코리아 디스카운트를 막는다. 그런 게 진짜 소통이고 매너다.

Tip 코리언은 왜 영원한 글로벌 이방인인가?

요즈음은 해외에서 하루가 멀다 하고 한국과 관련한 국제회의·이벤트·스포츠 등 각종 행사가 열린다. 그때마다 많은 사람들이 동원되고, 각종 볼거리에 푸짐한 선물까지 제공되기도 한다. 그리고는 으레 성황리에 개최하였노라고 국내에 홍보한다. 현장에 가보지 않은 사람들은 그렇게 언론에 소개되는 대로 믿고 뿌듯해한다. 과연 그런지 글로벌 매너의 시각으로 한번쯤 살펴보는 것도 나쁘지 않을 것이다.

2014년 7월 11일, 추신수가 뛰고 있는 미국 프로야구 텍사스 레인저스 구단이 텍사스주 알링턴 글로브 라이프 파크에서 열리는 로스앤젤레스 에인절스와의 경기를 앞두고 '한국인의 날' 행사를 개최했다. 7년간 1억 3천만 달러를 투자해 자유계약선수(FA) 추신수를 영입한 구단이 8만 5천여 명이 거주하는 댈러스·포트워스 지역 한인들을 야구장에 끌어들이기 위해 기획한 행사였다.

그날 오전 추신수 선수는 텍사스주 댈러스 인근 한인 타운인 캐럴턴의 유나이티드센트럴뱅크(UCB)에서 '한국인의 날' 행사를 기념하기 위해 사인회를 마련하였는데, 한국과 미국 팬 250여 명이 몰렸다고 한다. 그 자신이 해마다 구단이 기대하는 이상의 실적을 낸다면 가능한 일이겠다.

그리고 경기 시작 전 텍사스 구단은 댈러스 한인회에 한인문화회관 건립기금으로 2만 달러를 기탁하였으며, 김동찬 주 휴스턴 한국 총영사관 산하 댈러스 출장소장, 안영호 댈러스 한인회장 등 공관·한인회

팬들에게 사인을 해주고 있는 미국 프로야구 텍사스 레인저스의 추신수 선수. 정장을 했더라면 자신은 물론 한국인의 위상을 좀 더 높였을 것이다. ©연합뉴스

한인과 미국인이 섞이지 못하고 따로따로 서 있어 이들 한인이 미국 주류사회에 들지 못하고 있음을 상징적으로 보여주고 있다. ⓒ연합뉴스

'한국인의 날' 행사에서 애국가를 부르고 있는 원더걸스 멤버 예은과 한인 청년들. 이왕 정장을 갖춰 입었더라면 하는 아쉬움이 남는다. ⓒ연합뉴스

관계자는 경기 전 한국전쟁에 참전한 미국 은퇴 군인에게 메달을 증정하고 감사의 뜻을 전하였다고 한다.

또 텍사스 구단과 손잡고 이번 행사를 마련한 댈러스 한인회는 경기 전 입구에서 한국 전통북춤 공연과 사물놀이 공연을 펼쳤고, 한국관광공사 뉴욕지사는 태극 문양이 그려진 부채 1천 개와 한국 안내책자를 무료로 배포하며 한국 알리기에 나섰다. 더하여 인기 걸그룹 원더걸스의 예은이 애국가를 불러 분위기를 북돋웠다.

지난 런던 올림픽 한일 축구전에서 독도 세리머니로 물의를 일으킨 적이 있는가 하면, 또 얼마 전에는 미국 〈뉴욕타임스〉에 독도·비빔밥·불고기 광고를 낸 자칭타칭 한국홍보전문가의 엉터리 애국 홍보 광고 때문에 미국에 광고비 갖다 바치고 '한국인들 참 웃긴다'는 조롱 섞인 비판을 받은 적이 있다. 이처럼 한국인들은 소국 근성과 식민 지배를 당한 콤플렉스 내지는 트라우마 때문인지 애국이라면 물불을 가리지 않는다. 물론 대부분 순수한 자국애가 아니라 상대(외국)적 애국이다. 하여 개인들조차 한국 알리기에 막무가내로 뛰어드는데, 그게 그다지 아름답게 보이지 않을 때도 많다.

대개의 개도국이 그렇듯 우리는 그동안 코리아를 알리기 위해 무던히 애를 써왔다. 때로는 코리아 알리기 안달병에 걸린 것처럼 유난을 떨기도 했다. 한데 어떤 모습으로 기억해 주기를 바라는지에 대한 구체적인 고민 없이 무작정 나서는 바람에 오히려 역효과만 낸 적도 많다. 가령 텍사스의 '한국인의 날'처럼 사인회에 너절한 티셔츠 바람으로 나온 한국 대표선수, 감히 미국인들과 섞이지 못하고 따로국밥으로 선 한인들, 공식적인 행사에서 반바지에 막 캐주얼 차림으로 태극기를 들고 애국가를 부르는 한국의 청년들. 무작정 한국 알리기가 오히려 국격 디스카운트의 주범인 줄은 미처 생각조차 해보지 못했을 것이다.

이날 중요 식순을 맡은 '레이디' 예은의 경우 그냥 마음 편한 평상

복 차림보다는 경기장 내 한미 모든 인사들이 애국가와 더불어 행사의 의미를 차분히 되새겨볼 수 있도록 '메시지 전달용' 의상을 입었어야 했다. 가령 텍사스를 자동 연상시키는 모자나 의상 또는 품위 있는 우아한 의상을 입고 애국가를 열창했더라면 관중과 선수들 모두의 가슴에서 우러나오는 우렁찬 박수를 받아냈을 것이다. 그리고 사인하는 추신수 선수와 태극기를 든 청년들 역시 정장을 하였더라면 훨씬 품격이 높아졌을 것이다. 그리고 2만 달러 전달 기념촬영에서 한국인들과 미국인들이 고루 섞여 어깨를 나란히 했더라면 사진이 주는 느낌이 전혀 달라졌을 터이다.

디테일은 문화다.

이제 대한민국은 후진국도 개도국도 아니다. 언제까지 공짜 부채로 한국 홍보에 나설 수만은 없는 일. 디테일하지 못한 막무가내 애국 홍보를 지양해야 할 때가 되었다. 제발이지 남들에게 제 모습이 어떻게 비칠지 한번쯤 고민해 보고 애국 운동에 나서야 한다. 아무리 질 좋은 상품도 디자인·마무리·포장이 시원찮으면 제값 다 못 받는다. 디테일하지 못하면 부가가치를 높이지 못한다는 말이다.

세계 시민? 세계 속의 코리아를 외치기 전에 자신부터 살필 일이다. 천리 길도 발 아래에서 시작된다(天里之行, 始於足下)고 했다. 나의 모습이 곧 대한민국의 모습. 애국의 시작이다. 선수 한 사람, 시민 한 사람이 곧 대한민국의 품격이다. 한국을 알리려 안달하지 말고, 한국을 알고 싶어 안달하게 만들어야 한다. 품격을 갖추면 그렇게 된다. 아름답게 살면 그리된다. 디테일이야말로 최고의 경쟁력이다.

66 복지(福祉)로 선진국가 되지 않는다

운(運)과 복(福)은 성질이 다르다 | 복발(福發)과 운발(運發), 사소한 버릇이 운명을 바꾼다 | 비워도 채워지는 것이 복의 성질이고, 막힌 길도 열리는 것이 운 | 풍(風)은 곧 품격(品格), 국격을 높여야 선진국 | 적선지가필유여경(積善之家必有餘慶)으로 덕지국가(德祉國家)를 지향해야! | 한국 최초의 자원봉사단체 '주한일본부인모임'

　　지난 대선에서 도저히 질 수 없는 게임에서 졌다며 땅을 치던 민주당이 대선이 끝난 지 한 달이 지나서야 제대로 된 패인 분석을 내놓았다. 안철수는 정치적 아웃사이더일 뿐이었다거나, 문재인 후보의 사생관(死生觀)이 투철하지 못했다는 자평이다. 그간 나온 것 중 가장 정확한 분석이라 하겠다.

　　안후보는 진즉에 자신이 보유한 주식의 절반으로 재단을 설립하였는데, 얼마 후 출마 의사를 밝히면서 (혹) 대통령이 되면 나머지 절반을 내놓겠다고 했다. 차라리 아무 소리 안했으면 좋았을걸, 치명적인 실수였다. 절반을 내놓고도 옹색한 본심을 내비치는 어리석음을 범했으니 말이다. 문후보 역시 지역구 의원직 던지라는 주변의 요구를 끝까지 거부했다. 스스로도 자신이 없었기 때문일 터이다.

　　진인사대천명(盡人事待天命). 모든 걸 다 던진다는 건 자신의 한계를 넘어서겠다는 의미이다. 관상의 마지막은 심상(心相). 하늘(神)도 인간에게서 딱 그 한 가지만 본다. 그런데 두 후보는 올인(盡人事)하지 않았다. 처음부터 그저 운(運, 실은 여론)에 따르겠다는 자세였다. 욕심은 넘치는데 배짱이 부족했다. 복발(福發)로 성공한 사람들의 심성이 예외 없이 그렇다. 그게 두 후보의 한계다. 결국 민주당은 처음부터 질 수밖에 없는 게임을 한 거다.

운(運)과 복(福)은 성질이 다르다

많은 방술가(方術家)들이 대선이 끝나자 하나같이 자신의 예언이 적중했다고 한다. 하긴 뭐 안 그랬다간 당장 간판 내려야 할 판이다. 어차피 예언이란 사건이 끝나야 맞는 법이니 말이다. 그렇다 해도 그 많은 관상가들이 복발(福發)과 운발(運發)도 구분 못하다니 한심한 노릇이다.

운(運)은 행(行)이다. '돈다, 옮긴다, 궁리한다'는 의미다. 우주(해와 달, 그리고 지구)의 운행과 인간의 삶의 리듬이 어떻게 조화(조합)하느냐를 짐작해 보는 학문이다. 운(運)은 글자 그대로 나르는 것, 나아가는 것, 움직임을 살피는 것이다. 시간(타이밍)과 길(道)에 관한 일이다. 운수대통(運數大通). 운(運)이 순탄하려면 길(道)이 잘 통해야 한다.

운(運)은 관상학적으로 골(骨)과 기(氣)를 살핀다. 즉 골상(骨相)과 기상(氣相)을 위주로 살펴야 한다는 말이다. 해서 관상만 보는 것이 아니라 눈빛·피부색·목소리·말하는 태도, 특히 자세와 걸음걸이는 얼굴 못지않게 중요하게 여긴다. 그러니까 골(骨)·기(氣)를 총체적으로 살펴야 한다.

복(福)은 육(肉)으로 살핀다. '복주머니'란 말이 있듯이 복(福)은 들어와 저장하는 것을 말한다. 또 호박이 굴러 들어온다는 표현도 쓴다. 따라서 복을 많이 받으려면 그 주머니가 크고 튼실해야 한다. 반대로 주머니가 작거나, 밑에 새는 구멍이 나 있거나, 주둥이를 묶지 못하면 복을 가둘 수가 없게 된다. 이런 사람은 설사 부모가 어마한 재물을 물려주어도 어떻게 해서든 다 써버리거나 새어나간다. 게다가 그 과정에서 삶이 다 망가지고 만다.

여러 복 중 재물 복(福)의 유무, 다소는 대체로 얼굴 각 부위의 살(肉)과 색(色)을 위주로 살핀다. 특히 귓불·코볼·양볼의 두툼한 모양 등으로 판단한다. 우리가 흔히 운수(運數) 사납다고 하는 것은, 어떤 재앙이나 시비로 인해 자신의 행보가 방해받거나 물리적 구속을 받는 경우를 말한다. 또 재수(財數)가 있느니 없느니 하는 것은 이 복, 즉 재물이 들고 나는 것을 두고 하는 말이다.

지난 선거에서 온갖 방술가들이 세 후보의 관상을 두고 다들 잘생겼다고들 했다. 물론 세 후보 모두 복은 꽤나 지닌 상이다. 하지만 대통령이란 자리는 복발로는 어렵다. 운발로 봐야 한다. 떨어진 두 후보는 운발이 아예 없거나 약했다. 지지자는 많은데 운발이 없다? 성냥딱지 신세다. 해서 필자는 줄곧 그 두 후보는 안 된다고 본 것이다.

관상이니 사주니 하는 것도 결국은 오장육부와 연결된 외향적 성향과 감춰진 내적 자질 및 심리적 특성을 분별하는 경험적 통계학이라 보면 과히 틀리지 않는다. 무엇보다 실패한 두 후보는 심지(心地)가 굳지 못했다. 권력 의지가 충만하지 못했다는 말이다. 심지와 배짱은 말이나 인상으로 판단하지 않는다. 걸음걸이로 짐작한다. 박정희와 김종필의 걸음걸이가 비교의 좋은 예이다.

모든 게임은 상대가 있는 법. 따라서 승부는 상대적일 수밖에 없다. 더구나 대통령이란 자리는 게임으로 치면 결승이다. 떨어진 두 후보는 게임에 임하는 마음 자세부터 이미 지고 들어간 것이다. 나머지 여러 패인들은 모두 사족일 뿐. 운(運)이 거기까지였다. 운발(運發)이 강한 골상(骨相)을 지닌 대표적인 대통령은 이승만·박정희·전두환·이명박이다.

물론 운(運)이라 해서 반드시 정치적 성공 여부만을 의미하지는 않는다. 재벌 오너들 중에도 운발로 성공한 사람이 많다. 이병철·정주영·신격호 등 대개의 창업주들은 복발보다는 이 운발이 더 강한 상이다. 학계나 예술계 등도 마찬가지이다. 어느 분야든 최고점에 오른 사람들은 거의 다 이런 강한 운발을 지녔다.

운(運)은 주고받는 것이 아니다

혹자는 지난번 서울시장 보궐선거에서 안철수가 박원순에게 양보한 것을 두고 운(運)을 양보했다고 볼 수 있지 않느냐고 반문하겠지만, 역학적으로는 그걸 양보로 보지 않는다. 운발 없는 안철수가 포기한 것이고, 운발 강한 박원순이 기회를 잡아챈 것뿐이다. 만약 그때 안철수가 시장 후보를 양보하지 않았더라면? 대통령 후보를 양보하지 않았더라면? 다음에 다시 나온다면? 다 헛소리다. 운명론은 결과만 본다. 현상만 본다. 인정사정은 안 본다. 그래서 냉혹하다.

문재인 후보는 모든 면에서 2할이 부족한 상이다. 게다가 마지막 광화문 유세 때, 단상의 문후보 뒤에 도열해 있는 들러리 인사들을 보고 필자가 혀를 찼었다. 모조리 불길한 깻잎머리들이었다. TV 토론에서 훼방을 놓은 여성 후보 역시 깻잎머리였다. 그러니 그 정도까지 지지를 받은 것만도 의외의 성과였다고 자족할 일이다. 후보 주변으로 몰려드는 인물들만 살펴도 대충 승부를 짐작할 수 있다는 말이다.

이 깻잎머리들은 독선이 강하고 비판적인 반면에 배려심이 부족하거나 거의 없는 사람들이다. 그러니 무슨 말인들 못하겠는가. 맨입으로 보태 주는 것 같지만 역학적으론 손톱만큼도 도움을 주지 못하는 좀비들이다. 그저 그런 기회에 편승해 유명해지고 싶고, 떡고물 챙기자는 게다. 그런데도 많은 사람들은 이들이 무슨 지사(志士)라도 되는 양 착각하고 있다. 대선 패배의 후유증에서 벗어나지 못하고 있는 민주당이 정신 못 차리고 철수 타령을 하다가 결국은 합당을 하고 말았다. 한번 악연이면 영원히 악연. 악운(惡運)과의 악연(惡緣)은 더욱 질기다.

사소한 버릇이 운명을 바꾼다

세상이 암울하고 불만스러울 때, 모자나 장발로 앞을 가리는 행태가 유행한다. 요즈음 TV며 영화 등등 젊은이들 사이에 깻잎머리가 유행하는 것 역시 답답하고 불안한 심리 현상의 반영이라 보면 틀림없다. 그 와중에 깻잎머리 인사들이 젊은이들 모아 놓고 멘토한답시고 설치는 양을 볼 때면 한심스럽다는 생각마저 든다. 남의 인생 비틀어 놓는 반풍수·선무당들이다. 개중에는 심지어 신부들도 있다.

TV 토론에서 사회자의 왼쪽에 앉은 인사들 중에 이런 깻잎머리들이 많다. 그리고 영화나 드라마 중에 나오는 깻잎머리들이 맡은 역할을 보라. 모두 부정적이고 음침하고 반항적이다. 그래야 어울린다. 간혹 깻잎머리를 하고서 당당한 역을 맡는 경우가 있는데, 이때에는 왠지 그 이미지가 안 맞아 자연스럽지 못하단 소리 듣기 십상이다. 배역과 관상이 잘 어울릴 때 그 드라마도 성공한다. 뛰어난 배우는 눈으로 연기한다. 그게 자신 없는 배우들이 깻잎머리로 그 부족함을 감추는 게다.

이게 동양만의 미신인가? 아니다. 기실 서양인들은 우리보다 더 싫어한다. 서양에서는 요괴를 깻잎머리로 그린다. 역사상 최장수 영화 시리즈인 〈007〉에 필자가 감탄하는 이유는 살인 스파이 영화임에도

미들턴과 다이애나의 앞머리 스타일. 왠지 모르게 어두운 우수의 그림자를 드리우게 한 다이애나비의 앞머리. 만약 앞머리를 걷어올렸더라면 그녀의 운명은 어찌되었을까? ⓒABC뉴스

불구하고 주인공을 언제나 긍정적으로 그려내고 있다는 점이다. 이마를 훤히 드러낸 젠틀맨 스파이. 그게 바로 〈007〉의 장수 비결이다.

서양인들은 깻잎머리와는 같이 식사하거나 사진만 찍어도 재수 없어 한다. 요즈음 한국 연예인들이 어리게 보이려고 깻잎머리를 하는데, 재차 강조하지만 젊은이들이 따라 할 일이 아니다. 특히 취업 면접에서는 치명적이다. 그리고 깻잎머리를 한 아이돌 사진을 방 안에 붙여두거나 그런 친구들과 어울리는 것도 좋은 일이 아니다. 깻잎머리들은 상대와 소통할 줄도 모르고, 일방적으로 자기 주장만을 앞세우는 독선적인 자들이다.

깻잎머리들 중에는 이마가 빈약한 사람이 많다. 자신도 모르게 위장(僞裝)하는 게다. 하여 요즘 개운(開運)을 위해 관상학적으로 성형을 하고 있는데, 이 역시 적당해야지 지나치면 불운을 불러 오게 된다. 관상의 어디가 부족하다고 자신 없어할 이유 없다. 요행 바라지 말고 열심히, 타고난 대로, 생긴 대로 당당하게 사는 게 잘사는 길이다. 행운도 오히려 그런 사람에게 찾아온다. 싸이처럼 말이다.

노무현 전 대통령은 후보로 나서면서 보톡스로 이마의 주름을 펴고 살지게 만들었다. 해서 대통령이 됐지만, 분에 넘침 때문인지 결과적으로는 불행을 자초했다. 또 근자에는 곽노현과 이석기가 부실한 이마를 깻잎머리로 감추고 교육감·의원이 되었으나 역시나 짧은 영광 뒤에 추락했다. 사소한 버릇도 운(運)의 한 요소다. 따라서 버릇을 바꾸면 반드시 운도 바뀐다.

복덕(福德)은 함께한다

덕(德)을 쌓아야 복(福)을 받고, 복을 받으면 반드시 덕을 쌓아야 한다는 말이다. 흔히 복을 빌고, 복을 나눠 준다고는 하지만 이 역시 타고난 것이어서 누구와 나눌 수 있는 성질의 것이 아니다. 복을 나누는 것이 아니라 실은 가진 재화를 남에게 베푼다는 말이다. 흔히 생각하기를 그렇게 나누어 줘 버리면 자신의 복이 줄어드는 것이 아니냐고들 한다. 그러나 이는 그렇지 않다. 복주머니를 주는 것이 아니라 그 속의 재화를 나누는 것이다. 그런다고 타고난 복주머니가 비는 법은 없다. 금방 다시 채워진다.

복을 타고난 사람은 언제나 그만큼의 복주머니를 계속해서 차고 있다는 뜻이다. 설사 싫어도 어쩔 수 없는 노릇이기도 하다. 미국의 갑부 워런 버핏이나 빌 게이츠가 그토록 많은 돈을 기부하고도 계속 부자로 있는 것은 바로 복의 그러한 성질 때문이다. 그러니 부자들이여, 안심하고 남에게 베풀기 바란다.

복은 받아서 담는 것이고, 덕은 베풀어 쌓는 것이다. 많은 사람들이 절대자에게 뭔가를 갖다 바치고 행운과 복을 비는데, 기실 운(運)을 개선시키고 복주머니를 늘리는 방법은 스스로 선덕(善德)을 쌓는 것 외에는 없다. 그렇지만 억지스러운 위덕(僞德)·위선(僞善)으로는 사람은 속일 수 있어도 하늘은 결코 못 속인다. 지난 대선에서 후보 등록도 못해 본 후보가 그랬듯이. 덕 없는 복자(福者)의 전형을 보여주고 있다 하겠다.

풍(風)은 곧 품격(品格), 국격을 높여야 선진국

사람들은 당대 발복(發福) 당대 개운(開運)을 바라지만, 이 역시 역학적으로 반드시 좋은 건 아니다. 무덕(無德)·무적선(無積善)으로 얻은 발복 개운에는 필시 재앙이 따른다. 그렇게 성공한 사람이나 부자가 된 사람들 대부분 그로 인해 결국 불행해지거나 자식들 중 누군가가 치명상을 입는 경우가 많다. 특히 늙어서 들어오는 복은 자식의 복을 미리 당겨먹는다고 하여 그다지 좋게 보지 않는다. 이런 건 굳이 역학 공부 따로 하지 않고도 주변을 잘 살펴보면 알 수 있다.

《역경(易經)》〈문언전(文言傳)〉의 첫머리에 "적선지가필유여경 적불선지가필유여앙(積善之家必有餘慶, 積不善之家必有餘殃)"이라 하였다. 너무 빤한 계도용 경구 같지만, 기실 그게 《역경(易經)》의 결론이고 진리다. 제아무리 주역(周易)을 꿰뚫고, 풍수에 통달하고, 귀신을 부리는 재주를 부려 본들 이 17자에서 벗어나지 못한다. 운(運)은 덕(德)으로 열어 가야 한다.

서민경제가 갈수록 어려워지고 있다. 새 정부의 복지정책도 중요하지만 적선지가(積善之家)의 덕지(德祉)가 보다 큰 용기와 희망을 줄 것이다. 그게 진정한 노블리스 오블리주다. 국민대통합으로 가는 길이기도 하다. 복지만으로는 절대 선진국이 될 수 없을뿐더러 되어서도 안 된다. 되기도 전에 필망(必亡)한다. 복지국가(福祉國家)이기 전에 먼저 덕지국가(德祉國家)가 되어야 한다.

Tip 한국 최초의 자원봉사단체 '주한일본부인모임'

지금이야 한국에서도 온갖 봉사단체들이 생겨나 활동하고 있고, 심지어 전 세계로 나가 봉사를 펼치는 각종 민관단체들도 있다.

우리나라 최초의 민간 자원봉사단체는 일본인부인 모임이다(단체명은 미상). 이 단체는 대한제국 마지막 영친왕비인 이방자 여사가 주축이 되어 그를 따르는, 한국인과 결혼해서 한국에 와 사는 일본인 여성들이 만든 봉사단체다. 이방자 여사와 회원들은 각자가 자기 집의 작은 전기가마에서 구워낸 칠보공예 작품을 당시 신세계백화점 본점 매장에서 판매하고, 그 수익금으로 장애자들을 도왔다. 이 단체야말로 한국에서 제대로 운영된 최초의 자원봉사단체로서 자신이 흘린 땀과 노력으로 본격적으로 정례적 기부를 행하였었다.

67 다 버릴 수 있는 자만이 다 가질 수 있다

도네이션, 버림의 미학 | 어마어마한 세금을 내는 상류층들이 왜 그토록 도네이션을 강조하고 앞장서는가? | 특히나 경제가 어려운 시기엔 더욱 솔선해서 나서는가? 복덕(福德)은 함께 다닌다 | 덕(德) 없는 복(福)은 재앙! | 성숙한 인격체는 자기 완성으로 인생을 가꾼다

한국인만큼 복을 좋아하는 사람들이 또 있을까? 원래 복덕(福德)은 함께하는 것인데, 언제부터인지 사람들이 덕은 나 몰라라 하면서 복만 빈다. 간단히 말해서 대박만 나게 해달라는 말이다. 특히 출세와 재물 복에 환장한다. 발복(發福)을 위해서라면 조상묘도 언제든 파내어 옮긴다. 스스로 노력한 만큼 받았으면 되었지 대체 그 이상 무얼 더 바라는지? 아무튼 이 땅의 조상들은 죽어서도 자손 뒷바라지에 이사도 마다하지 않는다.

제발이지 이젠 묏자리니 뭐니 하는 짓거리 좀 내다버렸으면 한다. 모조리 미신일 뿐이다. 길지? 발복? 오죽 못났으면 산이나 강의 기운을 빌려 만대 발복을 꿈꾸는가? 스스로 덕을 쌓아 복을 만들 생각은 않고, 공덕(空德)에 공복(空福)을 바라는 얌체짓을 이젠 내다버릴 때가 되지 않았나? 당당하게 공덕(功德)으로 발복(發福)할 생각을 해야 할 것이다. 그게 지금 이 나라가 염원하는 공정사회·상식사회·정의 구현이 아닌가?

가진 자의 도덕적 의무를 서양에서는 노블리스 오블리주라 이르는데, 동양적 표현으론 덕(德)의 실천, 즉 덕행(德行)이다. 덕이 복을 부른다고 했다. 해서 동서고금을 통해 그토록 많은 현자들이 덕을 베풀라고 권했으면 거기에는 필시 그만한 이유가 있을 것이다. 믿음이 가

지 않는가? 그렇다면 많이 가진 분들께서 시험삼아 밑지는 장사 한번 해보시길 바란다.

노블리스 오블리주, 절반의 지혜

2010년 어느 날, 미국 최대의 갑부인 빌 게이츠와 워런 버핏이 사상 최대 규모의 기부 운동을 시작했다. 그리고 1년 후, 뉴욕에서 이들 갑부 등 14명의 유명 인사들의 비공개 만찬회동에서 미국의 4백대 부자들로 하여금 생전에 혹은 사후에 최소한 재산의 절반 이상을 사회에 기부하겠다는 서약을 하도록 하자는 운동이 시작되었다.

이에 미국의 부자들이 이 기부 운동에 줄을 서고 있다. 노블리스 오블리주의 행복을 추구하는 것이기도 하지만, 반드시 그 이유 때문만은 아닐 것이다. 그들은 누구보다도 지혜로운 사람들이다. 부(富)의 대물림이 얼마나 어렵고, 또 위험한 일인지 오랜 경험을 통해 알고 있다. 복덕이 함께해야 한다는 지혜를 깨우친 것이다.

지금 이 절반의 기부 운동은 물 건너 유럽에까지 퍼져 나가고 있다. 진정한 보수는 의무를 다하는 사람을 말한다. 노블리스 오블리주, 이들이야말로 진정한 보수이다. 그들로 인해 사회가 굳건해지는 것이다. 강한 나라는 그렇게 만들어지는 것이다. 절반의 기부에도 불구하고 그들의 부는 분명 대를 거듭할수록 늘어만 갈 것이다.

부(富)의 둑을 쌓는 지혜, 덕(德)

삼국시대에 만든 김제 벽골제는 현존하는 우리나라 최고의 인공 저수지이다. 아직까지 그 둑의 일부가 남아 있어 살펴보니 당시 흙과 생나뭇가지 섶을 교대로 쌓아서 오랜 세월 동안 허물어지지 않고 견고하게 남아 있었다고 한다. 이 공법은 일본에도 전해져 농업혁명을 일으키게 하였다. 그후 우리나라 강이나 저수지 둑을 쌓을 때에는 반드시 이 공법을 사용하였다.

재물이 물(水)과 같다면 부자는 그 둑에 비할 수 있겠다. 비가 오면 물을 가두고, 가뭄이 들면 수문을 열어 그 물을 흘려보낸다. 그렇지만 때가 되면 다시 물은 고이는 법, 평소 여간해서 저수지 바닥을 드러내는 일은 없다. 그러니 둑이 높아야 많은 물을 가둘 수 있고, 튼튼해야 오랜 세월을 견뎌낸다.

흔히 말하듯 복덕(福德)은 함께 붙어다니지만, 덕(德)은 결코 복(福)처럼 굴러 들어오는 것이 아니다. 덕은 베풀어 쌓는 것이고, 복은 들어와 고이는 것이다. 그리하여 저수지 둑을 쌓듯 복과 덕을 차례로 켜켜이 쌓아야 높이 올릴 수가 있다. 복만 쌓아서는 몇 해 못 가 폭우에 산사태나듯, 둑이 터지듯 쉬 무너져 도리어 재앙이 되고 만다. 덕 없는 복은 결코 제 키를 넘지 못한다. 흙이나 모래만으로는 건물을 높이 올리지 못하는 것처럼.

한국의 부자들이 이 절반의 지혜를 깨닫기에는 아직 너무 이른가? 재벌 가족들이 한국 경제의 거의 절반을 차지하고 있다고 한다. 아들딸, 사위·며느리, 손주, 사돈네 팔촌까지 명품 수입에서부터 동네 빵집, 커피집까지 아귀귀신처럼 집어삼키기에 여념이 없다. 흡사 가을 고구마밭에 뛰어든 멧돼지 가족들 같다.

편법 상속, 점점 깊어가는 사회 양극화, 빈부격차 심화, 청년 일자리 실종, 복지 포퓰리즘이 난무하는 중에 국회에서의 재벌때리기가 지속되자 마지못해 어느 회장이 몇천억을 기부하겠노라고 발표했었다. (예전에 죄짓고 약속한 것은?) 어차피 진정성 없는 억지 기부에 누구 하나 감동받을 사람 없겠다. 하지만 그도 잠시 비자금·횡령 등으로 재벌 회장들이 줄지어 법정과 감옥을 들락거린다. 덕 없는 복으로 하늘 높은 줄 모르고 쌓아올리는 재벌들의 성채가 얼마나 오래갈는지.

미국은 물론 선진문명권에선 도네이션 없는 사회란 상상할 수가 없다. 서민은 물론 중상류층까지. 한데 어마어마한 세금을 내는 상류층들이 왜 그토록 도네이션을 강조하고 앞장서는가? 특히나 경제가 어려운 시기엔 더욱 솔선해서 나서는가? 물론 선의의 도덕적 의무를 실행하려는 것이겠다. 하지만 그 저변엔 '현재의 사회를 계속 그대로 유지시켜야 한다'는 암묵적인 바람이 있기 때문이다. 그래야만 그들이 계속해서 돈을 모으고, 또 안정적으로 현재의 상태를 유지하고 살 수 있기 때문이다. 알거지가 되려고 기부하는 부자는 세상에 없다. 마찬가지로 세상이 뒤집어지는 것을 바라는 부자도 없다.

Tip 성숙한 인격체는 자기 완성으로 인생을 가꾼다

2013년 4월 21일, 한국을 방문한 마이크로소프트사 창업자 빌 게이츠 회장의 서울대학교 강연이 있었다. 이때 한 박사과정 대학원생이 "회사를 세우려면 자퇴해야 하느냐?"는 질문을 던졌다. 그러자 빌 게이츠는 머뭇거리며 그 자리에서 명확한 답변을 하지 못했다. 대학원생 질문치고는 한심하기 짝이 없었지만, 그렇다고 학교 안에서 그것도 공개적인 강연에서 전후 사정도 모르고 학생들더러 창업하고 싶으면 자퇴하라고 대놓고 말하기가 난감했기 때문이었을 것이다. 다음날 빌 게이츠 회장은 서울대학교에 전화를 걸어 어제 질문한 그 학생의 연락처를 물었다. 그러자 이를 두고서 한국의 매스컴들이 무슨 대단한 일인 양 떠들어대는 바람에 국회까지 나서서 창업을 위해 중퇴해도 학업을 계속할 수 있는 방안을 연구해 보겠노라며 법석을 피웠다. 완전히 초점을 잘못 읽은 난센스였다.

기실 빌 게이츠 회장이 그 학생의 전화번호를 알려 달라고 한 건 불충분했던 자신의 답변에 대해 피드백하기 위한 거였다. 스스로 성숙한 인간임을 증명하기 위해, 답변의 완성에 대한 책임을 다하기 위한 행동이었을 뿐이다. 그걸 두고 한국 언론들은 빌 게이츠 회장이 그 학생과 한국대학의 불합리한 교육제도에 대해 지대한 관심이라도 가진 줄 알고 지레 법석을 떤 것이다. 그건 선진문명사회의 성숙한 인격체들의 당연한 매너일 뿐인데도 말이다.

그런가 하면 2013년 6월 7일, 미국의 유명 푸드 칼럼니스트 필리스 리치먼(74세) 여사는 1961년 자신이 하버드 디자인대학원 도시계획학과에 입학 거부당한 것에 대한 답변을 〈워싱턴포스트〉지에 칼럼을 통해 발표했다. 당시 입학 심사를 맡았던 윌리엄 도벨레 교수가 "똑똑한 학생들조차도 결혼하면 학과 공부를 지속하는 데 어려움을 느끼고, 공부에 들어가는 시간과 노력을 낭비라고 생각한다. 당신이 어떻게 공부와 남편, 그리고 가정에 대한 책임을 양립시킬 수 있을지 구체적인 계획을 제출하여 달라"는 요지의 편지를 보내었고, 이에 그녀는 입학을 포기하고 말았었다.

그동안 세 아이를 낳고, 글 쓰는 일에 성공한 그녀는 칼럼을 통해 "당시 너무 겁을 먹어 교수의 말에 반박할 수 없었다. 결혼이 하버드 입학이나 경력에 방해가 될 줄 몰랐기 때문에 굉장히 낙담했었다. 나와 동시대를 살았던 많은 여성들은 여러 장벽에 맞서야 했다. 그럼에도 가정과 학업의 균형을 어떻게 맞출 수 있을지 결정하는 것은 나의 몫이어야 했다. 이제는 당신도 열린 마음이 되었을 것이라 생각한다. 문제는 당신이 아닌 시대의 편협했던 틀이었다"고 지적했다.

그렇게 해서 52년 전의 미흡했던 인생의 한 부분을 메운 것이다. 선진문명권의 성숙한 사람들은 이처럼 자기 완성을 위한 내면적 잠재 욕구를 가지고 있어 끊임없이 자기를 성찰하고자 노력한다. 빌 게이츠 회장 또한 그런 사람 중의 한 사람이었던 것이다.

안락한 노후가 자기 완성이 아니다.

미국 시민들 중 평소 재소자나 사회적 소외자의 인간 존엄성을 미처 인식하지 못했음에 대해 반성하는 사람들이 상당히 많다. 그리하여 자신의 공동체 의식 부족에 대해 참회하고 자원봉사나 도네이션에 적극 동참한다. 한국전쟁 때 수많은 서민들이 갹출해서 지원하고, 전쟁 고아들을 돌보며, 청년들에게는 스칼라십으로 유학시켜 주는 것에 적극 나선 것도 이 때문이다. 그렇게 자기 완성을 향해 삶을 아름답게 가꾸어 나가는 것이다.

전두환 전 대통령의 추징금 미납 때문에 국회에서 억지법을 만들어 그 가족과 친인척의 재산 추적에까지 나서 결국 온갖 비리와 은닉재산을 찾아내어 또다시 가문의 망신을 시키고 있다. 비록 강도짓으로 된 대통령이었다고는 하나 그래도 일국의 대통령인데 추징금을 두고 벌이는 짓이 비천하기 짝이 없다. 퇴임 후 그 긴 세월 동안 영욕의 부침을 겪으면서도 도무지 인간 존엄, 자기 존엄, 자기 완성에 대한 성찰은 해본 적이 없었던 것 같아 가련하기만 하다.

게다가 감옥에 줄지어 들어가 있는 재벌그룹 오너들도 역시 딱하기는 마찬가지이다. 도네이션 않는 부자를 존경하거나 동정해 주는 세상은 없다. 경멸을 숨긴 아부만이 있을 뿐이다. 이왕 버린 몸이라고 막살기에는 삶이 너무 귀하고 아름답지 않은가! 힘든 시간이지만 세상과 자신을 달리 보는 계기가 되었으면 좋겠다.

그런가 하면 2014년 8월, SK그룹 오너의 차녀가 해군 간부후보생으로 승선 복무를 하게 되었다 해서 화제가 된 적이 있다. 한데 일부 언론에서 이를 두고 '노블리스 오블리주'의 실천 운운하였다. 과연 그게 합당한 표현인지는 모르겠으나, 아무튼 '오블리주'하려면 '노블리스'해야 한다는 건 분명한 듯하다. 이 시간 한국의 많은 청년들이 각종 봉사를 위해 땀 흘리고 있다. 훌륭한 일이긴 하지만 먼저 '노블리스'해야 함도 유념했으면 한다.

68 창조경영, 몸 자세 바로 세우는 데서부터 시작해야!

창조경제의 시작은 배꼽 키우기부터 I 매너란 소통을 통해 상대와 교감하는 창(窓)이자 도구 I 상대들을 조감도처럼 내려다보고 그 속내를 훤히 통찰해 들여다보는 내공 I 협상을 유리하게 끌고 나가는 창조적 솔루션, 글로벌 비즈니스 매너의 하이라이트! I 사대 근성·피식민 근성으로 찌든 때, 글로벌 정격 매너로 씻어내어야! I 기드온의 3백 용사 이야기 I 글로벌 매너와 한국의 절(拜禮), 아주 불편한 진실

외국 영화나 다큐멘터리를 보노라면 사람들이 계곡에서 물을 마시거나, 운동장에서 놀다가 목이 말라 수도꼭지를 틀어 물을 마시는 장면이 종종 나온다. 이때 물을 떠먹을 도구가 없기 때문에 어떤 이는 손바닥으로 뜨거나 받아서 먹기도 하고, 또 어떤 이는 엎드리거나 고개를 틀어 직접 입을 갖다대고 마신다. 한데 많은 한국인들은 이런 장면을 그저 대수롭지 않게 여긴다.

한국 영화는 대개 주인공이나 하인이나 똑같이 엎드려 직접 입을 대고 물을 마신다. 바로 이런 사소한 장면 하나가 영화를 망치는 줄을 감독은 물론 배우·관객들 누구도 알지 못한다. 그 영화 한 편으로 외국인들은 한국을 아직도 미개한 나라로 인식해 버린다. 하여 기록적인 제작비를 들여 꽤 잘 만들었다고 하는 영화임에도 불구하고 도무지 해외로 수출이 안 되고, 한국에서 관객 천만 명을 돌파한 영화도 해외에선 시큰둥한 이유가 여기에 있다. 글로벌 시각에서 보면 무(無)매너, 짝퉁이기 때문이다. 불행히도 한국인들만 그 사실을 모르고 주머닛돈 모아다 바친다.

박경리의 《토지》가 명작인 이유는 양반의 품격 때문이다. 동서양을 막론하고 그 어떤 분야 어떤 작품이든 품격 없는 명품은 없다.

리더십은 테이블 매너로 길러야

한국인들은 학교 다닐 때 반장이나 회장 몇 번 해본 걸로 리더십을 지녔다고 자신한다. 때문에 어쩌다 갑(甲)이 되면 자신에게도 리더십이 있다고 착각하기 일쑤다. 하여 완장형·감투형·쩍벌남 리더들만 나오는 것이다. 이에 비해 서양인들은 테이블에서 남들과 소통하는 데서부터 리더십을 길러 나간다.

파티의 호스트를 해보지 않은 사람은 진정한 리더십이 뭔지도 모른다. 얻어먹기만 하면서 출세하기까지 굽신거리거나, 갑(甲)의 자리에서 접대만 받아 본 한국의 엘리트 중 정품격 글로벌 매너를 갖추고 호스트로서의 역할을 제대로 해본 사람은 거의 없다. 그러니 그게 얼마나 어렵고 중요한지를 알 턱이 없다. 이 나라에선 그런 사람들이 대통령·총리·대학총장·장관·CEO·외교관을 하고 있다.

바른 자세에서 상대를 통제할 수 있는 힘이 생긴다.

차츰 시야의 폭이 넓어져 테이블 전체를 조망할 수 있게 된다. 남을 바로 본다는 것은 곧 남도 나를 보고 있다는 의식을 놓치지 않게 해준다. 그래야 호스트(호스티스)로서 파티나 회합을 주재할 때 저 멀리 구석구석까지 모두를 한눈에 꿰고 제어할 수 있는 능력이 생긴다. 그런게 리더십이다.

매너란 소통을 통해 상대와 교감하는 윈도우, 곧 창(窓)이자 도구이다. 이런 게 몸에 배게 되면 어느 순간 상대들을 조감도처럼 내려다보고 그 속내를 훤히 통찰해 들여다보는 내공이 생기게 된다. 그제야 협상을 유리하게 끌고 나가는 창조적 솔루션이 가능해진다. 그게 주인장으로서의 글로벌 비즈니스 매너의 하이라이트이다.

자세가 곧 인품이다

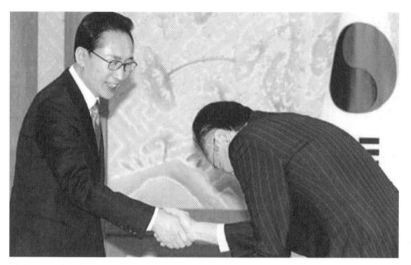

신사복의 굴욕! 어글리 코리아의 대명사격인 한국 갑을형 굽신 인사법. 신사복을 입었지만 신사의 매너를 배우지 못한 탓이다. 신사복엔 굽힘이 없다! 사대와 피식민 근성이 누천년 동안 몸에 배어야 나올 수 있는 세계 유일의 인사법이다. ⓒ청와대

바른 자세에서 바른 정치가 나온다. 표는 구걸이 아니라 설득해서 얻는 것이다. ⓒ데일리안

내공의 차이! 선거 유세 굽신 모드를 지우지 못한 대통령 당선인과 정품격 모델 폼으로 악수하는 아웅산 수지 여사. 글로벌 사회에선 바른 자세를 두고 누구도 거만하다 하지 않는다. ⓒ연합뉴스

박근혜 대통령을 예방한 중국 외교부장 왕이(王毅). 어중간한 박근혜 대통령의 왼손. 두 손으로 반갑게 악수하지 않으려면, 다른 한 손은 곧추 내려서 똑바른 자세를 유지해야 한다. ⓒ청와대

한국 청소년들의 공부하는 자세가 나빠 척추가 휘는 것이 종종 기사화된다. 한데 그때마다 전문가들은 척추가 휘는 것을 방지하기 위해 바른 자세로 앉아야 한다는 것만 강조할 뿐이다. 바른 자세가 곧 바른 인격이라는 인식은 도무지 없다.

남녀노소 불문 사관생도처럼 바른 자세면 글로벌 사회에서 일단 기본은 갖춘 셈이다. 미국의 많은 하층민이나 흑인들, 그리고 이민 온 동양계 사람들이 바르지 않은 자세 때문에 주류사회에 편입하지 못하고 있다. 해외로 진출한 수많은 한국 태권도인들의 성공도 기실 이 자세가 큰 기여를 했다고 할 수 있다. 바른 자세로 상대의 눈을 똑바로 쳐다보는 기본기가 갖춰졌기에 글로벌 매너 습득이 가능했던 것이다.

한국인들과 달리 식사 때 일본인들은 고개를 숙여 입을 그릇에 갖다대는 대신 그릇을 들어 입에 가져다 먹는 습관이 있다. 무사(武士)들의 식사 습관이다. 해서 같이 허리를 굽혀도 일본인들은 조금 다르다. 일본인들은 고개를 그대로 두고 허리를 반듯한 자세로 굽힌다. 해서 나름 절도가 있으며, 굽히는 각도도 서로 같게 맞춘다.

그런데 일본 인사법을 배운 한국인들은 그냥 굽히는 정도가 아니라 목과 어깨를 움츠리고 눈까지 내리깐다. 국그릇에 입을 갖다대는 습관이 인사할 때 그대로 나오는 것이다. 누가 봐도 주눅들고 쫄아든 비굴하기 짝이 없는 자세다. 특히나 갑(甲)에게는 완전 자라목으로 턱까지 내밀어 말 그대로 짐승격이다. 사대 근성에다 식민노예 근성, 그리고 위선까지 보태진 것이다.

글로벌 사회에서 공손 혹은 겸손이란?

지난 대선 기간중 문재인 후보의 유세장을 찾은 조국 서울대 교수의 굽신 인사가 언론에 올라 화제가 된 적이 있다. 아무리 존경한다지만 명색이 서울대 교수가 유분수해야지, 정권의 시녀임을 보여주는 상징적인 사진이라며 비웃음을 산 것이다.

집단생활을 하는 짐승들은 먼저 힘으로 서열을 가린다. 오랜 사대와 반골, 피식민 지배, 그리고 독재와 피독재 근성으로 심성이 뒤틀어진 한국인은 상대가 자기보다 더 숙이면 으쓱해하고, 굽신대면 기특해하며, 목까지 움츠리고 낮춰 내밀면 득의양양해한다. 그냥 처분에 맡기겠습니다! 인사라기보다는 갑(甲)과 을(乙)의 관계, 계급·서열을 확인하는 의례라고 하는 것이 더 정확하겠다. 철저한 계급사회다.

그러나 이런 자기 비하 내지는 가학적 인사법을 세계인들은 도무지 이해하지 못한다. 오히려 인간 존엄성을 포기하거나 무시하는 어이 없는 일로 인식한다. 봉건사회도 아닌데 웬 노예? 인격체로서의 자격 상실이다. 해서 짐승으로 여기기 때문에 경원시하여 같이 놀기를 꺼리는 것이다.

겸손하게 사양하고 자기를 낮추는 게 미덕? 그건 국내에서 우리끼리 사적인 관계에서만 사용해야 한다. 한국과 일본을 제외한 다른 나라에는 그런 개념이 전혀 없다. 겸손이 아니라 비굴로 인식할 뿐이다. 하여 상대로 하여금 자비심 대신 오히려 인종차별하고 싶고 짓밟아 버리고 싶은 잠재된 동물적 충동을 불러일으키게 한다.

인간은 누구나 동등하다. 배려와 환대가 누구를 낮추거나 높이기 위함이 결코 아니다. 상대를 자신과 동격으로 존중하기 위함이다. 왜냐하면 상대의 존엄성이 곧 자신의 존엄성이기 때문이다. 겸손조차도 당당한 자세에서 눈이나 언어로 표현해야 한다.

지나치게 자신을 낮추는 건 상대에 대한 배려가 아니다!

따라서 상대도 인격체로서 조건을 갖추어야 한다. 인격체로서 온전하지 않은 사람을 대접한다는 것은 짐승을 사람으로 대하는 꼴이다. 이는 자신도 짐승격임을 선언하는 행위가 된다. 그러니 선진국 사

한국인에게선 극히 드문 정품격 악수 자세. 상대방의 눈을 보며 악수하는 신창재 교보생명 회장. [교보생명 제공]

헨리 폴슨 미국 재무장관과 인사하는 중국 부총리 왕치산(王岐山)의 내공. 글로벌 정격 매너로 철저히 훈련된 중국 지도자들의 모습을 단적으로 보여주고 있다. ⓒ연합뉴스

악수의 정품격 모델 폼. 엘리자베스 영국 여왕과 악수하는 미국 배우들. 인사(인격)엔 계급이 없다! [인터넷 화면 캡처]

요르단 라니아 왕비에게 허리 굽혀 우아하게 절하는 프란치스코 교황. 귀부인을 존중하는 건 기사도 정신! ⓒ연합뉴스(AP)

교 클럽에 이런 짐승격 혹은 꿔다 놓은 보릿자루를 데리고 갔다간 데려간 그 회원조차 예외 없이 퇴출 내지는 일정 기간 클럽 출입금지당한다. 집으로 초대했다간 가족들로부터 가장으로서의 신뢰를 의심받게 되는 것은 당연한 일이다.

한국인은 근 1백 년 동안 주체적·주동적으로 살아온 적이 없다. 독립·자주·주체·인권·민주·동등·평등·진보·정의 구현·사대 극복·식민 극복·종북 탈피·종미 탈피 등등 유독 한국인들이 좋아해서 김치처럼 하루도 거르지 않고 입에 오르내리는 용어들이지만, 실은 그만큼 트라우마 내지는 콤플렉스가 크고 많다는 것이다. 한(恨)이 많은 것이다. 한국인들어 이에서 벗어나려면 먼저 자세부터 바로 세워야 한다.

꿇을지언정 숙이거나 굽히지 않는 것이 무격(武格)이다.

국제관계건 비즈니스관계건 글로벌 품격의 기본 뼈대는 신사도, 즉 기사도이다. 글로벌 매너는 당당함에서 시작한다. 겸손하고 온유하되 당당해야 한다. 당당하지 않은 겸손이나 온유는 곧 비굴이거나 자신 없음이다. 허리 굽히고 고개 숙이는 각도만큼 메이드인코리아의 글로벌 시장 가격이 깎인다. 형식적인 겸손을 버리고, 바른 자세에서 적극적인 배려와 환대로 나아가야 한다. 자세가 바뀌면 반드시 생각도 바뀐다.

한데 서양인들도 예외적으로 한국인처럼 인사할 때가 있다. 귀부인이나 VVIP 여성과 인사할 때 확실한 인상을 심어 주기 위해 손등에 키스하듯 허리를 잔뜩 굽히고 절을 하기도 한다. 이때에는 공연을 마친 오페라 가수가 무대에서 관중을 향해 리드미컬한 팔 동작과 함께 허리를 굽혀 답례(stage bow)하듯 하면 된다.

세기의 여배우였던 오드리 헵번은, 그의 자녀들에게 보낸 편지글에서 "아름다운 자세를 갖고 싶으면 결코 너 혼자 걷고 있지 않음을 명심하라"고 했다.

창조경영의 시작은 배꼽 키우기부터!

예전에 삼성그룹 이건희 회장은 "마누라와 자식 빼고 다 바꾸자!"며 강력하게 혁신을 주문해 우리 사회에 상당한 파장을 미쳤었다. 또 "한국 정치는 삼류"라고 했다가 난리가 난 적도 있었다. 구태의연한 사고에서 벗어나 발상의 전환을 통해 창조경영을 하고자 몸부림친 충격요법이었다. 덕분에 삼성은 눈부신 성장을 거듭했다. 하지만 청와대나 관료·정치인들은 그때나 지금이나 변함없이 삼류다.

그마저도 이제는 옛이야기. 마누라·남편도 여차하면 바꾸는 시대를 맞았지만, 그러고도 못 바꾼 게 매너다. 만약 그때 삼성이 기술이나 제품을 넘어 글로벌 매너까지 세계 일류를 주창했었더라면 지금쯤

눈높이 대화 자세 정품격 모델 폼. 어린이 환자와 푸틴 러시아 총리. 모스크바연방 소아혈액면역종양센터에서. ⓒ로이터

아무리 어려도 정장을 차려입으면 숙녀로 대하는 것이 신사의 기본! 모스크바에 새로 문을 연 아동병원을 방문해 선물을 준 아이의 손에 입을 맞추고 있는 푸틴 러시아 총리. ⓒ로이터

꼬마 숙녀님이 단 배지가 너무 예뻐! 오바마 미국 대통령의 어린이들을 향한 눈높이 응대. 영국 방문중 캐머런 총리와 함께. ⓒ백악관

북한의 김정은도 어린이와 눈높이를 맞추기 위해 자동으로 무릎을 꺾어. 글로벌 코드 준수는 국가불문 각급 지도자의 기본 매너! [연합뉴스]

영국의 윌리엄 왕세손과 케이트 미들턴 왕세손빈이 생후 8개월 된 아들 조지 왕자와 뉴질랜드를 방문했다. 윌리엄 왕세손 부부가 블렌하임 세이모어 광장 전쟁기념비에 헌화한 후, 케이트 미들턴 왕세손빈이 광장을 찾은 아이들과 이야기를 나누고 있다. 2014년 4월 10일. ⓒ로이터

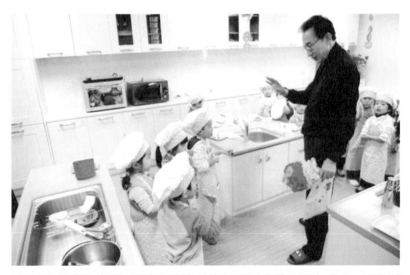

웬 무서운 아저씨? 이명박 대통령과 겁먹은 아이들. 어린아이들은 동물적 본능으로 자기보다 키가 큰 사람에게서 두려움을 느낀다. 해서 반드시 자세를 낮추어 눈높이를 맞춰 주어야 한다. 그런 게 상대방에 대한 배려다. ⓒ청와대

글로벌 정격 모드 아닌 한국적 대충 모드로 어린이를 상대하고 있는 박근혜 대통령. 방송인 강호동노 어린이 앞에서는 무릎을 꺾어 앉는다. 한국 최고지도자들은 매너 교육을 한번도 받아 본 적이 없음을 증명하고 있다. ⓒ청와대

악습의 토착화, 그리고 유전! 잘못 배운 어린이의 일본 백화점식 인사법에 엉거주춤 동조하는 박근혜 대통령의 자책골 정치 이미지 사진. ⓒ청와대

세계 일등 제품을 넘어 수많은 명품들로 세계 시장을 주도하고 있을 것이다. 품격 없인 명품·명문·명가 없다.

지난번에 사고를 친 영훈국제중학교가 그 한 예가 되겠다. 저품격 매너에서 무슨 창조적인 발상이 나오랴. 굽신대는 사람이 만든 제품에 신뢰가 가는가? 오너가 감옥에 들어가 있는 기업이 만든 제품을 비싸게 사주고 싶은가? 인간 존엄성을 모르는 사람이 만든 작품에 경외심이 우러나올 리 없다. 배보다 배꼽이 더 큰 것이 명품! 그 배꼽의 크기가 곧 품격의 차이다. 배꼽 키우기가 바로 창조경제다. 그런데 허리 굽히고, 고개 숙이고, 똑바로 쳐다보지도 못하고, 숨도 제대로 못 쉬면서 어찌 배꼽을 키우랴.

이 시대의 새마을 정신은 품격경영

다시 새마을운동 붐이 인다더니 그 기록물이 유네스코 세계기록유산에 등록될 거란다. 새마을운동과 창조경제? 오죽 창조적 아이디어가 빈곤했으면 장롱 속 새마을운동일까? 다시 통일벼 심자는 구호처럼 들린다. 이 시대가 요구하는 발상의 전환 없는 복고풍이라면 대한민국 정말 희망 없다. 이번 정권이 지상과제로 삼고 있는 창조경제를 두고서 노벨경제학상을 수상한 바 있는 외국인 서울대 겸임교수가 "불쉿(Bullshit, 허튼소리)"이라고 했다니, 그 시작이 어디여야 할지 좀 더 고민해야 할 듯하다.

대통령은 끊임없이 부처 장관들에게 창조경제에 대한 아이디어를 내라고 독촉해대지만, 기실 언제 공무원이나 관료·정치인들이 창조경제를 한 적이 있었던가? 하지만 기업에선 지금도 24시간 밤을 새우며 개발하고 연구하고 고민에 고민을 거듭하고 있다. 창조경제는 그들이 하는 거다. 그러니까 관료들더러 어디 누가 창조경제한 것 찾아 빨리 보고하라는 것밖에 되지 않는다.

제도든 기술이든 의식이든 매너든 중단 없는 혁신만이 미래를 보장한다. 결국은 사람이다. 최고의 기술을 확보하기 위해 끊임없이 노력하는 만큼이나 최고의 글로벌 매너를 습득하기 위해서도 투자를 해야 한다. 고품격 매너로 인적 자원을 디자인해 나아가야 한다. 그래야 창조경영, 창조경제가 가능하다. 인간개조, 기업개조, 국민개조! 글로벌 사회에서 "한국 사람들이 달라졌어요!"란 소리가 나와야 한다.

글로벌 무대에서 하인 취급당하는, 공자의 나라 중국에서도 찾아볼 수 없는 굽신 인사법을 우리 식이라 고집하는 것은 어리석은 일이다. 한번 식민 지배당하면 그 노예 근성 극복하는 데 한 세기가 걸린다고 한다. 꺾어진 나무는 다시 바로 서지 못한다. 꽃대든 지조든 꺾임은 한순간이지만 다시 세우기는 그렇게 힘든 것이다. 해서 새삼스레 더 엎드리고, 더 굽히고, 더 움츠리고, 더 숙이라는 게 아니라 그냥 바로 서자는데도 그게 그리 어려운 게다. 주인 의식 없는 예(禮)는 굴종일 뿐이다. 우리 세대가 반드시 이 질긴 타성의 심줄을 끊어내야 한다.

품격경영! 로컬경영 5년짜리 대통령은 못해도 글로벌경영 대기업 오너라면 능히 해볼 만하겠다. 존경받으면서 우아하게 돈 더 많이 버는 일이다. 안할 이유가 없지 않은가? 그러지 못하면 이제 도태되는 일만 남았다.

Tip 기드온의 3백 용사 이야기

흔히 테이블 매너라 하면 우선 좌빵우물에, 포크와 나이프·스푼·와인잔 위치 등에 대해 말한다. 하지만 이런 것들에 대해 하등의 신경 쓸 필요도 없고, 굳이 따로 배울 일도 아니다. 그런 건 웨이터·웨이트리스 등 서비스업종에 종사하는 사람들이 어련히 알아서 할 일이다. 손님 중 누구도 그런 일에 관심 없다. 진짜 식탁에서 중요한 건 본인의 매너. 그 중에서도 몸 자세다. 테이블 매너의 기본은 정확한 몸 자세에서 출발한다.

　서양인들은 식사 때 냅킨으로 앞을 가린다. 하지만 한국인들은 굳이 그런 가림수건이 필요치 않다고 여겨 걸치지 않을 뿐 아니라, 고작 식후 입을 훔치는 데 사용하거나 처음 놓인 그대로 두고 식사를 마치기도 한다. 그리고는 서양인들이 지나치게 깔끔을 떤다거나, 손으로 음식을 집어먹던 서양의 보통 사람들이 포크와 나이프를 사용하게 된 지도 불과 2백 년밖에 안 되었다고 낮춰보기도 한다.

　그들은 식사 때 등을 곧추세우기 때문에 냅킨으로 앞을 가린다. 왜 그렇게까지 불편함을 자초하느냐? 우리처럼 입을 그릇 가까이에 가져가면 심지어 국이라 해도 흘릴 일이 없는데? 하지만 서양인들의 관념에선 고개를 숙여 입을 갖다대고 먹는 것은 인격체가 아니라 짐승격이다. 사람이 아니라 개나 소로 본다는 말이다.

　게다가 한국인은 하나같이 식불언(食不言)! 서양인들에게 식사는 단순히 배고픔을 해결하기 위한 밥먹기가 아니다. 대화와 소통의 장으로 식담(食談)을 즐긴다. 관심과 배려에서 상대(話者)를 주시해야 하기 때문에 상체를 꼿꼿이 세워 시선을 상대방의 눈에 둔 채로 앞에 놓인 접시의 음식을 입으로 가져간다.

　얼마 전 한국의 어느 TV에서 해외 요리를 소개하는 프로가 있었다. 요리전문가인지 여행전문가인지는 잘 모르겠으나 한 한국인이 유럽의 어느 지역을 찾아다니며 유명한 요리의 조리 과정을 비춰 주고 또 자신이 직접 시식하며 음식을 소개하는데, 문제는 그 역시 음식을 입에 넣을 때마다 고개를 푹 숙여 짐승격을 해보였다는

기드온의 3백 용사 같은 자세로 눈을 들어 잠재적인 적을 향해 보며 밥을 먹는 이라크 파병 미군 병사. ⓒ로이터

오바마 대통령의 아침식사 자세. 진정한 고수는 어떤 순간에도 상대의 시선을 놓치는 법이 없다. ⓒ로이터

거다. 옆의 냅킨은 그대로 두고. 글로벌 매너 빵점인 그 프로를 한국 안방이니까 볼 수 있는 거지, 다른 나라에서라면 진즉 쓰레기통으로 직행했을 것이다. 그와 유사한 외국 프로를 흉내낸 것 같은데, 카메라 들고 음식만 찾아다녔지 테이블 매너까지 챙겨 가야 한다는 사실을 미처 눈치조차 못 챈 것이다. 음식을 교섭과 소통의 도구로 인식하지 못하고 아직도 그저 혀를 만족시키는 기호품, 배고픔을 해결하는 먹거리, 노동의 연료로 여기는 머슴적 사고에 머물러 있다는 방증이겠다. 카메라만 있으면 똑같이 찍을 수 있다고 생각하는 몽매함을 언제나 깨칠 수 있을는지 아득하기만 하다.

《성경》의 〈사사기〉 제7장에 기드온의 3백 용사 이야기가 나온다.

기드온이 그를 좇아온 백성들을 모두 모아 골짜기 반대편의 적과 대치하게 되었다. 그러자 여호와께서 백성들이 너무 많은즉, 두려워하는 자는 돌려보내라 하니 2만 1천 명이 돌아가고 남은 자가 1만 명이었다. 그러나 여호와께서 다시 그 1만 명도 너무 많다 하였고, 그들 모두를 강가로 데려가 물을 마시게 하였다.

하여 그 백성들 가운데 개처럼 엎드려 물을 마신 자와 무릎을 꿇고 물을 마신 자들을 가려 모두 돌려보내고 나니 남은 자가 3백 명뿐이었다. 손으로 물을 떠서 마신 자들이었다. 여호와께서는 그 3백의 용사들에게 야습할 것을 명해 적을 물리쳐 승리를 거두게 하였다.

그들은 물을 마시기 위해 머리를 숙이지도, 또 무릎을 꿇지도 않고 쪼그려 앉되 바른 자세로 손바닥으로 물을 떠서 입에 갖다대어 핥아 먹었다. 물을 마시면서도 눈길은 강 건너편의 적을 주시했다. 그래서 고개를 숙이지 않았던 것이다.

무사(武士)에겐 찰나의 방심도 허락되지 않는다. 어떤 상황에서도 긴장을 늦추거나 목표물을 놓쳐서는 안 된다. 글로벌 비즈니스 전사라면 반드시 이 무사의 정신으로 식사테이블에 앉아야 한다.

Tip 글로벌 매너와 한국의 절(拜禮), 아주 불편한 진실

유길준의 《서유견문》 회고에 의하면, 보빙사 민영익은 최초의 사절단을 이끌고 미국 방문길에 올라 태평양을 건너는 내내 선실에서 유학 책을 읽으며 공자왈 맹자왈 하였다고 한다. 그리고 1883년 9월 18일, 뉴욕의 한 호텔 대회의장에서 미국 제21대 체스터 아서 대통령이 비스듬히 지켜보고 있는 가운데 마룻바닥에 엎드려 머리를 조아리는 예를 올렸다. 그로부터 130여 년이 지났건만 아직도 이 나라 지도자들과 관료들은 허리·어깨를 못 펴고, 또 고개를 들어 상대의 눈을 똑바로 쳐다보지조차 못하고 있다.

코가 땅바닥에 닿도록 납작 엎드려 절하는 민족은 전 세계에서 유독 일본과 한국 두 나라 사람들뿐이다. 아이러니하게도 동양 예법의 종주국인 공자의 나라에서도 이런 인사법은 없다. 한데 왜 이 두 나라

70년대 코끼리표 전기밥통과 함께 수입된 일본 백화점 현관 입구 도우미식 배꼽인사법. 상대의 눈을 못 보고 그냥 내리간다. 손님을 왕으로 모시겠으니 그저 물건만 사주십시오! 명품은 굽신거리며 팔지 않는다. [인터넷 화면 캡처]

대선 패배 후 백팔배 아닌 백배 퍼포먼스. 석고대죄 아닌 방석대죄. 구차스러운 사적(私的) 상상력으로 대한민국 품격을 다 떨어뜨리고 있다. 게다가 '어린' 백성들을 위해 한글로 구구절절 너절하게 써붙이는 자비로움까지! 국민을 고작 초딩 수준, 계몽의 대상으로 여기고 있음이다. 공(公)에 대한 개념, 타인의 시각에 대한 인식, 품(品)과 격(格)에 대한 인식이 조금이라도 있다면 국회의원을 안했으면 안했지 이런 발상 못한다. ⓒ데일리안

만 그같은 인사법이 일상화되었을까?

그 첫째 원인은 오랜 사대 문화 때문이겠고, 다음은 방에서 신을 벗게 되는 온돌방과 다다미방 때문일 것이다. 특히나 한민족은 누천년 동안 중국에 사대를 하다 보니 중국인들보다 더 납작 엎드려서 중국인들이 보기에 기특할 정도로 예의바른 오랑캐라는 인식을 심어 주려 했던 것 같다. 동방예의지국! 동방배례지국! 해서 어떻게 해서든 오랑캐 딱지를 떼고 싶었던 것이다.

그런데 21세기 한국인들이 글로벌 무대로 나가는 데에 있어 가장 큰 걸림돌이 바로 이 절(拜)이다.

사실 인간을 포함한 무리지어 사는 동물 세계에서 서열 확인은 필수! 승복의 표시로 가장 많이 쓰는 방법이 곧 눈을 내리깔고 상대 앞에서 자세를 낮추는 것이다. 문명화된 인간사회의 절(拜) 역시 이 동물적 시절의 습관이 발전한 것이겠다. 이후 신(神)이란 절대자가 생기면서 이같은 큰절은 신이나 신에 버금가는 절대권력자에게 바쳐졌고, 인간끼리 일상에서 주고받는 보다 가볍고 다양한 인사법들이 만들어졌다.

특히 개과나 고양이과에 속하는 포유류들 사회에선 강자에 대한 복종의 표시로 먼저 눈을 내리깔고 얼굴을 바닥에 붙여서 자신을 낮춘다. 원래 인간도 그같이 했을 것이다. 그러다가 차츰 문명화되면서 장유(長幼)·계급·직위·갑을(甲乙) 등 서열을 확인하는 인사법으로 진화한 것이리라. 하지만 차츰 땅바닥에 엎드리는 동물적 인사법을 불편하게 여기면서 그에 상응하는 인사법을 찾게 된다. 바로 읍(揖)이다. 두 손을 맞잡아 얼굴 앞으로 들어올리고 허리를 앞으로 공손히 구부렸다가 몸을 펴면서 손을 내리는 방식이다. 이때 병장기를 든 무사들은 한 손만 올리고 허리를 굽히거나 고개를 숙이지 않았다. 바른 자세로 본연의 임무를 수행해야 하기 때문에 생략했던 것이다.

손(팔)을 올린다는 뜻은 그 높이만큼 자신을 낮춘다는 의미이다. 즉

손이 곧 땅바닥으로 가슴까지 올리면 꿇어앉음을, 이마까지 올리면 땅바닥에 이마가 닿도록 엎드린다는 의미가 되겠다. 그런데 한국의 큰절은 두 손을 이마에 댄 것으로도 부족해 그 상태에서 다시 무릎 꿇고 엎드려 땅바닥에 이마를 찧는다. 복종과 숭배, 인류사에서 가장 극진한 인사법이다.

아무튼 이런 봉건적인 인사법도 서양에서 계몽주의가 일어나면서 인간은 그 개개인 각자가 존엄하고 서로 평등하다는 인격(인권)사상이 생겨나 사라지게 되고, 일부 종교 행사나 전통적인 제례, 공연의 무대 인사에서만 남게 되었다. 인간은 눈으로 교감하고, 언어로 소통하며, 손으로 의사 표시를 할 줄 아는 동물이다. 해서 온몸으로 하는 인사법(拜)을 짐승 내지는 노예의 인사법으로 여겨 차별화하였다.

한국의 선비(文士)적인 시각에선 무릎을 꿇는 건 큰절, 허리를 굽히는 건 반절이기 때문에 무의식적으로 무릎을 꿇는 것보다 허리를 굽히는 것이 덜 굴욕적이라 여긴다. 반면 서구에선 허리를 굽히는 것을 오히려 더 굴욕적으로 여기는 무사(武士)적 시각을 갖고 있다. 해서 눈높이를 낮춰야 할 적엔 허리 대신 무릎을 구부려 바른 자세를 유지한다.

그렇다 하더라도 우리끼리야 누천년 동안 해오던 관습이니 누가 뭐라 하지 않겠지만, 문제는 글로벌 시대를 맞아 한국인들의 이런 전통적인 인사법이 우리의 주 상대방 선진문명사회권에선 비인간적인 인사법으로 여긴다는 데에 있다. 인사는 나이·신분·우열을 확인하는 절차가 아니다. 서로가 소통 가능한 동등한 인격체임을 인정하는 행위이다. 바로 이같은 인식에 중국은 문화대혁명 과정에서 개안, 구시대 인사법이 사회 전반에서 일거 완전 철폐되었다. 그러나 한국에서는 경제근대화, 더 나아가 무역 1조 달러 대국으로 올라선 지금까지도 '인사'는 곧 '절'이라는 봉건적 등식이 자동 작동하는 바람에 좀체 글로벌 무대에서 바로 서지를 못하고 있다.

해서 상대를 바로 쳐다보지도 못할뿐더러 악수를 하거나 건배를 할 적에도 저도 모르게 허리가 굽혀지고 고개가 숙여지며 눈을 내리까는 바람에 짐승격 내지는 하인격임을 자초하고 있다. 이 버릇을 고치지 않고서는 제아무리 해방·독립·자주·주체·자유·평등·정의, 그리고 비정상의 정상화를 외쳐 본들 그저 사회 발전 단계 미성숙자들의 잠 속의 푸념으로밖에 들리지 않는다. 아직 식민지인 근성, 사대 근성의 때를 못 벗겨낸 것으로 여길 뿐이다.

세상은 본디 바르고 굽은 적이 없다. 스스로 굽어보면 굽어 있고, 바로 서면 바로 보인다. 제 몸 하나 똑바로 세우지 못하면서 세상이 바로 서기를 바라니 그저 어이없을 뿐이다. 인격은 바른 자세에서 나온다. 바른 자세에서 바른 생각이 나온다. 비굴과 굴욕은 전인적·사회적 인격체 함량에서 기준치 미달인 자들이 스스로 만드는 것이다. 눈과 언어로 소통하면 인격, 고개로 소통하면 짐승격, 허리로 소통하면 하인격으로 구분하는 것이 서구인들과 옆나라 중국인 등 선진문명 사회권 사람들의 기본적인 인식 코드다. 기껏 상대를 우대해 주고 하대받다니 이런 억울할 데가 어디 있으랴마는 세계인들더러 그 인식을 바꾸어 우리 식을 따라 하라고 강요할 순 없는 노릇. 아무튼 인사에서 절을 빼지 않으면 한국은 언제까지나 글로벌 변방에 머무를 수밖에 없다.

모든 인격은 동등하다. 인사는 인격의 확인이다. 인사는 만남의 확인으로 그쳐야 한다. 인격체는 말과 눈, 그리고 손으로 인사를 나눈다. 인사와 절(拜)을 분리하되 절은 제례나 의례에서만 사용해야 한다. 대한민국이 진정한 민주주의, 성숙한 선진사회로 진입하려면 이 절인사법부터 고쳐야 한다.

69 참을 수 없는 한국인들의 글로벌 지랄 추태

꽃보다 할배? 꽃보다 누나? | 배낭 메고 파리 시내 휘젓고 다니는 한국인들 | 노벨문학상 수상을 바란다면서 뻔뻔함, 까불기, 그리고 천박함으로 코리아를 마구 디스카운트 | 유치 개그 건배사도 한류? | 한국 산악인은 왜 글로벌 사회에서 존경받지 못하는가? | 꽃보다 누나들의 역한 구린내 | 한국 톱클래스 연예인들의 교양 수준 | 천방지축, 오두방정도 때와 장소는 가려야! | 분수를 모르는 역겨움, 영국에서 '뒤통수맞은 무한도전' | 중국 황제까지 감동시킨 조선 선비의 글로벌 품격

정권이 바뀌면 임명직 기관장들의 진퇴 문제로 홍역을 치르는 것이 이제는 아예 관례화되어 국가의 에너지를 소모시키고 있다. 법으로 보장된 임기이니 끝까지 해먹고 나가겠다는 측과 새 술은 새 부대에 담아야 하니 좀 비켜 줬으면 좋겠다는 측의 줄다리기, 그 사이에 끼어들어 역성드는 야당. 모두가 국민을 짜증나게 한다.

법대로? 선비는 불사이군(不事二君)이라 하였거늘 언제부터 이 나라 선비들이 이토록 뻔뻔해졌을까? 아무리 보장된 임기라 해도 그건 자신을 간택했던 옛 주군의 세상에서나 통할 일이다. 이미 정권 말기에 임명받을 적엔 그 임기를 다 못 채울 것이란 각오를 하였어야 했다. 법을 핑계대기 전에 체면과 지조를 지켰어야 했다. 정히 봉사이군(奉事二君)하고 싶으면 새 주군에게 재신임을 물을 일이다. 국민이 뽑아 준 것도 아닌데 국민을 위해 봉사 운운하는 것도 억지스럽고, 설사 계속해서 그 자리를 맡아 달라고 해도 뿌리치고 나오는 것이 선비의 도리겠다. 아무튼 이 땅에서 염치가 사라진 지 참 오래되었다.

오두방정도 때와 장소는 가려야

2013년 9월, 안홍준(새누리당) 국회 외교통일위원장이 한미동맹 60주년 기념 행사 참석차 미국을 방문한 자리에서 내놓은 발언들이 사실과 부합하지 않거나 확정되지 않은 내용들을 담고 있어서 한바탕 논란이 되었었다. "전작권 이양, 구체적인 연도 아닌 조건 협상 중" "방위비 분담금 2000억 증액 협상중" 등등 민감한 현안과 관련해 사실과 다른 얘기를 특파원 간담회에서 늘어놓는 바람에 정부를 진땀 나게 했다 한다.

아니나 다를까 안위원장은 그날 저녁 한미 인사들이 참석한 가운데 케네디센터에서 열린 한미동맹 60주년 기념 리셉션 축사 후 건배사로 '사우디'를 제안하였는데, 무슨 의미인지 아는 참석자가 드물었다. '사'는 사랑을, '우'는 우정을 뜻하고, '디'는 경상도의 비속어 '디지도록(죽도록)'에서 따온 것이라는 부연 설명까지. 그나마 통역자가 이를 '영원히(Forever)'라고 영어로 옮겨 천만다행이었다고 한다. 한국식 억지 유치 개그 건배사를 미국에까지 들고 나가 코리아 디스카운트를 자초한 것이다. 망둥어 뛰자 꼴뚜기도 따라 뛴다더니, 참 별것도 한류란다.

한국 산악인은 왜 글로벌 사회에서 존경받지 못하는가?

언젠가 케이블TV 디스커버리 채널에서 에베레스트 산 밑 자원봉사 응급 의료캠프에 관한 다큐멘터리를 방영한 적이 있다. 공교롭게도 주목받은 내용인즉슨, 한국원정대 베이스캠프의 전속요리사가 고산병에 걸렸는데 하필 응급 의료캠프에서 주사약 처방을 잘못하는 바람에 사경을 헤매는 급박한 모습이 실황 취재 방영되었다. 이때 서양인 간호사가 환자를 마구 흔들어대면서 눈물로 울부짖으며 절규하는 말이 방송에 나왔다. "그렇게 살인적인 박봉을 잘 견뎌냈는데, 이처럼 허무하게 죽게 되다니… 안 돼!" 사경을 헤매는 동양인 화면 아래께에는 '한국원정대 쿡'이라는 영어 자막이 선명했다. 이 광경이 전 세계에 방영된 것이다.

한국의 산악인 누군가가 히말라야 14좌를 완등하고 북극점·남극점 정복했다 해도 뉴질랜드 출신 등산 영웅 에드먼드 퍼시벌 힐러리 경(卿)처럼 영국 왕실에서 기사 작위와 칭호를 주지 않는 이유가 바로 여기에 있다 하겠다. 한국 산악인들이 인격체로 보이지 않기 때문이다. 글로벌 사회의 시각으로는 히말라야의 영웅이 아니라 임금을 착취하는 야만인으로 보일 뿐인 게다.

꽃보다 할배? 꽃보다 노망?

한국에 온 지 좀 오래된 유럽 친구들이 하는 말이 있다. 한국 드라마는 왜 그리 시끄럽고 과격한가? 그리고 한국 영화에는 웬 욕설이 그리 많은가고 불평 겸해서 충고를 한다. 어렵게 살던 시절 지나자 지난날의 진중함은 간데없고 대신 가볍고 천박하기 짝이 없는 문화가 대세를 이루고 있다.

작년에 TV에선 〈꽃보다 할배〉라는 새로운 '꺼리'가 화제가 되었었다. 아무렴 이런 천방지축 프로를 국내에서 찍어 안방에서 우리끼리 보고 넘긴다면 누가 뭐라 하지도 않을 것이다. 문제는 그 로케 현장이 외국, 더구나 유럽 한복판 파리를 휘젓고 다니면서 객기를 부렸다는 데에 있다.

다 늙은 탤런트들이 등산도 아닌 관광을 다니면서 웬 배낭? 그것도 떼를 지어 몰려다니며 갖은 객기(추태)를 다 부리고 있어 과연 현지인들을 얼마나 눈살 찌푸리게 했을지 짐작하고도 남겠다. 물통에 소주를 넣어가 식당에서 마시는 장면에서는 머리끝이 솟구칠 만큼 경악스러웠다. 아무렴 식당측이 마지못해 허락했다고는 하지만 속으로 얼마나 비웃었을까. 언제까지 이런 눈물겨운 망가지기 가학적 코미디를 보고 있어야 할까? 이러다가는 머잖아 '한국방송촬영사절'이라는 안내문을 내건 식당이 나올지도 모르겠다.

평균 나이 76세, 한국의 대표적인 탤런트라면 그래도 '노블리스 오블리주'의 모범적인 매너와 품격은 지켰어야 하지 않을까? 나이에 걸맞지 않은 출연 제의라면 거절해서 자기 관리를 해야 할 나이가 아닌가? 언제까지 도전 정신에 불타 망가지기를 자초할 것인가? 늘그막에 아기놀이가 새삼 즐거운가? 아니면 세계를 제패할 야망이 없는 젊은이들에게 용기를 불어넣기 위해 세상이 별거 아니라고 가르쳐 주려는 가상함에서인가? 게다가 미국에서 대학 공부까지 한 40대의 적지 않은 나이 이서진까지?

아무리 대본대로 연기해야 하는 광대라지만 그만한 경륜이면 뭐가 달라도 남과 달라야 하지 않을까? 한국의 톱클래스 고소득자 연예인들이 술값 아끼려고 소주 숨겨들고 가서 마시는가? 그런 거지 근성이 어찌 소문나지 않겠는가? 현지에선 그렇다 치고 한국에서 그 프로를 보는 외국인들은? 정히 소주 아니면 안 되겠다 싶을 정도면 정식으로

코르크 차지(Cork Charge)를 내고 품위 있게 서빙을 받았어야 했다. 그리고 시내 관광에선 배낭이 아니라 간단한 남성용 숄더백이 기본이다. 그 정도의 매너도 모르는 한국의 원로 연예인들, 그것도 떼지어 다니며 코리아 디스카운트시키고 있다. 그마저도 웃고 넘어간다 치자. 그런데 그 꼴을 보고 세상을 만만히 여겨 막

드디어 파리 점령 혹은 오염! 국내 톱클래스 연기자들이라 할지라도 할배가 되도록 글로벌 매너가 전혀 준비가 안 되었다면 해외 로케 가는 곳마다에서 코리아 국격 디스카운트에 획기적으로 기여할 것은 자명한 일이다. [인터넷 화면 캡처]

살아도 되는 줄 착각하게 될 이 땅의 청소년들은?

예전엔 예비군복 입으면, 또 한때는 남녀 불문 추리닝 입고 너도나도 망가지더니, 요즘은 등산복에 배낭 메고 산과 도심을 헤집고 다니며 망가지고 있다. 그러다 이제는 인기 원로연예인(배우)들까지! 글로벌 시대를 맞아 애들 따라 늙은이들까지 밖으로 나가 동서남북 모르는 막 캐주얼 복장으로 지랄 추태다. 유재석·노홍철로도 모자라는가? 애늙은이들의 역겨운 애교! 완전 80년대 '쨉(Jap)' 수준이다. 촬영팀들도 고급 레스토랑·호텔·결혼식장 등 공공 장소에서 작업할 경우 정장을 하는 것이 예의다. 해외 로케 나가기 전에 배우며 탤런트는 물론 작가·감독·카메라맨 등 모두들 인성 회복을 위해 글로벌 소양 교육 좀 받고 나갔으면 싶다.

〈꽃보다 누나〉들의 역한 구린내

〈꽃보다 할배〉에 이어 〈꽃보다 누나〉까지 나섰다. 이번엔 좀 만만한 미개국(?) 크로아티아다. 역시나 떼거리로 나섰다. 프로의 목적 자체가 수다이기 때문이겠다. 한데 여자들이어서 그런지 배낭 여행이 아니라 가방 여행이다. 커다란 트렁크를 끌고 좁은 민박집으로 비집고 들어가는 것부터가 완전 난센스다. 게다가 대형 머플러까지 두르고. 여행자의 복장이 아니라 말 그대로 연예인 복장이다.

물론 내용 대부분이 저희들끼리 주고받는 주제 없는 통속적 신변잡담에다 구질구질한 사생활 들여다보기다. 심지어 여자들 방에다 카메라 설치해 놓고 훔쳐보기를 즐기란다. 한 여주인공의 짜증나는 변비 얘기를 늘어놓더니, 기어이 큰것을 본 일이 무슨 빅뉴스라도 되는 양 호들갑이다. 요리를 할 줄도 모르면서 이런저런 재료 사다가 대충 해먹기, 제작진들과 김치 쟁탈전. 그러니까 해외에서의 안방놀이다.

노천카페(식당)에서 가져간 과자 꺼내먹기! 이전에 할배들이 파리 식당에 소주 가져간 것과 같은 거지격이다. 카페에 앉았으면 그곳에서 판매하는 과자나 음료를 주문하는 것이 당연지사. 남부럽지 않게 사는 사람들이 얌체 아줌마들처럼 매너 없는 짓을 저질렀다. 평소 한국에서 그렇게 살았나 보다. 게다가 카페를 떠날 때 하나같이 의자들을 널브러진 상태 그대로 두고 떠났다. 밀어넣고 나왔어야 했다.

참고로 서구에서는 같은 식당이나 카페일지라도 홀과 노천 테이블의 가격 체계가 다르다. 노천이 상대적으로 싸다. 그리고 혹 여러 명이 들어갔다가 의자가 모자란다고 해서 한국에서처럼 마음대로 옆테이블의 빈 의자를 가져다 앉는 것은 금물이다. 더구나 그쪽 테이블에 손님이 앉아 있는 경우에는 더 큰 무례가 아닐 수 없다. 때로는 양해를 구하는 것조차도 실례가 되니, 그마저도 반드시 웨이터에게 부탁해야 한다.

한국 톱클래스 연예인들의 교양 수준

배낭 여행일수록 보다 철저히 공부하고 준비해야 함에도 불구하고 〈꽃보다 누나〉는 사전 기획 없이 닥치고 막가파식 여행이었다. 현지인 내지는 문화 대상들과의 만남 같은 건 없고, 그저 구경꾼으로 저희들끼리 몰려다니며 수다 떨다가 온 것이다. 애초부터 황당한 장면을 재미로 포장해 팔려는 의도였으니 까짓 게 필요할 리 없었겠다. 해서 성공한 연예인에게 어울리지 않는 억지 연기(객기)를 유도한 것이겠고, 품격에 대한 개념조차 없는 연예인들이 출연료 벌고 공짜 여행한다니까 혹하여 따라 나섰을 것이다.

크로아티아의 고급 문화에 대한 사전 지식이 없다 보니 가는 곳마다에서 매번 놀라자빠지는 시늉을 한다. 심지어 성당의 고고하고 경건한 예술적 분위기에 압도되어 눈물을 흘리기까지. 저녁 길거리 조명등과 상점 쇼윈도우의 동화 속 같은 아름다운 광경에 기가 죽어 넋이 나가 버렸다. 한데 그 멋진 길에 지나는 사람도 별로 없을뿐더러 이 〈꽃보다 누나〉들처럼 감탄하는 현지인이나 관광객도 없다. 그런데도 이 늙은 누나들은 가는 곳마다에서 "우아!" 해대며, 난생 처음 해외 여행 나선 시골 할머니들처럼 촌티나는 감탄사를 연발해대었다. 크로아티아의 도시예술과 생활의 질적 수준이 그만큼 높을 줄은 짐작도 못했다는 것일 테다. 크로아티아가 후진국인 줄 알고 무턱대고 여행 갔다가 놀라 눈이 휘둥그레지다니! 아무렴 한국의 소득 상위층에 속하는 톱클래스 연예인들이 그동안 어떻게 살아왔는지를 짐작케 하고도 남음이 있는 광경이었다.

재주가 승하면 혼이 없다고 했다.

성공한 연예인들의 빈티나는 여행? 부자들의 거지 흉내내기! 재미있으면 그만? 아무리 일회용 종이컵 같은 대중 오락프로라지만 해도 너무한다. 까불어도 너무 까분다. 분수를 몰라도 너무 모른다. 현실을 똑바로 직시할 용기가 없어 가식적이고 변태적인 웃음에 집단 매몰되어 가고 있는 시청자들! 유명인들의 위선적이고 유치한 망가짐에 위안을 얻고자 하는 암울한 세대! 역겹고 구차스런 모습, 비굴한 느낌을 애써 모른 척하고 억지 수다로 낄낄대며 웃으라고 강요하는 저급한 예능프로가 미세먼지처럼 한국사회를 병들게 하고 있다.

예전에 정명훈 서울시립교향악단장의, 프랑스나 일본에 비하면 쥐꼬리만큼밖에 안 되는 수준의 판공비를 두고 시의회에서 시빗거리가 된 적이 있었다. 심지어 그가 출장길에 오를 때 이용한 비행기 좌석을 두고 따지는 한심한 해프닝까지 벌어졌었다. 시민의 세금으로 다니려면 저렴한 이코노미석이어야 마땅하다는 논리겠다. 한국을 대표하는 음악가가 초라하게 비행기 이코노미석에 앉아 있으면 국격은 뭐가 되나? 그런 게 미담(美談)인가? 설사 그분이 서울시립교향악단장이 아니어서 개인적인 비용으로 비행기를 탄다 해도 결코 이코노미석이나 비즈니스석을 이용할 순 없는 일이다.

싫든 좋든 그만한 위치와 명성을 가진 사람은 그에 어울리는 좌석에 앉지 않으면 안 된다. 그게 품격이다. 다같이 망가져 버리면 국격은 누가 지킨단 말인가! 그게 그렇게 아까우면 애초에 정명훈과 같은 세계적인 지휘자에게 맡기지 말았어야 했다. 돈 적게 들이고 정명훈의 세계적 명성을 이용하겠다는 그 얌체 같은 심보로는 결국 너 죽고 나 죽는 결론밖에 나오지 않는다. 작금의 대한민국이 이 묻지마식 평등주의 때문에 병들어 가고 있지 않은가! 그런 게 정의 구현인가? 예전에 《정의란 무엇인가》라는 책이 생뚱맞게 한국에서 베스트셀러가 된 적이 있다. '품격'도 모르면서 '정의'는 알아서 무엇하랴!

한국의 톱연예인이라면 마땅히 호화유람선이나 오리엔탈 특급 특실, 고급한 식당에서 우아하게 식사하는 여행이어야 한다. 그리고 사전에 교섭하여 그 나라 연예인이나 예술가들과 만나 격조 있는 만찬과 대화는 물론 댄스 파티까지. 그리고 그들이 직접 안내하는 문화유적 답사 및 공연예술 관람, 유람선 갑판 위나 노천카페 의자에 앉아 느긋하게 책읽기, 글쓰기 등 정품격 매너와 교양미 넘치는 코리언 주인공이 만든 고품격 여행프로, '꽃보다 할배들, 누나들'이 아닌 '꽃보다 신사, 숙녀'를 언제쯤 볼 수 있을까? 그냥 딴따라로 막살 건지 멋지게 글로벌 신사숙녀로 품위 있는 인생을 구가할 건지 생각 좀 해가며 방송 출연했으면 좋으련만!

기본기 부재의 한국 방송인들

한국의 어린이집, 유치원, 초중고등학교 교사들의 행색을 보면 과연 저런 사람이 선생일까 하는 생각이 절로 들 때가 많다.

'세월호' 참사 40여 일 만에 어느 신문에 '세월호를 말한다'는 좌담회에 다섯 명의 중고교 교사들이 나왔는데, 그들 복장이 가관이다. 추념적 분위기는 고사하고, 공적 이슈를 다루는 공식 회의에 너절하기 짝이 없는 옷들을 걸치고 나왔다. 정장 개념 완전 제로다. 그렇게 스스로 품위를 갖추지도 못하면서 무슨 사건만 터지면 교권 침해, 교사의 권위 추락, 선생 대접 안해 준다며 불평들이다. 특히 진보를 주창하는 교사들일수록 더 심하다. 사진이 먼저 눈에 들어오는 바람에 기사를 읽기도 전에 짜증부터 난다. 말 다르고 행동이 다를 것이라는 선입견이 들어 그들 주장에 신뢰가 가지 않는다.

요즘 텔레비전 프로에 갖가지 테마의 세계 여행기가 넘쳐난다. 한데 그 주인공의 매너를 보면 역겨울 때가 많다. 우선 복장이 막말로 개판이다. 여행 내내 막옷 캐주얼이다. 산이나 시골 들판을 걸을 때, 시내를 관광할 때, 남의 가정이나 식당·술집·공연장에 들어갈 때, 유명인의 묘를 참배할 때 등등 그때마다 분위기에 맞는 옷으로 갈아입는 꼴을 못 봤다. 주인공이 그 모양이니 함께 간 작가나 카메라맨들은 오죽했으랴?

당연히 테이블 매너는 짐승격이다.

와인 농장에 들러 시음한다며 따라 주기가 무섭게 벌컥 삼키고는 엄지손가락 세우는 장면에선 시청자의 낯이 뜨거워진다.

더 황당한 건 누가 방랑객 아니랄까봐 처음부터 끝까지 배낭을 메고 다닌다. 남의 집안·가게·박물관 등등의 실내에서도 불룩한 배낭을 멘 채 휘젓고 다니는데, 심지어 비좁고 위험한 물건이 많은 주방에까지 배낭을 메고 불쑥 들어가 보는 이를 아찔케 한다. 붐비는 시장이나 좁은 가게에서 배낭으로 물건을 떨어뜨려 깨거나, 박물관 같은 데서 유물이라도 손상시킨다면? 실제로 유럽의 많은 박물관(미술관, 기념관, 생가)들은 입장하기 전에 배낭과 우산은 물론 카메라까지 맡기게 하는 곳도 있다. 신발 위에 덧버선을 껴신고 들어가야 하는 궁전도 있다. 관람객에 대한 서비스가 아니라, 혹여 본인이나 주변인이 그런 것들에 걸려서 유물에 손상을 끼치는 것을 예방하기 위해서다.

시청자들에게 이국의 문화와 유적·풍경을 소개하는 것도 좋지만 허구한 날 싸구려 음식점, 시골 농가에서 밥 얻어먹기만 하지 말고 고급한 레스토랑, 중상류층 가정에 초대받는 풍경도 보여줬으면 한다. 그러기 위해선 주인공은 물론 촬영진 모두가 기본적인 글로벌 매너를 갖추고 나가야 할 것이다. 아무렴 현지인들에게 '코리아가 어디 붙어 있는지 몰라도 기본은 되어 있는가 보다!'라는 인상이라도 남기고 왔으면 싶다.

또 근자에 시어머니와 함께 남아시아 다문화 가정 며느리가 친정집 나들이 가는 프로를 자주 방영하고 있는데, 한국 시어머니의 매너가 가난한 현지 사돈댁에 비해 현저히 떨어지고 있어 보는 이로 하여금 눈살을 찌푸리게 할 때가 많다. 비록 가난하다고는 하나 친정어머니의 차림새는 나름 점잖고 아름답다. 그리고 흡사 한국의 60년대처럼 예(禮)의 전통이 살아 있다. 그에 비해 한국 시어머니는 몸뻬 차림에다 사돈댁을 무시하고 막대하는 듯한 조심성 없는 언행으로 품격을 떨어뜨리기 일쑤여서 아슬아슬할 때가 많다.

아무튼 한국의 저질 방송 드라마와 오락프로가 어글리 매너의 주범들이다. 잔뜩 제작비 들여 명품으로 치장해서 고품격의 영화·드라마·광고 영상을 만든다고 애써 보지만, 고급 이미지를 구축하지 못하고 실패하는 주된 이유가 바로 글로벌 매너 부재 때문임을 언제쯤 깨치게 될까? 수없이 많은 외국의 명작들을 보면서, 주연들의 뛰어난 연기력 등 영화적인 요소 외에 매너와 품격을 볼 줄 모른다면 한국 영화는 세계 무대에서 언제까지나 삼류를 면치 못할 것이다. 품격 없인, 인격 없인 명작 없다. 그러니 제발 망가질수록 재미있는 프로가 된다는 발상으로 국민들을 더 이상 오염시키지 말고, 공공(公共) 개념 좀 지니고 작품을 만들었으면 한다.

이제 한국이 노벨문학상 수상을 바란다는 것이 단체점수 과락이란 이 현실에서 얼마나 허황된 일인지 짐작할 것이다. 문학적 업적이야 문외한이 감히 뭐라 할 수는 없겠으나, 한국인 후보로 해마다 우리끼리 주목하는 그분의 글로벌 매너 품격 개인점수나 남에 대한 배려, 인류 공통의 관심사에 대한 고뇌가 과연 얼마나 깊은지 한국인인 필자도 잘 모르겠다. 아무렴 젊은 시절 한때 얻은 명성으로 지금껏 대접받고만 살아온 건 아닌지? 글로벌 사회에 연줄이 닿아 있는 국내 외국인들의 시각에서 볼 때 '꽃보다 할배들'과 얼마나 다른지? 혹여 우리가 남의 눈치도 읽지 못하는 억지스러움으로 해마다 김칫국 마시는 건 아닌지? 천방지축 문화를 이대로 두고는 국격 절대 못 올린다.

대중 문화 시장을 열어가는 한류를 넘어 품격을 선도하는 한류가 되기를! 그래야 지속 가능한 한류가 가능해진다.

Tip 분수를 모르는 역겨움, 영국에서 '뒤통수맞은 무한도전'

예전에 모 참모총장이 대통령의 유럽 순방에 따라가 가슴에 그동안 받은 훈장을 모조리 달고 영국의 찰스 황태자를 예방했었다. 그러자 찰스 황태자가 예의 참모총장의 등을 쓰다듬으며 "여기에도 달고 오지 그랬소!" 하고 우스갯소리를 했다 한다.

재작년에 작고한 모 춤꾼이 예전에 곱사춤을 추어 보이자, 철없는 교수들과 평론가들이 '한국적 한(恨)을 승화시킨' 춤이라고 하늘 높이 띄웠었다. 뭐 거기까지는 좋았는데 차돌도 바람이 들면 천리를 난다더니 드디어 해외 공연까지 나가게 되었다. 한데 영국에서 그만 공연도 못하고 쫓겨오고 말았다. 장애자가 된 것도 서러운데, 그걸 흉내내서 희롱하는 걸 예술이라니? 이런 정신나간 사람들이 어딨냐며 내쫓아 버린 것이다. 원래 병신춤이란 조선시대 선비나 한량들이 술 처먹고 놀다가, 또 놀다가 더 이상 재미가 없을 때 웃자고 병신 흉내내며 깔깔대던 천박하고 야비한 놀이였다.

2014년 1월, 한국에서 대박을 터트린 영화 〈설국열차〉가 북미권 개봉을 앞두고 R등급(17세 미만 관람 불가) 판정을 받았다. 폭력적인 장면과 욕설, 그리고 약물 내용 때문이란다. 폭력과 약물이야 미국 영화에서도 흔한 장면일 테고, 분명 한국 영화의 끔찍한 욕설에 미국인들이 아연실색했을 것이다.

대한민국에서 가장 품격 없는, 국격을 떨어트리는 주범을 꼽으라면 단연 '예능프로그램'이라 불리는 저급한 TV 오락프로겠다. '예능'이란 단어를 얼토당토않게 왜 거기에 갖다 붙였는지 이해가 가지 않지만 말이다.

오 마이 갓! 쇼킹 대한민국! 무한도전. [인터넷 화면 캡처]

영국 지상파 채널4의 다큐멘터리 프로그램인 〈더 그레이티스트 쇼 온 어스(The Greatest Shows On Earth)〉에서, 2013년 3월 MBC 인기 예능프로그램 〈무한도전〉의 촬영 현장을 방문해 녹화 장면들을 카메라에 담아갔다. 여성 진행자 데이지 도노반은 3월 21일 방송된 〈무한도전〉 '명수는 열두살' 편에서 영어 교사로 출연하기까지 했다. 그리고 색다른 문화에 즐거워하는 모습들을 찍어 자국으로 돌아갔다고 한다.

그런데 지난 7월 8일, 영국에서 방영된 〈더 그레이티스트 쇼 온 어스〉에서 데이지는 "이 나라에서는 웃기는 게 어려워 보이지 않는다. 일단 문화적 차이 때문에 도대체 이 프로그램이 왜 이렇게 인기가 많은지 이해가 되지 않고, 이유도 알 수 없다"고 피력했다. 이어 자신이 직접 프로그램에 출연했다며 해당 방송분을 소개한 뒤, "이 쇼의 재미 포인트를 전혀 이해할 수 없었다. 뭐하는 건지 모르겠다. 이 나라를 이해할 수 없다, 혼란스럽다. 80년대나 성행했을 슬랩스틱 코미디류에 웃다니!"라고 조롱하듯이 말했단다.

방송은 또 〈무한도전〉 제작진이 촬영 장비를 운반하는 도중 욕설하는 장면을 여과 없이 내보내기도 했다. 이 소식이 알려지자 한국의 네티즌들은 "뒤통수맞은 느낌이다" "우리나라 인기 프로그램을 이렇게 폄하해도 되는 것인가"라며 불쾌하다는 반응들을 보였다고 한다.

실은 이것이 가감 없는 대한민국의 글로벌 품격 수준이다. 그렇지만 청맹과니들의 호들갑, 무뇌아 어처구니들의 천방지축, 나이깨나 먹은 연예인들의 지능 미달 어리광, 집단 자위행위적인 억지웃음에 더없이 잘 길들여진 한국인들, 도무지 현실 파악, 주제 파악, 공사(公私) 구분이 안 되는 것이겠다. 한국인들은 예능프로들이 부추기는 천박하고 경박한 놀이에 너무도 잘 웃는다. 천박함을 경멸하기는커녕 오히려 경쟁적으로 즐긴다. 바보스러움의 미학? 망가짐의 쾌감? 절대 망신 무한추락! 코리아 품격 디스카운트의 주연들이다. 덕분에 영국에서 꽤 오랫동안 한국 상품 가격 올리기 어렵게 되었다.

일단 뛰고 볼 일? 인간이 추구해야 할 보편적 가치라곤 눈을 씻고도 찾아볼 수 없는 저급한 한류로 세계 속의 코리아? 완전 난센스다! 글로벌 시각, 아니 제정신으로만 보아도 그야말로 '세상에 이런 일이?'겠다. 선진국에선 사람 대접 못 받고, 후진국 오염시키는 무례한 짓 제발 그만해야 한다. 남의 눈에 비친 제 모습 똑바로 볼 줄 모르면 결코 선진 주류사회에 못 들어간다. 글로벌 본선무대는 그들의 눈을 통해서 올라가는 곳이다.

Tip 중국 황제까지 감동시킨 조선 선비의 글로벌 품격

페테르 파울 루벤스의 〈한복 입은 남자〉

박근혜 대통령이 취임 후 미국 순방을 마치고 돌아오는 길에 로스앤젤레스 폴 게티 미술관에 들러 페테르 파울 루벤스의 〈한복 입은 남자〉를 감상하고 왔다. 역시나 그 그림을 보고 무슨 생각을 하였을까?

이 〈한복 입은 남자〉를 두고서 모델이 된 남자가 과연 조선인인가, 배를 타고 온 〈베니스의 개성 상인〉 안토니오 꼬레아가 아닐까 등등 구구했지만 확인된 것은 없다. 임진왜란이 끝난 지 얼마 되지 않은 1617년, 로마에서 일할 때 그린 것으로 알려진 이 그림에 루벤스가 제목이나 설명을 남기지 않았기 때문이다. 다만 1935년 영국의 미술사학자가 그림 주인공의 의복과 머리장식을 보고서 'A Man in Korean Costume'이라고 이름 붙인 것이다. 아무튼 인상이나 의복, 양손을 소매 속에 낀 자세가 한국인에게 매우 익숙하고, 상투 모양이 조금 어색하긴 해도 탕건(宕巾)은 영락없는 조선인의 그것이라 하겠다. 옷은 그곳까지 가는 도중 몇 차례 현지에서 만들어 입었을 것이고, 그 바람에 조금씩 형태가 변하였을 것이다.

한데 그가 어떤 연유로 그 시대에 이탈리아까지 가게 되었으며, 파울 루벤스의 눈에 띄었을까? 게다가 조선인이 그곳에 갈 때까지는 꽤 긴 시일이 걸리는 것은 물론 여러 나라를 거치며 숱한 곡절을 겪었을 텐데도 불구하고 어떻게 조선의 복장을 여전히 고수하고 있었을까?

그림에서 주인공의 풍모는 참으로 당당하다. 따라서 그가 단순한 노예나 막노동 선원 신분으로 그곳까지 끌려간 상민은 분명 아닐 테고, 중인 이상의 조선 선비였을 것으로 짐작된다. 그가 상민이었다면 굳이 그곳까지 가는 동안 그 복장을 고집하지 않았을 것이기 때문이다. 그런 복장으론 남의 집 하인 노릇을 할 수 없었을 테니까. 아마도 그는 그곳에서도 상류층 집안의 빈객으로 머무르고 있었을 것이며, 루벤스의 눈에 띄어 그의 호기심을 유발할 만큼의 매력을 지녔기에 초상을 남기지 않을 수 없게 된 것이리라. 다시 말하자면 조선 선비의 품격이 당시 이탈리아에서도 존중받았다는 뜻이다.

조선 성종 18(1487)년, 최부(崔溥)가 제주도에 추쇄경차관(推刷敬差官)으로 발령받아 부임하였다. 이듬해 부친의 부음을 듣고 나주로 돌아오던 중 제주도 앞바다에서 풍랑을 만나 표류하여 천신만고 끝에 중국 절강성 영파부(寧波府) 연해에 도착하였다. 최부 일행은 해적들에게 쫓기고 왜구라는 의심을 받아 체포되었지만 곧 혐의에서 풀려났다. 이후 중국 군리(軍吏)의 호송을 받아 항주(杭州)에서 운하를 따라 북경에 도착하였다. 북경에서 명 황제 홍치제(弘治帝)를 알현하고, 요동 반도를 거쳐 압록강을 건너 한양으로 돌아왔다. 최부가 한양에 도착하자 성종은 약 6개월간의 중국 견문을 저술해 바치도록 명하였다. 명에 따라 그는 남대문 밖 청파동에서 8일간을 머무르며 《금남표해록(錦南漂海錄)》이라는 견문을 기술하여 바친 후, 곧장 고향인 나주로 내려가 부친상을 당한 지 반년 만에 비로소 집상하였다.

이처럼 그 옛날에는 풍랑을 만나 배가 중국이나 유구(지금의 오키나와)로 표류했다가 살아서 돌아오는 사람이 종종 있었다. 한데 최부는 어떻게 해서 황제를 알현할 수 있었을까? 더구나 그는 도망친 노비들이나 붙잡으러 다니는 미관말직에 불과한 조선 관리에 지나지 않았다. 영파부사는 그와 일행을 조선으로 가는 다른 배를 알선해 돌려보내 버리면 그만인 것을 왜 황제에게 보고하여 굳이 그를 북경까지 보내어 알현케 하였을까?

한데 최부는 그 6개월 내내 상중이라 하여 술과 고기를 입에 대지도 않았을뿐더러 단 하루도 상복을 벗지 않고 근신했다고 한다. 단지 황제를 알현할 때에만 잠시 고집을 꺾고 예복으로 바꿔입었을 뿐이다. 아무렴 영파부사도 생사를 넘나드는 위급한 상황에서도 흔들리지 않는 이 고집스러운 조선 선비의 예의범절과 효심에 감복하여 모범 케이스로 황제에게 보고를 하였으며, 역시 그 기특한 소식에 호기심이 생긴 황제가 그를 직접 만나 보고자 북경으로 불러 선물까지 내려주었을 것이다. 지금으로 치면 조난당해 표류했다가 중국 지도부에까지 보고가 들어가 시진핑 국가주석을 만나고 온 셈이니 아무렴 대단한 일이다.

매너가 곧 인격이다. 심지어 이국만리에서도 자신의 신분을 증명하고 회복할 수 있는 가장 확실한 도구가 곧 매너임을 증명해 준 모범적인 사례라 하겠다.

70 〈아빠 어디가〉에 망가지는 한국 아이들의 꿈

동물농장? 어처구니없는 철딱서니들의 글로벌 추태 | 인격과 짐승격의 차이를 극명하게 보여준 뉴질랜드편 | 변명이 불가능한, 치유할 수 없는 역(逆)패밀리 타이 | '요'자 빠진 대한민국 가정의 암울한 미래 | 어른이 있는 공동체 식사자리에선 아이들도 성인에 준하는 인격체 예법을 지켜야! | 테이블 매너 교육은 유아기부터 시작해야! | '요'자는 가정 교육, 인성 교육의 시작

60년대 충북 영동 읍내에 미국인 선교사 부부가 세운 작은 교회가 있었다. 그런데 딸아이가 학교에 갈 때가 되었는데 달리 보낼 곳이 없자 교회에다 초등학교를 차렸다. 어머니가 교장이고, 학생은 단한 명뿐인 학교였다. 그러자 동네 어른들과 유지들이 미국식 서당학교는 도대체 어떻게 가르치는지 궁금해서 견학을 하기 위해 교실 뒤쪽에 앉았다. 한데 처음 일주일 동안은 종일 내내 혼자 머리 빗는 법을 가르치고, 다음 일주일은 혼자서 갖가지 옷을 입고 벗는 법을 가르친 다음, 셋째 주부터야 비로소 알파벳을 가르치더라는 것이었다. 해서 모두들 "역시!" 하면서 고개를 끄덕였다고 한다.

마음으로야 한국 사람만큼 열혈애국자에 예의민족도 드물 것이다! 그런 나라가 요즈음 자나깨나 인성(人性)이 화두다. 하여 너도나도 인성 교육한다며 열을 올리지만 안타깝게도 구체적 콘텐츠도 없이 장님 코끼리 만지기식 공자왈 맹자왈이다. 인성의 개념조차 제대로 이해하지 못했기 때문이다. 분명한 것은, 인성(人性)의 반대말은 수성(獸性)일 터이다. 흔히 짐승 같은, 혹은 그보다 못한 인간이라고 표현하듯 사회적 동물로 행동하도록 훈육되지 않은 사람을 두고 하는 말이다.

대한민국 품격 디스카운트는 정치판과 방송 예능프로가 도맡고 있다. 윗물은 정치인들이, 풀뿌리 민주대중은 저급한 오락프로들이 오

염시키고 있다. 착한 서민들이 땀과 세금으로 국격을 높인다고 주야로 애쓰고 있는 반면, 이들은 공든 탑을 한방에 무너뜨리거나 재뿌리고 다닌다. 한국의 저급한 오락프로 방송제작 시스템이 만들어 내는 '조용한' 제2, 제3의 윤창중 사태들이 물귀신처럼 국격 상승의 발목을 잡고 있다.

　허구한 날 연예인들의 귀신 씨나락 까먹는 수다로 공영방송의 아까운 시간을 도배질하더니, 이제는 그들의 아내와 아이들까지 데리고 나와 돈벌이에 혈안이다. 그도 모자라 〈꽃보다 할배들〉 따라 막무가내 아버지와 아이들까지 해외 로케 한답시고 글로벌 코리아 개망신시키기에 나섰다. 한 시간 내내 역겨움을 참으며 '요'자가 빠진 〈아빠 어디가〉 한 편을 보고, 그 중 식사 장면만을 점검해 보았다.

토할 것 같은 식사 장면!

　뉴질랜드의 각 가정에 배치되어 음식 만드는 일을 거들기도 하며, 주인 가족들과 함께 식사하는 장면이 나오는데 하나같이 사람의 식사라 할 수가 없어 보인다. 굳이 매너라고 하기조차 부끄러운 '한국인 아빠와 그 아이들'의 테이블 매너. 모든 가족이 하나같이 같은 수준이라 어느 아버지 어느 아이를 굳이 구분할 필요조차 없었다.

　먼저 아웃도어와 인도어 구분이 안 되는 한 아이가 집에 들어오자마자 미니백(방송용 마이크백?)을 가슴에 그대로 건 채로 소파에 거꾸로 뒤집어 누워 몸을 뒤틀어대면서 핸드폰을 귀에 얹어 놓고 전화를 하고 있다. 아마도 평소 집에서 제 아버지가 하던 것을 따라 한 것이겠다. 그게 아니면 집안에서 키우던 개를 따라 배운 행동이거나! 남의 집 소파에서 동물처럼 뒹굴다니! 훈육이 안 된(undisciplined) 아이. 서구의 관점에선 인격이 아니라 있는 그대로 짐승(犬)격이다. 이웃이라면 절대 다시는 초대하지 않을뿐더러 상종도 안한다.

우선 호스트(주인)가 반팔 차림으로 식사를 하고 있다. 실내 기온이 그만큼 따뜻하기도 했겠지만, 식사중에는 아웃도어룩인 후드 점퍼는 벗는 것이 예의다. 또 다른 한국인 출연진 가족은 모두 아침에 바로 로케차 외출하기 위해서인 모양인데, 미리 풍성한 파커를 챙겨입고서 식사를 하는데 이도 잘못이다.

빵바구니를 식탁에 가져다 놓던 아이가 그 자리에서 빵을 집어든다. 그것도 모두 다 차지하겠다고 들었다 놓았다 하며 별로 깨끗해 보이지 않은 손으로 이리저리 빵들을 만졌다. 서구 문화의 시각에서 보면 경악할 대형 사고! 남의 음식에 침칠하듯 더럽힌 것이다. 빵은 호스트가 식탁에서 각자의 접시 위에 나누어 주며 드시라고 하기 전까지 그 소유권은 호스트에게 있다는 사실. 어차피 먹을 건데 미리 먹으면 어떠냐고 관대하게 생각하겠지만, 실은 주인의 빵을 도둑질한 것이다. 버릇 없는 개가 그러하듯이.

더구나 그 아이는 음식들이 모두 제자리에 차려지고, 이어 주인집 아저씨의 선도로 냅킨을 펴며 행해지는 식사 개회선언을 하기도 전에 배고픔을 못 참고 식탁 주변에 서서 빵을 두 손으로 움켜쥐고 입으로 베어먹고 있다. 어떤 음식이든 식탁을 벗어나면 안 된다. 주인집 아이들처럼 반드시 식탁에서 먹어야 하고, 빵은 입에 들어갈 만큼 조금(thumb, 엄지손가락 윗마디 분량만큼)씩 뜯어먹어야 한다. 그리고 식탁에서도 빵을 가지고 장난을 치는데, 이도 금물이다.

어느 아버지는 식사 시작하면서 건배를 하는데, 한국식으로 자리에서 벌떡 일어나는 무례를 범했다. 마치 자기가 돈내어 밥을 사는 모양새이다. 일단 테이블에 앉으면 식사를 마칠 때까지 절대 의자에서 엉덩이를 떼는 일이 없어야 한다. 게다가 역시나 한국의 아버지나 아이들 모두 상대방 눈을 보지 않고 잔을 보고서 엉터리 건배를 했다.

어른이 있는 공동체 식사자리에선

아이들도 성인에 준하는 인격체 예법을 지켜야

아이가 식탁에 앉아 포크와 나이프를 흔들며 춤을 추는데, 서구에서 그랬다간 바로 귀싸대기 올라가고 식탁에서 쫓겨나 굶어야 한다. 또 한 아이가 키가 작아 겨우 식탁에 머리를 올려 식사를 하고 있다. 이때에는 반드시 베이비체어에 앉히거나, 그게 없으면 두터운 깔개(혹은 전화번호부책)를 달라고 해서 높여 주어야 하고 등 뒤에는 쿠션을 가져다 받쳐 주어야 한다. 그런 게 아버지가 챙겨야 할 일이다. 주인이 그 사실을 모를 리 없건만 질려서 그냥 모른 척한 것이리라.

한 아이가 연신 포크를 빨아대고 있다. 또 한 아이는 힐끗힐끗 눈치를 보면서 손가락으로 음식을 찍어먹고 있다. 호스트의 숟가락이 가기 전에, 즉 식사 개회선언 전에 손님이 먼저 손가락을 댄다? 절대 금물이다. 한 여자아이가 식사 중간에 머리를 마구 긁어댄다. 그 두피각질이 어디로 갈까? 모조리 서구 사람들은 개(犬)가 하는 버릇으로 여긴다. 식사중 할리우드식 오버액션을 하면서 억지로 아이들의 자리바꿈을 시키고 있다. 역시 완전 무례다. 어처구니없어 당황해하는 주인집 아이들. 그걸 재미있다고 억지 해석하는 한국 아버지와 촬영진들. 완전 난센스다.

캡 모자를 쓰고 식사하는 한국의 아버지. 아닌 밤중에 비니 모자 투구로 완전 군장까지. 그게 무매너인 줄도 모른다. 연예인이니까 그런 게 제멋이고 특권이라 생각하는 모양이다. 팔꿈치를 식탁에 올려 놓은 여자아이. 손만 올려야 한다. 머리를 박아 고기를 입에 물고 뜯어먹는 아이, 소시지를 입으로 잘라먹는 아이, 모두 나이프를 이용해 적당한 크기로 잘라먹어야 한다. 음식을 씹을 때 입을 벌리고 쩝쩝대며 먹는 아이. 식사중 장난감을 가지고 노는 아이. 접시에 입을 대고 빗자루로 쓸어대듯 음식을 폭풍 흡입하는 아이.

음식을 입으로 가져가면 인격이고, 입을 음식으로 가져가면 짐승격이다!

식사를 마치지도 않았는데 저 혼자 다 먹었다고 식탁을 떠나 거실 바닥에 나뒹굴며 노는 아이들. 주인집 아이들은 그러고 싶어하면서도 자리를 뜨지 못하고 어른들과 함께 끝까지 앉아 있다. 그랬다간 나중에 내릴 끔찍한 벌이 두려운 게다. 식사중 의자에 올라앉아 연신 건들거리며 제 아버지더러 계속해서 입에 음식을 넣어 달라고 보채는 아이. 개별 인격체, 아이의 자주성을 무시한 처사로 유아가 아닌 이상 스스로 제 도구를 사용해야 마땅한 일이다. 자녀 교육에 대한 부모들의 직무유기를 고스란히 내보이고 있다.

〈동물농장〉? 어처구니없는 철딱서니들의 추태

아침에 세수도 않고 식사자리에 부스스 나온 아버지와 그 아이들. 식탁에서 얼굴 비비고 머리카락 만지기. 토일렛 세면기 놔두고 키친 싱크대에서 아이의 세수를 시키고 머리까지 감기는 거지 같은 아버지는 아이를 식재료쯤으로 여기는 모양. 그나마 양식 있는 PD들이 애써서 기껏 양질의 교육프로 만들어 아이들을 가르쳐 놓으면, 이런 형편없는 연예인 가족들의 왕싸가지 천방지축 저질프로가 한방에 다 뭉개 버리고 만다.

도무지 싸가지라곤 찾아볼 수 없음에도 너무 귀여운 아이들? 아무렴 고슴도치도 제 자식은 귀엽다 친다지만 그 망나니 고슴도치 가족들이 공중파 TV를 통해 뿌려대는, 전염성 강한 천방지축 어글리 코리언 DNA 가시들로 대한민국 남의 자식들까지 다 망가뜨린 그 무개념 아버지들의 책임은? 그게 아니면 시청자들더러 남의 자식 개판치고 망가지는 것을 보고 쾌감이라도 느끼라는 것인가?

식사가 공공 영역에서의 공적(公的) 행위란 사실을 아버지나 아이들이 알 리도 없고, 촬영진과 방송사 누구도 그게 무슨 소리인지 이해

지구촌 구석구석 찾아가는 어글리 코리아, 국격 디스카운트! 맨발로 의자에 올라앉아 건들거리면서 음식을 입에 넣어 달라고 보채고 있다. [MBC 주말 예능프로그램 〈아빠 어디가—뉴질랜드에 가다. 3부〉 화면 캡처]

주인의 허락도 받지 않고 식사 시작 전에 빵을 집어먹고 있다. 음식이 다 차려진 상태에서 주인이 "많이 드십시오"란 말이 떨어진 다음에 자기 몫의 빵만을 집어야 한다. 그리고 빵은 입으로 뜯어먹는 것이 아니라 미리 손으로 작게 뜯어낸 다음 입에 넣어야 한다. [MBC 화면 캡처]

접시에 입을 댄 채 음식물을 쓸어넣고 있다. 음식을 입으로 가져가야지 입을 음식으로 가져가는 것은 금물이다. [MBC 화면 캡처]

고기를 입에 물고서 뜯어먹고 있다. 어떤 음식이든 반드시 적당한 크기로 미리 잘라서 입에 넣어야 한다. [MBC 화면 캡처]

조차 못하고 있다는 방증이겠다. 방송윤리위원회니 뭐니 하는 기관들도 그저 정치편향적인 발언, 여주인공의 노출, 술 먹고 담배 피우는 장면 모자이크 처리하는 등의 눈 가리고 아웅하는 식의 뻔한 일탈에만 일하는 척할 뿐 정작 대한민국 어린이 인성 교육의 뿌리를 좀먹게 하는 프로의 심각한 폐해에 대해서는 눈치조차 없다.

아무렴 뉴질랜드 주인집들에선 웬 짐승떼들이 한바탕 집구석을 휘젓고 간 기분이겠다. 그 아버지들과 그 아이들이야 그렇다 치고 함께 따라간, 화면에는 나오지 않은 촬영진들은 또 얼마나 개판치고 왔을까? 이 수준의 프로를 만들 정도면 안 봐도 능히 짐작이 간다. 그러니 현명한 한국인이라면 절대 그런 동포들이 한번 난리치고 다녀간 곳으로 여행 가면 안 된다. 한국인이란 이유 하나로 도매금에 사람 대접 제대로 못 받을 게 뻔하니까.

혹여 자녀들의 식탁테이블 매너 교육에 관심이 있는 부모라면 2013년 12월 8일에 방영된 MBC TV 〈아빠 어디가─뉴질랜드에 가다. 3부〉를 다시 한 번 보기를 권한다. 그 나라 아이들과 한국 아이들이 어떻게 다른지 확연하게 구분이 되고 있으니 이만한 교육(?) 자료도 다시 없을 것이다. 양반과 상것, 인격과 짐승격의 극명한 대비다. 물론 아이들은 다시 못 보게 해야 한다. 교육적 목적상 고육지책으로 한번 리마인드면 족하다. 두 번 보면 행여나 물들까 염려된다.

어느 국가든 사회가 안정될수록 빈부의 격차가 점점 더 크게 벌어지는 것처럼 품격의 차이도 갈수록 심해진다. 해서 상중하 계층의 구분이 뚜렷해지면서 어느 한구석은 상승을 포기한 채 썩어 가기 마련이다. 자신이 어떻게 살지, 제 자식을 어떤 부류에서 살아가게 가르칠지는 전적으로 자유겠지만, 굳이 TV에까지 나와서 남의 가정 아이들에게까지 막사는 법을 가르쳐서는 곤란한 일이다. 국내에서야 그깟 부류의 직업인들이 제 자식 제 식대로 키우든 말든 상관 안하면 그만이겠지만, 글로벌 시대라고 밖에까지 나가 천방지축 휘저어 놓으면

식사를 마치기 전 한국 아이들 둘은 이미 자리를 떠 마루에서 나뒹굴고 있는데, 이는 대단한 무례다. [MBC 화면 캡처]

KOICA의 해외봉사단원 모집 일간지 전면 광고 이미지. 〈아빠 어디가〉는 한국 아이들에게 어떤 꿈을 심어 주었을까! ⓒKOICA

한국인 전체가 이미지 절벽 다운되어 간접적으로라도 피해를 볼 수밖에 없다.

무엇이 진짜 문제인가?

아이들이니까 그럴 수 있지 않느냐? 하지만 방송에 나온 그쪽 뉴질랜드의 어느 아이도 외양으로 비쳐 보이는 그 마음 속내에서 그처럼 매너(싸가지) 없이 식사하지 않았다. 그 가정들은 중상류층도 아닌 그냥 평범한 가정이다. 남의 나라 식습관이 우리와 다를진대 그걸 비교해서 비하하는 건 지나치지 않나? 물론 식사 도구와 음식이 다르고, 절차도 다른 점이 있다. 그럴수록 아이들에게 차근차근 배우게 하고, 가르쳐 가며 식사를 하였어야 했다. 기실 위에서 지적한 테이블 무매너들은 굳이 서양식 기준에서 평한 것만도 아니다. 그 정도는 한국의 보통 가정 밥상머리 교육에서도 용납되지 않는다. 우리나라 모든 유아 교육 지침서에 명기되어 있어 어린이집이나 유치원에서도 다 가르치고들 있다.

너도나도 조기 국내외 영어 연수하는 시대에 그런 것도 케어하지 못하면서 아버지가 왜 따라갔나? 제 자식 하나 통제도 못하는 아버지 연예인. 그 무엇보다 아버지나 아이들의 자세가 되어 있지 않았다. 근본이 안 되어 있다는 말이다. 더 심하게 말하면 상스럽다는 말이다. 자신의 상스런 '끼'를 자식에게 물려주려고 그런 프로에 나왔나? 설마 대한민국 아이들에게 '이러면 안 됩니다!'를 보여주기 위해 나쁜 버릇 다 모아 놓은 건 아닐 것이다.

말이 선진국이지 저들 나라에도 개만도 못한 인간들이 수두룩한데 뭐 그까짓 걸 가지고 비교하느냐고 할 수도 있다. 저들도 제국주의 시절 서구 문화를 일방적으로 강요하는 바람에 우리의 전통 문화를 말살 내지는 훼손시켰으니, 우리도 이제는 우리의 저급 문화를 저들 나라에 퍼트려도 된다? 단순무지 소국 근성의 발로라 하겠다. 그래서 우리가 꿀꿀이죽·부대찌개 먹었듯이 너희들도 라면에 토마토케첩 비벼먹으라고 주는가? 그리고 한국인들은 외국인만 보면 억지로 김치를 먹이려 든다. 그렇게 반강제적으로 김치를 먹은 외국인들이 아무렴 예의 없게 그 자리에서 뱉을까? 그래서 그 김치가 생각나서 한국을 찾을까? 덕분에 나중에 한국에 놀러 가고 싶어도 별난 한국 음식 못 먹을 것 같아 지레 포기하지나 않았으면 다행이다. 어느 나라든 발효음식은 다른 외국인이 먹기에 쉽지 않은 법이다. 언제까지 내것 네것 따져 가며 이런 후진적 소애국주의 행태를 계속할 셈인지 아득하기만 하다.

아이들에 대한 배려 아닌 학대

그게 뭐 어때서? 천한 것은 천하다고 일러주어야 귀한 걸 알게 된다. 자녀 교육 제대로 시키지 못했음에 대한 부끄러움은 고사하고, 오히려 기특하다며 자랑스러워 희희낙락대는 관대한(?) 연예인 아버지들, 그들에게 사회적 책임감을 기대하는 것은 무리일는지 모르겠다. 그보다 '재미'와 '시청률'밖에 모르고 품격이라곤 한 점도 찾아볼 수 없는, 추구하는 가치도 전달하려는 메시지도 없는 프로를 개념 없이 만들어 안방에다 무차별로 뿌려대는 방송사의 도덕적·사회적 무책임이 더 큰 문제라 하겠다.

야생의 동물들도 제 새끼에게 그 따위 장난짓으로 학습시키지는 않는다. 흡사 방안에서 자란 강아지들을 갑자기 명동 한복판에 풀어 놓고 어떤 일이 벌어질까 하고 호기심으로 관찰하는 재미(?). 실제 개를 훈련시켜 동네 가게에서 장보기 심부름을 시키는 장면도 TV에서 간혹 방영했었다. 이번엔 개 대신 아이들에게 그런 일을 시킨 것이다.

빤히 짐작되는 아이들의 실수와 사고치기를 방관 내지는 유도한 다음 그 장면들을 골라 찍고, 자연스럽지 못하게 억지로 외국 남녀 아이들과 친하도록 강요하는 굴욕스러워 보이는 장면들, 볼품없는 사생활을 여과 없이 내보내는 것은 아동학대로 볼 수도 있다. 그리고 〈동물농장〉 보듯이 그런 어처구니없는 장면을 보고 웃긴다며 깔깔대고 즐기는 시청자들 역시 가학적이고 부도덕하기는 마찬가지다.

돈 많이 벌어다 주고 친구처럼 함께 놀아 주는 게 부모의 의무 혹은 책임인가? 자신의 유명세 덕분에 아이들이 공짜 여행에다 TV에까지 나오게 되어서 뿌듯한가? 그리고 고만한 자녀를 둔 부모들은 그게 그저 부러운가? 자녀들과 놀아 주는 것은 그저 심심한 아이의 시간을 함께해 주는 것만이 아니다. 그건 교육이고 학습이다. 동물들도 제 새끼를 직접 키우고 가르친다. 그렇지만 헛짓시키거나 방종하도록 놔두지 않는다. 함부로 막살게 가르치지 않는다.

아이들의 기 살리기? 지금 그 아버지들의 그 아이들에게 필요한 건 사람답게 대접받기 위해 진즉에 마땅히 받았어야 할 제대로 된 유아교육이지, 끼 발산 연기 수업도 돈벌이도 아니다. 하루빨리 다니던 유치원이나 초등학교로 돌아가야 한다. 아무튼 향후 얼마나 많은 부모들이 훈육되지 않은 망아지 같은 아이들을 데리고 저들 따라 해외로 나가 어글리 코리언 짓을 하고 다닐지 걱정이 앞선다.

아이이니까 봐줘야 한다?

흡사 "어린이 여러분, 이렇게 하면 안 됩니다!"란 모델 폼을 보여주는 프로 같다.

아직 어리니까 그럴 수 있는 게지! 아무렴 그럴 것이다. 하지만 아이를 공공 장소로 데리고 나올 때에는 사전에 반드시 그에 필요한 에티켓을 가르쳐서 데리고 나오는 게 상식이자 부모의 의무다. 그래야 남에게 피해를 주지 않고, 아이도 인격체로서의 합당한 대우를 받을 수 있다. 요즘은 아파트에서 개 키우는 것도 주민들이 반대한다. 그리고 밖에 데리고 나갈 때에는 반드시 목줄을 채워 남에게 불편을 끼치지 못하게 하고 있다. 남의 눈총받고 자라는 아이의 인성이 과연 바를까?

크면 철들겠지? 자동차 도로에서 과속도 문제지만, 지나친 저속도 민폐를 끼친다. 그러니 저속에다 교통법규까지 지키지 않는다면? 아이는 아이이니까, 노인은 노인이니까, 청소년은 청소년이니까, 소수자는 소수자이니까 봐줘야 한다? 관대한 나라일수록 불평·불만·불편은 더 많은 법이다. 길들여지지 못한, 버릇 없는 제 아이 때문에 남들이 왜 불쾌해하고 언제까지 고통을 참아 줘야 한단 말인가? 이는 전적으로 부모가 책임지고 부끄러워해야 할 일이다.

연예인들은 사회적 물의를 일으킬 때마다 "공인으로서 죄송하다. 국민과 팬들께 사과한다"고 한다. 공공 개념이 뭔지나 알면서 공인이란 말을 쓰는지 의아스럽다. 〈아빠 어디가〉의 아버지들이 진정 해야할 일은 '훈육되지 않은 우리 아이들로 인해 많은 가정의 아이들을 오염시켜 죄송하다'는 사과겠다.

결론적으로 〈아빠 어디가〉의 대답은 '망가지러 가요!'가 되겠다. 제발 이쯤에서 그만두고 차라리 〈우리 아이(아빠)가 달라졌어요〉란 프로에 나가 아빠와 아이가 함께 매너를 배우길 추천한다. 그리고 이 아이들이 다닌 어린이집과 유치원에선 아이들을 어떻게 가르치고 있는지 감독기관에서 점검을 좀 했으면 싶다. 제대로 가르쳤음에도 불구하고 그런 것이라면 그 부모도 함께 유아 교육시켜야 할 것이다.

고작 애들 오락프로 하나 가지고 너무 심한 얘기 아니냐고 할 독자들도 있겠지만, 실은 그래서 더 문제다.

대한민국은 세계 10위권의 무역대국이다. 한국 땅에서 그 무엇도 자급자족이 안 되는 나라라는 뜻이다. 일자리도 더 이상 늘지 않는다. 세계 시장이 곧 우리의 먹거리밭이다. 그 밭을 내 밭처럼 아끼고 가꿔야 우리는 물론 다음 세대들도 풍족하게 먹고 살 수가 있다. 그러니 다른 어떤 나라보다도 더 고품격으로 글로벌화해야 하는 나라가 바로 대한민국이다. 그게 진정한 경쟁력이다. 요즈음 시골에선 차도 옆 논밭에 쓰레기 버리는 도시인들 때문에 골치라 한다. 해외에까지 나가 물 흐려 놓는 것 또한 그와 다를 바 없는 짓이다. 아이들 미래의 밥그릇 걷어차고 다니는 일이다.

그런데 이런 경우 비즈니스 마케팅이나 글로벌 네트워크 측면에서는 심각한 문제가 발생한다. 글로벌 본선무대에는 인격체 각각의 매너에 더해서 패밀리 타이(family tie)라는 개념이 있다. 테이블 매너는 개인적인 관점이지만, 패밀리 타이는 부모와 자녀가 한 세트로 상대방측과 비즈니스 네트워크를 구축하는 것이다.

글로벌리 망가지기 신드롬, 이젠 한국공동체 레벨로까지 확장 우려

가져간 소주를 식당에서 꺼내 놓는 등 〈꽃보다 할배〉의 해외 지랄 추태는 한국 노인장 소그룹의 추태로, 개인적인 것으로 끝날 수도 있다. 그렇지만 〈아빠 어디가〉는 역(逆)패밀리 타이, 즉 변명이 불가능한, 치유할 수 없는 이미지로 패밀리 전체 레벨의 토탈 개망신을 자초한 것이기에 사과 내지는 원상회복이 불가능하다. 다시 말해 상황 끝이다.

굳이 서양이 아니라 하더라도 중국이나 일본 등 거의 모든 나라에서 저 정도의 어글리(개 같은) 패밀리 타이라면 그날로 그 사회에서 아웃이다. 몇 년 공들여 쌓아올린 콴시와 신용이 한순간에 허물어져 버린다. 혹여 그 천박한 집안 사람들의 작태가 자기 가족에게까지 오염될까봐 본능적으로 멀리하기 때문이다.

〈동물농장〉과 그다지 다를 바 없는, 어쩌면 그보다 못한 〈아빠 어디가〉. 아무튼 이 프로로 인해 지금 당장은 총체적 코리아 디스카운트. 더 중요한 것은 이 프로에 출연한 어린이들이 성인이 되었을 때, 즉 미래의 글로벌 시장(Global Markets for Younger Generations of Greater Korea)까지 완전 초토화시킨 것이다. 이는 북한과 순·혼혈 재외동포 포함 한국인이란 공동체 전체의 자살골이라 하겠다.

이 프로를 본 국내의 외국인들은 무슨 생각을 하였을까? 이런 나라 사람들과 친구가 되고, 가족 레벨로까지 업그레이드 패밀리 타이를 맺고 싶을까? 한국에 자신의 가족들을 데려와 함께 지내고 싶을까? 혹 이것도 한류 바람을 타고 동남아·중동·중앙아시아로 퍼져 나가 암울한 스모그 재를 뿌리지나 않을지 심히 염려스럽다. 하긴 당장 없어져야 할 프로가 〈아빠 어디가〉뿐이겠는가? 여행 및 음식과 관련한 다양한 프로들이 넘치고 있는데 하나같이 테이블 매너는 '상것들'이다.

아뿔싸 동방무례대국! 레 미제라블 1조 달러 무역대국 코리아!

**이런 불편한 진실을 알고는 계십니까,
그 많은 기러기 아빠님들?**

한국에서 아주 잘나가는 직장의 어느 가장이 어린 자식의 미국 유학에 아내까지 딸려보냈다. 그런데 아내가 비자 만료되자 연장을 못하고 들어왔다가 다시 관광 비자로 나갔다. 해서 그 시어머니가 비자 연장해 주지 않은 미국을 투덜대기에, 필자가 그 원인을 추측해서 일러줬더니 나중에 확인해 보고서 맞았다고 수긍한 적이 있다.

비자 연장을 위해 면접하는 날, 아내가 감기에다 아이와 다툰 일로 짜증이 나서 머리도 다듬지 않고 대충 집에서 편하게 입던 복장으로 나갔다가 그 즉석에서 연장 거절당하고 쫓겨왔단다. 면접시 옷이나 머리 매무새가 심사 항목일 줄은 미처 몰랐던 것이다. 그런가 하면 엊그제 기껏 공부시켜 하버드대학까지 보냈더니, 시험 치르기 싫어 학교에 폭발물 설치했다고 협박 메일 보냈다가 쇠고랑 찬 한국 유학생도 있다. 또 그들 문화에 적응하지 못해 겉돌다가 학교 교실에다 총을 난사하여 수십 명을 살해하고 저도 죽은 조승희 같은 불행한 학생도 있었다.

세상을 망치는 일은 반드시 높은 양반들만이 하는 것 아니다. 필부의 책임도 적지않다. 자식들의 공부도 중요하고, 자유분방한 개성도 중요하고, '끼'를 물려주는 것도 좋지만 최소한 사람 됨됨이에 필요한 기본기는 가르쳐서 내보내야 한다.

언어만이 소통 도구가 아니다

영어도 그 도구 중 하나일 뿐. 영어를 아무리 잘해도 매너가 없으면 상대해 줄 수가 없다. 사람 같지 않은 사람하고는 말을 섞기조차 싫은 게 사람이다. 매너에서 형식, 즉 명시적 표현 방식이 중요한 이유는 심중의 뜻을 상대방에게 제대로 전하기 위해, 다른 말로 진정한 소통을 추구하기 위해 그 상황에 합당하게 구별된 행동을 제시하는 것이 바로 매너이기 때문이다.

설마 그 따위 번잡한 매너 따윈 신경 쓰지 말고 오로지 졸업장만 따가지고 오라고 마누라까지 딸려 조기유학 보냈으랴? 그랬다면 진짜 바보 기러기다! 그 많은 비용을 들여서 아이를 사람으로 받아 주지도 않을 문명사회에 유학 보낸들 뭘 배워 오겠는가. 분명 배운 것보다도 잃는 게 더 많을 것이다.

돈 많이 벌어다 주고 친구처럼 함께 놀아 주는 게 부모의 의무 혹은 책임? 진정한 부모의 의무가 무언지 한번이라도 생각해 본 적이 있다면, 지금이라도 헬렌 켈러의 일생을 그린 영화를 구해 보고 설리번 선생이 헬렌에게 맨 먼저 가르친 과목 테이블 매너가 왜 그토록 중요한지 자녀들에게 일러주었으면 한다. 이탈리아 마피아 가족 얘기를 다룬 미국 TV 드라마 〈소프라노스〉(시즌 1-6)의 가정 내 식사 장면 화면 자료도 검색해 보기 바란다. 수신제가치국평천하! 가정에서의 공공 행위, 식탁도 통제하지 못하는 가장이 조직이나 기업을 잘 운영해 낼까? 이탈리아에 가족기업이 많은 이유도 이해하게 될 것이다.

참고로, 식당에서야 당연한 일이지만 절이나 수도원에서도 음식이 준비되면 모두가 식당에 모여 앉은 다음 배식이 시작된다. 서양의 일반 가정도 마찬가지이다. 그런데 대부분의 한국 가정은 음식이 상에 다 차려진 다음에야 모여 앉는다. 그게 그것 같지만 격이 다르다. 음식을 먹는 것만이 식사가 아니다. 바르게 앉아서 음식 배당받기를 얌전하게 기다리는 것 역시 식사 예절이다. 음식과 음식을 만든 이에 대한 고마움, 음식을 베푸는 이에 대한 존중심, 그 음식을 먹게 해주신 신에 대한 감사의 자세라면 마땅히 그래야만 할 것 같다.

물론 서양이라 해도 뷔페식 식당엔 그런 것이 없다. 그리고 하인들에겐 해당되지 않는다. 그 기다림의 식사 예절의 차이가 비즈니스에서도 그대로 반영되는데, 가령 애플과 삼성전자의 신제품 발표회의 차이와 같은 것이겠다. 얼핏 똑같아 보이지만, 매너적 시각에서 보면 전혀 격이 다르다. 삼성전자가 기술·디자인 등 다른 것들은 거의 다 애플을 따라잡았지만, 이런 미묘한 문화적 차이는 아직 눈치조차 채지 못하고 있다. 해서 그 미세한 차이가 엄청난 판매 이익의 차이로 나타나는 것이다. 품격을 알면 그런 게 훤히 보인다. 아무튼 식사 문화 전반에 대한 보다 진지한 성찰이 있어야겠다.

Tip 테이블 매너 교육은 유아기부터 시작해야

— 축하자리 샴페인 외에 와인은 마시지 않는다.
— 냅킨을 무릎 위에 제대로 놓을 자신이 없으면 목에 찔러 건다.
— 스파게티 먹을 때 자신이 없으면 포크에 더하여 보조 도구로 스푼을 사용해도 된다.

밥상머리 교육. 럿그러브 스쿨 안 식당에서 교사가 학생들에게 음식을 나눠 주고 있다. 식탁별로 교사 1명과 학생 9명이 함께 앉는데 학생마다 자기 자리가 정해져 있다. 식사가 끝날 때까지 정숙한 분위기가 유지된다. 모두 바른 자세에서 음식을 입으로 가져가고 있다. 영국 왕실의 윌리엄 왕세손과 해리 왕자도 이 학교를 나왔다. [럿그러브 스쿨 제공]

토요 휴무 시행 이후 한국인들의 외식 품격은 거의 짐승격으로 떨어졌다. 안양시 동안구 보건소 홈페이지 화면 캡처.

– 커피는 마시지 않는다. 몸에 해롭기 때문에. 디저트 요리로 식사가 끝난다.

이왕 참고로, 글로벌 선진문명사회권에서는 위의 네 가지 사항 외 어린이용 테이블 매너는 따로 없다. 그외는 모두 성인처럼, 다시 말하면 어린이도 식탁이라는 공적(公的) 장소에서는 사회적 인격체답게 행동할 것이 요구된다. 대화에도 일정 부분 참여해야 하므로 이야깃거리도 자기 나름껏 자동 준비해야 한다.

대만의 쌀 안남미는 기침만 해도 밥알이 풀풀 날아다닐 정도로 가볍다. 따라서 어린이들은 이게 신경 쓰여 자기도 모르게 고개를 밥공기에 수그리게 된다. 이를 목격한 대만 엄마들은 여지없이 바로 혼을 낸다. 음식에 고개 숙인 '짐승 모드' 몸 자세가 자기 아이의 몸에 밸까, 그리하여 사회에서 눈총받는 버르장머리 없는 놈이 되어 버릴까 두려워하여 인정사정없다.

국내에서도 예전엔 안양시 동안구 보건소 홈페이지에 '유아기' 아동들의 테이블 매너 교육 화면이 있었다. 예방주사 접종하러 온 어머니들에게 '유아기'(본건 〈아빠 어디가〉 프로 출연진 같은, 얼추 큰 소년소녀가 아님) 자녀 교육용 서비스로 보급하기 위해서 준비한 듯하다. 똑바로 앉기, 식탁 의자에 발을 올리지 않기, 큰 소리로 떠들어대지 않기 등. 그러나 최근 10년간 한국 세태가 급격히 악화되면서 삭제된 것으로 나타났다.

Tip '요'자는 가정 교육·인성 교육의 시작

어느 여름날 집을 나서다가 충격(?)적인 광경을 보았다. 30대 중반쯤으로 보이는 사내가 마시다가 남은 2리터짜리 생수를 아파트 마당 옆 빗물 통로에 쏟아붓고 있었다. 아마도 빈 통이 필요했던 모양이다. 그런데 그 바로 옆에는 화단으로 꽃과 나무들이 오랜 가뭄으로 일부 타들어 가거나 시들하게 늘어져 있었다. 한참을 생각해 봐도 그 행위가 이해가 되지 않았다.

학교 강의실이나 길거리·공중화장실 등에 쓰레기통이 놓여 있음에도 그냥 맨바닥에 쓰레기를 버리는 광경을 자주 목격한다. 심지어 바로 옆에서 환경미화원이 막 청소를 하고 있음에도 아랑곳하지 않고 버린다. 동물원의 사육된 사자나 호랑이들은 스스로 먹이를 잡아먹질 못한다. 토끼를 그냥 산 채로 던져 주면 그게 먹이인 줄 모른다. 어렸을 적에 어미로부터 사냥하는 법을 배우지 못했기 때문이다.

인간도 다를 바가 없다. 어렸을 적에 단 한번이라도 꽃밭에 물을 주거나 화병에 꽃이라도 꽂아 본 경험이 있었다면 이왕 버리는 물을 바로 옆 정원에 뿌렸을 것이다. 선생님 따라 학교 안팎을 돌아다니며 억지로라도 쓰레기를 주워 본 아이라면 함부로 버리지 않을 것이다. 어렸을 적 학습이 그만큼 중요하다는 뜻이다.

육체적 상처로 인한 아픔과 고통, 끔찍함과 두려움에 대한 경험과 기억이 없는 현대의 어린이와 젊은이들의 극단적인 선택 역시도 그런 학습의 결핍 때문이라 할 수 있다. 나약함이란 곧 야성의 상실이다. 실험용 무균 돼지나 흰쥐와 다를 바 없다 하겠다. 매너 역시 마찬가지. 커서 배우려면 힘들다. 그리고 아무리 노력해도 자연스럽지 못하다. 그러니 어렸을 적 가정에서부터, 주변 공동체 생활에서부터 자연스레 체득하는 것이 가장 바람직한 학습법이다.

"무릇 지혜로운 여인은 그 집을 세우되, 미련한 여인은 자기 손으로 그것을 허느니라."(〈잠언〉, 14장 1절)

대한민국엔 두 부류의 가족이 있다. '요'자가 있는 가족과 없는 가족! 부자유친(父子有親)! 동방예의지국에선 언제부터인가 부모 자식이 '야-자!' 하는 친구 사이가 되어 버렸다. 식당 등 공공 장소에서 제 집인 양 떠들어대며 막무가내로 뛰어다니는 아이들 중 제 아버지에게 '요'자를 붙이는 경우를 본 적이 없다. 아무렴 그런 가정의 부모 혹은 자녀라면 이 글을 읽기가 더없이 불편할 것이다. 해서 품격을 얘기하면서 글은 오히려 품격이 없다고 불평한다. 쓴소리를 달게 포장해 달라는 말인데, 그런 서비스까지는 내키지 않을뿐더러 과연 그런다고 곱게 삼킬 것 같지도 않다. 그러니 달콤하고 부드러운 음식만 찾지 말고, 때론 떫고 거친 음식을 먹는 기회도 가졌으면 싶다. 쓴 약은 그냥 쓰게 마시는 게 좋다는 말이다.

더구나 약이 아닌 주사라면? 안 아픈 주사가 있던가? 안 아픈 수술이 있던가? 그것마저 폭력이라 할 텐가? 영양제·약·주사·수술 어느 것으로 환자를 치료하든 그건 오로지 의사의 판단에 맡길 일이다. 난 인권을 존중하는 의사이니 영양제와 약만으로 치료하겠다는 의사가 있다면, 누가 아픈 제 자식을 맡길까? 현명한 사람이라면 약이 쓰다 달다 않는다.

필자 또한 어린이의 글로벌 매너 개인 지도를 부탁받을 적엔 먼저 이 '요'자의 유무로 가부를 결정한다. '요'자를 안 붙이는 아이는 붙이는 아이보다 가르치기가 몇 배 더 힘들뿐더러 설사 아무리 가르쳐 본들 가정에서 협조가 안 되기 때문에 결국은 허사가 되고 만다. 기업에서 직원을 채용할 때에도 체크해야 할 주요 포인트다. 대부분 오래 못 견디고 나간다. 혼사도 집안의 재력이나 학벌 대신 이 '요'자부터 확인해서 같은 부류끼리 맺어야 뒤탈이 적다. 근본이 중요하다는 말이다. TV 드라마의 단골 갈등 구성 요소도 결국 두 가정의 품격의 차이가 아닌가.

71 큰 이름을 어찌 뜻 없는 돌에 새길 것인가?

살아서나 죽어서나 분열과 갈등의 씨앗, 대한민국의 대통령들 | 기억하고 싶은 사람, 잊고 싶은 사람 |
뒤끝이 깨끗해야 향기가 남는 법 | 5년짜리 대통령보다 훌륭한 인물 적지않아! | 호불호(好不好) 유불
리(有不利)는 역사관(歷史觀)이 아니다 | 국립대통령역사관으로 국격을 높여야!

　　2012년, 말 많은 박정희 전 대통령 기념관이 숱한 난관(?)을 극
복하고 마침내 개관을 했다. 한데 그 명칭이 걸작이다. '박정희대통령
기념도서관'이 아닌 '박정희대통령기념 · 도서관'이란다. 참으로 지칠
줄 모르고 좁쌀스런 대한민국을 상징적으로 보여주는 것 같아 헛웃음
이 나온다. 한쪽에선 '기념'하고 싶어 안달이고, 다른 한쪽에선 애써
무시해서 도서관 정도로 평가절하하고 싶은 게다. 그랬든 저랬든 장
담컨대 "내 무덤에 침을 뱉으라!"고 한 박정희 대통령 자신의 성격대
로라면 결코 달가워하지 않을 일이겠다.

　　초대 대통령 이승만 기념관 건립을 위해 그가 공부했던 미국의 대
학에서 유학한 동문교수들 사이에서 모금 운동이 있었는데, 이를 두
고도 세간에서 말들이 많았다. 모금에 참여하지 않았을 바엔 그저
무관심한 게 당연하련만, 이 말 많고 정의(?)로운 나라에서 그냥 넘어
갈 리가 없다. 돈 대신 돌 던지는 사람이 너무 많다. 윤보선 · 최규하
전 대통령은 국민의 기억 속에서도 이미 그 자리를 잃은 지 오래다.
참으로 면목이 없다.

　　전두환 · 노태우 전 대통령은 아직 살아 있음에도 기념관 얘기는 입
밖에도 내지 못하고 있다. 그래도 전씨는 고향에 그의 호를 딴 공원이
나마 생겼다니 다행이겠다.

5년마다 생겨나는 대통령

2011년 어느 날 김영삼 전 대통령이 느닷없이 자신이 죽으면 모든 게 끝이라며 약 50억 원 정도의 전 재산을 사회에 환원하겠다고 해서 세간의 시선을 모은 적이 있다. 한데 그 내막을 자세히 들여다보니 웃음이 나온다. 그 재산을 기부한다는 곳이 다름 아닌 '김영삼 민주센터'라 한다. 그곳에서 하는 주요 사업이란 김영삼 전 대통령 기념도서관 건립, 전시 및 홍보, 연구, 교육 사업 등이란다.

하지만 그 돈으로는 제대로 추진하기가 어려웠던지 어느 경제단체에 지원을 요청했다 한다. 센터측은 총사업비로 180억 원이 필요한데 국고보조로 54억 원을, 나머지 100억여 원을 기업들의 모금으로 채울 계획이라 한다. 혹시나 불우한 이웃돕기나 장학금, 아니면 천안함이나 연평도 피격 희생자들을 위해 내놓겠거니 한 예상은 빗나갔다. 아무튼 끝까지 재미있는 분이시다.

노무현 전 대통령은 자살하면서 작은 돌비석 하나만 세워 달라고 했었다. 국립묘지도 서울도 싫었던 게다. 해서 그 유언대로 고향에 묻

서울 상암동 박정희대통령기념·도서관 내부 전경.

혔다. 그러나 동네 전체가 성역화 공원이 되어 버렸으니, 그보다 더한 기념관이 어디 있으랴. 결국 공덕비와 자신의 남은 생을 맞바꾼 셈이 되고 말았다. 이명박 전 대통령은 내곡동 사저 문제로 지레 체면을 구긴 터라 기념관이든 도서관이든 아예 입도 벙긋 못하게 생겼다. 오직 김대중 전 대통령만이 생전에 기념관과 도서관을 일찌감치 지어 놓고 가셨다.

기억하고 싶은 사람, 잊고 싶은 사람!

고을 수령이 임기를 마치고 떠날 때쯤이면 마을 유지들이 고민에 빠진다. 고약한 원님이 자기가 떠나기 전에 송덕비를 세우라고 몰염치한 압박을 가하기 때문이다. 당연히 그렇게 세운 비가 지금까지 전해질 리 만무할 터, 아무튼 예나 지금이나 이 나라에서 벼슬 좀 한다는 사람은 왜 그리 흔적 남기기를 좋아하는지. 광개토왕 혹은 진흥왕의 후손이라 그런가? 아니면 수캐 본능인가?

당사자들이 원했던 원치 않았던 한 전임 대통령으로 시작된 도토리 키재기식 개별 대통령기념관 혹은 도서관 건립을 막을 수가 없어졌다. 국고를 지원한다고는 하지만 사실 그다지 큰돈도 아니다. 그럼에도 불구하고 끝없는 논란으로 국민들의 에너지를 소진시킬 것이다. 게다가 대통령도 이제는 아무나 하는 시대, 이 작은 나라에서 5년마다 한 명씩 꼬박꼬박 생겨나는 대통령, 그들마다 개별 기념관을 짓는다는 것도 눈총받을 일이다. 전임 대통령의 기념관도 없는데 자신의 것부터 먼저 짓는다는 것은 더더욱 염치없어 보인다.

살아서 자기 공덕비나 추모 사당을 직접 세워 놓고 죽어야 안심이 되겠다는 이 어쭙잖은 분들, 기실 그만큼 자신이 없다는 것일 게다. 역사의 평가가 두렵고, 자신을 잊을 민심이 두려운 게다. 그 두려움을 뻔뻔함으로 감추려 드는 게다. 그러나 어쩌랴! 진정 훌륭한 분은 자신의 사후에 절대 기념비를 만들지 못하게 유언해도 사람들은 반드시 세우고, 제 스스로 만들어 놓고 죽은 이의 기념관엔 아무도 찾지 않으니. 꼴불견이란 이를 두고 생겨난 말일 것이다.

《명심보감》에 "평생에 눈썹 찡그릴 일을 하지 않으면 세상에 이를 갈 사람이 없을 것이다. 큰 이름을 어찌 뜻 없는 돌에 새길 것인가? 길 가는 사람의 입이 비석보다 나으리라(平生에 不作皺眉事하면 世上에 應無切齒人이니 大名을 豈有鐫頑石가 路上行人이 口勝碑이라)"했다.

뒤끝이 깨끗해야 향기가 남는 법

법정 스님은 생전에 자신이 펴낸 모든 책을 절판시켜 달라고 유언하고 가셨다. 하지만 책은 그가 살았을 적의 전체 판매 부수보다 몇십 배나 더 많이 팔려 나갔다. 결과적으로 내가 죽거든 다들 내 책 사보라고 광고한 꼴이 되고 말았다. 같은 말이라도 만약 내 책을 계속 팔아서 그 수익금으로 장학금을 주라고 했더라면 절대 그만큼 팔리지 않았을 것이다. 어쨌든 생전에 근사한 절 한 채 시주받아 남기는 바람에 사람들은 그곳을 스님의 기념관으로 여길 것이니 살아서나 죽어서나 무소유란 참 어려운 것인가 보다.

역시 2011년에 88세의 리콴유 전 싱가포르 총리가 자신이 세상을 떠나면 지금 살고 있는 집을 헐어 버리라는 유언을 남겼다고 한다. 자신이 죽은 뒤에 지금 살고 있는 집을 그냥 두면 기념관 같은 걸로 만들어져 주변 건물을 높이 짓지 못하거나, 이웃들이 괴로움을 당하는 일이 없도록 하기 위해서라고 한다.

옛말에 무(武) 속에 문(文)이 있고, 문(文) 속에 무(武)가 있다고 했다. 선비에겐 청렴이 무덕(武德)이요, 지조가 무혼(武魂)이다. 자신에게 엄(嚴)한 사람이라면 이름 석 자에 족한 법. 기념관이 없어 빛나지 못할 이름이라면 분명 누구도 기억하고 싶지 않은 이름일 것이다. 당당하지 못하면 부끄럼이라도 알아야 욕됨을 면하는 법. 스스로 미련을 접어서 그나마 뒤끝이라도 깨끗했으면 싶다.

호불호(好不好) 유불리(有不利)는 역사관(歷史觀)이 아니다

대한민국 건국 이래 이 나라는 대통령이 한 명 나올 때마다 좌우·지역·학연·진보·노소 등등 끊임없는 쪼개기를 해왔다. 살아서는 서로 등지다가 죽어서도 각자 기념관을 두고 분열과 갈등·편가르기를 조장시키고 있으니 답답하기 짝이 없는 노릇이다. 제발이지 역사에서나마 서로 화해했으면 싶다. 해서 개별 대통령기념관이 아닌 총괄 대통령역사관으로 통합해서 한 지붕 아래 모았으면 한다. 모양이나마 그게 좋지 않겠는가? 그래야 후손들에게 덜 부끄러운 모습을 보여줄 수 있지 않겠는가? 그게 역사관의 궁극적인 목적이 아니겠는가?

사실 우리나라 역대 대통령에 대한 평가(실은 감정)는 국민에 따라 지나치게 극단적으로 치달아 죽어서도 끝없는 갈등의 불씨가 되고 있다. 특히 생전에 자신의 기념관을 만드는 것은 아무래도 치적을 지나치게 미화시켰다는 비웃음을 피할 수 없을 것이다. 해서 이참에 역대 대통령에 관한 사료들을 한곳에 모아 국립으로 대통령역사관을 만들었으면 한다. 성숙된 역사관(歷史觀)으로 공과(功過)에 대한 가림 없이 있는 그대로 기술하고 진열해야 한다. 역대 〈왕조실록〉처럼 사료는 생전에 준비해야겠지만, 평가와 전시는 다음 정권이 아닌 당사자의 사후여야 할 것이다. 사후 3년 정도의 기간을 두어 초빈을 하듯 군더더기를 모조리 떨어내는 객관적 작업을 거쳐 역사의 전당에 올렸으면 한다.

화합의 첫 단추, 국립대통령역사관 건립

우리말 '기념'에는 그리워하며 기린다는 감상적 의미가 내포되어 있어, 자연히 그에 대해 부정적이었던 시민들의 반발이 생겨날 수밖에 없다. 해서 전쟁기념관처럼 '전쟁을 기념한다?'는 의아심을 갖게 하는 것이다. 그냥 군사박물관 정도로 했으면 무난했을 터인데 말이다. 어쨌든 대통령기념도서관(Presidential Memorial Library)이야 그 가족이나 후원단체, 혹은 지자체 차원에서 형편껏 자유로이 기념(Memorial)하게 내버려두되, 대통령역사관(Presidential Museum)은 국가에서 건립하여 통합적으로 관리해야 갈등도 줄이고 객관적인 역사자료관으로 거듭날 수 있을 것이다.

다행스럽게도 이미 그런 비슷한 기능을 하고 있는 기관이 있다. 언젠가 행안부 소속 국가기록원 내 대통령기록관(관장 김선진)을 들여다볼 기회가 있었다. 역대 대통령에 관한 모든 기록 보관실, 희귀 자료 및 훼손 자료 복원실은 물론 재임중 받은 각국 정상이나 사절들의 수많은 선물들까지 잘 보관되어 있다. 특히 대통령이 퇴임 후에도 자신

2005년 9월 6일, 광주시 서구 상무누리로에 개관한 김대중컨벤션센터 '김대중홀' 전경. [김대중컨벤션센터 제공]

의 자료를 열람할 수 있도록 현재 청와대 집무실과 똑같이 만든 별도의 방도 마련되어 있다. 그리고 그다지 크지는 않지만 일반인들을 위한 전시관도 열고 있다.

　아직 널리 알려져 있지 않아 일반 관람객이 많지 않은 편이지만, 역대 모든 대통령을 한꺼번에 모아 놓은 전시관에 들어서니 대한민국의 현대사를 한눈에 훑어보는 듯한 느낌이었다. 무엇보다 그곳에선 개개의 대통령기념관에서 느낄 수 없는 통일된 역사감(歷史感)과 그로 인한 객관적인 평가가 절로 생겨난다. 편가르기에 익숙한 사람들에게 꼭 한번 관람하길 권하고 싶다. 왜 대통령역사관을 국가에서 통합 관리해야 하는지 절로 수긍이 갈 것이다.

　현재 국가기록원과 대통령기록관은 성남시 세종연구소 내에 자리하고 있는데 머잖아 세종시로 이전한다고 한다. 그렇다 해도 시민들과 너무 떨어져 있어 방문하기 쉽지 않을 것이다. 언젠가 대통령 관저가 넓은 평지로 옮아간다면 지금의 청와대가 대통령역사관으로 가장 적격이겠지만, 그전에 현재 계획중인 용산공원 내에 대통령역사관이 들어선다면 근처의 전쟁기념관·국립중앙박물관과 함께 대한민국을 대표하는 문화공원이 되지 않겠는가? 하여 부디 개별 대통령기념관 건립에 따른 국민적 갈등과 에너지 낭비를 줄였으면 한다.

진정 아름다운 기념관이란

　우리나라 재벌 사모님들 중에는 미술관을 가진 분들이 많다. 문화사업 중에서 유일하게 (돈) 남는 장사이기 때문이리라. 사실 우리나라 미술계는 그동안 이 사모님들의 은혜로움으로 먹고 살았다 해도 과언이 아니다. 몇 년 전부터 연이어 터진 미술품 수집에 얽힌 사건들로 인해 요즘 미술계가 아사 위기에 처해 있다. 재미있는 것은 그 사모님들의 미술관 크기는 재계 순위대로란 점이다. 대신 오너들은 자신의 호를 딴 장학재단을 만들어 사회 환원을 생색낸다. 그게 그들의 기념관인 것이다.

자신이 보유한 주식 절반을 내놓아 기부재단을 만든다면서 미국의 빌 게이츠에게 한 수 배우러 갔다가 사진 한 장 못 찍고, 밥 한 끼 못 얻어먹고 온 안철수. 자신이 왜 그런 대접을 받고 왔는지, 무슨 실수를 저질렀는지 아직도 깨닫지 못하고 있겠지만, 아무튼 그 소심한 성격에 천금을 내놓기는 했으나 좌불안석, 차마 거금에서 손이 떨어지지 않는 게다. 혹여 그 돈 조몰락거리다가 남은 생애를 다 보낼 것 같아 걱정스럽다. 그나저나 돈 쓰는 것까지 미국에 가서 멘토링을 받아 와야 하다니, 그게 나라 망신인지 제 망신인지 분간이 안 되는 모양이다. 성숙한 인격체로서의 사회적 학습이 한참 모자란다는 방증이 아닐까 싶다. 민망하고 애석한 일이지만 이게 어디 안철수만의 일이던가? 이 나라 모든 엘리트들의 수준이 대충 그러한 것을.

몇 년 전, 말 그대로 조국의 산업화를 위해 온몸을 다 바친 박태준 전 포철 회장께서 돌아가셨다. 어느 재벌 총수든 독지가든 나서서 서울 한복판에 그분의 이름을 내건 기념도서관 하나 건립해 주었으면 한다. 도마뱀 꼬리처럼 해마다 자란 만큼만 똑 떼어 잘디잘게 썰어 나눠 주는 좁쌀장학재단보다, 명예박사증과 맞바꾸어 지어 준 대학도서관보다 더 가치 있는 일일 것이다. 사고 치고 나서 사회 환원 운운하며 면피용으로 만든 기부재단보다 훨씬 아름답지 않겠는가? 국민이나 당사자나 그런 억지 기부 재단 이름만 들어도 그때 그 사건이 떠올라 기분 잡칠 텐데 재단이 제대로 굴러갈 리가 있겠는가? 애초에 생기지 말았어야 했고, 당사자도 정신건강상 하루빨리 없애고 싶은 재단이 아니던가?

삼성그룹의 러시아 볼쇼이극장 후원 등 요즘은 한국의 대기업들도 해외의 문화 기부에 동참하면서 품격경영에 조금씩 눈떠 가고 있다. 그런데 국보 1호 남대문이 불탔을 때, 그 복원 비용 전액을 대겠다고 나서는 순발력 있는 부자나 기업은 없었다. 설사 문화 마케팅을 위한 잔꾀라 할망정 남의 영광된 빛을 빌려 자신의 후광으로 삼거나 부족함을 가릴 줄 아는 지혜라도 아쉽기만 한 세상이다. 부덕(不德)을 메우는 부덕(富德)! 그를 통한 부(富)의 지속적인 승계. 기실 노블리스 오블리주의 본뜻 또한 그런 게 아니던가! 그게 진정한 보험이자 부적(符籍)이 아니던가! 그런 일을 미덕으로 받아들이지 못할 만큼 옹졸한 시민은 없을 것이다.

아무튼 섭섭한 건 죽어서도 못 잊으면서 고마운 건 돌아서면 잊어버리는 민족이다. 해서 광화문광장이나 서울광장에 박태준 회장의 동상을 세웠으면 한다. 그게 안 되면 광장 옆 교보문고 빌딩의 정원이나 입구에라도 좋겠다. 어쭙잖은 고철 조각품보다야 더 값질 게다. 잊혀지기 전에 초등학교 교과서에도 실었으면 좋겠다. 이런 분을 기릴 줄 모른다면 그 많은 세계위인전 읽어 무엇하겠는가? 국가의 품격은 그렇게 조금씩 하나씩 쌓아 나가는 것이다.

72 박정희 묘가 한국판 야스쿠니 신사인가?

중국인들은 왜 죽은 마오쩌둥(毛澤東)에게 침을 뱉지 않을까? | 숙성 기간을 갖지 못한 권력자가 위험한 이유 | 포지션을 모르는 한국인들 | 박해받지 못해 안달해대는 정치 철부지들 | 한국은 언제 철드나? | 현충원은 정치 시위하는 곳이 아니다 | 번지수도 헤아릴 줄 모르고 새 정치? | 조무래기들 모인다고 큰 정치 되나?

문화대혁명 시기에 중국의 수많은 관료와 지식인들이 3년 내지는 10년씩 하방(下放)당하거나 도피생활을 했었다. 후야오방(胡耀邦)은 3년 동안 군사학교에 배치되어 힘든 노동으로 몸무게가 반으로 줄었다. 덩샤오핑(鄧小平)은 시골 트랙터공장 노동자로 3년 동안 줄질을 했었고, 자오쯔양(趙紫陽)은 숙청당하였으며, 주룽지(朱鎔基)도 5년 동안 돼지 사육을 하였다. 장쩌민(江澤民)은 10년 동안 피신을 다녔다. 원자바오(溫家寶)도 지질연구원으로 베이징에서 쫓겨났었다. 시진핑(習近平)은 부친이 하방당해 옥살이까지 하는 바람에 고된 노동으로 소년 시절을 보냈다. 리커창(李克强)은 3년간 농민생활을 한 바 있다. 그외 대부분의 혁명동지들과 관료들이 하방을 당해 이루 말할 수 없는 육체적 고통과 모멸을 겪었다.

한데 왜 그들은 죽은 마오쩌둥(毛澤東)에게 침을 뱉지 않을까? 박정희처럼 "내 무덤에 침을 뱉으라!"고 말하지 않아서일까? 언젠가 중국이 다당제 민주체제가 되면 그때 침을 뱉을까?

문화대혁명 최대의 부산물

위(魏)나라에 최염(崔琰)이라는 장군이 있었는데, 그는 대인의 기품이 있어 무제의 신임이 매우 두터운 사람이었다. 그의 사촌동생 가운데 임(林)이라는 사람이 있었는데, 젊어서는 별로 명망이 없었기 때문에 친척간에도 업신여김을 받았다. 그런데 최염은 그의 인물됨을 꿰뚫어보고는 늘 "큰 종이나 솥은 쉽게 만들지 못한다. 큰 인재도 이와 마찬가지인데 임은 대기만성(大器晩成)형이니 후일에는 반드시 큰 인물(人物)이 될 것이다"라고 말하며, 그를 아끼고 도와주었다. 과연 뒷날에 임은 삼공(三公)이 되어 천자를 보필하는 자리에 오르게 되었다고 한다.

어느 날 마오쩌둥은 왕비서를 보내어 하방중인 덩샤오핑이 어떻게 지내는지 살펴보게 하였다. 하여 낮에는 온갖 수모어린 궂은일을 원망·불평 없이 열심히 해내고, 밤에는 마룻장 걸레질로 강제노역을 당하고 있는데도 얼굴이 밝고 온화하더란 보고를 듣자 "덩은 마음이 둥글구나!"고 말했다 한다. 세상 사람들은 마오쩌둥이 덩샤오핑을 제거하려고 일생 동안 애를 썼다지만, 그건 속 좁은 소인배적 생각이다. 오히려 훗날을 위해 그를 아껴 원격 모니터링하면서 지도자 그릇 단련 작업에 같이 동참하였다.

이처럼 대국을 다스리는 것과 소국을 다스리는 것은 그 격이 다르다. 대기(大器)가 아니면 대국을 다스릴 수 없다. 그렇지만 큰 나무 밑에는 절대 큰 나무가 자랄 수 없는 법. 해서 훌륭한 지도자나 스승은 쓸 만한 재목감을 오래도록 자기 밑에 두지 않고 멀리 내친다. 거친 황야에서 비바람을 이겨내고 꿋꿋하게 가지를 뻗어 자기 세력을 키우도록 내치고, 심지어 박해까지 하는 것이다. 육조혜능(六祖慧能)도 그래서 절에서 내쳐진 것이다.

진짜 큰사람들은 후계를 그렇게 키운다. 그의 그늘에서 권세와 영화를 누리던 저우언라이(周恩來)와 4인방들의 면면과 비교해 보면 짐작이 갈 것이다. 또 대만의 장제스(蔣介石)와 그 후계를 비교해도 쉬이 수긍이 가겠다. 독한 독재적 군왕 다음에는 위대한 성군이 나오고,

좋은 게 좋다는 성군 다음에는 반드시 찌질한 왕이 나오는 것도 그 때문이다.

강철은 두드릴수록 강해지고, 사람 역시 고난을 통해 강해지고 성숙해지는 것은 만고의 진리. 철든다는 말은 곧 역경을 견뎌냈다는 말이다. 절치부심의 기간을 가지며 성찰하고 그릇을 키운 것이다. 공(公)의 개념과 미래 의식으로 대세를 읽는 능력을 키웠다. 중국이 오늘날처럼 기라성 같은 인물들이 끊임없이 공급되는 것도 실은 마오쩌둥의 하방 덕분이라 하겠다. 하지만 머잖아 그 문혁세대가 끝날 때쯤이면 중국도 활력을 잃을 것이다.

박해는 인재를 숙성시키는 최고의 도구

"소나무 아래에서는 풀이 자라지 않는다(松柏之下 其草不殖)"고 했다. 정치와 종교는 닮은 구석이 많지만, 그 중 한 가지가 바로 '박해'다. 이는 결코 없어서는 안 될 치명적 영양소이다.

그렇지만 권위에 도전하지 말라고 했다. 특히 절대권력의 권위에 도전하는 것은 죽음이다. 박정희의 진정한 후계자는 김영삼과 김대중이다. 그들을 가택연금시키고 감방에 보내지 않았으면? 분명 역사의 수레바퀴에 깔려 사라지거나 베어낼 수밖에 없었을 것이다.

만약 그같은 긴 숙성 기간 없이 김대중·김영삼 같은 정치꾼들이 일찍이 대통령이 되었다면 대한민국이 어찌되었을까? 미국 케네디 대통령 같은 인물이 되었을까? 아니면 자유당 시절의 혼란을 반복했을까? 철부지들끼리 서로 민주주의 하겠다고 싸우다가 필리핀처럼 되지 않았을까? 태국이나 미얀마처럼 쿠데타로 날을 새우지는 않았을까? 그 무엇보다 경제는? 그리고 북한을 제대로 견제해 냈을까? 김영삼·김대중이 훗날 한참 경륜이 쌓인 다음 대통령이 되어 대한민국을 위해 한 일을 생각하면 거슬러 짐작이 가겠다.

마오쩌둥을 생각하면 도요토미 히데요시가, 덩샤오핑을 생각하면 도쿠가와 이에야스가, 저우언라이를 생각하면 한국의 김종필이 연상된다. 큰 나무 밑에서 자란 나무가 나중에 그 큰 나무를 대신하던가? 박정희 밑에서 다음을 이을 인물이 나왔는가? 김영삼의 가신 구룡(九龍)들은 다 어디 갔는가? 김대중의 마름들은 지금 뭘 하고 있는가? 친김(親金)·친노(親盧)·친이(親李)·친박(親朴)에서 인물이 나오던가? 적자(嫡子)·적통(嫡統)이란 그늘(비닐하우스)에서 자랐다는 말이다. 대기(大器)가 나올 리 없다.

미운 자식 떡 하나 더 주고, 귀여운 자식 매 한 대 더 때린다고 했다. 김영삼의 후계자는 구룡이 아니라 이회창이었다. 그렇지만 숙성 기간이 없어 대기만성하지 못했다. 김대중의 후계자는 없다. 아무도 키우지 않았다. 다행히 전두환은 국회에서 명패까지 얻어맞아 노무현이란 후계자를 만들었다. '원수 같은 놈'이 진짜 후계자인 셈이다. 당사자들이야 인정할 리 없지만 세상 이치(因果)가 그렇다는 말이다.

한국 정치는 박정희 묘에서 시작

선거의 계절. 경기지사 출마를 선언한 김상곤 전 경기교육감이 박정희 전 대통령 묘를 참배할 생각이 없다는 입장을 공개적으로 밝히면서 또다시 박정희 무덤에 침을 뱉었다. 그 따위 질문을 하는 자나 초등학생처럼 OX로 대답하는 자나 한심하기는 매한가지. 아무튼 이제부터는 대선이 아닌 지방선거까지 박정희가 없으면 치를 수가 없게 되고 말았으니, 이 세태를 두고 웃어야 하나 울어야 하나.

지난 대선 전 민주통합당 문재인이 국립현충원 참배를 하면서 김대중 전 대통령 묘만 분향한 것을 두고 국민들이 그 옹졸함을 비웃자, 이를 의식한 안철수는 박정희 묘까지 분향한 것은 좋았는데, 그 자리에서 "박정희 대통령 시대에 우리 산업의 근간이 마련됐지만 법과 절차를 넘어선 권력의 사유화는 어떤 이유로도 정당화될 수 없다” “이를 위해 노동자와 농민 등 너무 많은 이들의 인내와 희생이 요구됐다”며 침을 뱉었다.

고약하기 짝이 없는 신참 문화해설사 아닌 정치해설사?

박정희와는 아무런 인과도 없는, 그 시대의 굴레에 저항한 적도 없이 경제성장 덕분에 보리밥은 구경도 못한, 쌀밥과 고기 반찬에 기름지게 자라 약간의 성공을 거둔 기업인이 갑자기 정치에 입문하자니 도무지 뭔가 부족한 것이겠다. 해서 그 무덤에 침이라도 뱉어 반(反)박정희, 실은 박정희의 유복자가 되고자 하는 것이겠다. 그러면서 새 정치? 아무렴 참배를 해도, 참배를 안해도, 참배를 않겠다고 해도 화제가 되니 그만한 노이즈 마케팅 거리도 다시없겠다. 누구든 박정희 묘에 침을 뱉기만 해도 정치 입문에 필요한 기본 표를 모을 수 있으니 말이다.

박해받지 못해 안달해대는 정치 철부지들

박정희에게서 직접 박해(보호관찰)받은 정치인들은 대통령도 해먹고, 박정희를 욕한 사람도 대통령을 해먹었다. 박정희 시대에 감옥 혹은 유치장 다녀온 학생들은 다들 근사한 자리나 배지 하나씩 보상받았다. 그러니 이 나라에서 출세를 하려면 박정희에게 박해받은 척이라도 해야 한다. 해서 어차피 가야 할 군대에 일찍 징집당한 것도 박해받았다고 하고, 장발 단속당한 걸로도 박정희에 항거했다고 떠벌리는 것이다.

유신의 부산물!

어떻게 해서든 독재자의 적이 되어 순교자인 양해야 한다. 그러다보니 마치 자신이 박정희와 동등한 위치에서 그 시대의 주연으로 싸운 양 환상에 빠져 주제 파악도 못하고 돼먹지 않은 말을 입에 담는 것이다. 스스로 과거사의 굴레를 뒤집어쓰면서 입으로는 미래가 어쩌고, 새 정치 새 시대가 저쩌고 외친다. 진실로 오만하고, 가증스럽고, 비열하고, 비겁하고, 역겨운 위선이다.

물론 누구한테서 박해를 받았느냐가 중요한 일. 이 나라에선 오로지 박정희여야 한다. 전두환에게서 받은 박해는 박해가 아니라 피해일 뿐이라는 인식이다. 해서 적당히 보상받고 끝내 버린 것이다. 그러고는 죽은 박정희에게 박해해 달라고 매달리는 정치꾼들. 그때 왜 자기를 감방에 보내 주지 않았느냐며 무덤에까지 와서 떼쓰는 그 가증스러움에 눈물이 나려 한다. 박정희가 무능한 독재자였더라면 과연 그러했을까?

속담에 '싸우다 정분난다'고 했다. 글쎄 쉽지 않은 일이겠지만 욕하면서 닮는 건 맞는 것 같다. 기실 한국의 모든 정치인들의 우상은 박정희다. 그를 배우고 싶고, 닮고 싶고, 넘어서고 싶고, 밟고 싶은 게다. 더구나 민주화 시대엔 영광되게 감옥에 갈 빌미도 없다. 명패 던질 곳도 없다. 무단 월북을 해도 영웅은커녕 정신나간 놈 취급만 받는다. 해서 박정희 무덤에 몰려와서 참배 아닌 침뱉기 경쟁을 하는 것이다. 그렇게 투사(鬪士) 혹은 지사(志士)인 양 비슷하게 보이려 쌍심지를 세워 정계 입문 신고식을 치르는 것이다. 실은 하나같이 그가 가졌던 카리스마, 독재 DNA를 물려받아 절대권력을 누려 보고 싶은 게다. 박정희가 경제건설·산림녹화만 잘한 것이 아니다. 그만큼 정치 후보생들을 많이 길러낸 정치인도 다시없다.

박정희가 그런 샌님들의 찌질한 근성을 누구보다 잘 알고 있었기에, 그리고 자신이 죽고 나면 그들이 어떻게 나올지 훤히 짐작하고 있었기에 "내 무덤에 침을 뱉으라!"고 한 것일 테다. 선비라면 그런 것을 두려워하지만, 무인은 그런 쪼잔함에 연연해하지 않는다.

아직도 박정희 타도! 끊임없이 태어나는 박정희의 적들! 따지고 보면 그런 찌질이들 역시 박정희가 씨 뿌린 사생아에 다름 아니다. 비록 철부지라 하더라도 박정희 무덤에 침을 뱉었다는 사실만으로도 다른 어떤 대통령의 적자(嫡子)보다도 더 힘이 세어지니 이 또한 박정희의 위대함에 대한 역설적 반증이겠다. 정치 역시 동전의 앞뒷면! 뒷면 없는 돈은 없다. 수표와 돈의 차이다. 그리고 모든 돈은 앞뒷면이 등가(等價)다. 단 박정희 것은 액수가 없다. 십원짜리? 백원짜리? 만원짜리? 억짜리? 동전의 뒷면, 즉 상대의 그릇 크기에 따라 달라진다.

현충원은 정치 시위하는 곳이 아니다!

한국인들의 치명적인 약점은 제 포지션을 모른다는 것이다. 도무지 분수를 모른다는 말이다. 그러니 무슨 일이든 터지면 울컥댈 줄만 알았지 도통 솔루션을 만들어 내질 못한다. 이 민족에게는 떼쓰기

이게 당격이면 국격은? 동서남북 구분도 못하고 호국영령들을 모독하는 왕싸가지 엉덩이 참배! 2012년 대선 패배 후 국립현충원을 찾은 민주통합당원들의 위선 혹은 생쇼. 호국영령들이 뭔 잘못을 저질렀다고 도매금으로 국민에게 사죄하나? 호국영령들도 네편 내편 들러리? 이런 식이면 올림픽에서 금메달 못 딴 선수들은 이곳에 와서 석고대죄가 아니라 자결이라도 해야 하지 않나? 정치를 입에 담기 전에 철부터 들어야! ⓒ연합뉴스

DNA만 있고, 창조 DNA는 아예 없는 것은 아닐까 하는 의구심마저 들 정도다. 할 줄 아는 짓이라곤 고작 편가르기라지만 하필 왜 국립묘지인가? 호국영령들이 정치를 위해 당파싸움 벌이다 목숨 바쳤나? 그 꼴을 보자고 목숨 바쳤는가?

현충원이 정치인 전용 묘지던가?

유불리 현실 감각 내지는 호불호 역사관으로 무슨 공인인가? 아무리 특정 대통령과 원수지간이라 해도 공인(公人)이면 최소한의 품격과 덕목은 갖춰야 한다. 공인으로 나섰다는 그 사실만으로도 사적 언행은 자제해야 한다. 정치인들이 현충원에 들러 참배하면 국민의 애국심이 고취된다던가? 아니면 그들의 우국충정의 각오를 국민들이 곧이곧대로 믿을 것 같은가? 입만 열면 화합이니 새 정치니 하면서 정작 하는 짓이라곤 분열과 갈등 조장이다.

현충원에서의 정치적 지랄 추태는 이제 그만해야 한다. 그곳은 추모하는 곳이지 선거 출정식이나 신고식 치르는 집회 장소가 아니다. 정히 시위를 하고 싶으면 기왕지사 널리 백성을 위한다는 광화문광장 세종대왕 동상 앞에 엎드려 구걸을 하든 팔뚝질이든 하길 바란다. 정치인은 현충일 등 국가의 공식적인 행사 외에는 들어가지 말아야 한다. 대통령이라 해도 취임할 때 군통수권자로서 무명용사기념탑에 꽃을 바치는 것 이외는 사적으로 현충원을 찾아서는 안 된다. 정히 참배하고 싶으면 잠든 영령들 깨우지 말고 조용히 혼자 헌화하고 가라.

그리고 참배는 입으로 하는 것이 아니다. 망자의 귀와 눈과 입은 막혀 있어 마음으로 소통해야 한다. 해서 묵념(黙念)이라 하지 않는가. 참배에 뒷말이 붙으면 참배가 아니다. 그런 걸 헛짓한다, 싸가지 없다 하는 것이다. 번지수도 헤아릴 줄 모르는 몰상식으로 어찌 나라를 다스리겠다고 하는지? 정치인들이 찾을수록 현충원은 오염될 뿐이다.

게나 고둥이나 정치하는 나라?

숙성되지 않은 날것들에선 깊은 맛이 나오지 않는다.

기자가 묻는다고 또박또박 말대꾸하거나 자기 행위에 대해 일일이 변명, 핑계를 대는 것은 하수 중의 하수다. 진짜 프로는 그렇게 직접 답을 하지 않는다. 은유적인 메시지만 던져 놓고 선택과 결정은 상대가 하도록 유도한다. 박정희가 어떤 사람인지는 그 시대를 살았던 국민이 더 잘 안다. 유불리밖에 따질 줄 모르는 정치인들이 자신만의 경험 혹은 논리나 오늘의 잣대로 그 시대를 경험하지 않았던 젊은이들에게 과거사를 가르치는 것은 파렴치한 짓이다.

판단은 국민의 몫이다.

어설픈 지식과 감정적 논리로 국민을 가르치려 들지 말아야 한다. 국민은 그런 무지하게 '똑똑한' 골샌님 지도자를 원하는 것이 아니다. 똑똑하다고 전지전능한 것 아니다. 조무래기들끼리 모인다고 '큰 정치' 되지도 않는다. 신참이 한다고 새 정치 아니다. 아무렴 김영삼·김대중만한 인물도 이제 이 땅에서 다시 나오지 않을 것이다. 그런 격정의 한 시대는 이미 저물었다. 대한민국이 박정희 콤플렉스, 박정희 트라우마를 걷어내고 다시 새벽을 맞을 수 있을까? 밤이 무척 길 듯하다.

73 꿈 없는 젊음은 청춘이 아니다

청춘콘서트로 청춘들의 꿈을? | 야성 없는 젊음, 배부른 청춘은 꿈을 꾸지 않는다 | 꿈을 못 꾸니 아프고, 꿈이 없으니 청춘이 병드는 것! | 앞으로 엎어지는 것은 실패라 하지 않는다 | 전세대가 이뤄 놓은 안락함 속에서 자란, 마치 무균(無菌)하우스 속에서 수경재배로 자란 야채 같은 신세대 청춘들을 밖으로 내달리게 해야!

인생이 아르바이트일 수는 없지 않은가? 고작 허드레 서비스 일로 연명하며 인생을 다 보낼 것인가? 일자리 아닌 일거리, 온갖 형태의 싸구려 일감을 찾아 전전해야 하는 끔찍한 운명을 앉아서 맞을 것인가?

일을 하지 않는 사람들, 일을 할 수 없게 된 사람들, 즉 '잉여인간'이 넘쳐나고 있다. 요사이 주말은 말할 것도 없고, 평일 오전에도 지하철엔 건장한 등산객들로 붐빈다. 노량진 공무원 입시학원이나 PC방에는 일자리 수색 작업으로 하루하루를 보내는 젊은이들로 가득하다. 또 현대판 고려장인 노인요양원에 가본 사람이면 금방 눈치챌 것이다. 아, 머잖아 나라가 망하겠구나! 탄식이 절로 나온다.

해결 난망해 보이는 실업은 노동(실은 고용)의 종말이라는 우려를 현실화시키고 있다. 빈부의 격차보다 직장의 유무, 정규직이냐 비정규직이냐가 사람의 신분을 가리는 또 하나의 기준이 되고 있다. 부의 분배 이전에 노동의 분배가 무엇보다 시급하지만, 대선에 나선 후보들마다 하나같이 부의 분배를 통해 일자리 창출을 약속하고 있지만 모두 헛된 구호가 아니라 거짓임을 알 만한 사람은 다 알고 있다. 이미 국제화된 산업 구조상 이 나라에서 청춘들이 바라는 그런 일자리는 더 이상 생겨나지 않을뿐더러 있는 것마저 점점 줄어들 것은 기정 사실이다.

국가 부채, 지자체 부채, 가계 부채, 복지 경쟁, 학자금 대출 경쟁. 세상에 일자리만한 복지가 어디 있을까마는 이 땅의 지도자들은 새로운 일자리 늘릴 능력은 없고, 그저 선심성 복지를 남발하고 있다. 하여 고작 만들어 낸다는 것이 '일자리복지'가 아닌 '복지일자리'인 게다. 임시방편 일자리 쪼개기. '노동의 대용품'으로 낭패스런 상황을 모면해 보려는 게다.

정치가 청춘들을 속이고 있다!

한때 이 땅의 젊은이들은 세상의 그 어떤 나라 젊은이들보다도 큰 꿈을 꾸며 패기에 차 있던 적이 있었다. 그때 그 꿈을 꿨던 젊은이들이 지금 이 사회의 주역으로 대한민국을 이끌고 있다.

《세상은 넓고, 할 일은 많다》. 전 대우그룹 회장 김우중의 자서전이다. 당시 이 땅의 많은 젊은이들은 그 책을 통해 세계를 꿈꾸었다. 지금처럼 아무나 해외 여행을 할 수 있는 시절도 아니었고, 세계에 대한 정보도 거의 갖고 있지 않은 젊은이들이 그의 성공담을 믿고 그야말로 헛바람 잔뜩 머금고 미지의 세계를 정복할 무모한 꿈을 키웠었다. 그리고 실제로 그렇게 뛰쳐나갔다. 용감무쌍하게 맨몸 하나로 말이다.

그런데 요즈음의 젊은이들은 《아프니까 청춘이다》로 상처(?)받은 영혼을 위로받기에 정신이 없다. 모기한테 물린 자리에 연고 바르듯 희망인지 위로인지 모를 시시콜콜한 얘기에 찌질한 눈물을 짜내고 있다. 비닐하우스 상추처럼 바깥 햇빛이나 바람에도 상처받았다고 할 판이다. 아프니까 청춘? 도대체 청춘이 왜 아프단 말인가? 청춘이 아플 새가 어딨나? 꿈을 못 꾸니 아프고, 꿈이 없으니 청춘이 병드는 것 아닌가?

교사·공무원이 젊은이들이 선호하는 직업 1,2순위란다. 이 땅 젊은

이들의 꿈이 고작 그건가? 세계경영은 어림없는 소리? 자그맣고 아담한 벤처기업, 실패 없는 깔끔한 성공, 대학교수, 경제적 안심과 약간의 인기 혹은 존경? 이게 이 시대 대한민국 젊은이들의 꿈일 수는 없지 않은가? 꿈은 크게 꾸랬다. 꿈을 크게 황당하게 꾼다고 돈 더 드는 것 아니다.

'뼈를 묻을 곳이 어찌 고향뿐이겠는가,
인간 세상 청산 아닌 곳이 없는데!'

埋骨何須桑梓地, 人間無處不靑山. 마오쩌둥이 빨리 결혼시켜 농사를 짓게 하려는 부모의 바람을 뒤로 하고, 상급학교에 진학하려는 꿈을 품고 고향을 떠날 때 지은 시(詩)의 한 구절이다. 자작시로 알려져 있지만, 실은 일본 메이지유신 때의 무관이었던 사이고 다카모리(西鄕隆盛)의 시를 개작한 것이다. 마오쩌둥은 당시 학자로서의 꿈을 지녔었다. 혁명가가 될 줄은 꿈에도 몰랐을 것이다.

예전과 달리 지금의 젊은이들은 해외 여행·조기유학·어학 연수 등으로 세계를 직접 체험하면서 자란다. 또 인터넷으로 앉아서도 세계를 손바닥 들여다보듯 훤히 꿰뚫고 있다. 한데 그럴수록 오히려 주눅이 들어 안으로만 기어들려고 한다. 골기(骨氣) 빠진 남성들은 점점 여성화 내지 중성화되어 가고 있다. 사내대장부란 말은 이미 폭력어로 사용 중지된 지 오래이고, 꽃보다 남자, 국민 남동생, 계집애 같은 사내들이 판을 휘젓고 있다.

정부에서는 허구한 날 입만 열면 대기업더러 젊은이들 일자리 만들어 내라고 닦달을 해대지만 다 쓸데없는 헛소리다. 산업의 발전 단계로 보면 한국은 이미 지난 세기를 마감하면서 개척시대가 지나갔다. 더 이상 한국에서는 일자리 안 생긴다. 대기업이 아무리 전 세계에 물건 팔아 돈을 많이 벌어 와도 국내에선 일자리 안 만든다. 그 돈으로 한국에서 더 이상 사업 안 벌린다. 경쟁력이 없기 때문이다.

특히 젊은 남성의 새 일자리는 생기지도 않을뿐더러 그나마 있는 것도 여성들에게 밀려 쫓겨날 수밖에 없다. 이미 한국은 관리의 시대로 접어들었기 때문이다. 예전처럼 동네 슈퍼마켓 진열대 하나 두고 박터지게 싸우던 시대 지나간 지 오래다. 재벌이라 해도 국내는 관리만 하는 본부일 뿐이다. 무대가 세계로 옮아간 지 오래다.

해서 이미 국내의 웬만한 대기업 사무실엔 과장까지 거의 여성들 차지다. 투쟁이 아니라 관리이기 때문에 여성들이 훨씬 유리하다. 더 이상 남성들이 설 자리는 없다. 겨우 빵이나 만들고, 요리나 하고, 머리나 다듬는 등등의 하위 분야 서비스업종뿐이다. 대기업은 돈을 쌓아 두었으면 두었지 국내에 공장 안 짓는다. 안 짓는 게 아니라 못 짓는다. 돈이 푹푹 썩어 나가도 어쩔 수 없는 노릇이다.

개인도 마찬가지이다. 게나 고둥이나 다 대학 가는 세상에선 인생 전체를 놓고 보더라도 교육에 투자해서 본전 건지기 어려운 곳이 한국이다. 그러니 청춘들이여, 어쩌겠는가? 우리 안에 사육되는 짐승으로 살 것인가? 아니면 우리를 박차고 나가 초원을 누비며 스스로 먹을 것을 찾을 것인가?

배부른 청춘은 꿈을 꾸지 않는다

요즘의 젊은이들은 자기가 좋아하는 그 무엇에 반대하거나 싫어하거나 무관심한 것을 그냥 두고 보지 못하는 결벽증과 조급성을 쉬이 드러낸다. 그리고 이는 곧바로 적개심으로 변한다. 가벼움에 익숙해져 SNS 등에 쉽게 조종당한다. 해서 수많은 야심가들이 온갖 미사여구로 이들을 유혹하고 있다. 민주국가에선 어쨌거나 머릿수가 권력이기 때문이다. 듣기 싫은 소리 듣는 훈련이 전혀 되어 있지 않다. 집에서나 학교에서나 모두가 달래기에 급급한 때문이다.

배부른 아이가 무슨 큰 꿈을 꾸겠는가? 출퇴근 시간 때조차 자신을 돌아볼 여유를 갖지 못하고 SNS나 게임·드라마에 빠져 있으니, 꿈꿀 시간이 있을까? 그러니 꿈에 대한 집착도가 떨어질 것은 당연한 일. 고작 호불호(好不好)가 꿈인 줄 착각하고 있다. 모조리 비닐하우스 속의 개꿈이다.

야성을 잃은 젊음. 전세대가 이루어 놓은 안락함 속에서 자란 젊은이들은 마치 무균(無菌)하우스 속에서 수경재배로 자란 야채와 같다. 해서 햇빛이나 비·바람에도 상처받고 시들고 주눅들어 버린다. 하우스 밖 야생에 대한 적응 훈련이 전혀 되어 있지 않아 갑작스럽게 햇볕만 쏘여도 제대로 눈도 뜨지 못하고 시들어(자살해) 버린다.

청춘들이여, 비닐하우스를 걷어라!

안락과 야성은 상극이다. 지나친 보살핌은 야성을 죽인다. 자선에 의해서건 제도에 의해서건 혜택이 지나치면 자생 의지를 꺾어 결국은 국민을 병들게 만든다. 배급은 일찍 끊을수록 야성이 커진다. 건강한 청춘이라면 차별 혹은 차등에 기죽지 않는 야성이 필요하다. 청춘이라면 이성보다는 야성에, 계산보다는 열정에 의지해야 한다. 그게 역동성이다. 가진 것이 없을수록 더 용감할 수 있고, 뛸수록 꿈은 더 커지게 마련이다. 해서 최소한의 젖물림이어야 한다.

지금은 세계적으로 모두 어려운 시기이다. 위기가 아니라 문명의 대격변이다. 이때 어느 민족이 허리띠를 더 짧게 하느냐가 미래의 주인을 결정한다. 모세가 유대민족을 이끌고 곧장 가나안 땅으로 들어가지 못하고 40년이나 광야를 방랑하였던 까닭은, 이 민족을 강하게 단련시키기 위한 신의 뜻이 있었기 때문이다. 고난의 행군만이 우리를 건강하게 하고, 바른길로 이끈다. 어려울 땐 차라리 더 어렵게 살아낼 줄 아는 민족이 진정으로 지혜로운 민족이다. 그래야만 진정한 세계사의 주역이 될 수 있다.

'청산이 있으면 땔감 떨어질까 걱정하지 않는다!'

留得靑山在, 不怕沒柴燒. 2008년 12월, 중국의 원자바오(溫家寶) 총리가 베이징항공항천대학 도서관에서 학생들과 장시간 대화를 나눈 끝에 보탠 민간 속담이다. 취업 등 장래 문제를 걱정하는 학생들에게 자신감을 가지라고 해준 말이다.

무식해야 용감할 수 있다던가? 맞는 말이다. 졸업장과 취직이 성공인가? 공부 많이 한다고 성공하는 건 아니다. 계산에 밝으면 용기가 없고, 생각이 많으면 결단력이 모자란다. 가방끈 긴 놈은 그 무게 때문에 멀리 못 뛴다. 해서 졸업한 놈보다 중퇴한 놈이 더 크게 성공하는 것이다. 달리면서 하는 공부가 진짜 공부이기 때문이다.

아무튼 지난 세기 동안 이 정도로 한국을 발전시킨 것은 국민들의 배고픔에서 오는 야성이었다. 6,70년대 오대양을 누비며 달러를 벌어 오던 수출선원들과 원양어선 선원들, 파독 광부와 간호원들. 월남 파병과 중동 건설 붐을 타고 한국의 수많은 노동자들이 맨몸 하나로 세계로 나아갔다. 그리고 이어서 많은 태권도인들이 맨주먹 하나로 세계 곳곳으로 퍼져 나갔다. 그들이야말로 대한민국의 존재를 세계에 알리는 전위부대였었다. 당연히 학벌도 없고, 돈도 없고, 심지어 영어 한마디 몰랐어도 미지의 세계에 대한 두려움을 도전 정신으로 극복하고 잡초보다 질기게 뿌리를 내렸다. 그 강인한 한국인의 투지, 그게 바로 무혼(武魂)이 아닌가!

언제까지 징징댈 것인가?

옛말에 '천하는 본래 일이 없다(天下本無事)'지만 세상은 넓다. 일이든 먹을 것이든 뛰는 자의 것이지 앉아 있는 자의 것이 아니다. 그러니 '늦기 전에 투숙하고, 닭이 울면 하늘을 보라(未晚先投宿, 鷄鳴早

看天).'

독립군으로 뛰쳐나갈 자신 없으면 한국 기업이 짓는 공장 따라서라도 나가라. 그 공장에 취직하라는 것이 아니라, 따라가면 뭔가 할 일이 생긴다. 하다못해 한국식당, 한국어학원, 한국노래방, 한국화장품 등등. 어떤 이는 사업에 실패해서 중국으로 도망갔다가 〈대장금〉 덕분에 중국·동남아·중동·중앙아시아로 따라가면서 장금이 한복 만들어 팔아 대박 터뜨렸다고 한다. 앉아 있으면 죽고, 나가면 산다! 공장 따라, 한류 따라, K팝 따라 나가라!

'행동하라. 그것이 오늘보다 더 나은 내일을 찾게 해주리니'

1997년 10월, 미국을 방문한 장쩌민 중국 국가주석이 백악관 환영 만찬에서 읊은 미국의 시인 롱펠로우의 〈인생찬가〉의 한 구절이다. 꿈은 희망이 아닌 야망이어야 한다. 희망은 소망하며 붙들고 기다리는 것이지만, 야망은 한없이 키우고 끝없이 좇는 것이다. 희망의 끝에는 절망이 기다리고, 야망의 끝에는 더 큰 야망이 기다린다. 행동하지 않은 꿈은 망상일 뿐. 희망은 앉아서 꾸는 꿈이고, 야망은 뛰면서 꾸는 꿈이다. 꿈이 있는 자 망설이지 말고, 꿈이 없는 자 또한 망설이지 마라. 뛰다 보면 절로 꿈이 생기고, 뛰다 보면 꿈은 절로 커진다.

고작 안방에서 약간의 성공을 거둔 인기인들이 퍼뜨리는 희망인지 절망인지 모를 아리송한 청춘바이러스, 행복바이러스, 힐링바이러스에 감염되었다간 기껏해야 동네 똑똑이밖에 못 된다. 물론 그들도 분명 드물게 좋은 사람들이고 귀한 사람들임에는 틀림없다. 그렇지만 그만 일로 훌륭하다 할 수는 없다. 대한민국이 아직 그 정도로 초라하진 않단 말이다.

오늘의 대한민국을 그대들 눈앞에서 깝죽대는 국회의원·단체장·연예인·시민운동가·장관, 심지어 대통령이 이끈다고 생각하는가? 천만의 말씀! 그래 봤자 그들 역시 동네 똑똑이들일 뿐이다. 그들은 그저 차려진 밥상에서 숟가락 싸움질이나 하는 식충이에 지나지 않는다. 진정 이 나라를 이끌고 있는 일꾼들은 지금 이 시간 세계를 누비며 투혼을 불사르고 있는 글로벌 전사들이다.

순진한 척, 순결한 척하는 만만한 멘토들의 그럴싸한 성공담이 그렇게 부러운가? 아담하고 쌈빡한 일 하나 해놓고는 평생 고고하게 살고 싶은가? 그 정도라면 나도 도전해 볼 수 있지 않을까 생각하는가? 아니면 넘볼 수 없는 신기루로 보이는가? 젊은 야망이 고작 홍살문·열녀문이던가?

하우스 청춘들을 위한 청춘콘서트? 웃기는 소리다. 그들에게 필요한 건 청춘콘서트가 아니라 하우스 밖 청춘마당놀이이다. 상식과 정의? 민주와 평등? 그건 그리되었으면 좋겠다는 희망이지 꿈이 아니다.

어른들이 부도덕해서 자신들의 희망과 꿈이 오염되었다고, 못난 어른 세대가 세상을 흐려 놓는 바람에 자신들의 장래가 밝지 않다고 말하지 마라. 꿈은 제 스스로 꾸는 것이다. 세상이 더러울수록 더 큰 꿈을 꿀 수 있는 게 청춘이다.

길 없는 길, 진정한 도전자는 그 끝을 향해 달린다. 당연히 언젠가는 쓰러질 것이다. 그렇지만 앞으로 엎어질지언정 뒤로 자빠지지 마라! '세상은 넓고, 할 일은 많다.' '못해서 안하는 것이 아니라, 안해서 못하는 것이다.' 차라리 성공과 실패의 새 길을 연 김우중과 심형래를 닮아라. 일 많이 하는 놈이 욕 많이 먹고, 상처 많이 받게 마련, 썩은 땅이어야 큰 꽃을 피울 수 있다. 남의 성공 따라 하지 말고, 남이 실패한 자리에서 도전하는 배짱과 용기를 가지란 말이다.

'앞으로 엎어지는 것은 실패라 하지 않는다!'

실현 가능한 꿈을 꾸는 것을 두고 꿈꾼다고 하지 않는다. 그런 건 목표라고 하거나, 소망이라 한다. 결코 이루어질 것 같지 않은 꿈을 꾸는 것을 두고 꿈꾼다고 하는 것이다. 시시한 일에 목숨 걸지 말고, 밖을 향해 꿈을 꿔라. 대한민국을 꿈꾸지 말고, 세계를 꿈꿔라! 희망을 붙들지 말고, 꿈을 좇아라! 파랑새를 기다리지 말고, 신천옹으로 날란 말이다.

세상은 넓고도 넓고, 할 일은 많고도 많다. 멀리 달리는 놈이 크게 먹는다. 달리는 데까지 달려서 그곳에 뼈를 묻어라! 엎어지고 고꾸라지고 상처받아라. 상처는 병이 아니다. 훈장이고 자산이다. 아프니까 청춘이 아니다. 꿈꾸니까 청춘이다. 달리니까 청춘이다! 꿈은 밖으로 꿔야 한다. 헛꿈이어도 좋으니 제발이지 세계를 말아먹을 꿈을 가져보란 말이다. 청춘들의 그 과대망상한 꿈이야말로 진정으로 우리의 미래이다.

"봄 누에는 죽어서야 실을 그만 뽑고, 양초는 재가 되어서야 눈물이 마른다(春蠶到死絲方盡, 蠟炬成灰淚始乾)." 당나라 이상은(李商隱)의 시 한 구절이다. 원래는 남녀의 그리움을 노래한 애정시다. 사랑이든 일이든, 산다는 것 자체가 육신을 태우는 일이지 않은가? 그러니 아껴 무엇하겠는가? 마지막 그날까지 눈물이든 기름이든 남김없이 소진할 일이다.

길은 문 밖에서 시작된다.

청춘들이여, 툭툭 털고 떠나라. 열린 문으로 나아가라. 세상 끝까지. 국경은 이제 더 이상 의미가 없으며, 국적은 그대의 본적지 주소만큼의 의미밖에 없는 시대이다. 이 땅이 이 민족에게 줄 것은 이미 다 주고 없다. 다시 돌아올 생각하지 마라. 민들레 씨처럼 퍼져 나가라. 그곳에서 뿌리를 내리고, 씨를 뿌리고, 그리고 뼈를 묻으라. 한국인이기 이전에 그대는 지구인이다. 세계가 그대의 것이다. 매너는 그 꿈을 현실화시켜 주는 도구다.

74 파주 적군묘지에 벽오동 심은 뜻은?

죽은 적(敵)은 없다 | 중국 관광객들이 임진각을 찾는 이유 | 지우개로 푸닥거리하는 한(恨) 많은 한민족 | 적군묘지는 세계 유일의 문화유산 | 주인 의식 없이는 창조적 솔루션 불가능 | 주인 되는 연습이라도 하자 | 지우개 근성으로는 결코 문화 창조 못해! | 반가사유상 반출 소동과 왕기사상

2013년 박근혜 대통령 중국 방문에서 적군묘지 중국군 유해 송환을 제안한 이후, 청와대와 경기도가 휴전선 근처에 '세계평화공원'을 만들겠다며 서로 공을 다투듯 청사진을 그리고 있다. 있는 그대로 소박하게 '한반도평화공원'이나 '한국전쟁기념공원'이었으면 좋으련만, 아직도 거창하게 뻥 튀기려는 소국 근성을 못 버리고 '세계'자를 붙여 씁쓸하다. 그렇다고 'DMZ평화공원'은 얼핏 그럴듯하지만 관광상품 같은 이미지를 풍기는데다 분단을 고착 또는 기념하는 듯한 느낌이어서 논리적으로 맞지 않다. 통일지향적이지도 않을뿐더러 통일 이후까지 내다보는 명칭으론 부적절해 보인다.

중국에선 왜 안중근과 같은 인물이 안 나오는가?

중국인들에겐 국가에 대한 자부심은 있어도 개개인의 애국심은 별로다. 의협심은 충만하지만 충성심은 약하다. 해서 지난날 일본에게 국토가 유린당해 난징대학살과 같은 끔찍한 참상을 겪으면서도 안중근과 같은 의사(義士)가 한 명도 나오지 않은 것이다. 중국 지식인들이 안중근을 존경해 마지않는 이유도 그 때문이다.

이런 성향은 스포츠에서도 그대로 나타나는데, 올림픽 개인종목에

서는 그토록 많은 금메달을 따면서도 단체종목에서는 도무지 안 된다. 대표적인 게 바로 축구다. 13억 인구이지만, 축구는 일본이나 한국에 상대가 안 된다. '슛은 내가 날려야지 다른 선수에게 내가 왜 볼을 넘겨?' '내가 있고서야 나라가 있다!'가 중국인들의 기본적인 인식이다. 역사적으로 수없는 환란과 재난 속에서 황제나 정부에 대한 불신이 쌓이다 보니 믿을 놈은 자기밖에 없다는 인식이 뼈에 새겨져 있다. 그러니 국가를 위해 자기를 희생하는 일을 미련한 일로 여기게 된 것이다. 중국 왕조의 대부분이 오랑캐 왕조였으니 당연한 일이겠다. 오랑캐 황제를 위하여 제 목숨을 바친다? 어림없는 얘기다.

그러다 보니 자신에게 이익이 없으면 절대 안 움직인다. 기실 공자의 유학이 중국에서 탄생한 이유도 실은 공(公)에 대한 개념이 그만큼

적군묘지(제2묘역)의 본래 모습. 모두 '무명인'이다. 처음 이곳은 1968년 1월 21일 청와대를 습격하러 내려왔다가 사살된 '김신조부대'로 알려진 북한 124군부대 무장공비들의 가묘가 있던 곳이다. 이후 울진·삼척 등에서 사살된 공비들과 한국전쟁 전사자 유해 발굴중 함께 출토된 북한군과 중국군 유해를 이곳에 임시 안장하면서 지금과 같은 묘역이 만들어졌다. 제1묘역의 계급과 이름이 있는 몇 기는 무장공비들로 우리 정부에서는 북한으로 돌려보내려 하였으나, 침투 사실을 부인하고 있는 북한이 받지 않고 있다. 결국 남북 양쪽에서 버림받은 분단의 희생자들로 그 누구보다도 통일을 고대할 것이다. ⓒ한국무예신문

부족하다는 방증이 되겠다. 물론 한국인들은 때론 공명심이 지나쳐서 탈이지만. 요즘 축구광 시진핑 국가주석의 열렬한 지원과 독려를 받고 있지만 중국 축구가 과연 기대에 부응할 수 있을지 의문이다. 빅토르 안처럼 한국 선수를 많이 수입해 가는 것도 한 방법이 되겠다.

물론 시진핑 국가주석이 정말 개인적으로 축구가 좋아서 그런 것만은 아닐 것이다. 축구를 통해 수많은 민족들로 이루어진 인민을 하나로 묶어 미국인들처럼 단결시키고 애국심을 기르고자 하는 의도였을 게다. 그렇다고 야구를 할 수야 없지 않은가?

죽은 적(敵)은 없다

전쟁에 무슨 선악이 있는가? 전사한 장병들에게 무슨 죄가 있는가? 그들에겐 그 순간까지가 그들의 역사다. 적군이건 아군이건, 흉악범이든 거룩한 성자이든, 의로운 사람이든 비겁한 사람이든 그 죽음 앞에선 경건해야 하는 것이 문명인의 도리. 어찌 인간뿐이겠는가? 하찮은 짐승이나 벌레, 심지어 풀 한 포기라도 생명이 있는 그 모든 것의 죽음에 숙연해지는 것이 살아남은 자의 심정일 것이다.

하여 죽은 적(敵)은 없다. 죽은 자는 더 이상 적이 아니다. 함께 싸운 우리일 뿐이다. 그들이 죽었기에 우리가 살아 있는 거다. 싸울 땐 싸우더라도, 적이라 해도 존중하고 예를 갖추어 주는 것이 참다운 무혼(武魂). 아직도 상처가 아물지도 않았고, 총부리를 내릴 수도 없는 대치 상황이지만, 어쨌든 과거는 과거다. 원치 않은 어쩔 수 없는 전쟁이었다 해도 그건 그것대로 우리의 역사다. 수치스러운 전쟁으로 생각할 필요도 없다.

한국전쟁 당시 수십만 명의 국군·유엔군·인민군(북한군)·중공군(중국군)이 대한민국 산야에 잠들었다. 정전 60년에 즈음하여 국군유해발굴사업이 활발하게 진행되는 과정에서 발굴된 북한군과 중국군

재단장 후의 적군묘지. ©글로벌리더십아카데미

중국군묘지석. 2013년 1월. ©글로벌리더십아카데미

유해는 따로 휴전선 근처 북녘을 바라보는 언덕에 임시 안장하고 있다. '적군묘지'라는 곳이다. 적군이었기에 고향으로 돌아가지 못하고 북녘을 바라보는 외진 언덕에서 돌보는 이 없이 세월만 흘렀다. 하지만 아직 발굴되지 못했거나, 이미 진토가 되어 버린 더 많은 전몰 용사들은 어쩌나?

수년 전 필자가 발표한 칼럼 때문에 파주 임진강 근처 외진 언덕에 버려지다시피 한 이 적군묘지를 찾게 되었다. 그후 도의(道義)를 지닌 주변 지인들과 함께 민간 모임이 만들어져 이 쓸쓸한 묘지를 돌보며, 산야에 흩어져 떠도는 북한군과 중국군 전몰 용사들의 영혼을 위령하는 행사를 해오고 있다. 정기적으로 묘지를 찾아 헌화하고, 인근의 사찰 금강사(金剛寺)에서 그들의 넋을 달래는 일이다. 이름하여 '북중군묘지평화포럼'이다.

원래 이곳 묘지에는 하얀 나무 막대 묘비만 세워져 있었고, 봉분(封墳)도 아기 무덤처럼 작았다. 군부대 관할인데다 장소도 인근 마을 사람들조차 모를 정도로 후미진 언덕 밑에 감춰지듯 방치되어 있었다. 하여 포럼에서 "향후 적군묘지가 대북·대중관계 개선의 가교(架橋) 역할을 할 수 있도록 묘지를 잘 관리할 필요가 있다"고 주장했고, 국방부가 이를 받아들여 2012년 가을 묘비를 화강암으로 바꾸고 주차장과 진입로를 만들어 재단장했다.

그러다가 2013년 중국을 방문한 박근혜 대통령이 베이징 칭화대에서 류옌둥(劉延東) 중국 부총리 겸 국무위원에게 "시진핑(習近平) 중국 국가주석께 말씀드리려고 하였는데 빠진 것이 조금 있다. 올해가 정전 60주년이다. 중국 군인들의 유해 360구가 한국에 있다. 그 유해를 송환해 드리려고 하는데 어떻게 생각하느냐?"고 말하였다. 이에 류옌둥 부총리가 박대통령께 "너무 감사하다. 제가 바로 시진핑 국가주석께 보고드리겠다"고 답하였다. 하여 중국군 무명 용사들 모두가 고국으로 돌아가게 되었다.

박대통령의 제안이 아름다운 뜻으로 이루어진 것이긴 하지만, 자칫 외교적 결례가 될 수도 있었다. 사전에 합의된 것도 아니고, 그것도 지나는 말로 국가주석에게 전하라는 모양새가 어색했다. 한국인으로 서야 저들의 유해를 고국으로 돌려보내는 것이 당연하다 여기겠지만, 중국의 입장에선 참전 당시의 불편한 배경 스토리와 여러 이유로 상당히 난감하고 민감한 일임을 감안했더라면 신중을 기하였어야 했다.

물론 이번에 송환된 4백여 기는 극히 일부분으로 앞으로도 계속 발굴될 것이다. 비록 뼈 몇 점 찾았다 하나 그들 육신은 이미 이 땅의 일부가 되었으며, 티끌은 들꽃이 되어 천지사방으로 퍼져 나갔다. 게다가 중국은 전통적으로 전몰 용사를 현지에 묻었는데, 간혹 혼인을 한 직급이 높은 용사들의 유해에 한하여 고향으로 데려갔다. 나라마다 관습이 다른 까닭이다.

국립묘지에 대한 중국의 고민

전몰 용사 국립묘지 문제에 대해 그동안 중국 정부도 나름 고심해 왔던 것으로 알고 있다. 예전에 시진핑이 차기 중국 지도자로서 미국 방문중 알링턴 국립묘지를 찾았다가 미국인의 애국심이 바로 이런 데서 나온다는 점에 착안하여 중국에도 인민들의 애국심을 고취시키고자 국립묘지 제도를 본받을 것을 검토했다가 덮어 버린 일이 있었다.

죽은 자를 챙기는 일이 결국은 인권 문제로 귀결될 것이라는 결론이 났기 때문이다. 게다가 자칫하면 지난날 단순 실종 처리한 한국전쟁과 중월전쟁의 수십만 전사자에 대한 명예회복과 유족들의 물질적 보상 요구로까지 확산될 것이기에, 중국으로선 난데없는 박대통령의 유해 송환 제안에 감사하다고는 했지만 기실 남감하기 짝이 없었을 것이다.

아무튼 중국군 유해는 2014년 3월 28일 거창한 송환식과 함께 중국으로 인도되어 선양(瀋陽) '항미원조열사능원(抗美援朝烈士陵園)'에 안장되었다. 물론 일반인들의 접근 금지 상태에서 조용히 간결하게 치러졌다. 또 앞으로 발굴되는 유해들도 중국측에 인도하기로 했다고 한다. 그동안 묘지를 관리해 온 국방부로서는 귀찮은 것 돌려 줘서 개운하고, 대부분의 국민들도 간만에 중국이란 대국을 상대로 착한 일 했다고 흡족해하는 것 같다.

한데 과연 한국 정부가 이제 와서 중국군 유해를 송환하는 것이 최선책일까? 부산의 '유엔군묘지'처럼 휴전선 부근에 '북중군묘지'를 새로이 조성하여 한반도평화공원으로 만드는 것은 어떨는지? 북한인이든 중국인이든 고향의 흙 한줌 가져와 무덤을 덮을 수 있도록 하여 서로의 상처를 쓰다듬는 화해의 장으로 활용하는 방안을 검토했으면 싶다. 언젠가 통일이 되면 그곳에다 남북한에 흩어져 있는 모든 참전 전몰 용사들의 유해를 함께 안장했으면 좋겠다. 그 영령들도 마다하지 않을 것이다.

과연 유해 송환이 최선책이고 창조적인가?

적군묘지에 안장되어 있던 중국군은 모두 무명 용사들이다. 설사 고국으로 돌아간다 한들 중국인들은 그런 일에 별로 흥미를 가지지 않는다. 전통적으로 중국인들은 병사를 창이나 총알처럼 소모품으로 인식해 왔다. 종교가 부정되고 있는 사회주의 국가인데다 합리적인 민족이라 사후 세계의 영령 따위에는 관심도 없다. 죽고 나면 그뿐, 어디에 묻히든 상관치 않는다. 분명 금방 잊혀질 것이다.

필자는 유해 송환 이전에 한국을 찾은 중국 손님들을 적군묘지로 안내했었다. 미처 상상조차 하지 못했던 그곳에서 그들은 목이 메어 말도 못하고 눈물을 쏟으며 수도 없이 고맙다는 말을 되뇌었다. 한데 그 묘지가 중국에 있다면 과연 중국인들이 그렇게 찾아가 감격의 눈물을 흘렸을까? 한국 땅 적군묘지이기에 감동한 것이다. 만약 베트남에 적군묘지와 같은 한국군묘지가 있다면? 서울 시민 중 단 한번이라도 동작동 국립현충원을 찾은 사람이 얼마나 될까? 중국인들 역시 마찬가지이다. 국가가 알아서 챙겼으니 그만으로 더 이상 관심 가질 리가 없다.

그 무엇보다 중국군 유해 송환이 마땅하고 옳은 일이라면, 부산 유엔군묘지에 묻힌 각국 전몰 용사들의 유해도 진즉에 본국으로 돌려보냈어야 하지 않은가? 그 나라들은 왜 돌려 달라고 하지 않을까? 그 나라에는 국립묘지가 없나? 가져갈 비용이 없거나 귀찮아서일까?

남해 거문도에는 지금도 영국군묘지가 남아 있어 거문도를 찾는 관광객들이 반드시 그곳을 찾는다. 해마다 주한 영국대사관에서 찾아와 참배를 하고, 동네 학교에 장학금도 보태고 있다. 한 세기를 훌쩍 넘겼

장미 꽃잎 바구니. 중국인이라면 단박에 자국기인 오성홍기(五星紅旗)를 모티프로 하였음을 알아차리고 이에 담긴 은유적 메시지를 읽어낸다. ⓒ글로벌리더십아카데미

지만 그들은 왜 유해를 본국으로 봉송해 가지 않고 굳이 그 먼 곳까지 힘들게 찾아가 참배를 할까?

서울 남산에 안중근기념관이 있는지조차 모르면서 중국 하얼빈 안중근기념관에는 반색이다. 예전에 임진왜란 때 전리품으로 가져갔던 12만 6천 명의 원혼이 서린 일본 교토 '귀무덤'을 돌려받은 적이 있지만, 지금 그 일을 기억하는 한국인은 거의 없다. 일본 야스쿠니 신사에 합장된 조선인 위패를 돌려 달라고 떼를 쓰지만 막상 돌려받으면 어쩔 것인가? 국립현충원에 모실 건가? 아니면 귀무덤처럼 아무 사찰에 떠넘기고 손 털 건가? 일본에는 임진왜란 때 가져간 조선 막사발이 국보로 지정되어 있다. 만약 그 사발이 조선에 그대로 있었다면 한국의 국보가 되었을까? 진즉에 사금파리가 되었을 것이다. 뒷일은 나 몰라라 하는 한건주의·한탕주의 버릇 고치지 못하면 결코 주인 의식 못 가진다.

지우개로 푸닥거리하는 한(恨) 많은 한민족

골을 못 넣는 한국 축구가 그렇듯 한국인의 치명적인 약점 중 하나는 포지션에 대한 감각 부재다. 상대에 대한 인식 부재, 상대방 입장이 되어 보는 훈련이 거의 안 되어 있다. 배려심이 없는 것도, 주체적이지도 창의적이지도 못한 것도 그 때문이다. 역사를 가꿀 줄 모르는, 역사 지우기만 할 줄 아는 민족의 특징이기도 하다. 한치 앞도 못 내다보면서 과거사 청산에 그토록 열중하는 것도 그 때문이다.

그러니 제 조상 위한다고 천리 강산을 원형 탈모시키면서도 적군묘지 하나 가꾸어 후손에게 물려줄 발상이 안 되는 것이겠다. 조선총독부 건물도 그래서 자근자근 부수어 내다버린 것이다. 흔적 지우기! 한을 달랜다는 이유로, 실은 부끄럽다는 이유로 조상의 흔적까지 마구 지운다. 사대 근성과 피식민지 지배 콤플렉스에서 나온 백의민족의 문

평화통일을 기원하며 적군묘지 묘비에 꽃잎을 뿌리고 있다. ⓒ글로벌리더십아카데미

화적·역사적 결벽증이다. 당연히 역사에서 교훈도 배우지 못한다. 그러고는 똑같은 일을 또 당하고서 역사는 반복된다느니 하는 헛소리만 해대는 것이다. 지우개 문화의 한계이자 숙명이다.

미국식으로 유해를 고국으로 봉송해 가는 것만이 능사가 아니다. 물론 미국이라고 해서 모든 유해를 다 봉송해 가는 것은 아니다. 부산 유엔군묘지에는 미군의 묘 36기도 함께 있다. 영국을 비롯한 유럽 대부분의 국가는 숨진 곳에 안장하는 것이 풍습이다. 해서 영국군 885기를 비롯해 영연방국가들의 묘가 많이 안장되어 있다. 네덜란드군과 터키군도 많이 안장되어 있다. 전사자가 아닌 참전 용사들도 본인이 원하면 사후 유엔군묘지에 안장하기도 한다.

진정한 용사라면 고향으로 돌아가 잊혀지기보다는 자신의 피가 스민 땅에서 영원히 기억되기를 원할 것이다. 적의 나라에서 위령받고 존중받는다면 용사로서 그보다 더한 영광이 어디 있으랴! 굳이 고국에 돌아가지 않아도 오히려 더 많은 중국인들이 찾아와 추모할 것이고, 또 세계인들이 보기에도 그게 더 감동적이다.

중국 관광객들이 임진각을 찾는 이유

서울로 오는 중국인 관광객들 중 절반 이상이 임진각을 찾는다. 자유로를 지나는 관광버스는 거의가 중국 관광객들이 탔다고 보면 된다. 한국인들도 잘 가지 않는 그곳을 중국인들이 왜? 한국 정부도, 경기도청도 모르고 있기에 수년 전 백방으로 그 이유를 알아보았었다.

중국에서는 한국전쟁을 '항미원조전쟁(抗美援朝戰爭)'이라 부른다. 즉 미국에 대항해 조선(북한)을 도운 전쟁이란 말이다. 그리고 그 전쟁에서 미국과 싸워 자신들이 이겼다고 여긴다. 왜냐하면 동부전선에서는 북한군과 한국군이, 서부전선에서는 중국군과 미군이 싸웠는데 동부전선은 38선 위로, 서부전선은 그 아래로 밀렸으니 중국이 미국을 상대로 승전한 전쟁이었다는 논리다. 70년대까지만 하더라도 중국 역사교과서에 그렇게 실려 있었다. 그리고 전쟁 직후 한국전쟁 승전을 기념하는 영화 《상감령(上甘嶺)》을 만들었는데, 그 주제가가 〈나의 조국〉으로 중국인들이 애국가 다음으로 즐겨 부르는 노래이다. 수년 전 후진타오 국가주석이 미국 국빈 방문하였을 때, 백악관 만찬에서 세계적인 피아니스트 랑랑(郎朗)이 연주해 화제가 되었던 바로 그 곡이다.

그 승전의 현장을 확인하러 중국 관광객들이 통일전망대와 임진각에 오는 것이다. 그 사실도 모르는 한국에선 "참 이상한 사람들이네요. 그곳에 뭐 볼 게 있다고 해마다 수백만 명이 몰려가는지…?"라며, 그들을 상대로 기념품 하나 개발해서 팔지도 못하고 그저 사진만 찍고 돌아가는 중국인들을 멀뚱히 바라보며 고개만 갸우뚱거리고 있다. 물론 관광객들은 그 묘지를 알지 못한다. 알았다면 그냥 가지는 않았을 것이다. 적군묘지는 임진각에서 고작 10여 분밖에 안 걸리는 거리에 있다.

아무튼 2011년 겨울, 첫 위령제를 지내고부터 이런저런 분들의 오해와 항의를 받았다. 심지어 일본의 어느 신문기자는 뼈를 갈아 마셔도 시원찮을 적군의 묘지를 돌보고 위령하다니 도무지 이해가 안 간다는 말도 했었다. 그때마다 이런 얘기를 해주며 모임이 하는 일의 정당성을 주장했지만 실은 인간 존엄성 확보를 위해서였다.

적군묘지의 설명을 들은 한 유명 원로학자는 "아이쿠 이런! 국보 백 개를 그냥 넘겨주고 말았구나! 없는 것도 만들어 내야 할 판에…" 하며 장탄식을 흘렸다. 그게 얼마나 가치 있는 일이고, 한·중 친선에 무궁무진하게 활용할 수 있는 스토리텔링 소재, 수억의 중국인들은 물론 세계인들이 찾아 묵념하고 감동의 눈물을 흘릴 더없이 훌륭한 문화상품인 줄을 단박에 알아차린 것이다.

기껏 기존의 유무형문화재를 유네스코세계문화유산에 등재한다고 난리법석이지만, 정작 우리가 '문화' '창조'의 의미를 제대로 알고나 있는지 의심스럽다. 찬란한 문화 유산? '자랑'은 문화 융성도 문화 창조도 아니다. 지우개 근성으로는 결코 문화 창조 못한다.

적군묘지는 세계 유일의 문화 유산

오랜 사대(事大)에 찌든 한국인들은 스스로 주인이 되는 법을 모른다. 주인 의식, 좀 더 거창하게 말하자면 주체 의식(주체사상이 아닌)이겠다. 하여 감히 중국인들더러 적군묘지에 찾아와 고개 숙이게 하는 일이 가당치가 않은 것이겠다. 대국의 것이니 대국에 돌려줘서 동방예의지국의 착한 어린이(오랑캐)란 소리를 듣고 싶은 게다. 그 착한 단세포 민족의 운명이 어떤 건지는 한국인들이 가장 잘 알고 있을 것 같지만 기실 가장 모른다.

베트남이나 필리핀에 씨 뿌려 놓고는 나 몰라라 하고 내빼는 한국 남자들, 고아 수출하는 나라가 OECD, G20 회원국이라니! 책임감? 수치심? 북한 동포의 인권? 순백의 지우개역사관으로 짐짓 모른 척 하는 것이겠다.

그러니 야스쿠니 신사에 조선인 위패를 함께 모셔 놓고 한국의 항의에도 불구하고 굳이 치우지 않는 일본인들의 심사를 한국인들은 절대 이해 못한다. 6자회담에서 주도적 역할을 못하는 것도, 독도 문제에서 일본의 매뉴얼대로 끌려가는 것도 그저 우리가 힘이 없으니까 어쩔 수 없다는 식으로 받아들인다. 그게 다 주인 의식을 가지지 못한 때문임은 깨닫지 못한다. 그저 악쓰는 것으로 주인임을 주장하려 든다.

중국군 유해를 돌려주고 한국은 무얼 얻었나? 2014년 3월 네덜란드 제3차 핵안보정상회의에 참석하여 중국 시진핑 국가주석과 정상회담을 가진 자리에서 시진핑 국가주석은 중국군 유해를 돌려준 것에

평화를 기원하며 적군묘지에 꽃을 바치는 차
세대 꿈나무. 글로벌 매너는 범위나 한계가 없
다. 훗날 이 아이가 커서 남·북 혹은 한·중 간의
중요한 일을 맡게 되는 날이 오기를 염원한다.
2013년 7월 22일자 〈조선일보〉

감사 표시를 하고, 박대통령이 부탁한 시안시 광복군 표지석은 세워 주겠다고 했다. 북한 비핵화에 대한 협조 요구에 대해서는 중국식대로 노력하고 있다는 원론적 답변만 했다. 더 이상 상관 말라는 얘기다.

물론 그랬을 리도 없지만, 설사 중국에서 먼저 적군묘지의 중국군 유해를 돌려 달라고 했더라도 아직 휴전중이라는 핑계를 대서 거절하였어야 했다. 정히 돌려받고 싶으면 당연히 그만한 대가가 있어야겠다. 휴전이 끝나면, 다시 말해 통일이 되면 돌려줄 테니 통일에 협조하라고 하였어야 했다.

이왕 돌려주더라도 착한 일했으니 잘 봐 달라거나 선물을 달라고 할 게 아니라 주인 의식을 가지고 당당하게 거래를 하였어야 했다는 말이다. 무엇보다도 이 땅에 혹여 또 전쟁이 발발하더라도 중국군은 다시는 개입하지 말라는 의미의 상징으로서, 중국인은 물론 전 세계인들에게 보란 듯이 휴전선 부근에다 세계 그 어떤 묘지보다 장엄하게 꾸며 놓았어야 했다. 아군이든 적군이든 이들 전몰 용사들이 빠진 평화공원은 그냥 놀이공원일 뿐이다.

세계 유일한 적군묘지!

벽오동 심은 뜻은 봉황을 보잤더니… 아뿔싸! 뱁새 한 마리도 구경 못하고 높으신 분의 말 한마디에 그만 뿌리째 뽑혀나가 버렸다. 잠시나마 한국이 중국에 대해 도의적 우월감을 가졌었다는 점에 자기 만족할 수밖에 없겠다. 그렇지만 이 나라에서 13억 중국 인구를 두고두고 감동시킬 수 있는 일이 이것 말고 어디 또 있을까 생각하니 너무 아쉽기만 하다.

주인 되는 연습이라도 하자

인간 존엄성, 자기 존엄성에 대한 성찰 없이는 절대로 주인 의식 못 가진다.

조선 개국 후 수도를 개경(開京)에서 남경(南京)으로 옮기면서 중국(漢)의 일개 성(城), 한성(漢城)이라 낮춰 부른 이래 지금까지 이 민족은 이 땅의 주인이면서도 주인 노릇을 제대로 해본 적이 없다. 언제까지 견습어린이로 살 것인가? 제발 우리도 주인 한번 되어 보자. 주인 되는 연습이라도 하며 살자. 그게 새 정신이고, 새 정치다.

훗날 우리 세대보다 더 지혜로운 후손들이 적군묘지를 어떤 카드로 활용할지는 알 수 없는 일. 비록 대통령이 꺼낸 말씀이어서 번복하기는 쉽지 않은 일이지만 다시 한 번 재고했으면 하는 마음 간절하다. 송환은 이번 한 번으로 족했으면 한다. 부디 글로벌 매너, 글로벌 마인드로써 세계인들과 소통하는 솔루션으로서의 적군묘지, 평화통일의 시작점으로 삼기를 기원한다.

"그러므로 무엇이든지 남에게 대접을 받고자 하는 대로 너희도 남을 대접하라. …이것이 율법과 예언서들을 요약한 것이니라.(〈마태복음〉, 7장 12절)

(2014년 6월, 한국의 모 방송사가 6·25 특집프로를 만들기 위해 지난 3월에 송환한 중국군묘지를 촬영하러 중국 선양(瀋陽)의 '항미원조열사능원(抗美援朝烈士陵園)'을 찾았다. 붉은 꽃다발까지 준비해 갔지만 꽃을 놓을

곳을 찾지 못해 헛걸음치고 돌아왔다. 묘지 어디에도 그들의 흔적이 없었던 것이다. 대한민국이 농락당한 건가? 상대국의 관습이나 입장도 헤아리지 못하고 무작정 자기식(실은 미국식)을 강요한 배려 아닌 배려가 낳은 결과다.)

Tip 반가사유상 반출 소동과 왕기사상

조선의 왕릉은 모두 경기도에 있다. 경기도의 경기(京畿)는 곧 왕기(王畿)를 의미한다. 왕의 직할 구역이다. 왕기의 법도에 왕은 절대이 지역을 벗어날 수 없다. 천하의 모든 지역을 호불호(好不好) 없이 공평하게 다스리기 위해서다. 사람인 이상 어딘가를 다녀오면 그곳에 대한 인상과 감정이 생기기 마련이다. 장기(將棋)에서 장(궁)이 궁밭을 벗어날 수 없음과 같은 이치다. 경기도가 곧 궁밭인 게다. 때문에 경기도의 땅은 자신의 영지로서 언제든 필요하면 자신의 임의대로 사

국보 제83호 금동미륵보살반가사유상. [국립중앙박물관]

용할 수 있고, 가족이나 종친·신하들에게 나누어 줄 수도 있다. 그렇지만 경기도 외의 지역은 임금이라도 마음대로 못한다. 조세권만 있을 뿐이다. 당연히 죽어서도 못 나간다. 이를 벗어난 지역에 천하의 명당이 있다 해도 그곳에 묻힐 수가 없었다. 게다가 경기도 밖에 능을 쓰면 다음 왕들이 왕기의 법을 어기고, 그곳까지 능행(陵行)을 할 수 없기 때문이다. 임진왜란 때 선조가 피난 가다가 경기도 밖을 벗어나자 백성들이 임금 대접은 커녕 돌멩이를 던진 것도 그 때문이다. 그럴더라도 왕은 천하의 움직임

을 파악하고 있어야 했다.

2013년 새로이 취임한 변영섭 문화재청장은, 그해 10월부터 미국 메트로폴리탄박물관의 〈황금의 나라, 신라〉 특별전에 전시하기로 한 국보 83호인 반가사유상(半跏思惟像)을 비롯한 3점에 대해 반출을 불허했다가 한바탕 소란을 치른 끝에 반가사유상만 예정대로 내보냈다. 기실 어느 나라든 그 정도 급의 보물을 해외에 내보내는 일은 없다. 넘버 투급이라면 모르겠지만 한 나라의 넘버 원급 보물이라면 어림없는 일이다. 남대문이 불탈 줄 누가 짐작이나 했던가? 비행기 사고 안 난다고 누가 장담하랴.

이는 안전상의 문제를 넘어 한 문화국가로서의 자존심이 걸린 일이다. 문화재청장의 판단이 백번 옳았다. 미국 전시 흥행의 성공 여부가 뭐 그리 대수던가? 그런 이유를 갖다붙이는 것 자체가 일급 보물에 대한 모욕이다. 그저 큰 나라 국민들에게 우리 문화를 자랑하지 못해 안달하는 조급증도 뒤집어 보면 사대 근성의 발로라 하겠다. 미국이 아닌 다른 작은 나라였어도 과연 그리했을까? 비즈니스로 치면 밑천 다 보여주고 협상에 들어가는 꼴이다.

이왕지사 논란이 일어난 김에 해외는 물론 경기(서울) 밖으로도 절대 내보낼 수 없는 불가천(不可遷) 일급 보물 목록을 정해서 다시는 이런 일이 일어나지 않게 해야 한다. 아무런 의미 없이 매겨진 국보 보물 번호보다는 그게 낫겠다. 문화재의 소중함 때문이기도 하지만, 한국 문화의 존엄성 확보를 위해서다.

세계적인 유명 도서관에는 대출 불가한 장서 목록이 따로 있다. 영국 옥스퍼드대학교의 유서 깊은 보들리언도서관은 처음부터 지금까지 모든 장서를 대출하지 않은 것이 전통이다. 심지어 1645년 당시 영국 국왕 찰스 1세조차도 대출을 거절당했다고 한다.

이제 우리도 장관 아니라 대통령도 어찌하지 못하는, 하늘이 두 쪽 나도 안 된다고 할 수 있는 그런 게 각 분야에 몇 개쯤은 있어야 하지 않겠는가? 어디 문화재뿐이던가? 평양 감사도 때로는 싫다고 할 수 있어야겠다. 얼핏 사소한 일 같지만 개인이든 국가든 그런 게 '존심'이고 '체통'이겠다. 간·쓸개 보자는 대로 다 보여주고 무슨 체통을 세우랴!

아무튼 〈황금의 나라, 신라〉 특별전은 성황리에 끝났다고 한다.

한데 재미있는 일은, 정작 뉴욕 시민들을 열광시킨 건 황금불상도 황금관도 아니었다. 반가사유상 반출 소동 때문에 얼떨결에 덤으로 따라 나간 철불(鐵佛)이었다. 8세기 중반에 만들어진 석굴암 본존상을 빼닮은 철조여래좌상으로 아직 국보나 보물로 지정받지도 못했다. 원래의 금칠이 벗겨져 나간 1.5m 크기의 철불이 뿜어내는 장엄미에 관객들이 압도당한 것이다. 덕분에 그동안 찬밥 신세였던 이 철불상이 단 한번의 외출로 일약 글로벌 스타, 국립중앙박물관의 지존(至尊)이 되어 돌아왔다. 말 그대로 황금을 무색케 만든 무쇠다.

뉴욕에서 황금을 무색케 만든 통일신라 철조여래좌상. [국립중앙박물관]

이를 보건대 우리가 과연 문화를 제대로 아는 민족일까 하는 회의가 든다. 김치와 막걸리를 일본인들이 알아주니까 그제야 반색을 하더니, 이번에는 금은동도 아닌 값싼(?) 철불을 미국인들이 알아주니까 졸지에 야단법석이다. 아무렴 일제 식민 무예에 절어 제 나라 국기(國技)가 십팔기인 줄, 그것도 세계 유일의 보물인 줄도 모르는 민족이니 충분히 그럴 수도 있겠다.

제 나라의 찬란한 문화만을 무작정 소중히 여기고 자랑한다고 문화민족이라 할 수는 없을 것 같다. 문화의 참된 가치를 알아야 진정한 문화민족이겠다. 백남준이 한국에 있었으면 고물장수밖에 안 되었을 거라는 농담도 있다. 황금이 귀해서일까, 흔해서일까? 올림픽에서도 금메달만 쳐주는 민족이다. 통일신라 철제여래좌상이 우연한 기회에 미국에 건너가지 못했더라면, 때로는 쇠나 돌이 황금보다 더 가치가 있을 수 있음을 영영 깨닫지 못했을 것 같다. 아무튼 문화재의 가치를 알아보는 데도 글로벌 안목이 필요함을 일깨워 준 사건 아닌 사건이었다.

75 '인간 존엄성'에 기반한 '태도적 가치'

이순신 장군은 왜 13척으로 다시 싸우러 나갔나? | 이순신 장군의 진짜 차별적 경쟁력, '창조적 가치' | 무혼(武魂)은 '태도적 가치'의 전형 | 대박이든 쪽박이든 '태도적 가치'를 따라야 | 대의는 '경험적 가치'에서 나오지 않는다 | '통일대박'이 아니라 '제2의 노예해방운동'을! | 고민하기 싫어하는 하층민 근성, 혹은 노예 근성?

제2차 세계대전 때 나치에 끌려가 모진 고초 속에 살아남은 유대인 의사 빅토르 에밀 프랑클은, 인간이 추구하는 삶의 가치를 '창조적 가치(creative value)' '경험적 가치(experiential value)' '태도적 가치(attitudinal value)'로 분류했다. 그런가 하면 수년 전부터 '가치'란 단어가 글로벌 비즈니스계에 화두로 회자되기 시작하더니, 근자엔 우리나라에서도 '가치추구'니 '가치경영'이니 하는 말이 자주 언급되고 있다. 하지만 대부분 그 의미에 대한 분명한 인식과 성찰도 없이 그저 막연히 글로벌 성공기업들을 따라 읊조리는 것 같다.

이 '가치(value)'를 글로벌 비즈니스 매너적 시각으로 달리 해석하자면, 우선 '경험적 가치'와 '태도적 가치'로 대별할 수 있다. '경험적 가치'는 또 다른 말로 하면 계산적 가치, 즉 유불리(有不利)에 따른 '제 수준 통빡에 맞춘' 소위 합리적인 가치가 되겠다. 대개 기회주의자들이 추구하는 가치이다. 그에 비해 '태도적 가치'는 인간 존엄성 및 자신과 자신이 속한 공동체의 정체성에 기준을 둔 가치라 할 수 있다.

비즈니스 무대에선 이 두 가치를 분명히 하지 않으면 반드시 낭패를 보게 마련이다. 이익을 추구할 땐 '경험적 가치'를 중시해야 하고, 인간 존엄성과 정체성을 추구해야 할 땐 반드시 '태도적 가치'를 따라야 한다는 말이다.

한국인들은 자기 비하에 익숙해서 정작 자신의 좋은 문화를 잊거나 별것 아닌 것으로 여긴다. 그러다가 서양 선진국에서 누가 떠들어 주면 그제야 그게 무슨 대단한 것인 양 새삼스레 호들갑을 떤다. 근자의 '가치'에 대한 맹목적 따라읊기 역시 마찬가지 현상을 보이고 있다 하겠다.

'도(道)'란 '태도적 가치' 추구의 동양적 표현

사실 '태도적 가치'란 한국인들이 그토록 입에 달고 다니는 '도(道)'에 다름 아니다. '도를 닦는다'는 것은 어떤 가치를 추구한다는 것으로 '태도적 가치 추구'라 하겠다. '도(道)'란 '태도적 가치' 추구의 동양적 표현인 게다. 하여 도덕(道德)이란, 곧 '덕(virtue)'의 추구를 뜻하는 말이다. 아무렴 도(道)를 닦든 '태도적 가치'를 추구하든 자신의 포지션(본분)부터 정확히 인식하는 데서 시작해야 중간에 갈팡질팡 엉뚱한 길로 빠지지 않는다.

더없이 감정에 충실한 많은 한국인들은 이 '경험적 가치'와 '태도적 가치'를 잘 구분하지 못한다. 호불호(好不好)에 따른 '기호(嗜好)'를 자신의 '태도적 가치'인 양 오해하고 있다. 똥고집이 곧 가치인 줄 아는 것이다. 이념 또한 유행이자 수단일 뿐 가치는 아니다. 이념 추구란 곧 이념에 종속당했다는 의미이다. 그럼에도 한국인들은 그런 걸 가치라고 우기며 지성인 혹은 지사인 양한다.

이처럼 가치에 대한 개념이 모호하다 보니 자신의 분수도 모르고 무조건적 맹종이 마치 절개나 지조인 양 착각하는 것이다. 한국 짝퉁 진보의 '닥치고 반대'가 거기서 나온다. 철이 안 들었고, 또 안 들 것이라는 말이다. 영웅적 투사가 되고자 하다가 결국 양의 탈을 쓴 등신 늑대가 되고 마는 것도 그 때문이다.

한국 진보 지식인들이 자가당착에 빠질 수밖에 없는 이유

이 '경험적 가치'와 '태도적 가치'를 혼동하는, 아니 인식조차 못하는 대표적인 집단이 이 나라에선 정치인들이다. 가령 의사로서 길을 가다가 사이드로 밀리자 엉뚱하게 컴퓨터 백신을 만들고, 그마저 세계적인 기업이 되지 못하고 국내 중소기업으로서 한계에 이르자 대학교수로, 하지만 연구니 논문이니 하는 것에 자신 없자 졸지에 대통령 하겠다고, 절대 민주당과 합당 안한다더니 자신이 창당 자금을 내놓아야 하는 처지가 되자 호랑이 굴에 들어가 호랑이를 잡겠다며 합당(실은 입당)해 버렸다.

자신은 신인이니까 그런 것도 새 정치라고 우겨대지만 하는 짓은 갈짓자 정치꾼 중 으뜸이다. 나중에 뭐가 되든 자신의 정체성부터 확실히 해야 할 것 같다. 아무튼 그렇게라도 뭔가 바뀌었으면 하고 막연한 바람으로 왕초보에게 모든 걸 맡기려 드는 일부 국민들이나 그런 상황으로 몰아가는 정치인들이나 한심하기는 매한가지겠다. 하여 허구한 날 '철학이 없다' '개념이 없다'는 소릴 듣는 게다. 덕분에 깡통인지 계륵인지도 모르고 입맛 다시며 좇던 한 늙은 여우만 지붕 쳐다보게 되었다.

정체성을 두고 오락가락하는 일본의 아베 정권 역시 이 '태도적 가치'에 대한 명확한 인식이 없는 데서 기인한다고 볼 수 있다. 박사 논문 표절이라는 결론이 났음에도 버젓이 배지 달고 있는 올림픽 금메달리스트 출신 국회의원은 버티면 살더라는 '경험적 가치'에 매달리는 것이겠고, 막무가내 정권 퇴진 운동이 정의구현인 줄 착각하고 막말도 서슴지 않는 극소수 종교인들은 '기호적 가치'라는 가치 아닌 가치, 헛것을 따르는 것이겠다. 법정과 감옥을 들락거리는 한국의 일부 재벌 오너들은 '태도적 가치'에 대해 생각해 본 적조차 없을 것 같다. 제 포지션에 대한 인식이 없기 때문일 터이다.

'가치'란 말조차 아까운 짝퉁이 판치는 대한민국

천안함 폭침 4주기를 맞아 그동안 온갖 악담으로 거품을 물던 종북정당 인사가 "북한이 천안함 폭침에 사과해야 한다"며 안면을 바꾸는가 하면, 추모식에 참석하려던 인사는 유가족들에게 쫓겨났다. 지방 선거가 코앞이라 유불리에 따른 계산적 행동임을 모르는 국민이 없을진대 어지간히 다급했던 모양이다. 하지만 이미 사금파리. 밟히고 차이는 일만 남았다. 이참에 안철수 따라 도로 민주당으로 들어가 연명하는 것이 어떨까 싶다.

까짓 통진당이 추모식에 오든 안 오든, 천안함 폭침을 자작극이라고 우기든 말든, 천안함에 참배를 하든 침을 뱉든, 군인은 그만 일에 연연할 필요 없다. 군인은 군인의 본분만 지키면 된다. 상유십이(尙有十二) 순신불사(舜臣不死)! 이순신 장군이 그렇게 매를 맞고도 고작 13척의 배를 몰고 다시 싸우러 나간 것은 '태도적 가치'를 따랐기 때문이다. '경험적 가치'를 따랐다면 도무지 승산이 없으니 내던지고 도망갔어야 마땅했다. '기호적 가치'를 따랐다면 너 죽고 나 죽자, 조선은 그때 망했다.

이순신 장군의 진짜 차별적 경쟁력 '창조적 가치!'

진정한 용사는 유불리에 상관없이 패하거나 죽을 수밖에 없는, 세상의 경험법칙상 1%의 가능성조차 없는 전투임에도 나가 싸운다. 13척마저도 없었다면? 뗏목이라도 엮어 타고 나가 싸웠을 것이다. 그게 군인의 본분이다. 스파르타 레오니다스 왕의 3백 용사도 페르시아의 10만 대군 행렬에 맞서 그렇게 싸웠고, 기드온의 3백 용사도 강변의 모래와 같이 많은 적군을 기습하여 승리를 거두었다.

일본 유학중 사람을 구하기 위해 전차가 달려오는 선로에 뛰어든

고(故) 이수현 군도 '태도적 가치'를 따른 것이다. 역사상 수많은 강호 협객, 제도권 무사, 기사, 민간의 자원봉사 열사, 지사들이 그렇게 목숨을 바쳤던 것도 '태도적 가치'를 추구했기 때문이다. 인류사의 최고 성인으로 기록되는 예수나 소크라테스도 그래서 기꺼이 죽음을 받아들였다. 인간 존엄성, 자신의 정체성을 지키기 위함이다. 안중근은 그래서 의연했다.

무혼(武魂)이야말로 '태도적 가치'의 전형이라 하겠다.

덕(virtue) 없는 가치(value)는 없다. 가치 없는 품격도 없다. '태도적 가치' 없인 '창조적 가치'도 없다. 진정한 글로벌 리더란 '창조적 가치'를 구현해 낼 수 있는 자를 두고 이르는 말이다. 이순신 장군의 진짜 차별적 경쟁력은 '창조적 가치'에서 나왔다. '태도적 가치'나 '창조적 가치'는 '주인 의식'에서 나온다. 이순신처럼 1%도 안 되는 가능성에도 나가 싸우는 게 '주인 의식'이다.

무혼(武魂)은 무인만의 가치가 아니다.

한국의 진보 지식인들이 진보를 계속 자처하고 싶다면 차제에 '사적(私的) 우물 안 나와바리'를 내던지고 인류 선진문명권의 태도가치적 공적(公的) 어젠다 무대로 올라야 할 것이다.

'통일대박'이 아니라 '제2의 노예해방운동'을

문민 정부가 들어선 이래 이 나라 최고지도자들의 언격(言格)이 많이 떨어져 왔다. 사실 박근혜 대통령의 '통일대박'에 많은 시민들이 당황스러워했다. 해외 언론들도 이에 합당한 어휘를 찾지 못해 애를 먹었다고 한다. 결국 중국 등 일부 국가에는 '대박'의 의미가 제대로 전달되지 못했다. 북한 주민들 역시 무슨 소리인지 알아듣지 못했을 것이다. 덕분에 남한만 온 나라가 '닥치고 통일'이다.

2014년 3월, 박대통령은 네덜란드와 독일 순방에서도 가는 곳마다 '통일대박'을 외쳐댔는데, 과연 그만한 효과를 낼 수 있을지 걱정이 앞선다. 아무렴 독일이 대박을 기대하고 통일하지는 않았을 것이다. 또 남북한이 통일된다고 독일처럼 대박난다는 보장도 없다. 그리고 독일은 이렇게 요란스럽게 말로 통일하지 않았다. 어느 날 갑자기 베를린 장벽이 무너졌지만, 세상 사람들이 본 건 수면 위의 빙산에 불과하다. 긴 시간 동안 수면 아래에서 소리소문 없는 작업이 있었기에 가능했던 일이다.

통일이 개구리 짝짓기처럼 목소리가 클수록 빨리 오고, 제 발로 찾아오는 것도 아니다. 그렇지만 통일에도 상대가 있기 마련, 과연 상대도 통일을 바라고 있을까? 그들에게 물어보기라도 하고 '통일대박'인가? 그게 아니면 북한이 절로 무너져 남한에 흡수 통일될 것이라 기대하는 건데, 이는 감나무 밑에 누워 홍시가 입에 떨어지기를 기다리는 것과 같아 솔직히 낯간지러운 느낌도 든다.

어쨌든 '통일대박'이란 독일의 '경험적 가치' 즉 통일이 되면 우리도 독일처럼 잘살 수 있을 거라는 기대에서 나온 말이겠다. 그렇지만 남의 나라 대박나는 일이 뭐 그리 즐겁겠는가? 잭팟? 횡재? 불로소득 같은 뉘앙스를 풍기는 '대박'이란 용어에 과연 글로벌 선진사회의 리더들이 공감할까? 순진무지한 한국인들, "잘해 보라!"는 그저 입에 발린 인사치레에도 흥분해서 어쩔 줄을 모른다. 이 또한 사대 근성의 발로겠다. 그게 아니라면 선생님에게서 칭찬받고 싶어하는 학생쯤 되겠다.

분단된 지 70년이 다 되었다. 일제 36년까지 합치면 북한 주민은 한 세기가 넘도록 인간답게 살아 보지 못하였다. 한데 통일에다 고작 '대박'이라니! 한 나라의 최고지도자가 모국어의 품격을 그런 식으로 떨어뜨린다는 것도 문제이지만 기회주의적 명분을 내걸기에는 우리 자신이 너무 초라하다. 이왕지사 '태도적 가치'의 의미를 담은 어젠다를 던졌어야 했다. 북한 주민들의 인간답게 살 권리 회복, 인간 존엄이라는 인류의 보편적 가치와 양심에 호소하는 메시지여야 했다는 말이다. 남한의 '대박'을 위해서가 아니라 문명사회 최대의 수치인 북한 동물농장을 해체시켜 '제2의 노예해방운동'에 동참하자고 역설하였어야 했다는 말이다.

대박이든 쪽박이든 '태도적 가치'를 따라야

6자회담 재개를 위한 움직임이 활발해지고 있다. 하지만 '대박통일'을 위한 모임은 분명 아니다. 남북한을 이대로 두면 대형 사고를 칠 것 같아 미리 단속하기 위해 모이는 것이다. 6자회담의 목표는 한반도의 안정, 즉 현상 유지이다. 다시 말해 통일을 하지 말라는 모임이다. 더 고약하게 말하자면 남한이든 북한이든 스스로 뭔가를 결정할 주권이 없음을 확인시켜 주기 위한 모임이다. 만약 분단 독일에도 미·소·영·불이 참석하는 6자회담이 있었다면 아직도 통일 못했을 것이 분명하다.

문제는 우리의 자세와 준비다.

통일은 명사가 아닌 동사다. 형용사는 더더욱 아니다. 구호가 아니라 실천이란 말이다. '태도적 가치'를 따른다면 '대박'이 아니라 '쪽박'이라 해도 기어코 통일을 해내야 하고, 해낼 수 있다. 하지만 '경험적 가치'를 좇는다면 온 세계가 나선다 해도 통일은 점점 더 멀어만 갈 것이다. '경험적 가치'는 그때그때 달라질 수 있기 때문이다. 대의(大義)는 '경험적 가치'에서 나오지 않는다. 통일에 대해 좀 더 깊은 성찰이 있어야겠다.

Tip 고민하기 싫어하는 하층민 근성 혹은 노예 근성?

동방예의지국의 전철에는 노약자석(경로석)과 임신부석이 지정되어 있다. 젊은이들이 간혹 이 경로석의 빈자리에 앉았다가 노인에게서 혼이 나거나, 노인들끼리 자리다툼으로 주민번호 끗발 싸움하는 일도 가끔 벌어진다. 어쨌든 이 노약자석 때문에 다른 일반 승객들은 중간에 불쑥 노인이 들어오거나 말거나 자리를 뺏길 염려 안하고 편히 앉아서 간다.

한데 몸이 심히 불편하지도 않은 어른에게 자리를 양보하는 게 반드시 동방예의지국의 미덕일까? 무작정 나이 많다는 이유로 공경받아야 하고, 앉아서 가야 한다는 발상이 옳은 것일까? 반대로 한창 공부해야 할 학생이나 일하러 가는 젊은 사람에게 자리를 양보하는 게 이치적으로 옳지 않은가? 판단은 각자의 양식에 맡길 일이겠다.

노약자석·임신부석 구분이 과연 주인 의식에서 나온 진심어린 배려심일까 하는 데서 의문이 든다. 누군가에게 자리를 양보하든 말든 그건 전적으로 본인이 판단하고 결정할 문제가 아닌가? 누가 곁에서 강요할 성질이 아니지 않은가? 양보나 배려의 매너까지 규제나 규정으로 강제하는 것이 과연 옳은 일인가? 불특정 대중에 대한 인격모독이라면 지나친 비약일까?

중고등학교 무시험 입학 전형, 빈부 상관없는 무상급식과 노인수당 지급 등등 행정적 편의주의와 평등주의의 저변에 귀찮은 고민을 하기 싫어하는 나태가 깔려 있는 것은 아닐는지? 습한 토양에서 곰팡이와 독버섯이 번성하듯이 그런 사소한 데서 무책임하고 몰염치한 하인 근성이 시작되는 건 아닐는지?

한국인들이 유독 좋아하는 '객관적 기준'이란 것도 따지고 보면 하층민 내지는 하인 근성의 발로가 아닌지? 소신이 없다는 말이다. 더 나아가 남의 소신을 믿지 못하겠다는 불신에서 나온 것이겠다.

그렇게 객관식 교육만 받아 온 한국인들이 과연 객관과 주관, 객체와 주체를 구분할 능력이 있는지 의문이다. 차라리 노약자석을 따로 구분하지 않았을 때처럼 앞에 선 어른에게 자리를 양보해야 할지 말아야 할지를 고민하는 게 오히려 더 주체적이고 주관적이지 않은가?

그런 사소한 고민마저 규정에다 떠넘겨 버리는 편의주의적 발상이 주인 의식을 희미하게 만드는 구실이 될 수 있겠기에 하는 말이다. 하여 젊은이들은 모두 양심과 염치는 노약자석 자리 밑에 묻어 버리고, 영혼은 스마트폰 단말기에 꿰인 채 좀비처럼 어두운 지하 굴을 달리고 있는 것이겠다. 문명의 이기와 매뉴얼에 지나치게 의존하다 보면 저도 모르게 하인 근성이 몸에 배게 된다. 스스로 생각하고 판단하고 결정하는 능력을 길러야 주인 의식이 길러진다.

식민지 교육은 기본적으로 객관식이다. 주관식은 생각하게 만들기 때문에 금물이다. 하인이나 노예가 스스로 생각하고 판단한다면? 고분고분 지배받을 리가 없다. 모조리 스파르타쿠스가 되면 곤란하기 때문이다.

다음으로는 선착순이다. 예전에 신병훈련소에서 애용하던 길들이기 방법이다. 머리 깎이고 똑같은 옷을 입힌 다음 선착순 몇 번만 시키면 인격에서 모조리 짐승격으로 돌아온다. 누천년 인간이 쌓아 온 인격이란 것이 얼마나 하잘것없는 것인가를 뼈저리게 느끼게 해준다.

그래도 고분고분하지 않는 인간들이 있다. 지금은 그랬다간 인권유린으로 고발당하겠지만 60년대까지만 해도 흔한 일이었다. 수업 시간중 장난하는 아이들을 불러내어 둘을 마주 보게 해놓고 서로의 뺨을 때리게 하는 벌이다. 필자도 국민학교에서 당해 본 적이 있지만, 상상만으로도 그 모멸감이 어느 정도일지 능히 짐작이 갈 것이다. 복도에 꿇어앉혀 망신주기는 애교다.

이런 식민지 교육을 받고 나면 해방이 되어도 한동안 갈피를 잡지 못해 우왕좌왕 이합집산으로 편갈라 서로 할퀴고 물어뜯고 뺨 때리고 고자질하고 이간질하기에 여념이 없다. 모두가 주인 행세하려 하지만, 기실 그 근성은 피차 다 노예이기 때문이다. 천안함 폭침, 세월호 참사 등 이 나라에서 재난이나 위기가 닥치면 단합해서 극복하기는커녕 서로 뺨때리기에 몰두하는 하는 것도, 말로는 모두 주인이고 양반인데 막상 주인 자리에 앉혀 놓으면 똥오줌을 못 가리는 것도 그 때문이다. 해서 짝퉁 보수, 짝퉁 진보, 짝퉁 주인인 게다. 너나할것없이 다 짝퉁이다.

'세월호' 사건 이후 인성 교육에 대한 논의가 뜨겁다. 심지어 '인성교육진흥법'이라는 특별법까지 만든다고 야단이다. 유교의 나라, 동방예의지국이 어쩌다 이 모양이 되었을까마는 그래 보았자 윤리·도덕 과목 버젓이 놔두고 또 옥상옥을 만드는 것이겠다.

게다가 이 나라는 왜 개인의 인성까지 국가더러 책임지라고 하는지 이해가 안 간다. 따지고 보면 지극히 개인적인 것이 인성이 아닌가? 게다가 정부가 시키는 대로 고분고분한 민족이던가? 제 자식만 잘 키우겠다며 온갖 과외에다 조기유학까지 시키면서 가정 교육은 나 몰라라 하고 있지 않은가? 제 자식 공부 잘하는 건 제 탓이고, 남의 자식 인성이 못된 건 학교 탓이고 정부 탓이고 사회 탓인가? 인성 교육은 학교가 책임져야 한다면서 언제 공교육을 믿고 따랐는가? 당장 자신부터 인성 교육시킨다고 직장에서 매주, 매달 민방위 훈련하듯 일정 시간 윤리 교육받으라고 강제하면 고분고분할까? 그런 걸 규정이라고 해야 하나, 규제라고 해야 하나? 강제 혹은 독재라고 해야 하나?

이러다간 개인의 가난이나 행불행까지 국가가 책임져야 할 판이다. 신국가주의, 신동물농장! 학 다리가 길다고 자르지 마라? 무슨 말씀! 부리까지 잘라 주는 나라가 대한민국이다.

윤리·도덕 교육을 강화(강요)한다고 인성이 고와질까? 성리학을 다시 끄집어 내어도 대답 못 얻을 것이다. 아무렴 교육 안 받은 것보다는 낫겠다. 그렇다 한들 인성만 착해지고 순화되면 그만인가? 인간은 사회적 동물이 아닌가? 상대에 대한 인식, 소통 능력 없는 인성 교육이란 무의미하다. 용어의 선택부터 잘못되었다. 인성 교육이 아니라 인품 교육이다. 매너로 체화(體化)된 인성, 품격이 우러나는 인성, 다시 말해 품격 교육이 답이다.

건강한 육체에서 건전한 정신이 나온다고 했다. 바른 매너에서 바른 인성, 바른 인품이 나온다. 전문 수행 용어를 빌려서 설명하자면 내(內)로써 외(外)를 인도(引導)하고, 외(外)로서 내(內)를 도인(導引)하는 법이다. 그래야 내외합일(內外合一)의 완전한 인격체에 도달할 수 있다. 외형(外型)의 동반 없인 내단(內鍛)도 없다는 말이다.

사대 근성, 피식민 근성, 하인 근성, 노예 근성을 그냥 두고는 인성 교육은 될지 몰라도 인품 교육은 절대 안 된다. 어차피 사대 교육, 식민 교육, 노예 교육일 뿐이다.

그 기간에 따라 차이는 있겠지만 대개 식민 지배를 당한 민족이 그 트라우마를 털어내려면 백 년은 족히 걸린다고 한다. 그러니까 삼대를 지나야 한다는 말인데, 충분히 일리 있는 주장이라 하겠다. 몸에 체득된 건 하루아침에 원상 회복되지 않는다는 뜻이다. 역으로 몸을 잘 다스리면 오염된 정신, 즉 피식민 근성을 빨리 극복해 낼 수 있다는 이치가 성립된다. 매너와 품격으로 근성을 바꿀 수 있다는 말이다. 필자가 평소 자폐증·트라우마·스트레스로 고생하는 사람들의 치유를 도와줄 때 도인체조를 병행하는데, 매우 효과가 좋은 이유도 그 때문이다. 동중정(動中靜)의 이치다. 매너와 품격으로 근성을 바꿀 수 있다는 말이다.

피식민 지배와 한국전쟁을 거치면서 생긴 트라우마는 일상에서 무의식중에 문득문득 솟구친다. 지나친 피해 의식과 알레르기 반응이 그것이다. 가령 선거에서 드러나는 한국인의 양태가 그렇다. 선거는 선거일 뿐, 이기든 지든 가볍게 털고 일상으로 돌아가는 것이 잘 안 된다. 지는 것에 대한 두려움! 돈을 걸고 배팅한 것도 아니고, 자기가 직접 출마한 것이 아님에도 불구하고 지지하는 인사나 정당이 선거에 패배하면, 마치 적에게 정복당해 굴욕적으로 살아야 할 것처럼 인식되어 막연한 공포심을 느낀다. 해서 게임의 결과에 여간해서 승복하지 못하고 극악스럽게 반대한다. 권력에 대한 저항이 곧 독립운동인 양 오버한다. 해서 크게는 통치자에게 저항하고, 작게는 길가다 낯선 이와 어깨만 부딪쳐도 마치 제 나라가 침탈당한 듯 부르르 떤다.

게다가 모든 책임을 최고통치자에게로 돌리는 버릇이 있다. 문제가 생기면 주인이 잘못해서 노예(고객)인 우리 혹은 내가 피해를 보고 있으니 주인인 통치자더러 똑바로 하라고 항거하는 것이다. 돈(세금)을 냈으니 서비스 똑바로 하란 거다. 내가 주인 노릇을 잘 못해서 문제가 생긴 것이라곤 꿈에도 생각 안한다. 이는 뒤집어 보면 스스로 주인이 되지 못함이겠다. 해서 '민주(民主)'란 단어의 진정한 의미를 이해 못 한다.

또 한국에서 적폐의 원인인 갑(甲)질의 문제도 시민(국민) 개개인의 주인 의식 부재에서 찾아야 할 것 같다. 뒤집어 보면 상대적으로 대부분의 시민이 을(乙)짓을 하기 때문이겠다. 몸에 밴 권력에 대한 맹종 때문에 권력을 갖지 못한 사람은 자신을 지레 을(乙)로 치부해 버리는 경향이 강하다. 기실 시민 개개인이 주인 의식을 가지고 당당하게 주인 노릇을 해낸다면 어떤 권력자도 갑질을 못할 것이 아닌가? 갑질이 통하지 않는 사회, 그게 선진사회이고 진정한 민주겠다.

주인은 남 탓하지 않는다.

바이더피플(by the people)? 주인은 누가 시켜 주는 것 아니다. 스스로 되는 것이다. 주민등록증 지녔다고 당장 바이더피플 되는 것 아니다. 거창한 사상이나 철학이 있어야 주인 자격 얻는 것 아니다. 주인되기 일상생활 매너로 주인 의식을 되찾는 것이 국민개조의 지름길이다. "국가가 당신을 위해 무엇을 할 수 있는가를 묻지 말고, 당신이 국가를 위해 무엇을 할 수 있는가를 물어보라!"고 한 케네디의 말은, 곧 주인으로서의 국민이 되라는 말이다. 남 탓하지 말라는 얘기다. 고민 좀 하면서 살라는 거다.

76 한국이 창조경제를 할 수 없는 근본적인 이유

새벽종으론 창조경영 못해! | 교수가 정치하면 나라 망한다 | 콘퍼런스·세미나·포럼은 식자무당들의 푸닥거리 | 분노는 애국이 아니다 | 대한민국의 불행은 사명대사와 같은 저격수가 없다는 것 | 주인 의식 없는 한국 대기업 오너들 | 선진사회로 들어가기 위한 체질 개선 작업 절실 | '아큐(阿Q)' 대한민국 | 기적은 없다. 처음으로 돌아가야! | 사소하지만 결코 사소하지 않은 것들

창조경제·창조경영이 화두다. 기실 다른 나라에선 이런 유치한 용어는 입에 담지도 않는다. '창조'란 초등학교 교육과정에서나 소용되는 용어다. 그렇게 구호로 내건다고 창조경제·창조경영이 될 것 같으면 어느 나라 어느 기업 어느 정부가 가만 있겠는가?

많은 한국인들은 한국의 경이적 발전을 공부 잘한 똑똑이들이 선도했다고 착각하고, 지금도 공부가 최고인 줄로 알아 매진하고 있다. 그러나 세상은 언제나 지식선도형보다 현장선도형이 이끈다. 일례로 이건희 삼성그룹 회장은 1993년 2월 미국 LA 지역 베스트바이 매장 구석에서 뽀얀 먼지가 쌓인 채 방치돼 있던 삼성 가전제품을 목격한다. 그리고 그해 6월 "마누라와 자식 빼고는 다 바꾸자"는 프랑크푸르트 선언을 행한다.

지식선도형이냐, 현장선도형이냐!

현장선도형 무게 중심 경향은 특히 선진국일수록 오히려 더 강하다. 해서 제일 똑똑한 최고의 인재들은 대외무역부에 들어간다. 그다음이 종합상사, 마지막 순번이 교수들이다. 그런데 이 나라에선 교수들이 졸지에 총리도 하고, 장관도 하는 일이 무시로 일어난다.

창의력이 부족하고 현장선도 능력이 안 되기 때문에 대학에 남은 것이다. 왜냐하면 대학의 학문이란 사실 사후 뒤치다꺼리, 즉 결과물의 정리이기 때문이다. 그들이 가진 지식이란 것은 남들의 현장 경험을 정리해서 모은 것이지 스스로 창의적으로 만들어 낸 것이 결코 아니다. 그런 걸 논문(숙제)이라 한다. 지난날의 자료를 바탕으로 미래를 예측한다며 전문가인 양하지만 예측은 어디까지나 예측일 뿐, 창조와는 다른 개념이다. 이런 교수들에게 총리·장관·기관장을 맡겨 놓고 창조경제·창조경영하라고 독촉하는 것 자체가 난센스인 것이다. 창조란 현장에서 나오지 책상머리에서 나오는 것이 아니다.

물론 후진국 내지는 개발도상국 시절에야 선진국 베껴먹는 게 곧 발전이기 때문에 선진국이 남긴 지식이나 정보에 밝은 대학교수들이 나름 중요한 역할을 하기도 했다. 하지만 2만 불 시대를 넘어서 선도적 기술, 선도적 경영을 해야 하는 작금의 대한민국에서 교수의 역할은 상아탑에 국한될 수밖에 없다.

또 정치권에 붙어 권력자의 책사 노릇한다고는 하지만 그것도 모두 입으로만 한다. 보고서 작성 전문가들이다. 현장 한 번 안 가보고도 하룻밤이면 번지르르한 기획안 뚝딱 써내는 능력을 지녔다. 그렇지만 제 스스로 뛰면서 문제를 해결할 능력은 전무하다. 고작 말(지식, 정보) 동냥(훈수) 좀 해주고 운 좋으면 큰 벼슬 하나 차지하는 것이다. 그러니 누군들 솔깃해하지 않을까? 바둑이든 축구든 훈수꾼이나 해설가들이 일견 똑똑해 보인다. 실전 경험 없고 공부도 모자란 한국의 문민지도자들이 바로 이 부분에서 큰 착각을 하여 용인에서 실패를 거듭하고 있는 것이다. 아무렴 현장선도형 인간이라면 진즉에 대학 울타리를 뛰쳐나갔을 것이다. 대기업에서 그런 인재를 그냥 둘 리도 없다.

모피아로는 창조경제 불가능

게다가 한국의 최고 인재들은 모조리 재무부(현 기획재정부)로 다 들어간다. 이게 선진국과는 완전 다른 양태다. 재무부란 사실 정부의 금고지기일 뿐이다. 현장과는 아무 관계 없는 부서다. 그러니 창의적일 이유가 전혀 없다. 조직이 클 이유도 없다. 그냥 정직하게 금고만 잘 지키고 있다가 필요한 곳에 내주라고 할 때 내주면 그만이다. 한데 금고를 쥐고 있다는 이유만으로 나라의 모든 일을 다 관장하고 지배하고 있으니 난센스도 이런 난센스가 다시없다 하겠다.

한국의 모피아가 나라를 말아먹는 암적인 집단이라는 말이 결코 틀린 말이 아니다. 일본의 구 대장성이 막강한 권한에 취해 있다가 일본 경제를 말아먹고, 2001년 중앙성청 개편에 따라 재무성과 금융청으로 바뀌면서 1868년 메이지유신 때 창설된 이래 누려 왔던 국가예산 편성권을 빼앗긴 사례를 타산지석으로 본받아야 할 것이다.

그런가 하면 이 나라의 최고지도자들은 자신이 전지전능한 줄 알고 모든 걸 직접 다해야 한다는 이상한 주인 의식으로 가득 차 있다. 그리고 그 덕에 나랏일의 모든 책임은 물론 원망의 화살까지 고스란히 직접 맞아야 했다. '세월호' 침몰 사건이 그 대표적인 예가 되겠다.

기실 중진국을 넘어서면 정부가 할 일은 별로 없다. 그냥 관리자 내지는 조정자 역할만 하면 된다. 어차피 나라는 매뉴얼대로, 시스템으로 굴러간다. 정권이 국가 발전을 이끈다는 건 개도국 시절의 선입견이다. 지금은 오히려 그 반대다. 아직도 정치인에게 창조를 기대하는 국민이 있다면 그게 문제다. 연목구어(緣木求魚)다.

대통령에 오른 이가 국민들이 자신의 능력을 보고서 뽑은 줄로 착각하면 곤란하다. 저놈이 싫으니까 이놈을 찍어 준 것뿐이다. 누가 해도 해먹을 거면 이왕 덜 미운 놈이 해먹으라고 맡긴 것이다. 무슨 대단한 일을 해내리란 기대는 애초에 없었다는 말이다. 해서 公約(공약)이든 空約(공약)이든 별로 관심 없어 하는 것이다. 연임할 것도 아니다. 굳이 여론이니 지지율이니 눈치 볼 것도 없다. 꼭 해야 할 일이라면 국민의 욕을 먹어 가며 하면 그만이다.

한국인에게 '개혁'이나 '창조'만큼 지겨운 말이 '새 정치'다. 소통하는 법도 모르면서 무슨 새 정치? 신인 정치, 신당 정치를 새 정치인양 떠벌리며 국민을 기만하는 것이다. 진정한 새 정치란 품격 정치! 그게 창조 정치겠다.

닫힌 꼴통들의 사회, 대한민국

사회 여건 변화에, 당초 예측 범위 자체의 변화에 유연히 탄력적으로 대처 가능한 영미법에 반하여 명문적으로 또한 시간적으로 '고정'된 성문 대륙법, 즉 실정법하의 한국 사람들은 사회 여건 변화에 대해 화석처럼 '고정화'된 세계관 잔류 경향을 보인다.

2001년 9·11테러 직후 출범한 미국 국토안보부 첫 장관은 하버드대 로스쿨 출신 정통 법조인인 마이클 처토프였다. 그는 취임 직후인 2005년 여름 발생한 허리케인 카트리나로 인해 2,541명이 사망·실종된 뒤, 국토안전부를 비롯한 연방정부 재난 구호 체계의 전면 개편을 진두지휘했다. 위기 상황에 둔한 재난 구호 조직의 전면 개혁을 위해 모든 상황에 적용 가능한 재난 대응 체계를 만들었다.

미국의 변호사 경력자는 한국식 딱딱한 법조계 인사나 법피아로 받아들이면 안 된다. 미국에서 공공 정책부문이나 큰 규모 민간기업에서 일을 제대로 해내려면 한국식 신언서판(身言書判)에 해당하는 업무 역량(competence)을 필히 갖춰야 하는데, 이는 대부분 대학원과정의 로스쿨에서 집중적으로 계발된다. 즉 '개인 담당자 스스로 체계적이고 합리적인, 통제 가능한 문제 해결 솔루션을 건별(individually)·맞춤별(case by case)로 창의적으로 개발해 내는 법적 마인드(legal mind)'다. 열린 마인드이기에 가능한 일이다. 이는 로스쿨 우수 졸업자들이 제일 잘하는 일이다. 해서 그들이 사회 모든 분야에서 항상 두각을 드러내고 있다.

한국의 법은 닫힌 법이다. 법의 테두리 밖의 것은 인정하지 않는다. 따라서 법조항에 명시된 것 이외에는 허용도 되지 않을뿐더러 보호도 받지 못한다. 때문에 한국에서 법조항에도 없는 새로운 무엇을 하는 것은 원천적으로 불가능하다. 한국이 창의적이 될 수 없는 근본적인 원인은 거기에 있다. 그에 반해 영미법은 법의 조항에 없는 것은 제한하지 않는다. 해서 항상 창의적이다.

한데 누구보다도 닫힌 사고를 지닐 수밖에 없는 한국의 법조인들이 총리며 장관·의원 등 우리 사회 요직을 다 차지하고 있다. 극단적으로 말한다면 한국 변호사란 유불리에 따라 법을 가지고 노는 사람이고, 한국의 판·검사는 선민 의식에 젖어 법의 권위를 자기 보호적 권력으로 여기는 특권층들이다. 이러니 '창조'는 대한민국의 영원한 화두가 될 수밖에 없겠다.

어디 법뿐이랴. 닫힌 사고, 닫힌 교육 등 기실 우리 사회의 모든 분야가 닫혀 있다. 자기와 다른 생각이나 의견을 잘 받아들이지 못하는 것, 입시 위주 교육의 문제점을 통탄하면서도 어쩌지 못하고 그대로 답습하고 있는 것, 사회 곳곳의 적폐를 보면서도 애써 모른 척하는 일, 말로는 개혁과 창조를 부르짖으면서도 막상 현실에서는 변화를 거부하는 심리. 스스로 문을 열고 나갈 용기가 없음이겠다. 우물 밖이 두려운 게다.

한국인의 부정적인 사고는 바로 이 닫힌 세계관에서 나온다. 공무원들은 새로운 일이라면 뭐든 안하려 하고, 못하게 한다. 그런 사고에선 그 어떤 규정도 규제가 되고 만다. 대신 높은 사람이 시키는 일이라면 무조건 한다. 하인 근성이 몸에 밴 탓이다. 이런 근성은 언어 사용에서도 나타난다. 한국은 신조어가 별로 생겨나지 않는다. 고작 개그맨들이 만들어 내는 썰렁한 억지춘향격인 유행어가 고작이다. '통일 대박'도 그 한 예라 하겠다. 문화 창조의 역량이 부족함을 대변하고 있음이다.

이는 한국이 글로벌 세계를 향해 문호는 개방했지만 사고 체계는 아직도 봉건적 사고에서 벗어나지 못했으며, 어쩌면 영영 벗어날 수 없음을 뜻한다. 모두 주인 마인드 부족에서 기인한 구태라 하겠다.

고인 물이 썩듯이 닫힌 사회는 반드시 부패한다.

주인 의식 없이는 미래 없다

또 한국의 외교장관은 언제나 주미대사를 거친, 소위 엘리트 코스를 거친 외교관을 임명하는 것이 거의 관례화되다시피 하였는데 이 역시 어리석은 소치다. 강대국을 두루 거친 외교관은 십중팔구 사대가 몸에 밴 굽신배 살살이다. 만년 식객 역할만 하는데다가 그다지 아쉬울 것도 어려울 것도 없는 자리가 주미대사다. 한국인들에게야 주미대사가 대단해 보이지만, 그 나라에선 아무 존재감 없는 약소국 외교관들 가운데 한 명일 뿐이다. 한국에 와 있는 후진국 외교관들을 연상해 보면 쉽게 짐작이 갈 것이다. 한국 외교가 사대 외교일 수밖에 없는 이유가 거기에 있다.

차라리 중간 이하의 나라를 두루 돌면서 악조건 속에서나마 호스트 노릇 해본 외교관이 훨씬 낫다고 할 수 있다. 궁하면 트인다고 했다. 궁해야 트인다. 궁해 본 사람만이 창조를 할 수 있다. 주인 의식을 가지고 창의적인 외교를 해본 현장선도형 인물을 골라 외교 수장으로 앉혀야 한국 외교가 체면치레라도 할 수 있다. 무엇보다 중국의 왕이(王毅) 외교부장처럼 몸 자세가 똑바른 신사여야 한다.

그런가 하면 어느 기관장은 아침 5시 반에 일어나 출근하여 자신의 부지런함을 자랑한 적이 있다. 그런 게 현장선도형인 줄 착각하고 있는 것이다. 또 모 대기업 임원들은 아침 6시에 출근한다고 한다. 오너 회장님이 6시 20분에 출근해서 임원회의를 열기 때문이란다. 오너야 자기 돈 벌어서 1분 1초가 아깝고 즐겁겠지만 임원들도 과연 그럴까? 그들의 멘탈리티는? 그렇게 꼭두새벽부터 쫓겨다니는 임원들이 정상적인 판단력을 유지할 수 있을까? 7,80년대 노가다식 사고에서 벗어나지 못하고 있음이겠다. 새벽종으론 창조경영 못한다. 환골탈태 없이는 절대 글로벌 우량기업 못 된다.

기업이든 정부든 이런 개도국 시절의 구조 관행을 현장선도형, 즉 선진국형으로 바꾸지 않으면 창조경제란 언제까지나 구호로 그칠 뿐이다. 역설적으로 이 나라에서 그런 구호가 사라지는 날 한국이 비로소 선진국에 들 것이다. 구호란 없는 것, 안 되는 것을 어찌 해보자고 내거는 것이니까 말이다. 공약이든 구호든 거창하면 할수록 선진국과는 거리가 멀다는 얘기다.

주인 의식 없는 한국 대기업 오너들

한국의 각 기업들 홈페이지를 방문해 보면 하나같이 기업 로고(CI)에 대한 그럴싸한 해설 겸 자랑이 실려 있다. 물론 그래 봤자 어느 기업 할 것 없이 대동소이한 이념, 거창한 의미를 붙여 독자(소비자)들에게 그렇게 인식해 달라고 강요하고 있다.

가령 SK그룹은 고딕영문자와 함께 날개인지 나뭇잎인지 모를 애매한 도안이 그려져 있는데, 소문에는 미술이 전문인 회장 부인의 작품이라고 한다.

시장 중심적인 의사 결정? 다 쓸데없는 소리다. 이렇게 오너나 오너 가족이 만들거나 의사 결정해 버리면 그걸로 끝이다. 주인 의식 없는 아랫사람들이 다음에 할 일은 거기에다 온갖 그럴듯한 해석과 의미 갖다 붙이기다. 얼핏 그럴듯해 보이고 의미심장한 것 같지만 기실 애매하고 공허할 뿐 일반인들의 인식과는 아무런 상관없는, 시장과는 동떨어진 의미론적·사후적·자위적 해석에 지나지 않는다. 아무렴 그 회사 직원들이야 그렇게 해석해야 할 의무가 있지만, 소비자는 그같은 피곤한 해석을 기억해야 할 아무런 책임이 없다. 냉정하게 이야기하자면 메시지가 없다는 거다. 디자인을 위한 디자인이겠다.

또 영문약자를 회사명으로, 제품 레이블로 하는 것 역시 사후적 해석 붙이기이다. 한국에선 'O/B'가 그 효시다. 오너의 결재받기 쉽게 애사심을 유발시킨 아부성 말장난이다. 일본에서 배워 온 것으로 독선적인 한국 오너들에게 잘 먹히는 내부 마케팅 기법 중의 하나다.

앞에서 보면 쓰나미가 덮치는 것 같고, 뒤에서 보면 미군 PX창고 같고, 옆에서 보면 쇠파리나 메뚜기 머리를 잘라 세워 놓은 것 같은 서울시 신청사 역시 그같은 탁상행정의 표본, 요란한 사후적 해석을 위해 디자인만 요란해진 대표적인 사례라 하겠다.

그렇다면 이왕 애플의 사과처럼 SK의 날개에 두 개의 뿔을 그려 넣어 '노랑나비'로 하면 어떨까?

나비그룹! 간단명료한 이미지! 소비자에게 아무것도 강요하지 않는다. 해석은 소비자에게 맡긴다. 중요한 건 소통이다. 생태적이고 친환경적일 뿐 아니라 친인간적이다. 일반인들과의 접근성이 쉬워 전 세계에 일관된 마케팅을 하기 용이하다. 장학퀴즈는 나비퀴즈. 나비왕대회. 나비리본 나비넥타이 달기. 오페라, 발레, 음악축제 후원. 나비박물관 건립. 나비축제를 세계적인 축제로 키워 자연 생태 보호적인 이미지를 구축하기가 더없이 용이하다. 꽃이 있는 곳에 나비가 가기 마련! 전 세계의 꽃 축제장 따라다니며 문화 생태 마케팅을 펼칠 수 있겠다. 바닥에 떨어진 기업 이미지 쇄신에 도움이 될 것이다.

만약 그렇게 한다면 이왕 나비의 방향까지 바꾸는 것도 좋겠다. 나비가 날아가는 모양은 너무 상투적이다. 그보다 날아드는 모양새가 무의식중에 행운에 대한 기대감을 가지게 해준다.

한국 기업의 오너들은 주인 의식이 지나친 바람에 독재적이고 독단적이라고들 하지만 실은 그 반대다. 오히려 주인 의식 부재라 하겠다.

진정 주인 의식을 가졌다면 기업을 품격 있게 잘 가꾸었을 것이다. 기업에 해가 되는 일을 서슴지 않는 것은 주인 욕심을 주인 의식으로 착각한 때문이겠다. 그러니 창조적 경영이 될 턱이 없다. 등기부상엔 분명 주인이지만 본색은 하인 근성. 그게 한국 기업의 한계다.

다소 극단적으로 표현하자면, 인간 세상은 1%의 주인과 99%의 하인으로 구성되어 있다고 할 수 있다. 창조는 당연히 주인의 몫이다. 시키는 대로 할 뿐인 하인에겐 창조의 의무도 책임도 없다. 특히나 한국의 위계적 조직 문화에서 하위직의 창조적인 발상은 건방으로 받아들여질 뿐이다. 결국은 최고지도자나 기업의 오너만이 창조의 권한(?)을 지닌다. 기업이든 정부든 한국의 모든 조직이 제왕적·독재적으로 운영될 수밖에 없는 이유도 그 때문이다.

따라서 최고지도자나 오너에게 그런 능력이 없다면 창조경제·창조경영은 당연히 불가능하다. 자신도 못하는 창조를 아랫사람들더러 해내라고 독촉하는 것은 한국적 아이러니이자 비극이다.

주인 의식이란 스스로 생각하고, 그 생각대로 말하고 행동하고 책임지는 것이다. 하인에겐 그 어느것도 요구하지 않는다. 진실로 창조경제가 가능하려면 먼저 조직원 누구나가 주인이 되는 법을 익혀 주인 의식을 가지게 하고, 그들 모두가 주인이 될 수 있도록 존중해 줘야 하지만 한국은 반대로 통제만 하려 든다. 전근대적인 조직 문화, 감투 문화, 받아쓰기 문화의 혁신 없이는 요원한 일이다.

'아큐(阿Q)' 대한민국!

또 한국인은 애국심(실은 애국분노)과 공명심이 지나치게 높아 때로는 남의 눈살을 찌푸리게 할 때가 많다.

온 나라가 일본과 북한을 성토한다고들 난리다. 징징대고 분개하고 악을 쓰고 방방 뛸수록 애국심이 증명된다고 여기는 것일 터이다. 스스로 문제를 해결할 능력은 없고 애국분노는 불타오르고…, 하니 어쩌겠는가? 동네방네 돌아다니며 "쟤가 때렸어요!" "억울해요!" "혼내주세요!" 하고 징징대는 게 고작이다. 오뉴월 무논 개구리 울음소리처럼 귀가 따가울 지경이다.

독도를 빼앗겼나? 지금 실효 지배하고 있지 않나? 아무렴 제 포지션도 모르니 문제(사건)에 제대로 접근하고 해결하는 방법이 나올 리가 없다. 해서 허구한 날 헛다리만 짚고 다니는 게다. 그저 자기 고정관념에 사로잡혀 닥치고 징징대기만 하는 것이다. 뒤집어 보면 그만큼 스스로 문제 해결 능력이 떨어진다는 뜻이다. 해서 제 풀에 길길이 날뛰는 것이겠다.

한국인들은 문제를 항상 거시적이고 연역적으로 접근하려 드는 습성이 강해(지식선도형) 미시적이고 귀납적(현장선도형)인 접근법이 부족하다. 해서 거창하게 떠벌려 폼만 잡으려 하지 직접 나서서 문제를 해결하라고 하면 다들 꼬리를 감추고 슬금슬금 도망친다. 그러다 보니 번지수도 모르는 엉터리들이 한국홍보전문가라고 설치는 것이다.

문제가 발생했으면 그걸 해결할 인물, 즉 저격수(사신, 특사)를 보내는 게 우선이다. A/S기사부터 보내야 한다는 말이다. 고금을 막론하고 그게 외교의 기본이다. 콘퍼런스, 세미나, 포럼? 웃기는 짓이다. 식자무당들의 푸닥거리, 집단 자위행위에 다름 아니다. 알량한 지식이 해결하는 것 아니다. 당장 누가 고양이 목에 방울을 달 건지를 결정해서 그에게 줄 경비를 걷는 게 순서다.

임진왜란이 끝나고 왜국에 특사를 보내고자 하였으나 그 많은, 말 많은 조정 대신들 중 누구도 무서워서 나서지 않았다. 해서 결국은 왜군과 직접 싸운, 왜군으로선 뼈를 갈아먹어도 시원찮을 적장인 사명대사가 1604년에 강화정사(講和政使)로 건너가 잡혀 간 동포 3천5백여 명을 데리고 8개월 만에 돌아왔다. 현재 대한민국의 불행이라면 사명대사와 같은 저격수(현장선도형 글로벌 전사)가 없다는 것이다.

아무렴 고금을 막론하고 나라를 망치는 건 언제나 지식선도형 '똑똑이'들이었다. 아는 건 많은데 창조는 언감생심, 실천도 안 되는 '겉똑똑이'들 말이다.

선진사회로 들어가기 위한 체질개선 작업 절실!

박정희 시대까지만 해도 한국 공공기관에서의 글로벌 비즈니스 매너 수준은 점진적으로 높아갔다. 잘못하게 되면 중앙정보부를 시켜서라도 즉각 혼을 냈기 때문이다. 그러다가 아웅산 테러 이후 급격하게 공직사회의 긴장이 풀어지더니 노태우 정권부터는 하향평준화의 길로 접어들었다.

민주화와 함께 경제만 성장하면 모든 것이 해결될 줄 알고 누구도 문제 의식을 가지지 못했다. 88올림픽으로 본격적인 대중소비 시대가 열리고, 문민(김영삼) 정부가 들어서자마자 OECD에 가입하는 등 마치 선진국이 된 것처럼 샴페인을 터뜨려 버렸다. 이후 공공기관은 물론 국민들 모두 본격적으로 타락해 갔다. 민간기업 역시 비약적인 성장에 오만해진 오너들의 전횡으로 타락에 가속도가 붙었다.

이제 중진국에서 선진국으로 진입하려는 순간 국민 모두가 뭔가 거대한 벽에 맞닥뜨린 것 같은 한계를 절감하고 있다 하겠다. 민주화와 기술만 가지게 되면 절로 선진국민이 될 줄 알았는데 좀처럼 실질소득도 오르지 않고 행복하지도 않다. 하여 마지막으로 선진국 따라 복지를 늘리는데 이번엔 일자리가 사라지고 자살률만 높아지고 있다.

한국은 지난날 후진국에서 개도국으로 넘어갈 때 치열한 체질개선 작업을 했었다. '국민교육헌장'과 '새마을운동'이 그 대표적인 사례다. 책임과 의무, 그게 바로 주인 의식이겠다. 한데 이후 개도국에서 중진국으로 넘어가는 중요한 시기 역시 그에 부응할 만한 보다 업그레이드된 체질개선 작업을 하였어야 했음에도 불구하고 오히려 타락해 버렸다.

그토록 바라던 자유와 평등은 방종과 태만을 불러들여 그나마 남은 주인 의식마저 싹 지워 버렸다. 맹목적(감정적, 동물적) 집단주의에 매몰되어 떼짓기, 멱살잡이, 팔뚝질, 집단 따돌림, 가혹행위로 날을 지새우고 있다. 정부가 외치면 그 어떤 어젠다도 국민들은 순순히 받아들이길 거부했다. 그래야 민주 인사이고, 지성인인 줄 알았다. 하여 매 정권마다 '개혁'이니 '혁신'이니 '참여'니 '새 정치'니 하는 구호만 남발하며 헐뜯기와 떼쓰기로 세월 낭비한 것이다. 그러다가 바야흐로 선진국으로 올라서려는 순간 문턱에서 자칫 제풀에 고꾸라질 위기를 맞고 있다. 너나할것없이 모두 '아큐(阿Q)'들이다.

기적은 없다. 처음으로 돌아가야!

불특정 대중에 대한 인식 불능, 주인 의식 부재. 하나를 보면 열을 안다고 했다. 선진문명권 사람이라면 한국인의 운전 매너 하나만 보고도 한국이 절대 선진국에 들 수 없음을 다 안다. 선진국민이 되어 보지 못한 한국인들만 모를 뿐이다.

대한민국은 지금 그동안의 압축성장의 후유증으로 고산병(高山病)·잠수병(潛水病)을 앓고 있다. 이대로 선진국 문턱을 넘어서려다가는 엎어지거나, 미끄러지거나, 점점 더 불행해질 뿐이다. 하여 끊임없이 실망하고 원망하고 분노하고 좌절할 것이다. 이제 이 땅에서 이렇게 사는 것에 넌더리가 날 지경이다. 진정한 혁신, 피를 갈아서라도 전근대적 근성을 버려야 하고 뼈를 깎는 체질개선 작업 없이는 창조경제 역시 5년짜리 구호로 끝날 수밖에 없으며, 가치경영 등 또 다른 선동적인 헛구호로 공염불할 수밖에 없다.

결국은 기본이다. 차라리 여기서 한발 물리는 한이 있더라도 과연 우리가 중진국다운 매너와 품격, 그리고 문명인다운 자세를 지녔는지, 또 선진국으로 들어가기 위한 체질개선 작업을 어떻게 해나갈 것인지에 대해 깊은 성찰을 다하고 실천해야 할 것이다. 당연히 이는 이 나라 리더들만의 문제가 아니라 국민 개개인의 숙제이기도 하다.

Tip 사소하지만 결코 사소하지 않은 것들

일본인들은 재난으로 끔찍한 일을 당했을 적에 한국인들처럼 울고불고 나뒹굴지 않는다. 그들도 인간인데 감정이 없을 리 없다. 다만 그런 일이 남에게 불편을 끼치기 때문에 참는 것이다. 그리고 강의 중 여간해서는 질문을 하지 않는다. 왜냐하면 자기로 인해 그 질문의 내용을 이미 알고 있는 사람들이 피해를 볼까봐 안하는 것이다. 어렸을 적부터 항상 남에게 폐를 끼치면 안 된다는 교육을 받아 왔기 때문이다.

한국 전철에서 다이빙 승차로 인한 출입문 재개폐는 거의 일상적이다. 특히 환승역에서는 거의 매 전동차마다 일어난다고 볼 수 있다. 나 하나쯤? 자기 하나 때문에 기관사는 물론 수백 명의 불특정 대중에게 불편을 주고, 그로 인한 발차 지연으로 열차간 간격을 연이어 조정하는 바람에 수천 명을 불편케 하고 그들의 시간을 뺏은 데 대한 미안함도 없다.

자신의 사소한 규정 위반이 대형 사고로 연결될 수 있음에 대한 시야가 열려 있지 못한 탓이다. 당연히 자신의 무책임·몰염치가 교통 위반과 다를 바 없는 범죄행위이자 살인행위임을 인식조차 못한다. 하지만 대부분의 대형 사고의 단초는 지극히 사소한 것들로 우연하게도 그 매뉴얼상의 각각의 사고 요인들이 직렬로 이어질 때 일어난다.

가령 '세월호' 참사에 이어 시민들을 놀라게 했던 서울 왕십리역 전동차 추돌 사고를 살펴보자. 이미 신호기가 며칠째 고장나 있었고, 하필 그 전동차의 자동안전거리유지장치까지 고장나 사고로 이어졌다지만, 그 전동차가 그날 처음 운행한 건 아닐 것이다. 그 상태로 며칠 동안 수없이 그 구간을 운행했음에도 사고는 없었다는 말이다. 한데 왜 그날 그 시간에는 사고를 피하지 못했을까?

평소처럼 전동차간의 간격이 정상적으로 유지되었더라면, 신호기나 자동안전거리유지장치의 고장과 상관없이 정상적으로 그 구간을 통과했을 것이다. 그런데 사고가 항상 그렇듯 하필 그 시간 그 곡선 구간에서 앞 전동차가 정해진 출발 시간을 넘기는 바람에 일련의 누적된 사고 발생 요건들이 일시에 터져 버린 것이다.

물론 추돌당한 앞 전동차의 지연 발차가 그 앞 어느 전동차 때문일 수도 있다. 아무렴 어느 전동차의 지연 발차든 그것이 한 승객의 다이빙 승차 때문일 가능성이 크다. 그러니까 닫히는 문을 비집고 들어간 어느 한 얌체 시민이 추돌 사고 발생의 초기(마지막) 방아쇠(triggering) 조건을 완벽하게 충족시킨 것이다.

자기 혼자 굳이 다이빙 승차해서라도 먼저 가야겠다는 염치없는 시

세월호 침몰 참사 32일째인 17일 저녁 서울 청계광장에서 500여 개 시민단체로 구성된 '세월호 참사 대응 각계 원탁회의'가 주최한 '세월호 참사 추모 범국민 촛불 행동'에 참석한 시민들이 정부의 무능과 무책임을 규탄하며 촛불을 들고 주먹질을 하고 있다. ©데일리안

민이나, 저만 살겠다고 수백 명의 어린 학생들을 사지에 몰아넣고 탈출한 '세월호' 선장이나 다같이 대형 사고 시나리오의 시작과 끝이다. 그 중간에 직렬 퍼즐들이 채워지는 순간 터져 버리는 것이다.

자기 한 사람의 사소한 부주의나 태만이 불특정 다수에게 불편을 주고 위험에 빠트릴 수 있음을, 언제든 대형 사고로 이어질 수 있음을 인식하지 못하는 한 이 나라에서 끔찍한 후진적 사고는 언제든 또 일어날 것이다. 시민 개개인의 성숙된 매너 없인 선진사회로의 진입이 불가능하다는 말이다. 그러니 선진국 되기를 바라기 전에 어떻게 하면 선진시민이 될 수 있는지부터 고민해야 한다.

사고가 날 때마다 불안하다며 관련기관이나 정부 탓만 하며 '닥치고 처벌' '닥치고 대책'을 세우라고 팔뚝질해대는 것 또한 피식민 근성이겠다. 진정한 주인이라면 남 탓하기 전에 나부터 뭘 해야 할지 고민하고 실천한다. 촛불 들고 몰려 나가기 전에 당장 주변의 몰염치부터 나무라는 시민 정신이 먼저다. 그런 게 곧 주인 의식이다. 진정 자신이 이 사회, 이 나라의 주인이라고 생각한다면 담배꽁초 하나 함부로 못 버린다. 이 땅, 이 거리가 내 것이 아니라 가진 자, 지배자, 즉 남의 것이라는 생각에서 함부로 하는 것이다. 그게 바로 피식민 근성이고 노예 근성이다.

주인 의식 없이는 공공 의식도 없다.

77 침몰한 것은 '세월호'만이 아니었다

해양 전문지식을 총동원해도 설명이 안 되는 괴이한 사고 | 구명 매뉴얼 대신 구원 매뉴얼 적용한 선장 | 태도적 가치를 잃은 구원파 선장과 선원들 | 현장선도형이 아닌 탁상행정가들로 가득 찬 재난대책 기관들 | 망각조차 재촉하는 빨리빨리 대충대충 문화 | 이단과 사이비가 판치는 야바위공화국, 대한민국 | 탁상행정가들로는 재난대책도 국가개조도 불가 | 위로도 사과도 할 줄 모르는 국가 최고지도자 | 인격(人格) 없이는 인권(人權)도 없다 | 프란치스코 교황 방한과 어글리 코리아의 응대 품격

2014년 4월 16일, 진도 앞바다. 유사 이래 그 어떤 사고도 '세월호' 참사처럼 국민을 참혹하게 절망시킨 적은 없었다. 충격도 충격이고 분노도 분노이지만, 도무지 이해가 가지 않는 답답함 때문이겠다. 이보다 더 끔찍한 사고라 해도 그 원인이 일단 상식적으로 설명되고 납득이 되어야만 분노도 하고 체념도 하련만, 그게 안 되다 보니 희생자 유가족의 통한은 말할 것도 없고 국가 전체가 공황 상태에 빠졌다.

침몰의 원인과 사후 대책의 미숙함이 속속 밝혀지고 있고, 해외 전문가들까지 나서서 이 전대미문의 사고에 대해 이런저런 의견을 내놓았지만 모두 원론적인 얘기의 반복일 뿐, 누구도 이 사건에 대한 명쾌한 설명을 해주지 못하고 있다. 오죽했으면 한국의 유교적 관습 때문일 것이라는 조롱 섞인 진단을 내놓은 해외 언론까지 있었으랴! 장유유서(長幼有序)! 어린 학생들을 버려두고 나이 많고 직위 높은 선장(69세)부터 먼저 빠져나왔으니 그런 소리를 듣고도 남겠다. 비록 어이없는 사건이지만 이전부터 한국에서 일어나는 대형 사고들이 으레 그랬지 않았느냐고 넘기고 갈 수밖에 없겠다.

'태도적 가치'를 잃은 한국인들

기관사·조종사·스튜어디스·선장·운전기사·소방관·경찰관·군인 등은 이미 그 직업을 선택하였을 때 유사시엔 목숨을 잃는 것은 물론 경우에 따라선 국민이나 시민·승객들의 안전을 위해서는 자신의 목숨도 걸어야 한다는 사실을 알고 있었고, 또 그렇게 훈련받았다. 그 초심이 바로 '태도적 가치'이다.

　2003년 2월 18일, 대구 지하철의 어이없는 방화사건 때 전동차 문을 잠그고 혼자서 내뺀 정신나간 기관사 때문에 192명의 희생자를 냈다. 한데 2005년 1월 5일, 홍콩 지하철 해저터널 구간에서 대구 지하철과 똑같은 방화사건이 발생했지만 기관사와 다음 역 역무원들의 신속하고 적절한 대응으로 14명의 경상자만 내고 28분 만에 화재를 완전 진압했다.

　2014년 4월 16일, 진도 앞바다 '세월호' 침몰 때 불특정 다수인 수백 명의 어린 양들을 사지에 몰아넣고 제 형제들만 데리고 먼저 빠져나온 선장은 '태도적 가치'에 대해 한번도 생각해 본 적이 없었을 것이다. 그는 불과 2년 전 승객 3백 명을 버리고 탈출한 이탈리아 유람선 코스타 콩코디아호 선장에게서 '경험적 가치'조차도 배우지 못하였다. 공교롭게도 이탈리아나 한국이나 반도국가다.

　평소 자신의 행동이 불특정 다수에게 어떤 결과를 가져다 줄지에 대한 인식 훈련이 안 된 탓이다. 구원파! 오로지 자신들만 구원! 하여 자신들은 선택받아 구원받은 자들이라는 생각으로 일말의 가책조차 느끼지 않고 변명으로 일관하고 있다. 선장의 행태가 단순한 무능도 실수도 아닌 고의라고 볼 수밖에 없는 이유다. 그냥 둬도 각자가 살겠다고 튀어나갔을 상황에 자신들만 구원받겠다고 승객들에게는 안심하라며 선실에 가두었으니 악마들이 모는 배를 탄 거다. 비뚤어진 신앙을 가진 이단파들의 이기적이고 배타적인 본색을 극명하게 드러내 보인 사건이라 하겠다.

　아무튼 '세월호' 침몰 사고 아닌 사건, 아니 '사태'는 가감 없는 우리의 본모습이다. 너무도 초라하고 나약한 우리들의 자화상이다. 기초적인 그 모든 것들이 하나도 지켜지지 않고 있음이 적나라하게 드러났다. 그동안 우리가 웃고 떠들고 까불며 믿고 자신하던 그 모든 것들이 얼마나 허구였고 가식이었는지! 가장 기초적인 하드웨어조차 갖추지 못했음에도 눈만 뜨면 '미래'니 '창조'니 하는 퍼포먼스에 빠져 있었다.

발등에 불이 떨어져야 화들짝대는 민족. 말로는 도무지 개선이 안 되는 민족. 지붕이 무너지고 구들장이 꺼져들고 있지만 "누구는 운이 좋아서, 누구는 운수가 사나워서!" 하고 마는 고작 운수 타령이 매뉴얼의 전부다. 침몰한 건 '세월호'만이 아니었음을, 그 전에 이미 대한민국호가 가라앉고 있음을 우린 애써 아니라고 우겼을 뿐이다. 그러면서도 눈치와 책임 회피, 조작과 선동이 구명조끼인 양 서로 거머쥐려고 버둥거리고 있다.

세계 10위 무역대국, OECD 회원국, G20 회원국에 어울리지 않는 어이없는 대형 사고에 망연자실하지만 그도 그때뿐. 아무렴 이런 기막힌 일이 이 나라에서 어제오늘의 일인가. '구명 매뉴얼' 대신 '구원 매뉴얼'을 가동한 얼빠진 선장이나 허둥지둥 정부에게 돌멩이 던지고 분노하는 일은 쉽다. 그런다고 이런 일이 언제 또 일어나지 않는다고 누가 장담하랴.

주인 의식 부재! 이타심보다는 이기심!

자신의 직무에 대한 기본적인 책임과 의무조차 인식하지 못하는 그런 자들이 그런 직책을 맡았다는 사실이 불행이라면 불행이다. 그리고 그런 것이 허용되는 한국사회의 구조적 시스템과 허접한 매뉴얼이 문제라면 문제다. 공인 의식, 공공 공간에 대한 개념이 없다 보니 불특정 다수에 대한 정규 서비스는 고사하고 끔찍한 대형 사고 가능성이 우리 모두에게 항상 열려 있다. 이번의 어이없는 참사를 두고 외국 언론들이 일색으로 "한국이 그럴 줄 알았다"는 투로 다루는 것도 그 때문이다.

아무렴 '세월호' 사건은 한국인들을 참혹하게 만들었을 뿐만 아니라 글로벌 선진문명사회의 오피니언 리더들을 공분케 했다. 일반 승객이 아닌 어린 학생들을 희생시켰기 때문이다. 한국이 미개국 혹은 개도국이었다면 참 안됐다고 동정했겠지만 지금은 아니다. 오히려 분노의 심정으로 한국을 개탄하고 있다. 당연히 징벌적 마인드가 자동 작동할 것이고, 그것이 정치·경제·문화 등 전방위적으로 한국에 부정적 영향을 미칠 것이다. 당장 투자를 취소 내지는 보류하거나 진행 중인 사업이라면 규모를 줄여 위험부담을 분산시킬 것이 틀림없다. 당분간 한국 상품 가격 인상은 물 건너갔으며, 이런저런 비협조가 이어질 것이다. 그에 대한 각오와 대비도 있어야 하겠다.

대한민국 국치일, 4월 16일!

마지막으로 자결을 택한 단원고 교감선생은 왜 그 즉시 선장을 찾아가 상황을 파악해서 독자적으로 학생들을 대피시키거나, 학생들의 구명을 책임지라고 따지고 들며 도망가는 선장과 선원들의 바짓가랑이를 물어뜯어서라도 붙잡지 못했을까? 안타깝게도 그는 지식선도형이었지 현장선도형이 아니었기 때문이다. 만약 그때 '세월호'에 남선생이 몇 명 더 있었더라면 좀 더 많은 학생들을 구할 수 있었을 텐데, 해군에서 승선 복무한 선생이 한 명이라도 있었더라면 상황이 전혀 달라졌을 텐데 하는 통한이 남는다. 제발 이번 사고를 계기로 군복무 가산점을 주고서라도 초중고 교사 남녀 비례를 비슷하게 맞췄으면 싶다. 당장 여선생 본인들도 힘들고 어려운 일이 한두 가지가 아니다. 야성을 잃어가고만 있는 세대의 앞날이 참으로 걱정이다.

대한민국 또 하나의 국치일, 4월 16일. 염치가 물에 빠진 날이다.

하지만 망각의 민족이다. 빨리빨리 대충대충 문화는 망각조차 재촉

한다. 사회적 학습이 도무지 안 되는 이유다. 국치일 달력이라도 만들어 대통령 집무실은 물론 모든 공공기관, 공공장소에 걸어 놓고 기억시켜 경각심을 잃지 않게 해야 한다. 피건 눈물이건 분노건 뱉지 말고 모조리 삼켜야 한다. 제발 깊이깊이 성찰해서 우리 모두의 뼈에 새겨 죽어서도 매일매일 조금씩 조금씩 아파해야 한다.

`Tip` 이단과 사이비가 판치는 야바위공화국, 대한민국

'세월호' 침몰로 인해 예전의 '오대양 사건'이 다시 기억되면서 구원파의 지도자인 전 세모그룹 유병언 회장의 어이없는 치부행각이 적나라하게 드러났다.

한국에서는 그동안 잊어버릴 만하면 이단 혹은 사이비 종교집단에 의한 사고 아닌 사건이 터져 그때마다 사람들을 당황하게 만들었다. 비단 종교집단뿐 아니라 각종 수련단체들도 혹세무민으로 갈취와 갖은 파렴치한 악행을 저질러 왔다. 물론 그들은 결코 자신들이 이단이나 사이비가 아니라고 극구 부인한다.

그 어떤 종교든 수련단체든 사이비냐 아니냐, 이단이냐 아니냐는 이기적인가 이타적인가를 기준으로 판단하면 거의 틀림이 없다. 이기적이라면 당연히 배타적일 수밖에 없는 일. 자신들만 구원받고 복받는다는 철석같은 믿음. 한국의 수없이 많은 이단 혹은 사이비 종교단체들이 바로 이 단순무지한 민족의 이기심을 자극해서 시민들을 유혹하여 맹신도 혹은 광신도로 만든다. 자비니 봉사니 희생이니 하는 종교의 사회적 역할은 처음부터 없다.

인간의 이기심! 모든 사기(詐欺)가 그렇듯 사이비의 기본 영업 코드다. 우리만 구원(나머진 모두 지옥)! 멀쩡한 불특정 대중들을 상대로 무작정 저주를 퍼붓고 있다. 오직 자신들만 구원받을 수 있다는 믿음이 있기에 그들은 그 어떤 불합리한 조건에서도 노예보다 더 충성스럽게 일한다. 꿩 먹고 알 먹고 털까지! 야바위꾼들에겐 이보다 더 좋은 사업거리가 없다 하겠다. 하여 이 나라에선 이런 야바위꾼들에 의한 종교를 빙자한 사업이 번창하고, 그에 얽힌 사기와 사건들이 끊이지 않고 일어나는 것이다.

올바른 종교의 종교인들은 그저 '그분'의 말씀 전달자로서의 역할만 한다. 한데 이단이나 사이비는 자신이 '그분'에게서 전권을 위임받은 구원자라고 주장한다. 하여 경전을 제 입맛대로 해석하는가 하면, 심판의 날이 오면 '그분'을 믿는, 실은 자신을 따르는 자들만 구원받게 해주겠다고 혹세무민하는 것이다. 그리고 어차피 구원받을 것이니 네가 가진 재산을 나한테 맡기라고 꼬드기는 것이다. 그리고는 헌금으로 기부받았다고 하면 그만이다. 양의 탈을 쓴 하이에나들이다.

일단 걸려들면 절대 빠져나오지 못한다. 결국 돈과 재산 다 털리는 것은 물론 영혼까지 뺏기고 나면 그 테두리를 벗어난 독립적인 삶은 불가능해진다. 오히려 앵벌이짓조차 감사해한다. 그래야 연명할 수 있기 때문이다. 착취를 당하고도 교주 우상화에 열을 더 올리는 이단과 사이비가 판치는 사회. 북한과 다를 바 없는 동물농장인 셈이다. 북한이 단일 동물농장이면 남한엔 군소 동물농장들의 집합체. 스스로는 주인되기가 두려워 어디든 큰 무리에 종속되기를 갈구한다.

인간이란 동물의 묘한 능력 중 한 가지가 바로 자기 위안 혹은 자기 최면이다. 미친 사람이 스스로 미쳤다고 하면 이상하지 않은가? 자기 부정은 성인군자에게도 쉽지 않은 일. 결국은 자기 기만에 빠져 맹목적 강박증만 남기고 영혼을 교주(야바위꾼)에게 저당잡힌다.

종교의 자유를 빙자한 이들의 행각은 언젠가는 곪아터져 사고를 치게 마련이지만 그도 그때뿐이다. 그 어떤 법이나 제도로도 이들의 뿌리까지 제거하지는 못한다. 법의 심판도 그들에겐 박해일 뿐이다. 잔칫밥 먹고는 탈이 나는 수가 있지만, 제삿밥 먹고 탈나는 경우는 없다. 이들이 권력자들과 결탁하는 것은 지극히 당연한 일. 조폭보다 더 무섭고, 더 질기다. 감히 영업 방해! 언론이든 학자든 보복이 무서워 입도 뻥긋 못한다. 밝혀도 조금 지나면 독버섯처럼 더 강하게 다시 피어난다. 종교단체들의 영리사업을 법으로 금지시키지 않는 한 이런 사고는 끊이지 않을 것이다. 정교(政敎)가 분리되어야 하듯 경교(經敎)도 분리시켜야 한다는 말이다. 자선사업이 아닌 영리사업을 하는 종교집단은 일단 그 순수성을 의심할 필요가 있다.

그런데 왜 이런 독버섯이 유독 한국 땅에서 번성하는 걸까?

그건 한국의 잘못된 교육 때문이다. 철학이 없는 나라일수록 종교가 번성한다. 서구에선 140여 년 전 F. 막스 뮐러가 종교학(Science of Religion)을 주창한 이래 종교를 철학의 범주에서 가르치는 데 비해, 한국은 아직도 모든 것을 초월하는 신성불가침한 그 무엇으로 인식토록 가르친다. 하여 감히 상식이나 논리가 끼어들 여지를 없애버렸다. 종교의 절대 무한 자유! 하여 이기심을 자극하는 온갖 미끼로 이단과 사교들이 활개를 치는 것이다. 한국에는 신학이 있을 뿐 진정한 종교학은 없는 이유이기도 하다. .

한국인의 맹목성·강박증은 철학 교육 부재에서 기인한다. 그리고 이미 그런 이단이나 사이비에 물든 사람을 정신 차리게 하는 건 예수님이나 석가님이 다시 와도 불가능한 일이다. 그들은 그대로 내버려둘 수밖에 없다. 대신 곰팡이나 독버섯이 기생할 수 없는 환경을 만드는 것 외에는 달리 길이 없다. 하루빨리 초등학교에서부터 제대로 된 철학 및 종교학 교육을 시작해야 한다.

흔히 한국인들은 유럽 선진국 사람들이 교회를 찾지 않는 것을 경제적으로 여유가 넘치고 사회가 안정되어 있기 때문에 그런다고 오해하고 있다. 그렇다고 그들의 신앙심이 한국인들보다 희박할 거라고 생각하면 오산이다. 교회를 가든 안 가든 믿음을 생활화하고 있기 때문에 굳이 교회를 가지 않는 것뿐이다.

그리고 한국에 전 세계의 종교·무술·수련법이 다 수입되어 공존하는 것을 두고, 평화를 사랑하는 한국인들의 관용이자 문화적 포용력이라고 자랑하는 건 완전 착각이다. 그만큼 개인의 자기 중심, 사회의 구심축, 주체성, 주인 의식이 없다는 방증이다. 막말로 콩가루사회란 말이다. 이기적이고 배타적이고 쪼개기 좋아하는 국민성. 당연히 그 뿌리는 사대 근성이다. '모난 돌이 정 맞는다'거나, '뭐는 피하는 게 상책이다'는 무책임으로 독버섯과 곰팡이가 피어나고 잡초가 무성해도 나 몰라라 했던 것이다.

하긴 이 나라를 좀먹게 하는 사이비가 어찌 이단 종교집단뿐이던가? 다운계약서·논문 표절·위장 전입 한 번 안해 본 정치인 드물고, 병역미필자가 요직을 다 차지하고 국가 최고지도자에 오를 수 있는 나라가 아닌가? 모피아·금피아에 이어 남대문 부실시공의 문화재피아, 엉터리 부품 납품한 원자력피아, 황제노역의 향판피아, 전관예우 법피아, 세월호의 해수피아… 등등 이제는 아예 관피아란 총체적인 조어까지 등장했다. 탐욕과 이기심, 몰상식과 몰염치! 유교적 서열 문화가 만든 적폐! 도망간 선장이나 마피아, 이탈리아나 한국이나 반도국가라 기질이 비슷한 모양이다.

보다 근본적인 원인을 한국의 유교적·봉건적 교육관에서 찾을 수 있겠다.

한국인들은 어렸을 적부터 '어른에게 순종하라' '스승을 존경하라' '노인에겐 자리를 양보하라'는 등의 강요 내지는 세뇌를 당한다. 그것도 '무조건'이다. 이성의 시대에 어울리지 않는 미덕이다. 게다가 이 '무조건 공경'에는 특권 아닌 특권에 무임승차하려는 염치 없음이, 무조건적 평등을 누리려는 안일함이 밑바닥에 깔려 있다. 노인이라 해도 도무지 품격 없는 이가 없지 않고, 스승이라 해도 존경스럽기는커녕 남의 인생 망쳐 놓는 이가 부지기수다. 아무렴 존경받을 만하면 어련히 알아서 공경할까. 이 '무조건 공경'이 '무조건 복종'이 되고, '맹목적'이 되는 것이겠다. 해서 관피아·사이비·이단이 곰팡이처럼 번져 나가고, 나아가 동물농장이 생겨나는 것 아니겠는가. 강요와 복종을 거부하는 척하지만, 그렇다고 스스로는 아무것도 못한다. 해서 결국 집 나간 짐승처럼 도로 걸어 들어와 재갈을 물고 멍에를 진다.

한국인의 한(恨)과 응어리는 이 노예 근성에서 나온 몰염치와 뻔뻔함·안하무인·적반하장에 의한 상처라 하겠다.

때문에 모조리 다 야바위꾼, 민나도로보데쓰다! 어느 분야든 들추기만 하면 그 속은 이미 푹푹 썩어 있어 이젠 건드리기조차 무섭다. 아래위 할 것 없이 총체적으로 썩은 나라 대한민국. 그것도 조직적으로 썩었다. 현장선도형이 아닌 낙하산 인물이 기관의 장을 맡다 보니 조직이 썩는 줄도 모른다. 설사 알았다 한들 별수없으니 모른 척 덮어두는 것이겠다. 고작 자기 부서 권한만 강화하는, 현장과 동떨어진 쓸데없는 규제만 만들어 놓고 업적인 양한다. 어차피 평생 몸담을 곳도 아니니 적당히 해먹다가 더 높은 자리로 옮아가거나, 임기 마치고 국회나 대학으로 가버리면 그만이다. 더 솔직히 말하자면, 그 해당 기관 종사자나 노조에서도 반대하는 척할 뿐 내심으론 낙하산을 반긴다. 조직에 대해 쥐뿔 아는 것도 없고 정치 쪽에만 관심이 있으니 업무에 간섭할 리도 없어 편하기 때문이다. 누이 좋고 매부 좋고, 그래서 좋은 게 좋은 거다. 그러니 이제 와서 국가개조론까지 쳐들고 나서지만 누가 어디를, 누구를 개조시킨단 말인가?

선진국이 아니라 선진시민이 먼저다. 국가개조가 아니라 국민개조여야 한다. 효제충신(孝悌忠信) 예의염치(禮義廉恥). 그나마 조선이 5백 동안 유지할 수 있었던 것도 바로 이 염치 때문이었다. 염치는 최고의 방부제다. 염치가 없는 사회는 반드시 썩는다. 품격은 염치를 아는 데서부터 시작된다.

주인은 염치 없는 짓 하지 않는다. 하인이나 노예는 염치를 차릴 일이 없다. 염치는 주인이 차리는 것이다.

많은 한국인들이 자존심이나 이기심을 주인 의식으로 착각하고 있는 듯하다. 자기만을 생각하는 것은 주인이 아니다. 주인은 모두를 생각한다. 자신이 속한 사회나 국가는 물론 인류보편적인 양심과 복지까지 염두에 두고 사는 자만이 진정한 주인일 테다. 주인 의식 회복, 염치 회복이 곧 정의구현이고 국민개조다.

아무렴 그토록 큰 희생을 치르고도 염치를 깨우치지 못한다면 한국은 사람의 나라가 아닐 것이다.

Tip 탁상행정가들로는 재난대책도 국가개조도 불가

사실 한국은 국토가 크지 않고, 화산·지진·태풍 등 자연재해로부터도 비교적 안전한 나라다. 하여 대부분의 사고가 태만과 실수가 겹친 인재(人災)이거나, 인재가 더해져 대형화된 것들이다. 게다가 서해 훼리호, 성수대교, 삼풍백화점, 대구 지하철, 씨랜드 참사 이래 20년 가까이 사고다운 사고를 경험하지 못해 현장 지휘 능력을 갖춘 리더들이 없다. 하여 대부분의 재난대책기관의 윗자리는 현장 실무 경험이 전혀 없는 탁상행정가들로 채워져 있다. '세월호' 참사 때 총리며 대통령까지 현장을 찾아 사건 수습을 독려했지만, 오히려 갈수록 우왕좌왕 허둥댄 것도 그 때문이다. 손발은 고사하고 입도 제대로 못 맞춰 빈축을 샀다.

국가적인 엄청난 재난을 다룬 미국 영화들을 보면 대책본부가 구성되고, 각 기관의 책임자들이 모여 갑론을박하다가 결국은 주인공이 나선다. 그 분야 최고전문가가 현장 총책임자가 되는 것이다. 물론 그러기 위해선 시장이나 대통령으로부터 전권을 부여받는다. 실제 9·11테러가 일어났을 때에도 뉴욕소방서장이 현장을 총지휘했다. 하지만 그런 영화라면 빠뜨리지 않고 수입해 몇 번이고 돌려 보는 한국에서 그같은 월권(?)적인 일은 결코 일어나지 않는다.

리더의 자격은 위기 때 검증된다.

관료주의, 권위주의, 계급주의! 몸에 밴 종복 근성으로 일만 터지면 일제히 위만 쳐다본다. 하지만 평생 법밖에 모르는 장관·총리, 정치 밖에 모르는 대통령이 나선다고 뭐 하나 해결되거나 도움이 되지 못 하는 것은 당연지사. 거기에다 어중이떠중이 정치인들까지 인증샷 남 기려고 몰려드는 통에 오히려 수습이나 대책에 방해만 되었을 뿐이 다. 언론들까지 불가사리떼처럼 몰려들어 유가족과 국민들 애간장 헤 집는 일에 열을 올렸다.

게다가 현장이 뭔지 알 리도 없는 대통령은 독려를 하다못해 화를 내며 그간의 잘잘못을 따지고, 사후대책에 소홀한 것까지 철저히 문 책하겠다고 엄포까지 놓으니 그나마 조직이 제대로 굴러갈 리가 없 다. 그게 아니라 정치인들과 언론들을 차단시키고, 가족들을 다독여 현장실무자들이 스스로 판단해서 구조에 최선을 다할 수 있도록 일체 의 책임을 묻지 않겠다며 전권을 위임하였어야 했다. 그러고는 가족 들을 위로하고 놀란 국민들을 안정시키는 데 진력을 다하였어야 했다. 그게 지도자가 할 일이다.

무엇보다 한국의 재난대책본부가 무용지물인 결정적인 이유는, 각 부처 및 청와대의 상황실이 지휘본부사령탑이 아니고 윗분께 잘 브리 핑하기 위한 자료를 경쟁적으로 취합하는 곳이기 때문이다. 야전에서 뼈가 굵은 사령관(Commander in Chief) 마인드가 아니고 내시나 다 를 바 없는 도승지(都承旨, Secretary) 마인드로 꽉 찬, 현장 지휘전문 가가 아닌 보고서 작성에 능한 탁상행정가들로 가득 차 있는 곳이다. 받아쓰기밖에 할 줄 모르는 비서관·장관들이 할 수 있는 일이라곤 프 리젠테이션물 꾸미기와 브리핑 연습, 그리고 그 지엄한 분의 말씀 받 아적기뿐이다. 당연한 일이지만 잘한 일은 자기들 공이고, 잘못한 것 은 현장실무자들 몫으로 돌린다. 책임지는 조직이 아니기 때문이다. 글자 그대로 상황실이다.

아무튼 역대 정권마다 무슨 사고가 터지면 그때마다 옥상옥을 하나

받아쓰기 정부의 받아쓰기 달인들. 배가 가라앉고 있는 긴급한 상황에서도 받아쓰기에 열중하고 있는 대책본부 간부들. 2014년 4월 16일 '세월호'가 침몰하자 박근혜 대통령이 중앙재난안전대책본부를 방문, "생사 확인과 구출에 모든 힘을 다 쏟으시기 바랍니다"라고 지시했다. 그 구두 지시가 무슨 대단한 대책수단이라도 되는 양 일제히 받아 적고 있다. 높으신 분의 말씀을 토씨 하나 빠뜨리지 않고 그대로 현장에 전하는 것이 자신들의 의무인가? 정히 받아써야 할 만큼 중요한 말씀이면 한 명만 적으면 된다. 유치원생복처럼 노란색 유니폼들을 단체로 일사불란히 차려입고서 전시행정을 하고 있다. 재난대책 매뉴얼 제1조가 유니폼 갈아입기인가? ⓒ청와대

긴박한 오찬? 회의를 하는 건지 메뉴를 고르는 건지? 북한측에서 보고 한참 웃었을 한심한 광경. 2014년 3월 북방한계선(NLL) 이남 해상에 일부 포탄이 떨어진 것과 관련해 국가안전보장회의(NSC)를 긴급 소집. 식탁보가 깔린 탁자에서 국가안보의 중대사를 논의하는 한국적 NSC. NSC 상임위원장인 김장수 국가안보실장을 비롯하여 김관진 국방부 장관, 윤병세 외교부 장관, 류길재 통일부 장관, 남재준 국정원장, 주철기 외교안보수석 어느 누구도 회의탁자 부적격 문제를 제기하고 회의장 즉각 교체를 요구한 사람이 없었나? 청와대 이정현 홍보수석은 보도사진 배부 전 사진의 문제점 여부에 대해 사전 검토도 거치지 않았나? 대한민국 리더들이 어떻게 살아왔는지, 대한민국 품격을 적나라하게 보여주고 있다. ⓒ청와대

씩 만들어 왔다. 대통령 혹은 총리 직속 무슨무슨 위원회 하나 만들고 나면 그만이다. 모조리 면피용· 전시행정용 들러리들이다. 실제 사고가 터지면 이런 거창하기만 한 조직이나 기구들은 오히려 방해만 된다. 아니나 다를까 이번에도 사건 수습이 끝나기도 전에 박대통령은 총리 직속의 국가안전처를 신설하겠다고 했다. 지식선도형 인간들의 재빠른 머리굴림에서 나온 것이겠다.

전쟁을 치러 보지 않으면 진정한 장수를 알아보지 못한다.

박대통령 자신부터 현장선도형 인물이 아님이 이번 '세월호' 참사 수습 과정에서 드러났다. 어쩌면 그에겐 현장선도형 인물을 가려내는 안목조차 없는지도 모르겠다. 결국 인사가 만사다. 해경 해체가 과연 잘한 결정인지, 실천할 수 있을지 두고 볼 일이겠으나, 이번에 현장에서 고생한 해경들과 잠수사들의 노고를 치하하고 특진시켜야 한다. 그들의 소중한 현장 경험까지 수장시킬 수는 없는 일이다.

오사마 빈 라덴 사살 작전을 지켜보고 있는 백악관 상황실. 모두들 일하다가 급히 나온 듯한 차림이다. 오바마 대통령도 아무 옷이나 걸치고 쪼그리고 앉아 방청하고 있다. 현장을 연결하는 실무책임자가 중앙에 앉아 있고, 부통령·국무장관도 모두 곁에서 지켜볼 뿐이다. ⓒ백악관

상대방과 눈높이 맞추기의 정격 모델 폼. 쓰나미 대피소를 찾아 경청하며 위로하고 있는 일왕 부처. 매너에는 인격이 있을 뿐 계급이 없음을 보여주는 대표적인 사진. 진정한 소통이란 이런 것이다. 유사 이래 재난에서 이 한 장의 사진으로써 자신의 임무를 다하였다. ⓒAP-뉴시스

한국형 무릎꿇기. '세월호' 참사 현장을 찾아 유족들과 대화하고 있는 박근혜 대통령. ⓒ청와대

꿩 잡는 게 매다. 재난대책에 계급이나 직위가 무슨 필요가 있으랴! 현장 경험을 지닌 전문가가 필요할 뿐이다. '세월호' 참사로 인해 국가개조론까지 들먹이며 개각을 한다, 매뉴얼을 만든다, 조직을 재정비해서 또 무슨 거창한 기구를 만든다고 법석을 떨지만 기실 다 헛짓이다. 그런 매뉴얼과 조직체계가 없어서 허둥댄 것이 아니다. 기왕의 것도 제대로 안 굴러가는 판에 또 옥상옥을 만든들 무슨 소용이 있겠는가?

지식선도형 탁상행정가들이 만드는 매뉴얼이나 개선책은 다 쓰레기다. 그 어떤 매뉴얼보다 현장 경험이 최우선이다. 이참에 모든 옥상옥을 다 부수어 내고 기왕의 조직 우두머리들을 현장선도형 인물로 바꾸는 것이 정답이다. 당장 내각(청와대비서관회의)과 외각(국무회의)의 받아쓰기 전문가들부터 내쳐야 한다. 그런 게 개혁이다. 박정희·정주영·박태준 같은 인물들이 현장선도형 리더의 전형이라 하겠다.

좀 쓸 만한(실은 제 맘에 드는) 인재를 총리나 장관시키려 해도 청문회에서 고꾸라지기 일쑤다. 국가개조의 적임자로 내세운 검사 출신 총리 후보자가 청문회 시작도 하기 전에 내빼 버리고, 다음으로 내세운 언론인 출신 후보는 언론이 부추긴 여론이란 깽판주의에 휘말려 역시 청문회에 나서지도 못하고 쫓겨났다. 그렇게 홍역을 치르고 총리 유임 결정! 회전문 인사가 아니라 재활용 인사가 되고 말았다.

그러니 국민들이 이제 기대치를 좀 낮출 수밖에 없겠다. 공부 잘하는 사람이 일도 잘한다든가? 도덕적으로 깨끗한 자만이 개혁의 주체가 될 수 있다는 결벽증도 문제다. 존중은 받을지 모르겠으나 어찌 보면 무능한 자일 수도 있다. 딱하지만 이게 우리의 현실인 걸 어쩌겠나. 중요한 건 '지금부터'이다. 그 무엇보다 현장선도 능력이다. 박정희도 이력이나 사상적으로 깨끗했던 것 아니다.

창조경제든 국가개조든 공무원 개조 없이는 공염불이다. 박근혜 대통령도 이제 더 이상 공주가 아니다. 홀로서기 할 때가 되었다.

따뜻한 차 한 잔도 없는 소통불능형 위로! 세월호 사고 유가족대책위원회 대표단과 대화하는 박근혜 대통령. 대화하기에 앞서 상대방의 마음의 문을 열어 주는 응대 매너 부재. ⓒ청와대

세월호 사고 유가족대책위원회 대표단을 배웅하는 박근혜 대통령. 억지로 달래는 듯한 어색한 느낌. ⓒ청와대

샌디 훅 초등학교 총기 난사 사고 피해 가족들을 껴안아 위로하는 오바마 대통령. ⓒ백악관

진정한 국민의 대통령. 참사당한 국민의 가족을 위로해 주는 오바마식 응대 매너. 샌디 훅 초등학교 총기 난사 사고 피해 가족을 대통령 전용기에 실어서 바래다 주고 있다. 보는 이로 하여금 진정한 소통과 교감을 느끼게 한다. 지도자가 해야 할 일, 그리고 지도자의 자격이 무엇인지를 생각하게 만드는 사진. ⓒ백악관

Tip 위로도 사과도 할 줄 모르는 국가 최고지도자

아니나 다를까! '세월호' 침몰 사건에서 보여준 박대통령의 처신은 분명 최고지도자다운 모습이라 하기엔 무리였다. 도무지 유가족들을 제대로 위로할 줄도 사과할 줄도 몰랐다. 국무회의 모두 발언을 통해(모두 발언 자체도 법적으로 위헌적 성격이 강하다!) 흘리는 듯한 진정성 없는 사과 발언은 오히려 유가족들과 국민의 반발만 샀다. 아무렴 국무위원이나 기자나 받아적기는 마찬가지. 기자회견보다 국무위원들 모아두고 앉아서 말하는 것이 더 권위적이라 여기는 건가? 혹여 국민이 뽑아 주지도 않은 국무위원들을 국민의 대표로 여기는 것은 아닌지 의아스럽다.

국가의 최고지도자가 그 즉시 왜 국민 앞에 혼자 똑바로 서서 국민의 눈을 보고 당당하게 이야기하지 못하는지 안타깝기만 하다. 소통하는 법을 모른다는 뜻이다. 또는 소통 심리가 아예 왜곡되어 있음을 반영하는 것이겠다.

유가족들의 청와대 방문, 수차례의 어중간한 사과 발언 끝에 결국 사고 발생 34일 만에 기자회견을 통해 정식으로 사과했다. 그 사과 역시 해경 해체라는 물타기식 깜짝 발표로 얼버무리는 듯한 인상을 심어 주어 유가족과 국민들을 답답하게 만들었다. 사과는 처음 진도에 다녀오자마자 기자회견을 통해 정식으로 하였어야 했고, 안전대책이든 국가개조든 그런 건 사후에 충분한 논의를 거쳐 실행하면 그만이다.

빨리빨리 해야 할 것과 빨리빨리 해서는 안 될 것을 구분하지 못한 탓이다.

정치가에게 위기와 재난은 자신의 리더십을 증명할 수 있는 더없이 좋은 기회다. 가령 '세월호' 참사중에 정몽준 의원의 막내아들이 "국민 정서가 미개해서"란 말로 논란을 일으켰을 적에 정의원이 부모로서 책임을 통감한다며 서울시장 출마를 포기했더라면, 그리고 사과의 뜻으로 눈물 대신 천억쯤 내놓고 희생된 학생들을 기리는 장학재단을 만들어 달라고 했다면 그의 정치적 미래는? 역사상 위대한 정치가들은 동물적 감각의 역발상으로 위기를 기회로 전화위복시킨 용기 있는 자들이었다. 그런 게 혁신이다.

　솔직히 '세월호'와 같은 참사에서 대통령 자신이 해난구조전문가가 아닌 다음에야 실제 할 수 있는 일이라곤 하나도 없다. 진정성 있게 유족을 달래고, 국민을 안심시키는 일이 전부. 그게 대통령의 책무이기도 하고. 아무튼 최고지도자가 최고의 품격을 지니지 못했을 때 어떤 결과가 초래되는지를 보여준 좋은 사례라 하겠다. 국민들도 이제는 지도자의 자격에 대해 고민 좀 해야 한다.

　　　Tip 인격(人格) 없이는 인권(人權)도 없다

"오늘 이 자리에서 제가 가족 여러분들과 나눈 이야기들이 지켜지지 않으면 여기 있는 분들은 책임지고 물러나야 합니다." "책임 있는 사람이 있다면 엄벌토록 하겠다." 2014년 4월 17일, 진도 실내체육관 실종자 가족들을 찾은 박대통령. ⓒ청와대

버락 오바마 대통령은 2009년 알카에다의 '성탄절 여객기 테러 미수 사건' 직후 사과 연설에서 "남을 탓할 생각은 없습니다. 제가 남 탓을 할 수 없는 까닭은 제가 최종 책임자이기 때문입니다. 저는 대통령으로서 나라와 국민을 안전하게 지켜야 할 막중한 책임을 지고 있습니다. 안전 시스템이 작동하지 않는다면, 책임은 제게 있습니다"라고 말하였다.

　　또 2012년 10월 16일, 뉴욕주에서 열린 미트 롬니 공화당 대선 후보와의 2차 TV 토론 발언중 "리비아 주재 영사관이 공격을 받아 4명의 미국 외교관이 사망한 사건의 최종 책임은 대통령인 나에게 있다"고 하였다.

　　2014년 4월 17일, '세월호'가 침몰하자 진도 실내체육관을 찾은 박근혜 대통령은 실종자 가족들 앞에서 "오늘 이 자리에서 제가 가족 여러분들과 나눈 이야기들이 지켜지지 않으면 여기 있는 분들은 책임지고 물러나야 합니다" "책임 있는 사람이 있다면 엄벌토록 하겠다"고 하였다.

　　이어 4월 21일 수석비서관회의에서는 "단계별로 책임 있는 모든 사람들에 대해 지위고하를 막론하고 민·형사상 책임을 물어야 할 것"이라고 강조하였다.

　　많은 이들이 위 두 대통령의 사례를 비교하며 '세월호' 사건에서 드러난 허술한 재난관리시스템과 컨트롤타워 부재에 대한 대통령과 정부의 무능을 탓하였지만, 정작 그 말 속에서 비친 대통령(한국인)의 의식 구조에 대해서는 미처 깊이 생각하지 않은 듯하다. 이는 단순히 정치인으로서의 수사학(修辭學)에 관한 문제가 아니다.

　　한국 사람들은 부지불식간에 사람을 인격(人格)으로 안 보고 물격(物格)으로 보는 경향이 강하다. 해서 같은 사안을 두고 한 박근혜 대통령의 발언과 오바마 대통령의 발언의 본질적인 차이를 제대로 인식하지 못하고, 그저 최고지도자의 책임지는 자세 비교에만 초점을 맞추고 있는 것이다.

모든 인간은 존중받아야 한다는 것이 서구 선진문명권 사람들의 기본적인 인식이다. 심지어 적(敵)이나 범죄자라 해도 마찬가지다. 인격은 이용가치가 없어도 존중받아 마땅한 존재인 반면, 물격 또는 도구는 이용가치가 없어지면 가차없이 무시되거나 버려지는 것들이다. 박 대통령의 발언은 '사람을 이용 수단이나 도구로 보는' 한국적 사인 의식(私人意識)에서 나온 것이라면, 오바마 대통령의 발언은 인간 존엄성에 기반을 둔 '인격 존중'의 글로벌 공인 의식(公人意識)에서 나왔다 할 수 있다. 진정한 주인 의식이 뭔지를 일러 주는 좋은 예라 하겠다.

작금의 한국 대통령 등 정치지도자들과 사회 각계각층 속물형 지도자들의 인사관리 및 조직관리의 근본적인 인식, 그리고 문제점이 바로 여기에 있다. 각종 재난이나 사고대책 과정에서 헛소리를 해서 국민들을 공분케 하는 국회의원들도 마찬가지. 인격을 물격(표)으로 보기 때문이다.

민주화 이후 우리 사회에 봇물처럼 터져 나온 것이 '인권'이다. 국가인권위원회, 학생인권조례, 아동인권, 노동인권, 교사인권, 노인인권, 북한 주민 인권, 다문화가정 인권, 탈북자 인권, 사병 인권, 서비스업 종사자 인권, 외국인 노동자 인권… 심지어 동물들의 인권(?)까지 챙긴다. 그러다 보니 '인권'이 집단 이익 쟁취와 투쟁의 도구로까지 변질되었다. 인격과 물격을 구분하지 못하다 보니 인권(人權)을 물권(物權)으로 인식한 때문이다.

홍익인간(弘益人間)? 널리 인간을 위한다는 이 민족이 요즘은 눈만 뜨면 '인권탄압' '성추행' '살인' '가혹행위'다. 학교에서의 자폐·왕따·폭력이 그대로 군대로 옮아간데다가 계급이라는 막강한 권력까지 쥐어 주니 끔찍한 사고가 끊이질 않는다. 군(軍)에선들 뾰족한 대안이 있을 리 없다. 갑작스레 인성 교육·인권 교육을 강화한다고 법석이지만 실은 순서가 틀렸다. 당연히 방법도 틀렸다.

2014년 8월, 한국을 찾은 프란치스코 교황은 첫 미사에서 "인간 존엄성을 모독하는 죽음의 문화를 배척하자!"고 했다. 그리고 떠나는 날에는 "이 나라의 품격과 존엄성을 주님께서 계속 지켜 주시길 기원한다"는 말을 남겼다. 그러나 많은 이들은 그에게 몰려가 '인권'을 챙겨 달라고 떼를 썼다. 한국인들에게 '인간 존엄성'이란 그저 입에 발린 미사여구일 뿐이었다.

우리가 언제 인간 존엄, 인간 존중, 인격 존중에 대해 제대로 성찰해 본 적이 있었던가? 인간 존엄성에 대한 기본적인 인식이 없는 한 이같은 가혹행위, 인명경시 사건사고는 그치지 않을 것이다. 인권을 주창하기 전에 인격부터 챙겼어야 했다.

격(格)이 없는 것은 문화(문명)라 하지 않는다. 그 격(格)의 질이 높고 낮음을 품(品)이라 한다. 문명사회의 씨줄과 날줄이 곧 품격이다. 매너는 인격, 인간 존엄의 표현이다. 글로벌 비즈니스는 언제나 인격 중심이다.

Tip 프란치스코 교황 방한과 어글리 코리아의 응대 품격

2014년 8월 14일 광복절 전날, 프란치스코 교황이 '세월호' 등등으로 도탄(?)에 빠진 한국인들에게 평화와 구원의 메시지를 들고 방한하였다.

언론에서는 아시아 최초 방문국으로 한국을 택했다며 떠벌리는데, 과연 그게 그렇게 영광스러운가? 그게 한국의 국력 때문인가? 한국이 오죽이나 다급하고 답답했으면! 마치 구세주가 온 양, 교황이 마치 민원해결사라도 되는 양 현실적인 문제까지 들고 몰려드는 모양새가 마냥 아름답게 보이지만은 않았다. 아무렴 그분의 덕담에 많은 사람들이 위안을 받았기를 바라지만, 위로의 덕담을 위로로 받아들이지 않고 네편 내편 가리며 투쟁에 힘을 실어 준 양 오히려 기고만장하여 목소리를 높이는 일은 없었으면, 온전한 주인 의식을 가지고 우리 일은 우리 스스로 해결하도록 각자가 조금씩 물러서는 아량을 베풀었으면 싶다. 교황의 방한 메시지도 분명 그런 것일 테다.

한데 25년 만에 교황을 다시 맞은 한국의 품격은 어땠을까?

첫날 청와대를 방문한 프란치스코 교황을 응대하는 '사진공동취재단'이 촬영하여 언론사에 배포된 박근혜 대통령의 모습은 69년 전, 그러니까 1945년 8월 14일 해방 전 일제강점지 상태와 하등 다를 바가 없어 보인다.

언제나 그렇듯이 박근혜 대통령은 평소 자신이 말할 때 다른 사람들이 고개를 들지 못하게 하듯 자신도 연단에서 연설중인 교황을 제대로 바라보지 못했다. 간혹 교황이 연설문 원고 흐름중 특별히 박대통령을 지목하거나 동의를 적극 구하는 대목에서만 교황을 주시했을 뿐 그외에는 줄곧 다른 곳을 바라다보고 있었다. 물론 이에 대해 본인(한국인)은 귀를 쫑긋하는 자세로 아주 진지하게 경청했노라고 생각할 것이다.

기실 대부분의 한국인들은 입으로 말하고 귀로 경청한다고만 알고 있다. 반면 글로벌 선진문명인들은 '눈으로 주목하는 것이 올바른 경청'이라고 인식하고 있다. 따라서 이날 연설장 현장에 참석하여 이를 지켜본 비(非)한국인들과, 이어 서울발 중요 외신사진으로 이 기괴한 모습을 대하는 세계인들은 크게 당혹해하였을 것이다. 분명 '난센스 코리아' 문화 충격이지만, 타인 배려 세계관이 부재한 박대통령이나 대부분의 한국 사람들에겐 자다가 봉창 두드리는 소리로밖에 들리지 않을 것이다.

한국인들의 입과 귀로 의사를 전달하면 소통이 된다는 이러한 전근대적 봉건형 인식으로는 선진문명 친인간형 글로벌 무대에서 사람 대접 제대로 못 받는다. 敬聽(경청)이든 傾聽(경청)이든 눈이 먼저다. 글로벌 무대에선 일방적으로 말하고 다소곳이 귀로 들어 주는 걸 소통

염수정 추기경의 정격 악수 모델 폼. ⓒ연합뉴스

2014년 8월 14일, 프란치스코 교황 방한 공항 환영 행사에서 어글리 코리언 악수하는 한국의 외교수장. 이런 악수법은 전 세계에서 일본 하급관료와 한국인들밖에 없다. 박근혜 대통령의 복장 또한 시장 보러 나왔다가 불쑥 끼어든 동네 아주머니 같아 전체 그림을 망치고 있다. 온전한 정장이 풍겨 주는 품격이라곤 아예 찾아볼 수가 없다. ⓒ연합뉴스

1989년, 두번째로 한국을 찾은 교황 요한 바오로 2세와 인사를 나누는 한국측 인사들의 바른 자세 정격 악수 모델 폼. [국가기록원]

교황 요한 바오로 2세와 노태우 대통령의 회담 정격 모델 폼. [국가기록원]

프란치스코 교황이 14일 오전 공항에 도착한 뒤 세월호 유가족 대표들을 만나 위로의 말을 전하고 있다. 이때 왼손을 가슴에 대어 진정성을 보였다며 한국 언론에서는 특필하였지만, 서구 선진문명권에선 너무도 당연하고 일상적인 제스처여서 뉴스거리가 되지 않는다. ⓒ연합뉴스

영국 엘리자베스 여왕에게 가슴에 두 손을 대고 대화하는 테크닉을 구사하는 프랑스 시라크 대통령. 프랑스 상품 불매운동 조짐까지 보이며 프랑스에 대한 반감이 아주 팽배해진 시기에 영국을 방문하여 여왕의 활짝 웃음을 유도함으로써 양국간의 악화된 감정을 일시에 해소시켜 버리는 내공을 구사하였다. 여왕 뒤에 있는 영국민을 상대로 한 의도적인 웃음 유도 전략으로 서구의 오피니언 리더들에겐 몸에 밴 기본기이다. ⓒ로이터

연로한 교황을 힘에 겹게 한 의장대 사열을 마친 후의 박대통령의 어글리 안내 매너. 상대의 눈을 보며 안내하는 것이 글로벌 정격. 게다가 아무런 의미도 없어 보이는 브로치. 태극기와 바티칸 양국 커플 배지 혹은 십자가 형상의 브로치를 달고 환대하였어야 했다. ⓒ청와대

"나 교황과 악수했어요!" 인증샷. 프란치스코 교황을 맞이하는 박근혜 대통령. 손을 잡자마자 얼른 카메라부터 쳐다보는 한국 지도자들의 공통적인 어글리 매너. 한국인을 제외한 세계인들은 이 사진을 보고 인사를 나누다 말고 외면하는 것으로 받아들인다. 국민들에게 보여줄 것은 자신의 얼굴이 아니다. 눈맞춤을 통해 교황 뒤에 있는 세계인과 소통할 줄 알아야 한다. 대통령 얼굴이 궁금한 국민은 한 명도 없다. 카메라를 보고 웃을 일이 아니다. ⓒ연합뉴스

박대통령의 자리 안내 어글리 매너. 인격보다 물격을 중시하는 사람이란 오해를 받을 수 있다. ©연합뉴스

역시나 습관적으로 허공에 대고 설파해대는 박근혜식 난센스 대화법. 누구에게 말을 하는 건지 애매하고 공허하기만 하다. ©연합뉴스

간만에 건진 눈맞춤 경청 사진 한 장. 그렇지만 엉덩이를 도망가듯 뒤로 물리지 말고 교황 쪽으로 적극적으로 다가붙여 앉았어야 했고, 고개만 돌려 바라보지 말고 교황처럼 상대를 향해 상체 전체를 돌렸어야 했다. ⓒ청와대

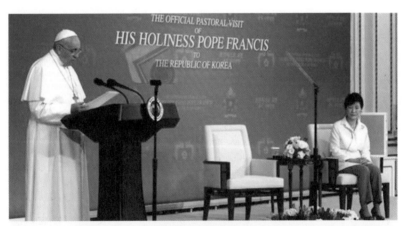

한국적 저품격 매너의 전형으로서, 교황이 연설하는 동안 박대통령은 거의 이런 자세를 유지했었다. 국내외를 막론하고 그 어떤 세미나나 회의에서건 단상의 한국인들은 연설자를 쳐다보질 못하고 멍하니 앞만을 바라보기 일쑤다. 귀로 들으려 하지 말고, 먼저 눈으로 들으려 해야 한다. 게다가 배경으로 내걸린 유치하기 짝이 없는 완전 초등학교 학예회 세계관 수준의 환영 스크린은, 흡사 여느 민간기업의 상업적 행사장을 방불케 했다. 그나마 라틴어도 아닌 영어에 누운 글씨체 레터링. 한국인들은 플래카드나 스크린 내거는 데 완전 중독이 된 모양이다. 점잖은 모임이나 격식을 요하는 행사에선 절대 이런 전시적이고 상업적 냄새 풀풀 나는 것 내걸지 않는다. ⓒ연합뉴스

순간 포착! 용케도 연설하는 교황을 바라다보는 박대통령 모습을 담은 사진. 청와대 홈페이지에 처음(?)으로 실린 정격 모델 폼 사진. 이 사진을 보는 세계인들은 한국의 대통령(국민)이 교황의 말씀을 제대로 경청하고 있구나 하고 여길 것이다. 이런 게 소통이다. 하지만 아쉽게도 대부분의 한국 언론에선 이 사진 대신 앞의 것을 내보내는 바람에 국격 디스카운트에 부지불식 일조를 하였다. 당사자의 매너도 매너이지만, 정품격 사진을 골라내는 사진기자와 편집 데스크의 식견이 얼마나 중요한지를 알려 주고 있다. ⓒ청와대

연설중 박대통령을 쳐다보며 동의를 구하는 듯한 제스처의 프란치스코 교황. 동의를 구하지 않더라도 박대통령은 시종 이런 자세를 유지하며 경청하는 모습을 보여주었어야 했다. ⓒ청와대

국회 정책조정회의에서의 새정치민주연합 박영선 원내대표의 어글리 매너. 거의 모든 한국인들은 이처럼 고개만 돌려 상대방을 바라보는 것을 지극히 정상적인 몸짓으로 인식하고 있다. 게다가 기자회견 때에는 끊임없이 눈동자가 좌우로 흔들려 불안한 심리 상태를 고스란히 드러내 보인다. ⓒ연합뉴스

2014년 1월 22일, 스위스 다보스에서 열린 '제44차 세계경제포럼(WEF) 연차총회'(일명 다보스포럼)에서 '창조경제와 기업가 정신'을 주제로 개막 연설을 마친 뒤 클라우스 슈밥(WEF) 회장과 대담하고 있는 박대통령. 상체를 그대로 둔 채 고개만 돌려 바라다보고 있다. ⓒ연합뉴스

조 바이든 미국 부통령 부부를 응대하는 만 모한 싱 인도 총리의 상대방 지향적 정격 대담 자세. ⓒ백악관

버락 오바마 대통령이 워싱턴DC에서 열린 AIPAC정책 콘퍼런스 개막총회 연설을 마친 후 참가자들과 악수를 나누고 있다. 한국인들은 이런 행사에서 하나같이 앉은자리에서 박수만 친다. ⓒ 백악관

이라 하지 않는다. '공손'은 소통의 요소도, 환대의 요건도 아니다. 보는 그대로 하인(슈퍼乙)의 비굴일 뿐이다. 인격 대 인격으로서 눈으로 즉각 팔로우 피드백이 되어야 소통이다. 더구나 사진에는 소리가 보이지 않는다. 사진에선 눈맞춤이 곧 소통이다. 때문에 반드시 눈맞춤으로 그걸 표현해 줘야 하고, 그같이 메시지가 온전하게 전달되는 사진만 골라서 내보내야 한다.

한국 톱 연예인의 글로벌 교섭 문화 내공 수준은? 2014년 8월 13일, 윤병세 외교부 장관과 배우 이영애 씨가 서울 세종로 외교부 청사에서 열린 한·아세안특별정상회의 홍보대사 위촉식장에서 사회자의 설명을 듣고 있다. 사교 모임 아닌 공식석상에 불편한 (옷색과 컬러 코디도 안 된) 핸드백을 들고 나온 것도 문제이지만, (인격체에 준하는) 핸드백을 땅바닥에 내려놓는 등 핸드백 처리 개념이 전혀 없는 모양새다. 게다가 행사의 호스트인 윤장관과 가까이하기가 꺼려지는 듯 엉덩이를 뒤로 물리는, 해외에서 거주한 바 있는 톱스타에게 어울리지 않는 미숙하고 어색한 그림을 연출하여 보는 이들까지 불편하게 만들고 있다. 그리고 구두 빛깔은 옷색에 맞추었어야 했다. 시선 처리 역시 불안, 연기 따로 삶 따로인 한국 배우들의 전형적인 모습을 보여주고 있다. ⓒ연합뉴스

교황을 자리로 안내하는 동작에서도 박대통령은 거의 교황의 눈을 못 보고 있는데, 이 역시 호텔 종업원과 주인장의 역할이 분화되지 못하고 혼돈된 추태라 하겠다.

결정적으로는 '소파 자리 접견'시 교황이 계속 박대통령에게 눈길을 주고 있는 것이 역력한데도 박대통령은 이를 전혀 알아채지 못하고, 전체 시간의 상당 부분에서 교황의 눈을 보지 않고 다른 데로 '과녁 빗나간' 시선을 주며 '대화(?)'하고 있었다. 그렇다 한들 내심 소통에 답답해하는 교황의 모습을 눈치챈 한국인은 열 손가락 꼽을 만큼도 안 될 것이니, 아무렴 그냥 의례적인 행사로 넘기면 그만인 거다.

본인은 교황의 모국어인 스페인어를 포함하여 수 개의 외국어를 구사하고 있어 꽤 상당한 글로벌 수준이라고 굳게 믿고 있을 테지만 현장에서 단박에, 그리고 서울발 외신 토픽사진으로 평가하는 글로벌 세계인들에게 박대통령은 그냥 전형적인 '어글리 코리언' 중 한 사람일 뿐이다. 대통령이란 직위가 실어 주는 대외 영향력을 생각하면 '코리아 디스카운트 종결자'라고 해도 큰 착오 없겠다. 25년 전 교황 요한 바오로 2세가 방한했을 적보다, 군사 정권에 비해 문민 정부의 품격이 오히려 더 천박해졌음을 여실히 증명해 보였다.

뒤늦은 사후 변명이 허용되지 않는, 결과로 남은 몇 장의 행사사진만으로써만 세계인들과 소통할 수밖에 없는 냉엄한 글로벌 무한경쟁 현실에서 1조 달러 무역대국 한국 청와대의 문명 발전 단계 수준은 아직도 미몽에서 깨어나지 못한, 일제 식민지 시대의 그것이라고 할 수밖에 없겠다.

78 '큰바위 얼굴'은 오지 않는다

식자(識者)는 난세의 우환? I 건강한 사회는 건전한 시민이 만든다 I 수신제가(修身齊家) 치국평천하(治國平天下)한 영웅은 없다 I 대한민국은 난세가 아니다 I 껍데기 영웅에 놀아나는 대한민국 I 진짜 주인은 영웅을 기다리지 않는다 I 선진국은 선진시민이 만든다 I 영웅의 나라가 아닌 신사의 나라가 되어야! I 이순신이라면 어떻게 했을까? I 수평적 사고로 진정한 민주사회를 열어야

'세월호' 침몰 사건으로 촉발된 한국사회의 불안 심리 때문인지 프란치스코 교황의 방한은 마치 폭풍이 한바탕 휩쓸고 지나간 것 같았다. 교황 자신도 지나친 열광에 얼떨떨했던 모양이다. 영성(靈性) 산업이 세계 최고로 흥성하고 있는 나라가 어째서 정신적으로 이토록 황폐해졌단 말인가? 그런가 하면 영화 〈명량〉에 1천7백만을 훌쩍 넘는 관객들이 울돌목 멸치떼처럼 몰려갔다. 큰어른들의 부재로 인한 허전함과 훌륭한 지도자에 대한 갈구가 그 어느 때보다 고조된 때문이라지만 그만큼 우리 사회가, 한국인들이 방향을 잃고 허둥대고 있다는 방증인 것 같아 마냥 감탄스럽지마는 않다.

말 많은 나라엔 정의가 없다

참여 정부는 떼거지 정치, 즉 한국적 후기민주주의(?) 시대를 활짝 열었다. 덕분에 개인은 부정과 언제든 타협할 준비가 되어 있고, 떼를 지으면 법과 상식을 뒤집을 수 있음을 경험했다. 어찌 보면 가장 부정한 무리들이 법을 만들고, 가장 무능하고 무책임한 무리들이 법을 집행하고 있다 해도 될 만큼 혼탁해졌다. 정치든 종교든 모조리 세 불리기·쪼개기 경쟁에 여념이 없다. 혼돈의 시대가 도래했음이다.

《정의란 무엇인가》라는 미국 하버드대 교수의 책이 이 작은 나라에서 백만 부가 넘게 팔렸다고 한다. 진실로 정의가 무엇인지 몰라서였을까? 어쩌면 자기 자신조차도 정의롭지 못하다고 생각하지는 않았을까? 그만큼 우리 사회가 정의롭지 못하다는 방증이 아닐까?

정의든 불의든 자고로 말(說)이 많아지는 것은 난세가 가까워지고 있음의 징후이다. 역사적으로 볼 때 대개 인문학(철학)은 난세에 발달하였다. 종교개혁·계몽주의·인권·평등·자유·이념·민주주의·공산주의 등 현대사상들도 모두 큰 전쟁이나 학살·전염병과 같은 끔찍한 재앙의 산물이다. 기실 그게 문명의 속성일 것이다.

식자(識者)는 난세의 우환?

인류 역사상 난세의 가장 대표적 표본은 중국의 춘추전국시대일 것이다. 천하는 어지럽고 더불어 수많은 경세가(經世家)들이 나타나 인간이 짜낼 수 있는 모든 지혜를 들고 나와 세상을 이렇게 혹은 저렇게 다스려야 한다고 목청을 높였다. 말 그대로 제자백가(諸子百家)들의 백가쟁명(百家爭鳴)이다. 난세가 인류 지성의 토대를 만든 것이다. 지극히 옳은 말씀들이긴 하나 덕분에 세상은 더욱 혼돈 속으로 빠져들었을 뿐이다.

인류 역사상 문(文)이 현실을 타개한 적은 단 한번도 없었다. 대신 그 혼돈의 끝에 천하의 잡놈(?)이 나타나 세상을 평정해 버렸다. 아니면 북방 오랑캐들에게 나라를 통째로 넘겨야 했다. 그런 다음 그들이 가장 먼저 하는 일은 말 많은 똑똑이들을 제거하는 일이었다. 그래야 평안한 세상을 만들 수 있기 때문이다. 거기까지가 평천하(平天下)다. 진시황, 한고조 유방, 명태조 주원장, 마오쩌둥 등 무지무식한 영웅들이 공통적으로 그랬다. 당연히 위대한 성인도 그런 시기에 나타난다.

아무튼 야성 없는 지성으론 절대 평천하(平天下) 못한다. 야성과 지성은 상반(相反)이 아니라 동반(同伴)이어야 한다. 그래야 덕성(德性), 리더십이 길러진다.

대한민국은 난세가 아니다

여기서 잠깐, 만약 지금 이 나라에 고대하던 위대한 영웅이 나타난다면 우리는 그에게 무얼 요구하고, 어떻게 이끌어 달라고 할 것인가?

이미 대한민국은 선진국 진입을 눈앞에 두고 있는 세계 10위의 무역대국이다. 하여 그에게 대한민국을 단박에 선진국에 진입할 수 있도록 해 달라! 모두가 다 잘살게 해 달라! 대한민국을 정의로운 사회로 만들어 달라! 통일대박을 터뜨려 달라! 4대강을 원상 복귀시켜 달라! 일본을 혼내어 반성케 해 달라! 유라시아 자전거길 따라 고속철도를 한국이 깔게 해 달라! 그게 가능할까?

천만의 말씀이다. 분명 난세에는 영웅도 나오고, 현자도 나온다. 그러나 대한민국은 이미 그런 시절 한참 지났다. 분명코 지금은 난세가 아니다. 잠시 좌표를 잃었을 뿐이다. 절대 그런 영웅적인 인물 다시 안 나온다. 나올 수도 없고, 나와서도 안 된다. 영웅은 난세에나 필요한 지도자이지 지금 같은 태평성대에는 아무 짝에도 소용이 없다. 오히려 갈등과 분란만 일으킬 것이다. 지금 이 나라가 어지러운 건 모두 저 잘난 사람, 영웅이 되어 보고자 발버둥치는 똑똑한 인간들이 너무 많기 때문이다. 만약 영웅이나 구세주인 양하는 자가 있다면, 그는 분명 돈키호테 아니면 야바위꾼이다. 얼마 전 한국인들은 그런 헛된 바람에 가짜 큰바위 얼굴, 깡통, 쭉정이 껴안고 대통령놀음 해보려다 헛물켜고 속곳만 버리지 않았던가?

우리가 그토록 되기를 원하는 선진국들을 두 눈 비비고 다시 보라. 그 나라들 중 어느 나라가 위대한 영웅이 나타나 선진국으로 밀어올렸던가?

한국인은 유교적 학습 때문인지 성인군자·현자에 대한 전통적인 선입견 내지는 고정관념을 갖고 있다. 하여 요순(堯舜) 같은 훌륭한 지도자가 나와 이 나라를 이끌어 주길 바라고, 또 마땅히 그런 자라야 나라를 잘 다스릴 수 있을 거라고 여긴다. 그리고 세상이 혼란스러울 때마다 영웅 부재를 탓한다. 이러한 타성적 심리의 밑바닥엔 어쩌면 봉건적 종복 근성, 피식민 사대 근성이 깔려 있지는 않을까? 다시 말해 주인 의식 부재 때문이 아닐까? 사실 우리가 언제 진정한 민주주의를 해보았던가? 개인주의의 의미를 제대로 알기나 한가? 주인 의식을 가져 본 적도 없는데 무슨 민주주의고 개인주의인가?

우리네에서 뽑힌, 우리가 뽑은, 우리의 지도자들은 왜 하나같이 무능하고 부패하고 몰염치한가? 큰스승·큰어른·현자들은 왜 씨가 말랐나? 아무렴 그 밭에 그 나물에서 뽑은 지도자에게 무얼 바라는가? 누굴 탓하랴? 한데 아직도 이 나라에선 뻑하면 선비 정신이다. 학자연하는 그 알량한 선비 정신으로 언제까지 동방 아니 변방예의지국이고자 하는가? 선비가 주인이었던 조선이 그토록 영광스러운가?

자고로 수신제가(修身齊家) 잘해서 평천하(平天下)한 영웅은 없다. 그래서 난세의 영웅인 거다. 난세에 수신만 하다가 늙어 죽은 사람이 공자다. 아무렴 난세엔 그 또한 결코 쉬운 일일 수 없다. 해서 성인인 거다. 수신, 제가, 치국, 평천하! 입으로야 다 할 수 있을 것 같지만 현실적으론 각자 팔자대로 따로 할 성질의 것이다. 그러니까 난세에 평천하를 한 자는 영웅이 되고, 수신만 한 자는 성인이 된다는 말이다. 그렇지만 태평성대가 되면 수신제가만이 치국(벼슬)의 요건이 된다. 세상 인심(여론)이란 본디 그렇게 야박하다.

하여 현대는 영웅이 없다. 이순신도 없다. 〈명량〉에 전 국민이 다 몰려가도 영웅은 오지 않는다. 껍데기 영웅, 스타만이 있을 뿐이다.

선진사회란 영웅이 없는 시민사회

근자에 김수환·박태준·채명신 등 한국사회에 큰 기둥 역할을 해오던 분들이 차례로 세상을 떠나면서 격정의 한 시대가 마감되고 있다. 남은 기둥 몇 개도 곧 뽑혀 나갈 것이다. 6·25니, 월남전이니, 한강의 기적이니 하는 말도 이제는 먼 옛날이야기가 되었다. 아무렴 그분들의 빈자리가 그 어느 때보다 크게 느껴질 터이지만, 이 시대엔 그 누구도 대신해 줄 수 없다. 프란치스코 교황의 방한을 그토록 환대하는 한국인의 심저엔 그같은 상실감과 불안의 그림자가 짙게 깔려 있다 하겠다.

하지만 건강한 육체에 건전한 정신이 깃든다고 했다. 마찬가지로 건강한 사회는 건전한 시민이 만든다. 선진국 역시 선진시민이 만드는 것이다. 특출한 지도자가 나와서 선진국으로 인도하는 것 아니다. 시민 개개인이 성숙될 때 비로소 선진국이 된다는 말이다. 흔히 선진사회를 시민사회라 부르는 것도 그 때문이다. 떼지어 촛불 켜고 팔뚝질해 대는 게 시민사회 아니다. 시민 한 사람 한 사람이 주인이 되는 사회다. 훌륭한 시민이 만드는 사회가 선진사회다. 신사가 되자는 말이다.

신(新)선비 정신! 그게 바로 품격(品格)이다.

큰바위 얼굴은 기다려서 오는 현자가 아니다. '너 자신이 존엄해져라!'는 게 '큰바위 얼굴'의 교훈이다. 다시 말해 시민 한 사람 한 사람이 주인이 되라는 말이다. '백성(百姓)'이 아니라 '시민'이 되라는 말이다. 훌륭한 시민 속에서는 훌륭한 지도자가 나올 수밖에 없는 일. 영웅 부재를 탓하지 말고 스스로 신사가 못 됨을 부끄러워할 일이다. 영웅을 갈망하지 않는 나라! 영웅 없이도 잘사는 나라! 시민이 주인인 나라! 그게 바로 선진국이다. 인성이 아닌 인품부터, 인권이 아닌 인격부터, 권한이 아닌 책임부터, '너부터!'가 아닌 '나부터!'가 주인 의식이다.

Tip 이순신이라면 어떻게 했을까?

'세월호' 사고 아닌 사건이 터지자 금방이라도 국가를 대개조 할 것처럼 난리법석을 피우더니 고작 특별법 실랑이에 물 건너가 버리고, 끔찍했던 기억은 정치적 짜증으로 변질되어 버렸다. 그러다가 가혹행위로 인한 사고가 연이어 터지면서 여론의 화살이 군에 집중되더니, 결국은 지난 6월 육군 1군사령관의 근무지 이탈과 음주 물의가 뒤늦게 대통령에게 보고되자마자 말 그대로 '찍' 소리 한번 못하고 잘렸다. 다음날, 뇌물수수 혐의의 국회의원 체포동의안을 국회가 부결시켰다.

별 넷 하나를 만드는 데 드는 비용이 얼마나 될까?

아무리 전시가 아니라지만 별 넷을 그렇게 하루아침에 날려 버려도 되는 것인지 참으로 걱정스럽다. 알려지지 않은 다른 사정이 있을는지는 모르겠으나, 고작 그만 일로 목이 날아간다면 장비(張飛)는 《삼국지》에 이름도 못 올렸겠다. 아무렴 이번 일이 아니더라도 한국의 군장교들은 음주운전 하나만 걸려도 별 달 생각을 접어야 한다.

그 사령관이 부하들의 생사여탈권을 휘두른 것도 아니다. 쿠데타를 모의하거나 지위를 이용해 사적 이득을 취한 것도 아니다. 패전조차 병가지상사(兵家之常事)라 하였건만, 이 땅의 군인에겐 음주 실수도 용납되지 않는다. 성인다운 몸가짐으로 오로지 복지부동만이 군인의 살 길이다.

누구는 올림픽 금메달 하나로 영웅이 되고, 박사논문 표절해서 교수도 되고 국회의원 배지까지 달았다. 성추행으로 물의를 빚은 수많은 교사들이 아직도 교단에 건재하다. 왜 유독 군인들에게만 성인에 가까운 잣대를 들이대는가? 세상이 다 썩어도 군인만은? 작금의 군에서 연이어 일어나는 사건사고의 원인과 책임이 온전히 군에만 있는가? 군이 인성 교육기관인가? 수도원인가? 고장 한번 일으켰다고 최신 탱크 가차없이 내다버릴 건가?

이 땅의 군인이라면 모두 제갈량이 되어야 하고, 이순신이 되어야 하는가? 두들겨 맞아도 군말 말고 나가 싸워야 하는가? 이순신이 못 되는 군인은 나쁜 군인인가? 〈명량〉에 몰려간 사람들이 그 백분지 일만큼이라도 평소 군에 애정과 관심을 가졌던가? 그저 어쩔 수 없이 세금으로 유지되는 소모품 집단, 인격이 아닌 물격, 말 못하는 짐승 취급한 건 아닌지? 앞으로 군에서의 사건사고는 지금보다 더했으면 더했지 결코 덜하지 않을 것이다. 그때마다 별들을 날려 버린다면?

유럽은 기사도의 전통에 따라 전쟁이 나면 귀족과 그 귀족의 자제들이 군지휘관이 되어 조국과 가문의 영광을 위해 나가 싸웠다. 당연히 군대 문화는 그 사회의 상층 문화이며, 그만큼 군인들도 존숭받고 있다. 그런데 한국은 조선시대로부터 무(武)를 천시하는 전통이 있어 지금도 군인을 그다지 품격 있는 집단으로 보지 않으며, 더불어 품격 있게 학습시킬 생각도 않는다. 오로지 필사즉생(必死則生) 필생즉사(必生則死)만 강요하고 있다.

대한민국 군인의 최우선 목표가 적과의 싸움이 아니라 '자기와의 싸움'이다. 몸조심이 곧 무혼(武魂)이다. 이런 상황에선 이순신 같은 영웅이 다시 태어난다 한들 별수없을 것이다. 적에게 총 한 방 쏘기 전에 매뉴얼 살피고, 결재받고, 사후 보고 및 감사, 여론 재판, 청문회까지 각오해야 한다.

만약 이순신이 제 분수나 지키고 왕명에 고분고분했으면 그렇게 백전백승했을 리도 없고, 붙잡혀 가서 매를 맞지도, 전사하지도 않았을 것이다. 원칙과 신뢰만 고집하며 매일같이 지시하고 질책한다고 되는 일이 아니다. 지금처럼 서슬 퍼런 눈으로 호통만 쳐서야 누가 제대로 일을 해내겠는가?

다음날 김기춘 비서실장이 청와대 출입 사진기자들에게 "대통령님 환한 모습을 많이 찍어 주길 바란다!"고 당부하였다 한다. 누가 누구의 기분을 맞춰야 한단 말인가? 도무지 뭐 하나 제대로 되는 일이 없는데 무슨 환한 얼굴? 충신과 간신은 동전의 앞뒷면이다. 가시적으로 성과를 내놓아야 민심도 따를 것이다. 그러려면 일선 행정가들이 열정적으로 일을 할 수 있도록 대통령이 먼저 그들과 소통해 내어야 한다. 질책이 아니라 격려를 해줘야 한다.

널리 알려진 고사 하나를 들먹여 보자.

초(楚)나라 장왕(莊王)이 여러 신하들에게 술을 내려 잔치를 벌이고 있었다. 날이 저물어 술이 거나히 올랐을 때 공교롭게도 등불이 꺼지고 말았다. 이에 어떤 이가 함께 자리한 어느 미인의 옷을 잡아당기며 수작을 부리려 하였다. 그러자 그 미인이 그를 붙잡아 관끈을 잡아당겨 끊어 버리고 나서 임금에게 고했다. "지금 어두운 틈을 타 어떤 자가 첩의 옷을 잡아당겼습니다. 첩이 그자의 관끈을 끊어 가지고 있사오니, 등불을 다시 밝히거든 그 관끈 끊어진 자를 살펴 주시옵소서!"

이 말이 떨어지자 임금은 좌우에 이렇게 명하였다. "오늘 나와 더불어 술을 마시면서 관끈을 끊지 않은 자는 즐겁지 않다는 표시를 하는 자이로다!" 그리고는 백여 명이 넘는 신하가 모조리 관끈을 끊고 나서야 등불을 밝혔다. 그렇게 끝까지 그 즐거운 분위기를 다한 채 잔치를 마치게 되었다.

그로부터 3년이 흐른 후 진(晉)나라와 전쟁을 하게 되었는데, 그때 한 신하가 제일 선봉에 나서서 다섯 번 싸움에 다섯 번을 분격하여 선두에서 적을 격퇴시키는 것이었다. 장왕이 이를 이상히 여겨 그 신하에게 물었다. "과인은 덕이 박하여 일찍이 그대를 특별한 자라고 여기지 않았는데, 그대는 무슨 연고로 죽음을 두려워하지 않고 그렇게 선봉에 나섰는가?"

신하가 대답하였다. "저는 마땅히 죽을 몸이었습니다. 지난날 술에 취해 그 예를 잃었지요. 그런데 임금께서는 이를 겉으로 드러내지 않으시고 참으시며 제게 주벌(誅罰)을 내리지 않으셨습니다. 저는 임금

께 그 보답을 위해 간과 뇌를 땅에 드러내어 죽는 것과 목의 피를 적
군에 뿌리기를 원해 온 지 오래입니다. 신이 바로 그 주연에서 관끈이
끊겼던 자입니다."

온 국민이 흥분된 상태다. '누구든 걸리기만 해봐라'며 쌍심지를 돋
운 채 살기등등해 있다. 여기에 국가 최고지도자까지 흥분을 더해서
야 사태가 제대로 수습될 리 없다. 원칙과 법·규정만 따진다고 신뢰
가 서는 것 아니다. 배려와 관용, 융통성, 인간 존엄, 인재 존중 없이는
시스템이 제대로 굴러가지 않는다. 어떤 상황에서도 지도자는 평정심
으로 중지를 모아 길을 찾아야 한다. 당장에 해결책을 내놓으라는 게
아니다. 국민들이 제 일을 할 수 있게 안심이라도 시켜야 한다.

박근혜 대통령도 〈명량〉을 관람하였다. 이순신을 가장 존경하고, 이
순신의 모든 유적지를 성역화한 대통령이 바로 박정희다.

부하의 잘못을 무조건 벌주기보다는 대국민사과가 필요하면 통수
권자인 대통령이 하고, 음주로 실수한 예의 장군을 조용히 청와대로
불러 좋은 술을 내놓고 "앞으로 술 마시고 싶으면 언제든 청와대로
오시라!"며 점잖게 타일렀어야 했다. 이순신이라면 분명 그리하였을
것이다.

Tip 수평적 사고로 진정한 민주사회를 열어야

전·현직을 막론하고 한국에서 나름 벼슬이나 완장을 차본 사
람들을 만나 보면 하나같이 사람을 상하로 판별하는 버릇이 몸에 배
어 있다. 하여 저보다 아래인 사람은 건성으로 대하거나, 모른 척 외
면하며 아예 사람 취급도 안하는 경우가 대부분이다. 심지어 자신에
게 꼭 필요할 것 같은 자료를 보내 주거나 문제점을 지적해 주어도 고
맙다는 입발림 메시지 하나 보내는 이를 본 적이 없다.

말로는 '소통'이 어쩌고 하지만 정작 소통의 의미조차 모르고 있음

이다. 평소 저들끼리 놀던 인간들하고만 노는 걸 소통인 줄 알고 있다. 그러니 발전이 있을 리 없다.

유교적 세계관이 수직적이라면, 글로벌적 세계관은 수평적이다. 당연히 현대의 민주주의는 이 수평적 사고에서 출발한다. 따라서 현대의 리더는 탑(Top)이 아니라 센터(Center)이다. 나를 따르라 명령하는 우두머리가 아니라, 중심에서 조정자로서의 역할을 해내는 사람이다.

수직적 문화의 가장 대표적인 조직이 한국의 병영 문화이다. 한국의 젊은이들이 사회로 나오기 전에 모조리 군대에서 이 수직적 문화를 학습하여 몸에 배게 된다. 한국사회가 변하려면 먼저 군대가 민주화되어야 하는 이유다. 지난날의 수직적 리더십은 민주화된 환경에선 그다지 환영받지 못한다. 과거처럼 군인 출신을 기업에서 그다지 반기지 않는다. 그러니 중도 퇴직하면 달리 할 일이 없다. 먼저 사관생도 및 간부 후보생들부터 인간 존엄에 기반한 수평적 리더십과 글로벌 매너를 익혀야 한다.

관료사회는 말할 것도 없고, 기업들도 대기업과 하청기업으로 수직화되어 있다. 수평적 대등한 관계가 아니라 피라미드식·문어발식으로 수퍼갑(甲)인 대기업에 종속되어 피를 빨리는 구조를 이루고 있다. 당연히 수직적 사고의 타성에 젖어 있어 그 가지에서 떨어져 나가면 죽는다는 강박증에 사로잡혀 있다. 결국 대기업 하나 흔들리면 나라 전체가 휘청거리게 된다. 국민기업인 노키아가 무너져도 핀란드가 전혀 동요되지 않는 것은, 그 기업은 말할 것도 없고 그 사회가 수평적으로 조직되어 있기 때문이다.

세계적으로 기업간 인수합병 바람이 거세지만, 기실 한국은 무풍지대이다. 금융 위기 이후 한국에서도 기업의 통폐합이 종종 있어 왔다. 그때마다 통합하는 조직들간에 '물리적 결합'이니 '화합적 결합'이니 해대며 진통을 겪으면서 엄청난 에너지를 낭비한다. 쪼개질 때보다 합칠 때에 더 못 견디게 저항한다. 수평적 사고가 없기 때문이다. 해서

덩치를 키워 보다 큰 이익을 추구하지 못한다. 한국에서 구글과 같은 기업이 나올 수 없는 근본적인 이유다.

글로벌 기업에서 가장 표본적인 수평적 리더가 바로 애플의 스티브 잡스였다. TOT(Top of Top)병에 걸려 호랑이를 잡겠다고 호랑이 굴에 들어간 안철수 의원과, 바닥에서 이삭줍기로 서서히 세를 불려 가고 있는 박원순 서울시장이 수직적 사고와 수평적 사고의 한 예라 할 수 있겠다.

수직적 사회에서 주인은 단 한 명뿐이다. TOP이 되지 못하면 영원히 주인 행세 한번 못해 보고 죽는다. 해서 한(恨)이 많은 민족인 거다. 구멍가게만큼이나 많은 한국의 온갖 시민단체가 그걸 증명하고 있다. 하여 끊임없이 쪼개기를 계속하고 있는 것이다. '뱀 대가리가 될망정 용 꼬리가 되지는 않겠다'는 속담이 수직적 심성의 전형적인 표현이다.

작금의 한국인들이 겪고 있는 갈등과 가치관의 혼돈도 이 수직적 세계관과 수평적 세계관의 충돌로 볼 수 있다. 이전까지의 세대간·이념간·지역간의 갈등만으론 명쾌한 진단이 나오질 않는다. 제도만 민주주의이지 사고는 여전히 봉건적 된장독에서 한치도 벗어나지 못하고 있다는 말이다. 하여 민주화된 이 나라가 정작 어디로 가야 할지, 어떻게 처신해야 할지 몰라 답답해하고 있는 것이겠다.

전근대적인 수직적 공(公) 개념으로는 절대 선진사회·민주사회 못 만든다. 민주사회에서 공(公)은 철저히 수평적이다. 자기 가정이나 사적 공간에서야 수직적이고 가부장적·독재적이라 해도, 문고리를 잡고 사회적 공간으로 나서는 순간 수평적으로 사고하고 행동해야 한다. "쟤는 왜 저래?"라는 획일적 사고로는 절대 수평적 인간관계 못 만든다. 자신과 다름을 오히려 존중하고 귀히 여길 줄 알아야 리더가 될 수 있다.

79 한국이 글로벌화로 나아갈 수밖에 없는 이유

한반도가 말이라면 일본은 개미 형상 | 한민족은 오랑캐! | 일본의 반(半)유신, 중국의 문화대혁명, 대한민국은 이미 유신을 완성 | 일본이 과거로 회귀하는 이유 | 반도의 운(運)은 내달릴 때 통한다 | 2백여 년 전 박제가 중국어 공용화를 주창했던 이유 | 반도 근성을 글로벌 매너로 다듬어 선진사회로 진입해야 | 글로벌 매너로 신(新)유학, 신(新)선비 정신을! | 중국 TV 사극에 나오는 '선비'의 롤모델 | 미네르바의 부엉이는 황혼이 되어야 깨어난다

인류사에 그 유례가 없는 '문화대혁명'을 통해 중국은 누천년 동안 이어져 온 전통을 파괴하고 구시대와 단절했다. 끔찍한 문화 파괴였지만 나름 의외의 부산물도 없지 않았다. 즉 전통적인 된장통 가치관이며 라이프스타일, 예절, 관습, 매너, 사고 방식을 일시에 내다버리고 새로운 길을 모색했다는 점이다. 비록 일시적인 암흑기를 거쳤지만 덕분에 절대후진국 중국은 '모든 인민은 동등하다'는 철학을 공유해 단박에 선진국 모드로 도약할 수 있었고, 새로운 것을 받아들이고 창조하는 데 옛것의 걸림이 없는 개혁 기반을 다질 수 있었다. 지금 중국은 그 관성으로 빠르게 글로벌화하고 있으며, 그 옛날 로마 공화정과 흡사한 정치 형태를 갖추어 번영을 구가하고 있다.

만약 문화대혁명이 없었다면 오늘의 중국이 과연 그 질긴 타성, 된장통 질곡을 극복해 낼 수 있었을까? 분명코 불가능했을 것이다. 아마도 인도나 이집트 등 다른 고대 문명 발상지처럼 전통과 구습의 늪에서 허우적거리고 있을 것이다. 파괴가 곧 창조임을 보여준 대표적인 사례라 하겠다.

이보다 앞서 일본은 메이지유신을 통해 전시대의 유습을 버리고 근대화했다. 그러나 그건 절반의 유신이었다. 당초의 혁신적 아이디어

중 하나로 영어를 공용화하든지, 프랑스대혁명처럼 군주제를 폐지시켰더라면 진정한 유신이 되었을 텐데, 그러질 못하고 엉거주춤 절충형 영국식을 따랐다. 칼 대신 총, 구시대의 막부(幕府) 대신 하급 사무라이들에 의한 신막부, 즉 군부가 들어선 것이었다. 그리고 제2차 세계대전에서 패전하였을 때 미완의 유신을 완성할 기회가 있었지만 역시 놓치고 말았다.

일본이 아시아에서 가장 먼저 서양 문물을 받아들여 개화해 나갔지만, 실은 속까지 바뀔 수 없고 겉만 서구화한 것은 바로 이 군주제 고수 때문이다. 세계 어느 민족보다도 뛰어난 경제적 성장, 모범적 사회성에도 불구하고 진정한 선진시민이 되지 못하는 이유 또한 구습과 단절치 못한 까닭일 테다. 만약 일본이 천황제를 폐지했더라면 분명 지금과는 많이 다른 진정한 선진사회로 나아갔을 것이다. 마누라까지 다 바꿔야 진정한 유신이라 할 수 있다. 천황제가 존속하는 한 일본의 본색은 절대 바뀌지 않는다. 혁명이 불가능한 나라, 일본은 있어도 일본인은 없는 이유도 여기에 있다.

명태조 주원장(朱元璋)은 상업을 중시했던 원나라의 시대상을 뒤엎고자 '농본억상(農本抑商)'이라는 유교적인 산업정책을 채택하였다. 상업은 최소한으로만 허용해서 화폐 유통을 대부분 금지시키고, "한 조각의 널빤지조차 바다에 띄우지 마라"는 엄명을 내려 대외무역을 금지시키는 바람에 몽골제국 시절 유럽에서 극동까지 하나로 연결되어 바닷길과 초원길을 바쁘게 오가던 상인들을 더 이상 찾아볼 수 없게 되었다. 사대교린(事大交隣)을 국시로 내건 조선 역시 명(明)을 따라 바닷길을 닫고, 비좁은 반도에서 5백 년 동안 아웅다웅 멱살잡이하며 살았다. 그리하여 민족성에 반하는 엉뚱한 사상과 제도를 신봉하는 바람에 심한 심리적 갈등을 겪었었다. 다행이라 하기엔 좀 어색한 표현이지만, 외세 덕분에 내부적 갈등 없이 군주제가 폐지되고 서양 문물을 피강제적으로 수용하면서 구시대와의 단절을 해내었다. 한국전쟁은 그나마 남은 것까지 철저히 파괴시켰다. 해서 모든 것을 무(無)에서 새롭게 시작하여야 했다. 그리고 군사혁명과 새마을운동은 미완의 유신을 완성시켰다. 결국 민주주의 정착과 함께 경제적 성장도 이룩했다. 자의반 타의반 몇 차례 단계적으로 진행된 까닭에 한국인 스스로 유신의 완성을 인식하지 못함으로써 자기 비하 내지는 코리아 디스카운트를 자초하고 있는 것이다.

어느 시대든 새로운 정신으로 끊임없이 변화 적응해 나아가야 세계사의 주류에서 밀려나지 않는다. 그래야 문화를 선도해 나갈 수 있다.

비록 5백 년 동안 신봉해 왔지만 유교적 사고나 관습을 이제는 역사책 속으로 돌려보내야 한다. 그건 본래 한민족 것이 아니었다. 당시에는 그게 글로벌 최상이었지만 지금은 아니다. 근자에 중국이 전 세계에 공자학원을 차려 유학을 글로벌화하려고 애쓰지만, 그건 한국 성균관에 남아 있는 명대(明代)의 유교를 역수입해 가져다가 급조한 신유학, 즉 공자표 중국 문화홍보 상품에 다름 아니다.

중국 베이징에는 홍콩의 리카싱(李嘉誠) 청쿵(長江)실업 회장이 세운 대학원(MBA스쿨) 장강상학원(長江商學院, CKGSB)이 있다. 이 학교의 천신레이(陳歆磊) 교수는 2013년 9월 〈주간조선〉과의 인터뷰에서 "한국 문화는 중국인들이 받아들이기 쉬운 문화"라며 "중국에서는 진정한 고유 문화가 사라졌고, 남아 있는 것은 만청(滿淸)의 문화로 한족(漢族)의 것이 아니다"라고 언설하였다. 그에 따르면 한국에는 중국 명대(明代) 문화의 원형이 많이 남아 있다고 한다. "60세가 넘은 제 어머니처럼 매일 〈인어아가씨〉 같은 한류드라마를 보면서 중국 문화의 원형을 발견해 좋아하는" 것도 그 때문이며, 중국 소비자들이 한국 제품을 수용하는 태도 역시 그와 같다고 했다. 얼핏 듣기에는 기분 나쁘지 않은 말 같다.

대한민국은 이미 유신을 완성했다!

반도(半島)라는 단어는 영어로 peninsula이다. pene(거의)와 insula(섬), 곧 섬은 아니지만 거의 섬에 가까운, 반쯤 섬이란 뜻이다. 그리하여 돌출부라는 의미도 지니는데, 왠지 그 모양이나 어원이 페니스(penis)에서 나온 듯한 느낌이 든다. 혹자는 한반도의 모양을 두고 토끼가 아니라 호랑이로 형상화하자는 주장도 있지만, 필자는 뛰어오르는 말(馬)의 이미지가 반도 근성과 잘 어울린다고 본다.

한반도가 말(馬)이라면 일본 열도는 개미 모양이다. 지구 생물 중 가장 철저한 매뉴얼 사회가 바로 개미 집단이다. 지난번 쓰나미 재해 때 보여준 소름끼칠 정도의 질서정연함, 그 난리통에도 흐트러짐 없이 상점 앞에 늘어선 길고 긴 줄, 없는 매뉴얼은 만들어 가며 조금씩 해체해 나가는 후쿠시마 원자력 발전소. 일개미·병정개미·여왕개미가 언제 그런 일이 있었느냐는 듯 각기 자기 소임에 열중하고 있다.

반도 근성(peninsularism)이란 남성(penis)성으로 내지르는 야성과 역동성이겠다. 그런가 하면 섬나라 근성과 같은 편협성도 있다. 당연히 고집이 센 반면에 조급하고 다혈질적이며 기복이 심해 감정적이다. 반골적 기질도 많아 이중적이다. 섬나라 기질과 대륙적 기질을 동시에 지니고 있다는 뜻이겠다. 배타적인가 하면 종속적이어서 갈등이 빈발한다. 문화든 재화든 축적하는 기질이 부족하다.

반도의 북쪽에는 노략질할 게 별로 없다. 때문에 모든 반도국가는 해양으로 나아갔을 때 번성하고, 대륙의 겨우살이를 지향할 땐 쇠락했다. 바다가 두려운 토끼마냥 의주(義州)에 코를 박고 대륙의 문물 부스러기로 겨우 숨을 쉬며 소규모 소작농으로 자족하던 조선이 그랬고, 지금의 북한이 그렇다. 반도 근성은 현실에 안주하는 순간 쉬이 열정이 식어 쇠락하는 특성도 있다. 고대 그리스·로마와 통일신라가 그러했고, 조선이 그러했다.

다산 정약용은 21세에 지은 시 〈뜻을 밝히다(述志)〉에서 "슬프다 우리네 사람들, 주머니 속에 갇혀 사는 듯. 삼면은 바다로 에워싸였고, 북방엔 높고 큰 산이 굽이쳐 있구나(嗟哉我邦人 辟如處囊中 三方 繞圓海 北方繚高崧)"라고 통탄했었다. 하지만 그런 그도 바다 건너 새로운 세상으로 나아가 볼 생각을 하지는 못했다.

반도 민족은 원초적으로 오랑캐다

그리스·로마 민족도 원래 오랑캐였다. 해서 노략질로 부흥했던 거다. 솔직해지자. 한반도의 한민족 역시 오랑캐였다. 물론 단 한번도 제대로 오랑캐짓을 못해 본 민족이다. 한데 조선 5백 년 동안 그나마 오랑캐티를 벗어던지고 대륙의 서자로 살고 싶어 공자를 제 시조인 양 모셨다. 그래서 동방예의지국이고자 했다. 그리하면 천자의 백성으로 받아들여 줄 줄 알았던 게다.

그런 조선이 스스로 청나라를 오랑캐라고 배척하고 단절하는 바람에 중국으로부터의 선진 문화 유입이 중단되었다. 2백여 년 전, 이에 위기를 느끼고 답답해하던 당대의 실학자 박제가는 《북학의(北學議)》에서 '중국어 공용화'를 주창했었다. 속히 선진문물을 받아들여 조선을 문명사회로 이끌고자 했던 것이다. 물론 그 주장은 책갈피 속에서 튀어나오지 못했다. 조선은 결국 쇄국을 고집하다 멸망하고 말았다. 해서 한국 문화에는 중국 청나라가 아닌 명나라 말기 문화가 화석화돼 보존되어 있는데다가, 해방 후에는 왜놈이라 욕하면서 교류를 끊어 1945년 8월 14일자 일본 문화가 역시 화석화되어 그 위를 덮어 누르고 있다. 그리고 해방 후 미국의 양키 문화, 미8군 문화, LA 문화가 글로벌 주류인 줄 알고 다투어 걸쳐입었다.

아무렴 오랑캐 이성계가 주워 온 공자 엉치뼈(骨) 한 짝을 6백 년이나 고아먹었다. 더 고아 봐야 국물 안 나온다. 그렇다고 부끄러워할 이유는 없다. 이젠 우리가 신유학·신양반 문화를 만들어 내야 한다.

반도 근성은 또한 유연성이다!

한국이 반도 국가, 반도 근성을 되살려 이런 구태의 앙금을 떨쳐낸다면 일본이나 중국도 해내지 못한 일을 해낼 수 있다. 열린 세계관으로 시시각각 과거와 단절하고, 시시각각 새로워져야 한다. 옛것의 우수성을 자랑하는 데 열올리지 말고, 새것을 받아들이고 만들어 낼 수 있음에 더한 긍지를 느껴야 한다. 앉아서 기다리지 말고 찾아나서야 한다. 반도 민족만이 그렇게 할 수 있다. 다혈질, 신바람, 냄비 근성, 빨리빨리. 그런 게 반도 기질이다. 내달리고 내지르는 민족이다. 그렇게 사는 게 한민족의 생리에 맞다. 지금 우린 그렇게 살고 있다. 이 야성의 반도 근성을 부정적으로만 보지 말고, 이제부터는 국경 보호벽이 사라진 무한경쟁이라는 달라진 게임 룰에 맞추어 글로벌 매너로 다듬어 품격을 높이고 덕(德)으로 승화시켜야 한다.

글로벌한 선비 정신, 젠틀한 선비 정신, 무덕(武德)의 선비 정신, 즉 신(新)선비 정신으로 거듭나야 한다. 그게 진정한 신유학이다. 紳士(신사)란 新士(신사)이자 伸士(신사)이다. 일찍이 이동인·유대치·오경석·유길준·서재필·이준·안창호·윤치호·김성수·이승만·박정희·이병철·정주영·김수환·박태준이 그 길을 텄다. 이분들은 민족중흥의 역사적 사명을 분명하게 인식하고 고민하고 성찰했으며, 민족의 정신적 근대화와 발전 방향성을 행동으로 제시한 선각자들이었다. '태도적 가치'를 추구한 '현장선도형' 인물들이다.

아무튼 자원 부족한 반도 국가의 운(運)은 동(動)해야 통(通)한다. 해서 해양으로 내달릴 때 번영을 구가했다. 북한이 저렇게 쇠락한 것도 바다로 내달리지 못함 때문이다. 남한 역시 비록 지금은 분단으로 인해 어쩔 수 없이 섬나라처럼 살고 있지만, 머잖아 남북이 통일되면 이 민족이 진정한 반도 정신으로 '한강의 기적'을 넘어 세계사에 길이 빛날 '한반도 르네상스'를 꽃피워 낼 것이다.

버리지 못하면 혁신 못한다

전쟁 없는 평화 없듯 파괴 없인 창조 없다. 대한제국, 일제시대, 해방, 그리고 한국전쟁으로 대한민국의 빗장이 다 풀어졌으나 한국인들은 여전히 바다 건너로 나아가길 두려워했다. 월남 파병은 한민족 최초의 대규모 해외 진출이었다. 젊은이들의 뜨거운 피로 민족의 잠든 야성을 일깨워 대한민국을 진정한 개방의 길로 나아가게 했다.

지난날의 찬란한 역사와 전통을 부둥켜안고 있다고 해서 훌륭한 민족이 되진 않는다. 작금의 그리스·이탈리아·이집트·스페인의 위기가 보여주듯이 제 조상 잘났다고 저까지 잘난 건 아니라는 말이다. 안에서 아웅다웅하지 말고 밖으로 내달려야 한다. 당근과 채찍만이 말을 끊임없이 내달리게 할 수 있다. 매너와 품격을 갖춘 야성과 용기만이 이 민족을 내달리게 할 수 있다.

진정한 자유인란, 인간 존엄성에 대한 확고한 인식 위에 민족 중흥과 인류 보편적 가치를 추구하는 사람일 것이다. 글로벌 매너란 그 실천을 위한 방법이자 도구다. 그럼에도 불구하고 오늘날의 한국인들 중에는 아직까지 서양·중국 등 글로벌 선진문명권 사람들과 함께 살면서 진실로 깊이 있게 사귀고 그들의 문화에 천착, 성찰해 본 사람이 거의 없다.

신라 통일 후, 추가성장 원동력을 상실한 채 안일해져 가는 나라 분위기에 견디다 못한 귀족 청년 하나가 먼 새 땅 해외로 나가기로 작정하고, 배를 마련하여 동행했으면 하는 친구를 설득하였으나 그가 결심치 못하자 "이에 혼자 배를 띄워 떠나 그후 소식이 없더라"는 기록이 전해지고 있다. 천년 만에 되살아난 반도의 야성이 고작 반세기 만에 다시 사그라질 기미를 보이고 있다. 대한민국이 글로벌 새 땅으로 달려 나아감에 타이밍 놓쳐 실기함으로써 국운 자체가 고려 왕조로 넘어가는, 하늘이 내리는 고통을 거듭 당하지 않기를 충심으로 바란다.

▇Tip▇ 중국 TV 사극에 나오는 '선비'의 롤모델

케이블TV CHING 채널에서 중국의 사극프로그램 〈공자(孔子)〉가 방영된 적이 있다. 그 5회편을 보면 어린 시절 공자에게 지대한 영향을 미친 사부, 오(吳)나라의 왕위계승권자임에도 왕 되기가 싫어 노(魯)나라에 주재하는 사신역을 자청하여 공자의 집에 하숙하고 있던 계찰(季札)의 에피소드가 나온다. 소년 공자에게 식견을 높여 주고자 성인식 관례(冠禮)를 치러 준 후 함께 중국 고대사의 주요 사적지를 소오(笑傲) 주유(周遊)하며 '선비(士)'에 대한 의식을 심어 주는 장면이 나오는데, 한국 사람들이 생각하듯 제후국가의 가신 테크노크라트(technocrat)가 '선비'가 아니고, 요임금·순임금·우임금을 원조 '선비'라고 가르치고 있다. 문과 급제하여 입신양명코자 글 읽던 조선 선비가 아닌, 수십 년 황하 치수 작업으로 다리의 털이 모두 없어져 버린 우(禹)임금처럼 국민을 위해 섬기는 서번트 리더십의 국가 지도자가 오리지널 '선비'인 것이다.

조선에서 사(士)는 문사(文士)이지만 일본이나 유럽은 무사(武士), 즉 기사(騎士)를 이르는 말이다. 기실 중국도 한(漢)나라 이전에는 문무(文武)의 구별이 없었다(TV 장면에서 공자는 수시로 칼을 차고 다닌다). 문사(文士)는 사(士)가 아니었다. 따라서 그 시절의 사(士)란 곧 무사(武士)를 의미했었다. 당연히 벼슬은 군공(軍功)으로 나누었다. 신라의 화랑, 서양의 기사, 일본의 사무라이는 문무겸전의 완성적인 인격체였다. 그러나 중국과 한국은 과거제도를 시행하면서 문무가 구별되고, 그에 따라 편향된 인격을 갖게 된 것이다. 조선의 선비는 온전한 사(士)가 아니었다. 한국인의 편협하고 고집스럽고 배려심 없는 인성과 반쪽짜리 세계관은 그 때문이라 할 수 있다.

문(文)은 쪼개지는 성질이 강한 반면, 무(武)는 하나로 합치려는 성질이 강하다. 고려 무신 정권은 하나됨을 위해 투쟁했지만, 조선 시대부들은 쪼개지기 위해 싸웠다. 진정한 하나됨·화합·통일은 개개인의 문무겸전, 즉 완성된 인격체다. 그런 나라 국민들은 굳이 화합이란 말을 입에 담지 않는다. 문민 정권이 들어선 이후 이 땅의 수많은 지식인(文士)들이 갈등 치유와 화합을 부르짖고 있지만 기실 다 헛소리다. 속을 들여다보면 그 반대다. 갖은 명분을 내걸고 좁쌀 하나라도 쪼개서 자기 몫(영역)을 챙기기 위한 술수에 지나지 않는다. 레 미제라블 코리아! 결국 갈등을 부채질하고 있다. 그러니 동서화합·남북통일 운운하기 전에 문무통일부터 해서 쪼개기 좋아하는 국민성 먼저 바꿔야 한다. 우선 고등학교의 문과·이과 구분을 하루빨리 없애야겠다. 단언컨대 문(文)이 화합한 적은 인류사에 단 한번도 없다. 문명은 언제나 입으로 갈라서고, 칼로 봉합해 왔다.

당연히 혁명이나 창업은 무사 혹은 무사적 기질을 가진 자의 몫이다. 개화기 일본의 하급 사무라이들이 상업과 무역에 뛰어든 것도 그 때문이다. 당시 일본은 젊은 사무라이들이 서구 선진문명을 배워 와 개혁을 주도했다. 그 과정에서 저항하는 기존 세력들을 무자비하게 도륙해 결국은 유신을 성공시켰다. 반면 조선은 글 읽던 샌님들을 유람단으로 보내는 바람에 실패했다. 여행기를 남기는 것 외에는 달리할 일이 없었던 것이다. 겨우 용기를 내어 갑신정변을 일으켰지만 뒷감당도 못하고 사흘 만에 제 한 목숨 건지고자 줄행랑쳐 버렸다.

숭문(崇文)에는 주인 의식 없다. 진정한 주인 의식은 상무(尚武)에서 나온다. 입으로 부르짖는 "대한민국!"이 아닌 몸으로 만드는 '신한민국(新韓民國)'이어야 한다.

무역 규모 1조 달러 레벨에선 〈명량〉으론 어림없다! 이순신만으로도 안 된다! 내 집 안마당에서의 전투가 아니다. 섬들로 보호막이 쳐진 천해(淺海)가 아니다. 몇 층짜리 집채만한 파도가 후려쳐대는 황천(荒天) 항해가 기본인 대양(大洋)이 비즈니스 현장이다! 대양에서 이순신의 판옥선들은 상대방과 전투 시도는 고사하고 제 몸 하나 챙기기부

항공모함을 따르는 호위함. 그 애처로운 모습이 21세기 코리아가 처한 '대양에서 이순신의 판옥선 vs. 정품격 글로벌 젠틀맨십 항공모함'이란 화두를 떠올리게 한다.

터가 힘들다! 여기선 '글로벌 젠틀맨'들만이 살아남는다! 현실에 대한 적확한(exact) 상황 파악을 가능케 하는 살아 있는 문제 의식과 생명체로서 실효성 있는 시장(micro) 대응 능력 보유가 절대적이다!

아무렴 옛것에 집착해서 새것을 받아들이지 못하면 굴욕을 피할 수 없음이 역사의 대명제! 혁신 없는 전통은 박제일 뿐 아름답질 못하다. 융합과 통섭의 시대다. 지속 가능한 삶의 방식으로서의 혁신! 혁신 그 자체를 전통으로 삼아야 글로벌 시대를 선도해 나갈 수 있다.

Tip 미네르바의 부엉이는 황혼이 되어야 깨어난다

모든 것이 암울해졌을 때, 해체·혼란·파괴·불의·쇠락·변동의 과정에서 '아무런 주요 인물이 아닌' 이들이 새로운 리더로 부상하게 마련이다.

지금 우리는 엄연히 새로운 문명 단계로 접어들고 있음을 분명하게 인식하지 않으면 안 된다. 다른 여러 국가들과 마찬가지로 우리의 지도자들부터 급격하게 변해야 하고, 세계화, 신기술, 지식과 정보의 보편화, 개방적인 경쟁, 정리 해고, 인력 감축, 수명의 연장, 부와 일자리 분배, 가치관의 변화, 점점 주기가 빨라지는 금융 위기, 기록을 갈아치우는 각종 재난 등등 긍정적일 수도 때론 부정적일 수도 있는 온갖 종류의 변화들에 적응해야만 하는 상황에 처해 있다. 그러나 불행히도 한국사회의 공적인 공간은 아직도 21세기의 새로운 세계에 적응하지 못하고 있다.

언제부터인가 이 나라 정치지도자들은 다른 나라 지도자들보다 덜 지혜롭고, 덜 정직하며, 용기를 덜 가진 것처럼 국민들에게 인식되어 왔다. 국민의 일상과 많은 괴리를 지닌 그들은 사전적 엘리트, 즉 '가장 훌륭하고 가장 뛰어나다고 여겨지는 그룹'으로 인정받은 적이 없었다. 그럼에도 불구하고 그들은 아직도 권위적이고 중앙집권적이며,

위계적이고 가부장적인 구시대의 리더십 모습으로 군림하고 있다.

'자리를 차지하고 있는 사람들'에 대한 비판은 민주사회에서 항시적으로 나타나는 현상이지만, 지금과 같은 위기는 너무 많은 실망들, 지켜지지 않은 너무 많은 약속들, 너무 많이 실패한 청사진들, 바로 이런 것들이 여론과 정치적 리더십 사이에 응축되어 불안과 불신을 부풀려 온 때문이다. '세월호' 침몰을 계기로 그것들이 한꺼번에 폭발한 것이다.

솔직히 그들은 그저 우리 사회의 운좋은 특권층이었을 뿐 진정한 의미의 엘리트가 아니었다. 짝퉁 리더들이었다. 그들은 이미 자신들의 과업을 제대로 수행하지도, 여론을 형성하는 데 기여하지도 못할뿐더러 오히려 그것을 좇아가는 데 급급했을 뿐이다. 게다가 그들의 행동은 극히 보수적 혹은 진보적 편가르기로 어느 한쪽 끝으로만 치우치는 바람에 중재자·균형자의 역할을 해내기는 원천적으로 불가능하다. 입만 열면 통합이니 화합이니 하지만, 오히려 분열의 주체가 되지 못해 안달이다. 무엇보다 그들은 우리 모두가 동참할 수 있는 미래에 대한 비전을 제시하지도 못했을뿐더러, 이제는 그러한 것을 시민들에게 전달하는 원초적 기능마저도 상실해 버렸다. 광장에 퍼질러앉아 생떼쓰는 것 외엔 달리 할 일이 없다. 해서 작금의 정치적 위기는 정치의 위기가 아니라 정치인의 위기, 나아가 우리 사회 엘리트의 위기라고 할 수 있겠다.

세상을 생각하는 법이 달라지고 있다.

한국사회가 엘리트의 개편을 요구하는 단절과 변동의 주기에 접어들었음은 분명하다. 사람들은 이제 기존 차원의 상호 교대를 바라는 것이 아니라, 전혀 다른 모습 다른 성격을 지닌 지도자층으로의 완전한 교체를 원하게 되었다. 왜냐하면 사람들은 그들의 능력에 대한 회의를 느끼기보다는 아예 그들의 존재 양식에 대해 더 많은 회의를 느끼기 때문이다. 점점 강하게 다가오는 불확실성, 사회학적 공허함, 지표의 부재, 그리고 포기하는 듯한 느낌이 강화될수록 리더십 교체에 대한 열망은 더욱 강해지고 있다.

실제 우리가 처한 정치적·경제적·사회적 위기를 떠나서, 이 나라가 전례없는 도덕적·윤리가치적 위기를 겪고 있음을 모를 리가 없다. 국민들은 항상 더 많은 부와 더불어 그보다 훨씬 더 많은 배척당한 자들을 양산하고 있는 세계화의 결과들에 불안해하고 있다. 바야흐로 지도층의 도덕적·사회윤리적 정당성 구축 실패, 정치의 비전 부재와 미래에 대한 계획 결핍, 신으로부터 물려받은 것 같은 가진 자들의 세습에 대한 공공 시민의 직접적인 심문이 시작된 것이다.

판도라의 상자는 진즉에 열렸다.

지난 세기에 이미 거리는 의미가 없어졌다. 현실에서 시간상의 가까움은 즉각적인 것에 과도한 집중을 유발시키고 있다. SNS 등 인터넷 텔레커뮤니케이션 도구들은 문명의 근본에 해당하는 '연결하기'에 혁명을 불러 왔다. 해서 공간을 뛰어넘기 위한 기간이나 구역은 더 이상 존재치 않는다. '여기'와 '저기'라는 말은 의미가 없어지고, '과거'나 '미래' 또한 '지금' '즉각'의 들러리 단어일 뿐이다. 세상은 하나의 네트워크에 지나지 않는 것이 되어 쌍방향 직접 민주주의가 쓰나미처럼 아날로그 민주주의를 덮쳤다. 그동안 높은 망루에서 유권자들의 동태나 살피던 기성 정치인들은 졸지에 '도전받는' 위치에서 '버림받은' 난파선 선원 신세가 되어 허우적거리게 된 것이다. 천덕꾸러기 내지는 조롱의 대상이 되었다.

지난날의 기계화는 에너지와 권력을 집중시켰지만, 오늘의 통신 테크놀로지의 혁명은 분산이라는 반대 효과를 가져왔다. 한국에서 유독 SNS 사업이 발달하고 거기에 전 국민이 빠져드는 것은 편가르기·개인주의, 그리고 참을성 없는 한국인 정서의 반영이라 하겠지만, 극도로 분산된 개인은 다시 그만큼이나 소외감·무력감에 시달리며 소통에 목말라하고 있다. 한국은 이러한 SNS가 세상을 어떻게 바꾸는지를 임상실험하는 곳이 되고 말았다. 어쨌든 즉각적이지 않으면 촌각도 못 기다리는 시대가 도래했다.

덕분에 천민 개인주의가 가족·단체·민족 집단에까지 확산되었다.

개인주의(실은 이기주의)와 거기에서 파생되는 사회관계의 분열과 불신이 역사상 지금처럼 폭넓게 퍼졌던 적은 없었다. 사회는 이제 더 이상 통합체가 아니라 조각난 개인성의 집합일 뿐이다.

변화인가, 위기인가?

한국의 정치인, 넓게 잡아 엘리트에 대한 신뢰의 위기는 책임감 상실에서 기인했다고 단정할 수 있다. 리더라면 투명해야 하며, 속임이 없어야 하고, 자기 행동의 결과들에 대해 부정적이든 긍정적이든 책임을 진다는 것을 행동으로 분명하게 표현해 내야 한다. 그렇지 않으면 어떠한 규칙도 더 이상 정당화될 수 없다. 도덕윤리를 구현하고, 게임의 규칙들과 그 결과들을 받아들여야만 신뢰를 회복할 수 있다.

작금의 우리 사회의 위기를 더 이상 인간성이나 이데올로기의 문제 탓으로 돌릴 수만도 없다. 지도자들은 한 세대 전체가 자신들의 권위가 붕괴되는 것을 목격하고 있는데, 이는 단지 그들만의 심각한 문제가 아니라 퇴출당할 위기에 놓인 정치적·경제적 시스템 전체에 해당하는 신뢰 문제인 것이다. 문민 정부의 늑대형 속임과 특권층들의 거짓말에 대한 시민들의 직접 공격은 과거 군사 정권의 사자형 권위주의에 대한 민주화 요구와는 그 성격에서 같지 않다. 작금의 지도자들에 대한 환멸의 표출이자 신뢰를 옮길 수 있는 새로운 리더십에 대한 갈망인 것이다.

정치는 현실을 신화 속으로 접목시키는 기술이라 했다.

실천 가능한 비전을 제시하여 주변에 인재들을 불러모을 수 있어야 하며, 공동체에 활력을 불러일으키고 청사진에 대한 믿음을 심어 줄 수 있어야 한다. 당연히 다른 사람의 이야기에 귀를 기울일 줄 알아야 하고, 자신을 부정할 줄 아는 겸손함을 지녀야 하며, 자신의 분야에 정통해야 하고, 무엇보다 그 분야를 아끼고 사랑해야 한다. 또한 선택의 기로에서 결정을 머뭇거려서도 안 된다.

일관성 없는 목록에 불과한 '선거 공약들'의 함정에 빠지지 말고, '정의로운 사회' 등등 추상적이고 상투적이고 무의미한 개혁 이미지의 함정에 빠지지 말고, 목표 구현을 위한 모험에 동참하는 각자에게 책임과 권리에 대한 명확한 시나리오를 제시해야 한다. 효율성의 정치를 넘어, 당장의 생존을 위한 확신과 방법을 넘어, 중장기적인 측면에서 바라보고 유토피아, 야심에 찬 꿈, 사회와 삶의 방식에 대한 새로운 청사진을 제시할 수 있어야 한다. 결과를 감당해야 하고, 책임을 다하지 못할 때에는 임기중이라도 언제든 바로 그만둘 각오를 해야 한다. 지난 시대의 '공인된 권위'를 넘어 '정당화된 권위'를 확립해야 한다는 말이다. 이를 위해 정치지도자들 자신부터 철저히 변화된 모습을 보여야 한다. 그게 새 정치다.

최고의 디자인은 품격이다

공용 줄기세포 글로벌 소통 매너 | 소통형 사회로 나가기 위한 국민보건체조 | 무한경쟁 정글사회의 생존 노하우 글로벌 매너 | 차세대 리더 1%의 글로벌 전사 | 글로벌 비즈니스 본선무대로 올라가는 디딤돌 | 사진의 품격, 신문의 품격 | 매너와 품격(品格)이 곧 이 시대의 강륜(綱倫)

　　백십여 년 전(1895) 우리나라 최초의 미국 유학생 유길준(俞吉濬)이 갑신정변의 여파로 중도 귀국, 연금 상태에서 집필한 《서유견문(西遊見聞)》을 발간했다. 그해 11월 '단발령(斷髮令)'이 내려졌다. 다시 그로부터 백십여 년 전(1778, 정조 2년) 박제가(朴齊家)가 청나라의 선진문물과 제도를 시찰하고 돌아와서 그 견문한 바를 쓴 《북학의(北學議)》를 남겼으며, 박지원(朴趾源)은 청(靑) 건륭제(乾隆帝) 칠순연(1780)에 다녀와서 《열하일기(熱河日記)》를 남겼다. 다시 거기서 백사십여 년 전(1637) 인조(仁祖)는 삼전도에서 청태종의 발 아래 이마가 피범벅이 되도록 머리를 땅에 찧었다.

　　정조(正祖)는 제 아버지의 죽음에 대한 앙갚음으로 효(孝)를 핑계하여 신하들을 골탕먹이다 국고를 탕진하고, 남은 국력을 다 쇠잔시켰다. 그 덕에 남은 게 수원 화성(華城)과 〈반차도(班次圖)〉다. 임진왜란·병자호란을 연거푸 당하고도 조선은 도무지 달라진 것이 없었다. 자신의 효심을 자랑하기 위해 촌로들 모아 잔치 벌인 것을 두고 '위민(爲民)의 성군'이라고 침이 마르도록 칭송하는가 하면, 10년 전 어느 기관장이 참 이상한 대통령더러 "정조를 닮으소서!"라고 하는 바람에 졸지에 개혁의 아이콘으로 떠올랐다. 아무튼 그때나 지금이나 말 그대로 세상 물정 모르는, 잠이 덜 깬 '고요한 아침의 나라'다.

우리가 왜 남의 매너를 배워야 한담? 굳이 그렇게까지 할 필요가 있을까? 그러지 않아도 지금 잘살고 있고, 오히려 세계인들이 한류 바람에 우리를 따라 하고 있지 않느냐? 달나라 반대편 얼굴같이 혹독한 여건의 글로벌 비즈니스 1부 리그 무대에서의 처절한 실전 경험이 별로 없는 사람들, 그리고 앞으로도 글로벌 무대에 나서지 않을 사람들은 당연히 그렇게 말할 수 있다. 하지만 이는 포스트-1조 달러 무역대국의 성장엔진일 문화 융성에 반하는 쇄국적 인식으로 커다란 문제가 아닐 수 없다.

또 이 책에 실린 글을 읽은 독자들은 이왕지사 품격에 관한 얘기라면 글 자체도 좀 부드럽고 품위가 있어야 하지 않느냐는 불만을 가졌을 것이라 짐작된다. 이미 일부 글이 칼럼으로 발표될 적마다 그런 비판이 있어 왔다. 해서 맞아죽을 각오? 시대가 시대이니만큼 귀양 갈 일도 없을 터. 아무렴 그런 건방도 없을뿐더러 주제 파악 못할 정도는 아니다. 유길준·박지원·박제가 그분들이 얼마나 답답해했을지 백분지 일쯤은 이해할 수 있을 것 같아 감히 들먹여 보았으니 용서하시라.

지구에서 바라보는 달의 앞면이 글로벌 비즈니스 2부 리그 무대라면 보이지 않는 그 뒷면은 1부 리그 무대라 할 수 있다. 낭만적인 앞면과는 달리 우주공간 여기저기서 날아 들어온 운석들로 상처투성이가 된 달나라 뒤쪽 모습. [인터넷 화면 캡처]

소통형 사회로 나가기 위한 국민보건체조

'똥 묻은 개가 겨 묻은 개 나무란다'는 속담이 있다. 개가 아닌 인간이니 그럴 수도 있겠다. 문제는 똥도 겨도 묻지 않은 개를 그냥 두고 보지 못한다는 데 있다. '까마귀 노는 골에 백로야 가지 마라'고 했지만, 이 나라에선 그렇게 살다간 인생이 한참 피곤해진다. 어느 점잖은 모임이든 천박한 미꾸라지 한 명 들어와 설쳐대면 금방 전체가 오염되고 마는 일은 흔하디 흔하다. 막무가내 동포주의·평등주의가 너도 나도 똑같이 망가지자고 끌어내린다. 해서 막장 대한민국이다. 덕분에 이 땅에선 맨정신으로 품위 있게 사는 것이 참 힘들다. 아무렴 이제는 세상이 달라져야 한다. 가난하면 가난한 대로, 가방 끈이 짧으면 짧은 대로 자기 존엄을 지켜 가며 살 수 있어야겠다.

이미 이 책을 집어든 분들은 필자가 그저 호구지책으로 독자들 비위 맞추기 위해 쓴 글이 아님을 짐작했을 것이다. 글로벌 매너 내공이 수준 이하인 인물들이 대한민국에선 국회의원·장관·총리·대통령에 오를 수 있다는 현실이 통탄스러워 이 책을 집필했다. 수많은 정치인들이 대통령이 되어 이 나라 정치 풍토를 바꾸겠다고 큰소리를 쳤었지만, 오히려 정치는 갈수록 꼴불견이다. 기실 그런 말을 하는 당사자부터 바뀌어야 할 대상일 테다. 싸가지 없고 철없는 모조리 짝퉁 '큰바위 얼굴'이다. 넬슨 만델라 추모식에서 가짜 수화 통역으로 세계적으로 유명해진 탐상아 잔키스보다 못한, 소통의 기본기조차 갖추지 못한 주제에 세상을 어찌 해보겠단다. 막말로 '상놈의 세상'인 게다. 이대로 가다가는 나라꼴이 정말 꼴이 아니게 될 것임은 빤한 이치. 그야말로 십리도 못 가서 아리랑 발병나고, 글로벌 무대에서 낙동강 오리알 되기는 시간 문제다.

이 책에서 일부 독자들의 눈에 거슬려 보이는 '지랄' '추태' 등 거친 어휘들은 절대 욕으로 사용한 것이 아니며, 기실 그렇다 한들 과장도 아니다. 무매너 현실 모습을 있는 그대로 전하기 위해서 차용되었다. 더 근본적인 이유는 서구 글로벌 선진문명인들은 물론 심지어 중국의 중상류층, 북한 상류층 인사들조차 어글리 코리언들을 그런 시각으로 본다는 데 있다.

그 한 예로 비밀 해제된 미 백악관 오벌 오피스 회의시 자동녹음 기록에 의하면, 존 F. 케네디 대통령이 아시아의 어떤 나라 지도자들을 지칭하면서 "그 써너바비치(Son of a bitch)가 이 써너바비치보다 미국의 이익에 유리하니, 우리는 그 써너바비치를 밀어 주는 게 좋다"고 말한 부분이 나온다. 이게 현실이고 진실이다. 혹여 지금의 미국 대통령이 한·일 간의 갈등을 두고 그와 똑같은 말을 내뱉는다 해도 그다지 이상할 것이 없다 하겠다. 아니나 다를까? 로버트 게이츠 전 미국 국방장관은 최근 그의 자서전에서 노무현 전 대통령을 'crazy'라고 표현했다. 그게 과연 그 혼자만의 생각이고, 자서전에서만 문득 처음 내뱉은 말이었을까?

정상회담에서 만나 악수하고 포옹했다 해서 다 친구가 되는 것 아니다. 지피지기(知彼知己)! 글로벌 비즈니스 무대에선 카운터파트 상대방이 나를 어떻게 바라보고 있느냐에 대한 올바른 인식, 즉 상대방 시각에서의 '지기(知己)'여야 한다. 아무쪼록 남들에게 비치는 자신의 실제 모습부터 깨우치는 것이 무엇보다 중요한 일이다.

임중도원(任重道遠). 아무렴 필자도 기왕지사 느낌표(!) 물음표(?) 없는, 긍정적이고 덜 비판적인 점잖은 어투로 글을 쓰고 싶었지만 보다 직설적으로 전하기 위해 거칠고 자극적인 구어체 표현을 많이 차용했다. "신뢰 있는 말은 아름답지 못하고, 아름다운 말은 신뢰가 없다(信言不美, 美言不信)"라고 한 노자의 말씀을 빌려 변명코자 한다. 아무쪼록 매너의 품격을 얘기한 것이지 글의 품격을 자랑하기 위해 쓴 글이 아니니 넓은 마음으로 받아들여 주길 바랄 뿐이다.

그리고 글로벌 매너의 수준을 설명하기 위해 이미 언론을 통해 공개된 사진들을 예로 들었는데, 그 대상을 가급적 국가기관의 공인, 혹은 한국을 대표하는 준공인으로 들었다. 왜냐하면 그들은 국민의 세금으로 국민을 대표해서 직무를 행하고 있는데다가 준공인이라 해도 그들의 일거수일투족이 코리아의 국격 디스카운트에 큰 영향을 미치기 때문이다. 따라서 헌법 제1조 2항의 주권자로서 국민은 그들의 정치적·행정적 업무행위뿐만 아니라 잘못된 매너, 무매너, 저품격 매너에 대해 항상 감시하고 고칠 것을 요구할 권리와 의무가 있다 하겠다.

무엇보다 작금의 한국 리더들로선 국민소득 2만 불대가 최선이자 그 한계일 수밖에 없다. 3만 불을 훌쩍 넘어 5만 불 시대를 끌어가야 할 차세대 리더라면 지금부터 이 정도의 무장(武裝)은 갖춰 나가야 한다. 그들이 바로 기드온의 3백 용사, 1%의 '글로벌 전사'다.

공용 줄기세포 글로벌 소통 매너

토종 SNS '싸이월드'가 글로벌 확장이 불가능했던 이유는 소통 개념의 부재 때문이었다. 자기 동산의 소꿉놀이 세계관에서 머물고 만 것이다. 그게 '페이스북'과의 근본적인 차이다. 글로벌 매너는 세계인들과 소통하는 도구이다.

물론 의례적인 에티켓과 달리 글로벌 매너에서는 어느것이 맞다 틀리다, 옳다 그르다고 단정지을 수 없다. 단지 매너가 있다 없다, 또는 품격이 높다 낮다고 할 수 있을 뿐이다. 때문에 이미 글로벌 무대에서 검증된 매너 습득은 물론 보다 창의적인 매너로 자신의 품격을 높여 나가야 한다.

문민 정부에 들어서자 정권마다 선진경제·경제민주화·창조경제 등 그럴듯한 구호로 선진사회를 이룩하겠다고 호언했다. 하지만 대한민국이 과연 창조경제를 할 만큼 역량을 가졌나를 자문해 보면 그 말이 얼마나 허황한지 금방 알아챌 수 있다. 기술경영으로 국민소득 2

만 불을 간신히 넘어섰지만 대부분 창조적 기술이 아닌 베끼기 기술이다. 제도나 시스템 역시 마찬가지이다. 그걸로 이 정도의 성장을 이룩했지만 과연 우리가 그 베끼기조차 제대로 하였을까?

큰 이익이 놓여 있는 글로벌 비즈니스 1부 리그 세계일수록 고품격 매너로 경쟁한다. 품격 없인 디자인 없다. 기업 CEO는 물론 대기업 오너, 국가 최고지도자부터 품격으로 자신을 재(再)디자인해야 한다. 그게 품격경영이다.

간단하게 반증해 보자! 한국의 글로벌 리더들 중 선진사회 상류층에 진입해 본 사람이 몇이나 있는가? 반세기 동안 그토록 많은 인재들이 유학을 하고, 선진 기술과 제도를 수입해 왔지만 그 중 누구도 선진사회의 주류층에 들지 못하고 있다. 지금 당장 선진국에 건너가 그곳 중상류층들과 함께 친구가 될 수 있는 내공을 지닌 인물이 과연 얼마나 될까?

똑바로 서지도 못하고, 악수며 건배·눈맞춤도 못하는 이들이 배워(베껴) 온 걸 가지고 어쭙잖은 소꿉놀이를 하고 있는 건 아닌지? 진정한 소통 없이 그들의 학문·문화·기술·제도의 껍데기만 가지고 들어와 겉핥기만 하고 있는 것은 아닌지? 비즈니스 본선무대에 발도 들여본 적 없는 삼류 여성 강사들의 짙은 화장과 헤픈 웃음으로 포장된 에티켓을 글로벌 비즈니스 매너인 줄 알고 배운 이 땅의 리더들. 글로벌적 기준에서 보면, 한국은 "이러면 안 됩니다!"라는 어글리 매너의 표본국이라 할 수 있다. 이제부터는 제대로 좀 배워야 한다. 창조는 그 다음이다.

그렇지만 매너는 선진국민이라 해도 누구든 한국인 아무에게나 편한 마음으로 가르쳐 줄 수 있는 성질의 것이 아니다. 남의 개인적 약점에 대해 말하지 않는 것이 예의이고, 약육강식 글로벌 무한경쟁 정글사회의 기본 덕목이자 중요 생존 노하우이기 때문이다. 결국 실전을 통해 스스로 문제를 깨달아 배워야 하지만 그게 결코 쉬운 일이 아니다. 가장 좋은 방법은 그들과 진정한 친구가 되는 것이다. 협상 테이블의 외국인 적군과도 당연히! 그래야 편하게 자신과 그들의 매너를 비교해 가며 묻고 배울 수 있다.

　반면 시중 서점에는 짜가, 짝퉁, 자칭 글로벌 비즈니스 매너에 관한 단행본들이 넘쳐나고 있다. 기업 및 공공기관 연수원 자체 교재 및 외부강사 강의 교육의 속내도 상황은 넌글로벌 어프로치 기조로 오십보백보! 대부분 글로벌 비즈니스 무경력자들이 번지수 틀린 자료들을 서로 베끼기한 때문이다. 그러니 그런 책 몇 권 사다가 오려붙이기하면, 정규 사회 경험 전무할 외국인 대학원생 동원해 사진 촬영하고 동영상 찍으면 누구든 편하게 뚝딱 책 한 권, 교재 PPT 파일을 만들 수가 있다. 그렇지만 그건 이미 부화하다 만 계란처럼 곯은 지식, 죽은 지식, 준 백해무익 콘텐츠다.

　해서 이 책에선 남의 글을 짜깁기하는 짓은 철저히 피했다. 필자의 경험이나 지금 우리 주변에서 일상적으로 일어나고 있는 실전 사례, 매일매일 일간지 신문 사진으로 내비쳐진 산지식들만을 모아 엮었다. 그렇지만 이제 고작 빙산의 일각을 보여준 것에 지나지 않는다.

　그리고 간혹 각각의 매너를 설명하는 데에 있어 어쩔 수 없이 중복되는 내용도 있다. 혹 거슬리더라도 강조의 의미로, 다원적 해석의 방도로 이해해 주었으면 한다. 계속해서 강의와 글쓰기를 통해 보다 실전적이고 구체적인 매너 교재를 만들어 나가겠다.

　무엇보다 이 책은 글로벌 비즈니스 정품격 소통 매너, 품격경영에 대한 선언적인 내용이다. 그럼에도 정치적으로 민감한 사안이나 사회적으로 파장이 큰 사건들, 공인이라 해도 개인적으로 치명적인 얘기들, 그리고 빙산 밑에서 치러지는 비즈니스 세계에서의 교묘하면서도 추악하고 비정한 투쟁들이 수없이 많지만 차마 이 책에서 다루질 못했다. 혹 이 책을 읽는 독자들 중 글로벌 무대에서 활동하다가 선진사회 상류층 진입 문턱에서 명치에 비수가 꽂히는 듯한 억장 무너지는 등 처절한 실전 경험을 해본 분이라면 오히려 이 책이 그다지 잔인하게 씌어지지 않았음을 이해할 것이다. 또한 머잖은 장래에 글로벌 무대에 서게 될 차세대 전사들이라면 이 책에서 이야기하는 정도쯤은 애교에 가까운 수면 위 빙산에 불과함을 뼈저리게 느끼게 될 날이 올 것이다.

그리고 교육계·법조계·금융계·예술계 등 이 책에서 직접적으로 다루지 않은 분야도 많다. 곧 기회가 오겠지만 현명한 독자들은 우선 이 책만으로도 능히 미루어 짐작하고 적용할 수 있으리라.

간혹 해외에 살고 있거나 거주했던 경험을 가진 분들 중에는 이 글 내용에 대해 공감하지 않는 이들도 있을 것이다. 그들도 우리랑 별반 다르지 않게 살던데 어디서 그런 매너를 봤느냐고 반박할 수도 있겠다. 아무렴 서구인들이라 해서 모두가 다 그렇게 품격 갖추고 사는 건 아니다. 그 나라의 평범한 소시민이나 하층민들 속에서 살고 있다면 이 책에서 주장하는 고품격 매너를 받아들이기가 쉽지 않을 뿐 아니라 군이 필요를 느끼지 않을 수도 있겠다. 또한 지역에 따라 이 책의 내용과 다르거나, 오히려 정반대적으로 인식되는 로컬 매너도 수없이 많다. 하지만 비록 그런 나라라 할지라도 상위 1%에서는 이 글로벌 매너가 그대로 통한다.

사진의 품격, 신문의 품격

품격을 아는 선진시민이라면 언론에 비치는 각 나라 지도자들의 사진 한 장만 보고도 당사자는 물론 그 나라 품격 점수 다 매길 수 있어야 한다.

바야흐로 이 책이 나간 이후에는 각 언론에서도 사진의 품격에 대해 눈을 뜨게 될 것은 물론 보다 적극적인 소통 혹은 비판 도구로써 활용될 것이다. 아무렴 국익을 생각해서라도 이왕지사 품격 있는 사진으로 정확한 메시지를 전달해 줬으면 하는 바람이다. 그렇지만 한국적 언론 정서로 봐서 짐작하건대 편집 방향에 따라 더욱 의도적으로 사진을 이용할 것은 자명하다 하겠다. 따라서 앞으로 정치인은 물론 공인이라 자처하는 사람은 공공 장소에서의 사진 찍힘에 대해 새삼 달리 생각해야 할 것이다. 하필이면, 혹은 고의로 고약한 사진을 골라 실었다며 불평하기 전에 현장감을 중시하는 사진기자에게 어벙한 모습 찍히지 않도록 평소 정품격 매너로 자신을 단련시켜야 한다.

독자들 역시 이 책을 통해 세상을 보는 새로운 시각을 가지게 될 것임을, 이후 신문에 실린 사진 한 장만 보고도 그 사람의 글로벌 매너 수준은 물론 비즈니스 협상 결과까지 단박에 내다보는 글로벌 감각, 글로벌 통찰력을 지니게 될 것임을 확신한다. 더하여 우리 사회를 이끌어 갈 상위 1%가 갖춰야 할 덕목과 리더의 자격에 대해 새삼 느끼는 바가 적지않을 것이다. 특히 젊은이들은 굳이 유명 집안이나 유명 대학 출신이 아니어도 소통하는 능력, 즉 글로벌 매너만 갖춘다면 얼마든지 큰물에서 놀 수 있는 기회가 있음을 깨닫게 될 것이다.

지난날 미개국에서 개도국으로 도약할 시기에 우리는 새마을운동이라는 국민개조운동을 했었다. 한데 경제성장·민주화를 이루자 다음 목표를 잃어버리고 방향 감각을 상실한 채 허둥대고 있다. 소득증대와 복지증진? 그러면 선진국이 되는가? 국민들도 이제야 그것만으로는 안 된다는 걸 자각하기 시작했다. 선진사회로 진입하기 위한 새로운 국민개조운동에 대해 심각하게 고민할 때가 된 것이다. 본서가 그 실천적 방안 제시 및 이정표가 될 것이라 감히 말씀드린다.

그리고 혹 눈 밝은 독자들은 이 책 전체를 통틀어 '도덕' 혹은 '윤리'란 단어를 애써 감추고 있음을 알아챘을 것이다. 그동안 우리 사회가 끊임없이 '도덕경영' '윤리경영' '기업윤리'를 부르짖었지만 모두 메아리로 그치고 말았다. 일방적으로 강요하는 뉘앙스를 풍기는 그런 구시대적 구호로는 쌍방향 소통의 글로벌 시대에 더 이상 설득력이 없음은 물론 오히려 한국 기업 이미지를 디스카운트시킬 뿐이겠다. 해서 이제는 과거 호시절처럼 발원 소스가 국내가 아닌, 글로벌 비즈니스 본선무대가 1조 달러 무역대국 맷집 코리아의 각 기업들에 강요하게 될 글로벌 스탠더드, 즉 '품격'이란 용어로 대체하고자 한다. 그러니까 '품격경영'이 곧 '품격선언'인 셈이다.

매너와 품격(品格)이 곧 이 시대의 강륜(綱倫)이다

혹여 이 책이 독자들에게 매너를 강요하는 것으로 오해하지 않기를 바란다. 또한 수신제가치국평천하(修身齊家治國平天下)라는 잣대를 들이대며 "그러는 너는?" 하고 덤비는 깽판주의적 시비는 사절한다. 그저 그동안 우리가 국제사회에서 얼마나 많은 헛짓을 하며 살아왔는지에 대한 각성만이라도 할 수 있다면 다행이겠다. 더하여 매너를 익히면 반드시 그만큼의 이익이 따를 것이기에 권하는 것뿐이다.

그렇지만 이 많은 매너를 언제 다 익힌담? 너무 많은 주문을 한 것 같지만 기실 매너는 몸으로 익히는 것이기 때문에 한두 번 해보면 몸이 기억한다. 해서 굳이 의식할 필요도 없다. '자세가 바르면 마음도 발라진다'란 말을 실감하게 되는 데 그리 오래 걸리지 않는다. 내공이 쌓임을 느끼게 된다는 말이다. 중국 고전 《설원(說苑)》에서 "고산앙지(高山仰止) 경행행지(景行行止)"라 했다. 높은 산은 마땅히 우러러보아야 하고, 아름다운 행동은 마땅히 따라 하고 볼 일이다!

습관이 분명 세상을 바꾼다.

바야흐로 때가 되었다. 대한민국은 이미 경제적·지적·문화적으로 선진국에 들어갈 준비는 갖췄다. 시험으로 치면 1차 필기, 2차 실기를 통과하고, 마지막 면접만 남아 있다 하겠다. 관성화된 투쟁적 타성을 벗어던지고, 개개인이 자기 성찰을 통해 그릇 크기를 늘려 나가야 한다. 글로벌 매너와 품격이 그 답이다.

그렇다 해도 아무렴 이런 글쓰기 작업이 즐거울 리가 없다. 어찌 보면 우리 사회의 금기시되어 있던 부분을 건드리는 일이기 때문이다. 많은 분들이 자존심 상해 얼굴 붉히고 언짢아하며 반발할 것이다. 해서 점잖은 선배님들께서 그동안 모른 척 외면하고 덮어둔 것이리라. 비록 이번 글로 곪은 종기를 터뜨리지만 그 고름을 짜내는 일은 각자의 몫, 새 살이 돋을지 아니면 도리어 성을 내어 더 도질지는 우리 사회의 포용력 크기에 달려 있다 하겠다.

마지막으로 변명컨대 정치적 의도나 편향성을 가지고 쓴 글이 절대 아니다. 바람직한 공인의 자세, 공인의 품격을 우선적으로 다루다 보니 유명인들 위주로 예를 들 수밖에 없었다. 무엇보다 이분들은 우리 사회의 리더들로서 남다른 열정과 영향력을 지녔다. 이분들의 모범적 변신이라면 국민개조, 국가개조, 창조경제, 품격경영 대한민국이 분명 멀지 않을 것이다. 부디 대국적·대승적 아량으로 글로벌 신사가 되어 이 민족을 선진사회로 이끌어 주길 간절히 소원드린다. 그렇지만 다언다실(多言多失)은 피할 수 없는 일, 아무쪼록 이 당돌함을 공(公)의 시각으로 받아들여 주길 바란다.

다시 강조하지만, 매너는 인사치레 제스처가 아닌 긴밀한 소통의 과정이다. 글로벌 매너란 글로벌 마인드로 세상을 보는 시야와 상대방에 대한 인식, 그리고 당당히 대우받기 포함 전인적 소통 능력, 협상 능력을 키우는 것이다. 이 책을 통해 독자들은 자신의 글로벌 매너 점수가 어느 정도인지 짐작할 수 있을 것이다. 포기하지 말고 부단히 노력해서 글로벌 비즈니스 전사로 거듭나길, 부디 이 책을 디딤돌로 삼아 하루속히 글로벌 비즈니스 본선무대에 사뿐히 올라오길 바란다. '써너바비치'가 아닌 '사람'으로!

'울며 씨를 뿌리러 나가는 자는
정녕 기쁨으로 그 단을 가지고 돌아오리로다'
〈시편〉 126편에서

20년 동안 와인매너 전도사역을 맡아 온 친구에게,
다윗의 다섯 개 물맷돌을 기억하며!

[저자 소개]

신성대(辛成大)

　현재 〈글로벌리더십아카데미〉 공동대표로 관공서 및 기업 글로벌 매너 진단과 교육, 각종 MICE 행사의 적정 효과 창출 가능성 여부 사전 진단 및 대책, 전 세계 중상류층 즉각 진입 가능한 고품격 와인 소통 매너 개인기 전수, 피니싱스쿨, 어린이 매너스쿨 등, 본서의 내용과 관련한 실전 글로벌 비즈니스 매너 심층 교육 훈련 및 컨설팅을 하고 있다.

　1977년서부터 7년간 해외 수출선원(1등기관사)으로 외화 획득에 종사, 수차례 세계를 일주하며 견문과 호기심을 넓혔다. 1985년 도서출판 동문선(東文選)을 설립해 지금까지 약 7백 종의 문화인류학 및 인문예술 등 다양한 분야의 전문서적을 국내에 번역 소개하는 일에 힘을 쏟았다. 한중수교 전인 1990년 서울 인사동에 우리나라 최초의 중국원서수입서점을 열어 한중 간의 학술교류를 앞당기는 일에 기여했으며, 2000년엔 프랑스 철학자 피에르 쌍소의 에세이 《느리게 산다는 것의 의미》를 출판하여 한국에 '느림의 미학' 붐을 일으킨 바 있다. 더불어 40여 년간 무예십팔기를 익힌 무예연구가로서 '전통무예'란 용어를 최초로 보급하였으며, 현재는 후진 양성, 수행 및 도인양생 기공법을 가르치고 있다. 인사동에서 지식인들의 사랑방인 〈인사문화포럼〉을 운영, 문화담론 확장에 힘쓰고 있으며 〈데일리안〉 등에 문화비평을 기고하고 있다. 저서로는 《武德-武의 문화, 武의 정신》(2006)이 있으며, 후속 작업으로 《스포츠와 품격》《정통 프랑스식 와인 매너》《글로벌 영재를 위한 매너스쿨》 등을 집필중이다.

　연락처: dmsssd@naver.com

【東文選 文藝新書】

43	甲骨學通論	王宇信 / 李宰碩	40,000원
44	朝鮮巫俗考	李能和 / 李在崑	20,000원
45	미술과 페미니즘	N. 부루드 外 / 扈承喜	9,000원
46	아프리카미술	P. 월레드 / 崔炳植	절판
47	美의 歷程	李澤厚 / 尹壽榮	28,000원
48	曼茶羅의 神들	立川武藏 / 金龜山	19,000원
49	朝鮮歲時記	洪錫謨 外 / 李錫浩	30,000원
50	하 상	蘇曉康 外 / 洪 熹	절판
51	武藝圖譜通志 實技解題	正祖 / 沈雨晟 · 金光錫	15,000원
52	古文字學첫걸음	李學勤 / 河永三	14,000원
53	體育美學	胡小明 / 閔永淑	18,000원
54	아시아 美術의 再發見	崔炳植	9,000원
55	曆과 占의 科學	永田久 / 沈雨晟	14,000원
56	中國小學史	胡奇光 / 李宰碩	20,000원
57	中國甲骨學史	吳浩坤 外 / 梁東淑	35,000원
58	꿈의 철학	劉文英 / 河永三	22,000원
59	女神들의 인도	立川武藏 / 金龜山	19,000원
60	性의 역사	J. L. 플랑드렝 / 편집부	18,000원
61	쉬르섹슈얼리티	W. 챠드윅 / 편집부	10,000원
62	여성속담사전	宋在璇	18,000원
63	박재서희곡선	朴栽緒	10,000원
64	東北民族源流	孫進己 / 林東錫	13,000원
65	朝鮮巫俗의 研究(상 · 하)	赤松智城 · 秋葉隆 / 沈雨晟	28,000원
66	中國文學 속의 孤獨感	斯波六郎 / 尹壽榮	8,000원
67	한국사회주의 연극운동사	李康列	8,000원
68	스포츠인류학	K. 블랑챠드 外 / 박기동 外	12,000원
69	리조복식도감	리팔찬	20,000원
70	娼 婦	A. 꼬르벵 / 李宗旼	22,000원
71	조선민요연구	高晶玉	30,000원
72	楚文化史	張正明 / 南宗鎭	26,000원
73	시간, 욕망, 그리고 공포	A. 코르뱅 / 변기찬	18,000원
74	本國劍	金光錫	40,000원
75	노트와 반노트	E. 이오네스코 / 박형섭	20,000원
76	朝鮮美術史研究	尹喜淳	7,000원
77	拳法要訣	金光錫	30,000원
78	艸衣選集	艸衣意恂 / 林鍾旭	20,000원
79	漢語音韻學講義	董少文 / 林東錫	10,000원
80	이오네스코 연극미학	C. 위베르 / 박형섭	9,000원
81	중국문자훈고학사전	全廣鎭 편역	23,000원
82	상말속담사전	宋在璇	10,000원
83	書法論叢	沈尹黙 / 郭魯鳳	16,000원
84	침실의 문화사	P. 디비 / 편집부	9,000원
85	禮의 精神	柳 肅 / 洪 熹	20,000원